ANNUAL REPORT ON GUANGDONG-HONG
KONG-MACAO GREATER BAY AREA CONSTRUCTION
AND GUANGZHOU DEVELOPMENT (2021)

粤港澳大湾区建设与广州发展报告

（2021）

麦均洪　主编

·广州·

图书在版编目（CIP）数据

粤港澳大湾区建设与广州发展报告．2021／麦均洪主编．－－广州：华南理工大学出版社，2025.5．－－ISBN 978-7-5623-8058-0

I．F299.276.5

中国国家版本馆 CIP 数据核字第 2025C6X517 号

粤港澳大湾区建设与广州发展报告（2021）

麦均洪　主编

出　版　人：房俊东
出版发行：华南理工大学出版社
　　　　　（广州五山华南理工大学 17 号楼，邮编 510640）
　　　　　http://hg.cb.scut.edu.cn　E-mail：scutc13@scut.edu.cn
　　　　　营销部电话：020-87113487　87111048（传真）
责任编辑：付爱萍
责任校对：龙祈君
印　刷　者：广州市人杰彩印厂
开　　　本：787mm×960mm　1/16　印张：31.5　字数：483 千
版　　　次：2025 年 5 月第 1 版
印　　　次：2025 年 5 月第 1 次印刷
定　　　价：118.00 元

版权所有　盗版必究　　印装差错　负责调换

《粤港澳大湾区建设与广州发展报告（2021）》编委会

主　任
章熙春　华南理工大学党委书记、研究员
唐洪武　华南理工大学校长、教授

主　编
麦均洪　华南理工大学党委常委、副书记、研究员

执行主编
李石勇　华南理工大学社会科学处处长、研究员

副主编（按姓氏笔画排序）
丁焕峰　华南理工大学广州国家创新型城市发展研究中心主任、教授
王世福　华南理工大学粤港澳大湾区规划创新研究中心主任、教授
文　宏　华南理工大学研究生院副院长、教授

编　委（按姓氏笔画排序）
李秋成　华南理工大学智库建设管理办公室主任兼社会科学处副处长、副教授
张　昱　广东外语外贸大学广州国际商贸中心研究基地主任、教授
钟　韵　暨南大学粤港澳大湾区经济发展研究中心主任、教授
徐维军　华南理工大学广州金融服务创新与风险管理研究基地主任、教授

编　务
赵　欣　华南理工大学智库建设管理办公室
陆颖珊　华南理工大学智库建设管理办公室

前　言

建设粤港澳大湾区是习近平总书记亲自谋划、亲自部署、亲自推动的国家重大战略。2018年10月，习近平总书记在视察广东重要讲话中要求，广东要把粤港澳大湾区建设作为广东改革开放的大机遇、大文章，抓紧抓实办好。粤港澳大湾区建设是推动新时代形成全面开放新格局的新举措，承担着引领我国新一轮全面改革开放、转型升级、高质量发展，提高发展的平衡性和协调性的责任和使命。推动粤港澳大湾区建设和发展，必须以习近平新时代中国特色社会主义思想为指导，全面贯彻落实习近平总书记对粤港澳大湾区建设和加强粤港澳合作的系列重要指示和精神，全面贯彻落实党中央决策部署，将粤港澳大湾区建设成为国际一流湾区和世界级城市群。

2019年2月18日，中共中央、国务院印发了《粤港澳大湾区发展规划纲要》，粤港澳大湾区建设受到社会各界的高度重视和广泛关注，广东正在举全省之力推进粤港澳大湾区建设。广州作为粤港澳大湾区中心城市，其发展与粤港澳大湾区建设休戚相关。为发挥社会科学理论界在推进粤港澳大湾区建设中的思想库、智囊团作用，为广州在粤港澳大湾区建设中发挥重要作用提供理论支撑和智力支持，中共广州市委宣传部、广州市社会科学界联合会、华南理工大学在2018年3月共同成立了粤港澳大湾区发展广州智库。智库整合粤港澳大湾区研究力量，建设一支以粤港澳大湾区建设作为主攻方向的研究队伍，围绕粤港澳大湾区建设的前沿理论和实践问题，特别是如何发挥广州国家中心城市和综合性门户城市引领作用，全面增强国际商贸中心、综合交通枢纽功能，培育提升科技教育文化中心功能，着力建设国际大都市展开持续深入的研究，不断推出高质量的研究成果，助力粤港澳大湾区建设。

《粤港澳大湾区建设与广州发展报告》是粤港澳大湾区发展广州智库发挥新型智库作用，贯彻落实中央关于科学规划粤港澳大湾区建设基本精神和要求，更好地服务于广州对接国家发展战略，推进粤港澳大湾区建设的重要研究成果。智库成立甫始，即组织专家学者开展对粤港澳大湾区建设战略规划、机制体制改革、政策实施等情况的系统研究，及时梳理和总结建设经验，对存在的问题提出建议和对策。《粤港澳大湾区建设与广州发展报告》聚焦新发展格局下粤港澳大湾区全球城市建设、科技创新、产业发展、开放合作、人文湾区建设等主题，系统梳理新发展格局下粤港澳大湾区建设与广州发展的基础、优势和现状，深入剖析粤港澳大湾区在开放、创新、合作与协调发展过程中面临的挑战和改革难题，提出有针对性的、富有建设性的、具有可操作性的意见和建议，对推动粤港澳大湾区建设以及如何发挥广州在粤港澳大湾区建设中的重要作用有积极的参考和启示作用。

《粤港澳大湾区建设与广州发展报告》是智库资政研究活力和协同研究能力的全面反映，也是智库决策咨询研究水平的集中体现。粤港澳大湾区发展广州智库将坚持服务党和政府决策的宗旨，通过跨地区、跨部门、跨体制聚合优势研究资源，持续深入地开展粤港澳大湾区建设研究，不断提升报告的研究水平，增强报告的社会影响力和咨政服务力，为粤港澳大湾区建设成为国际一流湾区和世界级城市群提供优质高效的资政建议和智力支持。

粤港澳大湾区发展广州智库
2021 年 12 月

目 录

总报告

广州面向2050年城市发展战略方向与定位研究
……………………………………………………… 谭 锐 郑永年 / 3

分报告

●科技创新与产业发展篇●

导 言 ……………………………………………………………… / 29

广州建设数字经济引领型城市的科技创新路径与对策
………………………………………………………………… 周锐波 / 32

广州加快发展现代产业体系的战略路径对策研究
………………………………………………………………… 陈 林 / 82

广州发展数字贸易新业态的必要性、可行性与对策研究
………………………………………………………………… 周骏宇 / 149

●公共政策与社会治理篇●

导 言 ……………………………………………………………… / 173

大湾区实现碳达峰与碳中和的政策协同机制
………………………………… 覃业霞 付名利 熊训辉 / 176

粤港澳大湾区双碳政策协同度及其提升策略研究
………… 周丽旋 于锡军 朱璐平 张晓君 裴金铃 杨 晓 / 211

粤港澳大湾区协同治理与规则衔接机制研究
　　…………………………………… 文　宏　李贺楼 / 258
粤港澳大湾区协同发展现状与未来路径研究
　　………………………… 韩永辉　麦炜坤　赖嘉豪 / 303

● 开放湾区与城市建设篇 ●

导　言 …………………………………………………… / 347
以开放合作引领广州建设新发展格局重要支点
　　………………………………………………… 毛艳华 / 350
南沙建设粤港澳全面合作示范区的现状分析与发展路径研究
　　……………………………………… 谢宝剑　薛小雨 / 391
以城市更新探索共同富裕的广州之路
　　………………………… 邓昭华　李泽盛　蒋佳琳 / 424

| 年度观察 |

第三次开放与大湾区的未来
　　………………………………………………… 郑永年 / 463
关于建设粤港澳大湾区世界级城市群的政策建议
　　………………………………………………… 陆　铭 / 469
推进粤港澳大湾区开放创新的五大着力点
　　………………………………………………… 王昌林 / 474
如何激发粤港澳大湾区高质量发展的新动能
　　………………………………………………… 陈文玲 / 478
关于建立碳排放交易与粤港澳大湾区统一碳市场的政策建议
　　………………………………………………… 张中祥 / 482
"强核扩圈"：粤港澳大湾区空间发展新格局
　　………………………………………………… 陈鸿宇 / 486
完善全球价值链布局　提升湾区发展质量
　　………………………………………………… 林桂军 / 491

总报告

广州面向 2050 年城市发展战略方向与定位研究

谭　锐　郑永年①

摘　要：当今时代，国际冲突、经济失衡等多种风险因素叠加，并通过日益深化的全球化进程影响整个世界。为应对未来的不确定性，全球人口最多的城市，尤其是顶级的全球城市，纷纷制定中长期发展战略规划。纽约、伦敦和东京在近年都制定了新的综合性规划，这些规划能为广州未来的发展提供有益的参考。不过，每个城市都有自身的特殊性，广州在未来 30 年如何发展，必须立足于它所面临的特定问题以及外部的时代环境与发展条件。文章认为，全球化在未来只会加深不会弱化，作为中国经济双循环发展格局的重要支点，广州面临的竞争对手将更多的是国外的国际化大都市，因此必须对标、追赶和超越这些顶级城市，在城市定位上，广州可以把自己定位为"新时代活力全球城市"。在新的时代环境下，广州要通过更为深入和全面的开放和改革措施获取四个方面的关键活力，即经济活力、空间活力、制度活力及文化活力。塑造这四个方面的活力是广州的发展战略大方向。培育关键活力的最终目的在于使广州形成强劲的国际竞争力，并在全球城市等级体系中不断攀升，成为积聚和配置全球资源、持续涌现新增长动能的国际化大都市。

关键词：广州　2050　发展战略　城市定位

---

①谭锐，经济学博士，广东外语外贸大学社会与公共管理学院副教授，主要研究领域为城市与区域经济、产业政策、比较政治经济学。郑永年，政治学博士，香港中文大学（深圳）全球与当代中国高等研究院院长，教授，华南理工大学公共政策研究院学术委员会主席、广州粤港澳大湾区研究院理事长。主要研究领域为民族主义与国际关系、东亚国际和地区安全、中国的外交政策、全球化、中国政治等。

一、时代变革中的全球城市

在 21 世纪第二个十年结束之际,人们生活在一个比以往更充满不确定性和风险的时期。国际冲突、恐怖主义、经济低迷、贫富分化、社会矛盾、疾病流行等重大危机的出现预示着我们正在经历一个充满重大变革的时代。当今世界,一国的人口越来越集中于少数大城市中,城市也就自然而然地成为应对时代挑战的基本空间单元。那些作为全球政治、经济、文化中心的城市,如纽约、伦敦、东京等,纷纷推出了中长期发展战略规划,以便在充满风险的世界中继续前进。

(一)纽约:*OneNYC 2050*

历史上,纽约曾是美国的制造业中心和航运中心。随着信息时代的到来,纽约逐步转变成以金融业和服务业为主导的城市。位于曼哈顿下城金融区的华尔街奠定了纽约作为世界金融中心的地位,这里有两家最著名的证券交易所——纽约证券交易所和纳斯达克证券交易所,它们对世界金融资源的掌控使得纽约被誉为全球资本的首都。充裕的就业机会吸引了大量人口的持续流入。2017 年,纽约人口 860 万人,预计到 2050 年将超过 900 万人。[①] 人口的持续增长带来了居住、交通、环境以及公共服务方面的巨大压力。总体上来看,纽约的住房开发没有跟上不断增长的居住需求。纽约人房租负担沉重,超过 1/2 的纽约人要为住房支付 30% 的收入,而超过 1/4 的人要支付一半以上的收入。[②] 由于长期维护资金不足,导致地铁运行可靠性下降甚至频繁中断。公共汽车经常困在交通堵塞的街道上。这迫使纽约人寻求更昂贵的交通方式,比如出租车和网约车,而这又加剧了交通拥堵,降低了公共汽车等地上交通工具的效率,并导致城市空气污染加剧。

此外,过度的金融化使纽约甚至整个美国陷入了周期性危机之中,

---

① *OneNYC 2050*, p. 18.
② *OneNYC 2050*, p. 25.

2008年的全球金融风暴正是以纽约为中心扩散到全世界的。城市经济结构的失衡引发了纽约的一系列经济、社会问题，其中包括财富分配不公、社会流动性固化、劳动保障缺失等，而这些又会进一步演化为政治问题。纽约中低收入者的工资增长速度远远落后于整体经济的增长速度。与处于收入底层的占人口50%的人相比，处于顶端的占人口0.1%的人获取的收入总体上是前者的4倍，而超过40%的纽约人生活在贫困或接近贫困的状态。① 缓慢的工资增长和不断上涨的生活成本正威胁着纽约的中产阶级。白人和非白人家庭之间的财富差距甚至更大：在全美范围内，白人家庭的财富中值超过10万美元，而黑人家庭的财富中值徘徊在1万美元左右。这种分化有着深远的、长期的影响：黑人家庭的孩子由于父母贫困而难以获得良好的教育，教育上的差距会在孩子的一生中产生不良的经济后果，加剧几代人之间的不平等。

所有这些问题都极大地威胁到了纽约的长期发展。在深刻的危机之下，纽约市政府在2019年4月推出了"OneNYC 2050"发展战略（简称OneNYC）。② 到21世纪中期，纽约将会是什么样子？OneNYC描绘了未来的愿景：到2050年，纽约居民将超过900万人；不再依赖石油燃料，这一改变将为改善气候作出贡献；出行不再依赖汽车，更环保的出行方式得到普及；社区治安环境变得更加安全；经济发展更加强劲，能为所有人提供有保障的工作机会；每个纽约人都可以获得基本的医疗保障；每个儿童都有机会接受良好的教育服务；基础设施得到更新，变得安全可靠；纽约人能够积极参与到有活力的民主体制中。为了实现这些愿景，OneNYC设计了8个维度共30个议题的政策包。

（1）在"活力民主"维度，OneNYC致力于塑造一种有活力的民主体制，消除民主参与在种族和性别上的限制，扩大投票权，注重移民权利，让不同的社会群体都能充分参与到公民生活中来，在纽约居民和政府之间建立信任，修复紧张的社会关系。只有这样才能形成建设纽约未来的凝聚力。

---

① *OneNYC 2050*，p. 28.
② NYC：https://onenyc.cityofnewyork.us/strategies/onenyc-2050/.

（2）在"包容性经济"维度，考虑到技术变革对劳动就业保障造成的冲击，OneNYC 提出要增强劳动者的技能培训以帮助劳动者争取获得高薪职位，通过提高工资和福利为劳动者提供经济保障，扩大劳动者在财富分配中的话语权及创造健康的城市财政，以提高政府在保障劳动者福利方面的能力。

（3）在"繁荣的社区"维度，市政府将保护租户免受骚扰，建造和维护经济适用房，增加住房供应以降低居住成本。为了适应经济增长和解决各地区投资不均衡的历史问题，纽约市将致力于在所有社区建设安全、高质量的公园、文化中心和其他公共空间，并进一步加强社区警务，推进社区联防联治。

（4）在"健康生活"维度，为了消除不同社会群体之间的健康差距，市政府将致力于确保所有纽约人都能获得高质量且负担得起的医疗服务，并通过满足弱势群体的健康需求来促进公平。市政府将为所有居民提供方便快捷的健康服务，并通过保护城市环境实现环境正义。

（5）在"公平而卓越的教育"维度，市政府将增加对幼儿教育的投资，扩展儿童关键能力教育，并注重早期识字能力的培养。升级校舍，确保所有学生都能接触到代数、计算机和大学预修课程，以及大学预科项目。学校将帮助教师、学生和家长建立良好的互动关系，以便培养学生的自律能力，并改善他们的学习成绩。提升教学内容的多样性和包容性，使所有的学生都拥有平等的成功机会。

（6）在"宜居环境"维度，OneNYC 认为纽约要在应对全球气候变化的斗争中为全球树立榜样，通过电气化、投资清洁能源、大幅减少石油能源的使用和促进可持续交通来实现碳中和目标。政府将对环境气候的改善加大投资，并在新的清洁经济中创造绿色就业机会。政府将通过确保成本和利益在不同群体间的公平分配来促进环境转型。

（7）在"高效出行"维度，OneNYC 计划通过建立一个高效的交通网络，确保所有纽约人能够安全、经济地出行。为此，市政府将加大投资，对城市的公交、地铁、自行车和道路网络进行大规模升级改造，同时通过公平的拥堵定价计划和更严格的执法来减少拥堵。政府将致力于减少交通死亡事故，促进区域交通顺畅和货物的有效流动。

（8）在"现代化基础设施"维度，为配合城市发展的需要，OneNYC 计划对核心基础设施进行前瞻性投资。市政府瞄准了数字基础设施建设，以支持所有纽约人的互联互通，通过升级基础设施、利用最新技术，城市运行系统会变得更加安全可靠，并有助于缩小数字鸿沟。

（二）伦敦：*The London Plan 2021*

伦敦是一个极具魅力的全球城市，吸引了大量的投资者和游客。伦敦的人口超过 890 万，比苏格兰和威尔士的人口总和还要多。其经济占英国经济总量的近 1/4，若将其视为单独的经济体，伦敦在欧洲大陆排名第八，高于比利时、瑞典、奥地利和挪威。伦敦的知识经济蓬勃发展，在生命科学、技术和数字、文化和创意产业、先进的城市服务以及低碳环保产品和服务方面具有国际优势。伦敦经济是高度专业化的，金融和保险、信息服务、房地产、专业服务及教育培训等关键就业部门提供了大量的就业岗位，且有很高的生产率。这些领域的服务出口是伦敦实现对外贸易顺差的一个关键驱动因素。与此同时，伦敦还吸引了高额的外来投资。2003—2015 年，伦敦获得了英国所有外国直接投资项目 39% 的份额。①

不过，受英国脱欧等重大事件的影响，伦敦处于政治、经济、社会不确定性加剧的时期。由于英国脱欧，伦敦将全面受到影响，包括人口流入、商业投资、生产力增长以及总体产出等方面。而新冠疫情则重创了伦敦的服务业，如旅游、零售、餐饮等。研究预计，伦敦的经济增长率将由 2021 年的 6.4% 下降至 2022 和 2023 年的 5% 和 3.1%。② 此外，城市自身的诸多问题亦困扰着居民和管理者。自 2011 年以来，伦敦就业人数激增，2019 年就业总人数约为 600 万，③ 预计未来还会持续增长。这虽然是经济向好的表现，但也给城市系统的运转带来了巨大的压

---

① London and the UK, https://www.london.gov.uk/sites/default/files/london_and_the_uk_2019_report_fa.pdf（下同）。

② London's Economic Outlook, https://www.london.gov.uk/sites/default/files/leo‐autumn‐2021‐final.pdf。

③ London and the UK.

力。由于建设投资跟不上，这座城市交通系统的拥挤程度在英国首屈一指，基础设施老化也很严重，可供生产和居住的空间稀缺，这些都严重制约了经济的良性增长和市民的生活质量。改善这些问题都需要大量的公共和私人投资。

无论从财富还是收入来看，伦敦都存在严重的社会不公。如财富分配，底层家庭（占比50%）只拥有全体财富的5%，而最富有的家庭（占比10%）则占有60%以上的财富。住房成本是导致这一结果的重要因素。伦敦的新住房供应跟不上需求。在过去的20年里，伦敦的工作岗位增加了42%，人口增加了26%，但住房数量只增加了16%，这导致普通居民住房负担能力不足。如果将住房成本考虑在内，28%的伦敦人口生活在相对贫困之中。在伦敦市中心，这一比例上升到33%。① 这些对经济发展、消除贫困、增强社会和地域流动性以及提高社会福利都有不良影响。

2021年3月，大伦敦管理局（Greater London Authority，GLA）公布了新一轮的空间发展战略——*The London Plan 2021*（简称"伦敦2021"），② 这是一项集合了经济、环境、交通及社会发展议题的规划框架，向未来前瞻20～25年。此前的两任市长分别在2004年和2011年出台过相应的伦敦发展规划。"伦敦2021"的核心价值观是要促进伦敦综合的"良性增长"。所谓的良性增长就是，在社会和经济上兼容并包，在环境上可持续的增长。围绕这一核心观念，"伦敦2021"设定了六大愿景，包括：（1）建设强大而包容的共同体；（2）提高土地利用效率；（3）创造一个健康的城市；（4）满足伦敦人的居住需求；（5）促进经济良性增长；（6）提升城市效率及韧性。

规划的最大特点是以人的需求为导向，因为人是伦敦活力的最终来源。伦敦是世界上最多元化的城市之一，40%的伦敦人有黑人、亚洲人和少数族群背景，40%的伦敦人出生在英国以外，有100万欧盟公民生活在这个城市。伦敦超过1/5的人口在16岁以下，但在未来几十年里，

---

① Developing the evidence base for London's Local Industrial Strategy，https://www.london.gov.uk/sites/default/files/lis-evidence-base-interim-report.pdf.

② *The London Plan 2021*，GLA：https://www.london.gov.uk/sites/default/files/the_london_plan_2021.pdf.

伦敦也面临人口老龄化的问题，65岁及以上的人口预计将增加90%。[1]为了保持优势地位，伦敦必须以开放包容的态度欢迎每个人，允许他们分享这座城市的成功。为此，政府要全方位地考虑伦敦人的需求，为他们提供高质量、经济实惠的住宅，更好的公共交通连接，无障碍、舒适易达的公共空间和工作空间，以及有文化特色的高楼大厦，只有这样才能维持和发展强大包容的社区，满足伦敦多样化人群的各种需求。

为实现这些愿景，"伦敦2021"的政策组合涉及总体规划、住房、公共事业、经济、文化遗产、自然环境、永续基础设施、交通等八个领域。每个领域都有详细的政策措施与之对应。例如在经济领域，有11条政策措施，这些措施都与伦敦的经济结构特征密切相关。和许多服务业发达的城市一样，伦敦面临的最大问题是产业发展空间不足，地价铺租高昂，中小企业的商业活力受到抑制。为此，政府规划从城市内外圈层联动、促进关联产业集聚、重新布局产业空间、企业用地分类供应、应用数字技术分散办公等方面加以改善。此外，加强观光经济设施建设、提升劳动力技能及就业机遇、扩展零售市场网络等措施也受到重视。

（三）东京：未来东京战略

东京是与纽约、伦敦比肩的东亚城市，它的人口规模要比后两者大得多，2019年东京集中了全日本11%的人口，约1394万人。这些在大城市生活和工作的人，以及近25万家私营企业单位构成了东京旺盛的经济生命力。2018年东京GDP达到9630亿美元，占日本GDP的19.5%。东京的经济结构呈现高度服务化的形态，第三产业的GDP占比约为83%，其中商贸、信息、金融、房地产、专业及技术服务业是它的支柱产业。[2] 东京是日本国内外企业集中的商业枢纽，也是全球金融中心，东京证券交易所作为世界三大金融市场之一，拥有极高的世界影响力。东京雄厚的经济实力支撑着城市的综合发展，标志之一就是它于2020年第二次举办奥运会，此前是在1964年。

---

[1] *The London Plan 2021*. GLA：https://www.london.gov.uk/sites/default/files/the_london_plan_2021.pdf.

[2] 数据来源：《东京都统计年鉴 平成31年·令和元年》；Tokyo Sustainability Action。

作为一个深度全球化的城市，东京同纽约和伦敦一样，都面临着相同的全球性问题，非常典型的就是新冠疫情的冲击。新冠疫情深刻地改变着东京的方方面面：患病人数上升，医疗资源紧张，面对面的服务业受到打击，外出活动受限，在家办公的时间增加。人们的工作和生活方式因疫情发生了巨大变化，东京要对这些新常态做出应对。①

除了全球性问题之外，日本也有自己特殊的问题，首当其冲的就是超级老龄化社会的到来。虽然东京人口一直呈上升趋势，但预计在2025年将达到1423万的峰值，然后在2060年下降到1198万，比2015年减少10%左右。② 由于文化上的相对封闭以及出于保障国家与社会安全的考虑，东京并没有像西方世界的大城市那样通过大量吸收外国移民来扭转人口老龄化趋势。2019年，东京的外国人占比只有4%，相比之下，纽约有37%、伦敦有40%的人口出生在本国之外。③ 因此，东京仅仅依靠本地人口的自然变化是难以扭转老龄化的进程的。

在整个平成时期，东京经济经历了许多经济发展上的挫折，如泡沫经济破裂、亚洲金融危机、2008年金融危机等，经济增长率近年来一直徘徊在1%左右。④ 尽管日本政府采取了许多政策措施提振经济，但都无法令经济摆脱停滞的阴影。经济问题与人口问题纠结在一起，加大了落入低增长陷阱的风险：经济放缓导致就业压力加大，生育率下降，而生育率下降反过来又导致劳动力和消费减少的问题，拖累经济增速。

为了突破上述种种困扰城市长远发展的阻碍，东京都政府在2021年3月推出了面向未来20年的《未来东京战略》（简称《战略》）。⑤《战略》首先从几个方面描绘了未来的愿景，在宏观层面，东京对外面向全球竞争，对内整体上负责带动经济发展。《战略》指出，由于新冠疫情，社会的数字化转型正在加速。这种巨大的变革，是实现更美好社会的契机。例如，在人口减少的局面下，人工智能等尖端技术的发展，能

---

① 『未来の东京』战略，https://www.seisakukikaku.metro.tokyo.lg.jp/basic-plan/choki-plan/.
② Tokyo Sustainability Action，https://www.metro.tokyo.lg.jp/english/about/sustainable/documents/tokyo_sustainability_action.pdf（下同）。
③ 数据来源：《东京都统计年鉴 平成31年·令和元年》；OneNYC 2050；The London Plan 2021。
④ 数据来源：《东京都统计年鉴 平成31年·令和元年》。
⑤ 东京都政策企划局，https://www.seisakukikaku.metro.tokyo.lg.jp/basic-plan/choki-plan/.

节省人力、提高效率，从而解决东京劳动力供应不足的问题。在城市间竞争日趋激烈的情况下，东京必须以数字转型为杠杆，兼顾社会发展目标和企业的盈利能力，实现各类创新不断涌现、东京继续引领世界潮流的目标。东京的发展并不只是为了东京本身，通过加深与全国各地的合作，东京将为日本的整体发展作出贡献，与国内其他地区实现真正的共存共荣。

在城市层面，《战略》提出，要进一步提高东京的城市特色。城市的个性是由城市的"便利""趣味""乐趣""自然"等丰富心灵需求的要素决定的。《战略》以打造"安心东京、快乐东京、美丽东京"为目标——让人置身于东京，周围高度完善的设施和良好的治安能够确保其生命及财产无虞；能够享受到传统文化、娱乐活动和体育赛事带来的乐趣；人居环境与自然共生，丰富的绿色触手可及。通过这些要素，助力东京培育出其他城市所没有的多样魅力。

在微观层面，则要以人的发展为终极目标。《战略》认为，最重要的任务是保护和培育东京活力的源泉——人。具体包括：认真投资肩负未来的孩子，培养世界通用的人才；为了让孩子快乐健康成长，全社会共同支持育儿事业；创造一个无论多大年纪都能让人不断学习、不断面对挑战的环境；为了不造成贫困的连锁反应和新的贫富差距，要进一步充实安全网；从儿童到老人、女性、残疾人、外国人等，营造一个人人都能获得成就的社会。

为实现这些愿景，《战略》制定了详细的策略，这些策略可划归为经济、环境和社会三大领域，它们以122个推进项目的形式被予以落实执行。[①] 例如，在经济领域，有两个策略受到关注：一个是"智慧东京"策略，东京将充分利用数字技术，建立数据共享和利用系统，实现政府的数字化，这一策略对应着建设"东京数据高速路"的推进项目；另一个是提高收入潜力和创新能力策略，旨在汇集全球企业和来自世界各地的专业人士，将东京建成世界上最开放、最强大的经济和金融中心，这一策略将以"全球金融中心"推进项目为依托。

---

① *Tokyo Sustainability Action.*

（四）全球城市的发展战略方向

回顾全球顶级城市的战略规划，可以发现它们有许多共同之处，纽约、伦敦和东京（简称NLT）都不约而同地涉及相似的议题，包括经济竞争优势、公共服务、城市环境、新型基础设施以及城市文化。这些共同的议题实际上代表了全球城市未来重要的战略发展方向。

第一，持续保持城市经济的竞争优势。城市的首要功能是承载各类经济生产活动。经济活动的类型随着时代条件的变化而变化，这突出地反映在城市的产业结构变化之中。产业存在生命周期，在一个产业衰落之前，城市必须培植出新的增长产业，才能产生持续的资源集聚效应，使自身的竞争力得以延续。例如，纽约目前是全球最有影响力的金融中心之一，金融业既是城市的财富之源，同时也是风险之源。因此纽约也在努力摆脱对金融业的过度依赖，将自身打造成科技创新、文化创意、专业服务业和先进制造业中心，从而获得更稳定、更长远的增长动力。

第二，塑造高品质的城市生活环境。城市是人类经济活动最集中的地区，每天都在大量消耗资源和能源。人类在创造惊人的财富的同时，也产生大量的固体废物、废气和废水，这些废弃物成为城市及其周边地区环境污染的主要来源。城市能否在创造财富与环境保护之间寻求平衡对城市的长远发展起决定性作用，城市生态环境治理的好坏已经直接影响到城市的综合实力，因此，在NLT的发展战略中，都有专门章节强调建设绿色生态城市，倡导节能减排，阻止灾难性气候发生。例如，东京提出，将通过各种可能的方式，包括利用可再生能源和氢，到2050年实现碳零排放的目标。

第三，以前沿科技打造安全高效的城市。城市面临的最大压力来自不断增长的人口，如果不借助前沿科技手段，城市运行的效率很快就会达到极限。因此，全球众多城市都在致力于应用最新的交通和通信科技，构建高效率的城市运转系统。例如，伦敦致力于通过提升数字基础设施打造智慧城市，数字设施能够收集、分析和共享有关建筑、交通和自然环境性能的数据，包括水和能源消耗、废物、空气质量、噪音和交通拥堵等，这些数据可用于改进城市规划和功能设计。又如，东京提出，要以应对新冠疫情为契机，通过建设数据高速路，促进城市的数字化转型，包括建立数据共享和利用系统，推进行政数字化以及远程办公。

第四，城市文化内涵及形象塑造。每个城市的形成都是长期历史演化的结果，各种复杂的因素赋予了一个城市独特的空间形态、历史遗迹、群体组成、语言文化和集体记忆，这些东西既是区别于其他城市的身份标识，也是城市宝贵的资产。NLT都非常注重利用城市的文化资源来塑造自己的国际形象。例如，"伦敦2021"认为，伦敦的历史遗产和文化环境是独一无二的，它使伦敦成为一个充满活力的成功的城市，有助于塑造伦敦的世界级城市地位。城市文化发展战略已成为全球城市塑造软实力不可或缺的部分。

二、广州城市发展的使命与挑战

广州是国内城市中最早开始全球化的城市，汉唐时期就已是著名的国际商埠，自明代晚期起与世界的交流就从未间断。经过40多年的改革开放，广州在全球城市等级排名中快速攀升。2020年的GaWC全球城市排名显示，广州已经从2010年的第67位上升到了第34位，与旧金山、波士顿等城市同处"Alpha-"级。[①] 可以预见，随着我国综合实力的上升，广州将很快跻身全球城市前列。从这个意义上说，NLT当前面临的问题，也是广州在不久的将来会遇到的问题。因此，在探寻广州未来30年的发展路径之时，一方面全球顶级城市的战略规划无疑极具参考价值，尤其是在如何应对深度全球化方面，广州可以借鉴NLT的经验进行前瞻性布局。另一方面，正如NLT各有各的问题一样，广州在特定的发展阶段、条件和制度背景之下，也有自己特殊的使命和任务，对此，其他城市无法提供有益的经验，只能靠不断的实践来寻求自身发展之道。

---

① GaWC：https://www.lboro.ac.uk/gawc/gawcworlds.html.

（一）广州的地位与使命

2020年广州常住人口约1868万人，实际管理人口超过2200万人，在我国七个超大城市中排名第五，[①] 实际管理人口规模几乎是东京和纽约的总和。广州作为超大城市，具有非常重要的战略地位。超大城市是我国政治经济体制的产物，它们拥有其他城市所不具备的许多有利条件。在行政上，超大城市的行政级别较高，这意味着这些城市拥有较大的行政管理权限、财政资源配置权力，以及较多与中央直接沟通的机会，从而可以更容易地争取到中央的政策倾斜。从经济上说，这些城市在改革开放上先行一步，吸引了大量外资来发展工业，而且它们多数位于我国东部沿海地区，有利于展开国际贸易。第三产业已经在超大城市中占据主导地位，实现了经济结构服务化的转型，经济增长的速度和质量都明显优于其他等级的城市。经济上的繁荣带来了社会事业的进步，超大城市有充足的财力用于城市基础设施建设、科教文卫事业以及城市管理的现代化，营造了宜居、宜业的城市环境。在交通方面，超大城市一般都位于地理上的咽喉要冲，是全国性交通运输网络的枢纽，车站、机场、港口、道路、桥梁等交通基础设施齐全，承载着庞大的客货流通。

超大城市的这些综合优势吸引了全国近三成的人口流入，而且未来这一比例还会上升。超大城市对人口和经济资源在全国范围内的集聚和扩散有很大的决定作用。它们既能对周边及更广阔的区域形成辐射带动效应，又能产生虹吸效应，这取决于它们所采取的发展战略。由于每个城市都是相对独立的行政单位，相互之间存在竞争，每个城市都想尽可能地吸收资源，实现经济快速增长。当前，超大城市更多地产生虹吸效应，而不是人们普遍期待的辐射效应。学界认为，中国的城市化不是一般意义上的城市化，而是大城市化，即人口向少数的大城市集中。超大城市位于全国城市体系的顶端，只有它们率先实现功能优化，才能形成更有效率的城市体系，可见，超大城市是整个城市体系的"牛鼻子"。

---

① 数据来源：《广州市第七次全国人口普查公报（第一号）》《广州市人民政府工作报告（2020年）》《经济社会发展统计图表：第七次全国人口普查超大、特大城市人口基本情况》。

超大城市要发挥"牛鼻子"作用，首要任务是明确自身的功能，其次才是调整和优化。我国的超大城市大多位于东部沿海发达地区，属于《全国主体功能区规划》（2010年）所设定的国家优化开发区域，它们的主要功能在于：集聚国内外高端要素，推动产业结构向高端、高效、高附加值转变，率先实现经济发展方式的根本性转变，带动全国经济社会发展，引领全国的科技创新，在更高层次上参与国际分工及影响全球经济。我国的超大城市处于国内城市化的最前沿，在日益开放的全球环境下，它们代表国家参与全球竞争，在双循环格局的构建过程中，要更多地承担促进外循环的职能。因此，它们应该瞄准全球顶级城市的水准进行建设。

具体到广州，它一直扮演着对外交流窗口的角色。作为国际化大都市，广州已初具形态，但与纽约、伦敦、东京等世界先进城市相比还有较大差距。广州必须在世界城市体系中不断向上攀升，才能掌控和配置更多的全球资源，对周边区域形成强有力的辐射带动作用。广州的使命不止于促进外循环，更应发挥好国家中心城市的作用，成为我国构建国内国际双循环新发展格局的枢纽型节点城市。在国内，广州实现城市发展的理念和措施还将起到标杆示范的作用。在新常态下，国内许多领域的改革都遇到了瓶颈，发展需要新的动力。引入新活力、新要素有助于借助外力倒逼国内的改革和转型升级。国内有很多像广州这样的老城市，如武汉、成都、福州、南京、济南等，一方面这些城市沉淀了很多科教文卫资源，另一方面由于体制、政策、思路的原因，它们难以发挥自身巨大的潜力。如何破解这一难题，广州可在这方面为国内其他城市树立标杆并积累可复制的经验。

（二）广州城市发展面临的挑战

1. 产业结构转型升级迟缓

长期以来，广州工业发展过度依赖汽车、电子、石化三大主导产业，先进制造业支撑不足，新旧动能转换不充分。汽车产业，以日系为主的品牌结构抗市场风险的能力不够稳健。电子产品制造业主要集中在组装加工环节，内生发展动力较弱。石化产业受资源环境约束，难有较大的发展空间。人工智能、生物医药等新兴产业仍然停留在百亿级水平，占广州工业的比重不足10%。新兴产业带动作用弱，对工业增长拉动有限；同时，传统产业转型升级尚未完成，面对未来汽车市场竞争愈加激烈及电子产品市场高端化发展的趋势，IAB（信息技术、人工智能、生物医药）等战略性新兴产业重点项目大部分处于筹建状态，产能释放爬坡期长，动能转换需要时间。

广州作为商贸城市有着悠久的历史，以商业和进出口贸易为中心构建的服务业体系在城市经济中占据着重要的位置。广州的批发零售、交通运输、商务服务等行业体量大，但质量及效益有待提高。批发零售业是广州第一大行业，批发市场、百货超市等传统业态比重高，组织程度低、"小、散、弱"企业多、创税能力不强。广州虽然有南方航空、广铁集团、广州港等龙头企业，但与深圳相比，缺少顺丰速运、货拉拉、怡亚通等发展快、效益好的现代物流和供应链企业。广州商务服务业以广告、旅游等传统行业为主，近年来受互联网等新业态冲击，效益明显下滑。而深圳的总部企业数量更多，企业管理、咨询调查等创税能力强的业态更加活跃。总体而言，广州存在高端服务业规模偏小、龙头企业实力较弱、部分行业配套不足等问题，与国家中心城市、国际大都市的发展目标还不适应。

2. 高层次开放型经济体制仍需完善

广州参与"一带一路"建设能够快速推动高水平开放格局的形成，但目前参与的深度有待加强。一方面，广州企业对"一带一路"沿线国家和地区开展经贸合作仍处于起步阶段，投资区域主要集中在亚洲，投资项目普遍规模不大，国际竞争优势不强，缺乏像华为、海尔等具有国际影响力的龙头企业；另一方面，"一带一路"沿线国家和地区存在较大的地缘政治和社会动荡风险，经济发展水平普遍不高。由于缺乏专业的投资服务机构，企业缺乏获取信息的渠道，难以完整掌握有关地区的权威信息，对东道国法律、市场环境了解欠缺，另外境外安全风险预警和境外安全风险信息通报等也难以落实，导致广州企业跨国经营和风险防控能力不强。

广州作为粤港澳大湾区核心城市之一，参与大湾区一体化融合也是扩大开放的重要契机，但在"一国两制"的背景下，粤港澳拥有三个独立关税区、三种法律体系、三种货币，分属不同的市场体系，三地在行业监管、行业标准、职业资格、市场结构、社会管理等方面仍存在较大差异，阻碍了人、财、物、信息等要素的自由流动。内地与港澳虽然签署了CEPA系列协议，对港澳服务业的开放率已高达96%以上，但港澳投资者普遍反映广州存在"大门已开、小门未开"的情况。例如，广州仍然存在市场开放融合不足、专业人才职业资格壁垒未破、港澳居民在内地就业相关社保及子女教育困难等问题，制约了区域一体化发展。在CEPA框架协议下，由于"商业存在"服务模式项下金融等领域进入门槛较高且设置了经营范围限制，并且由于协议所列服务行业分类与国内行业分类及经营范围表达习惯不一致，导致港澳投资者申请准入过程繁琐、耗时长，影响了服务业对港澳投资开放的落地效果。

3. 城市空间形态更新阻力较大

土地和空间是城市最稀缺的资源，只有有效配置和利用才能提高城市的效率，而且城市空间需要根据经济发展以及时代条件的变化而进行动态调整。当前，广州在城市空间形态更新方面面临不少阻力，妨碍了广州向全球顶级城市的跃升。2009年以来，广州建立了城市更新政策体系，但其中法律位阶最高的《广州市城市更新办法》仅为政府规章。城市更新政策效力等级不高，由于缺乏上位法的支持，城市更新政策在实施过程中存在争议，也存在一定的行政风险、诉讼风险。操作层面，规划报建、消防验收等环节不符合存量房屋更新再利用的实际状况，尤其是微改造项目建筑退让、功能调整、增加辅助面积等方面均需结合改造的实际进行完善。

存量用地的再开发再利用涉及利益调整再分配，需兼顾原土地权利人、市场、政府多方主体的改造意愿和利益诉求，以现行规划技术标准制定的规划指标，往往不符合改造实际，其主要表现在两个方面：一是容积率方面，针对新增用地建设设置的容积率指标无法实现改造项目的成本与收益平衡，一些更新改造项目需要申请调整规划，影响项目实施进度；二是用地规划布局整体统筹方面，用地性质、土地用途、土地权属混杂，统筹组织成片连片改造的难度较大。

广州城市更新政策优惠力度有限，例如旧城镇全面改造，不能现状公开出让，市场参与动力不足。旧厂改造，工改商、工改居限制条件较多，改造收益返还优惠不够，集体旧厂改造的土地用途创新、产业资金扶持、园区运营管理等支持措施有待完善，影响了企业参与改造的积极性。历史文化街区保护、老旧小区微改造等项目目前主要依赖财政资金投入，需为社会资金投入构建更加畅通的渠道和平台。

4. 综合交通枢纽能级有待提高

广州综合交通枢纽功能和布局与国家中心城市的定位和建设全球交通枢纽的要求仍有差距。广州白云国际机场国际航点数为 87 个，与上海浦东机场（129 个）、香港国际机场（151 个）、首都国际机场（131 个）还有较大差距，需进一步开拓国际航点和航线；广州港外贸集装箱航线 91 条，约为深圳（226 条）的 2/5，广州港全球贸易水平有待提升；铁路枢纽尚未开通国际客运班线，高端服务功能不完善，辐射能力还需加强。广州白云国际机场和广州火车站两大客运枢纽现状能力难以适应未来枢纽功能定位和旅客出行需求。广州火车站目前车站规模为 4 台 7 线，另有客车短线 2 条，设计日均旅客发送量 3 万人次，现日均旅客发送量达到 6.86 万人次，最高旅客发送量达到 15 万人次/日，车站能力利用已至极限。目前广州主城区与白云国际机场、广州南站已有地铁通达，但客运枢纽之间互联互通有待加强，广州枢纽与珠江三角洲地区其他城市之间缺乏快速轨道交通联系，枢纽衔接疏散效率不高。广州港南沙港区尚未建成疏港铁路，集疏运网络有待完善，广州港口辐射潜力和服务功能尚未充分发挥。

随着城市规模的快速扩张，以及城市功能和产业布局调整，一些位于城区中心地带的客货运枢纽，如广东省汽车站、广州市汽车站、广州港内港港区和黄埔老港等枢纽与城市区域功能和产业升级要求逐渐不匹配，需要逐步外移或转型升级。广州既有的高铁站场布局逐渐不能适应旅客整体便捷出行的需求，降低了广州枢纽高铁服务效率和竞争力；广州站、广州东站、广州南站、广州北站难以支撑广州城市空间发展战略及国家铁路枢纽服务功能，需在城市主要发展方向的南部南沙副中心、东部增城区和主城区规划新的客运场站，改扩建既有客站，提升客运功能。分散布局的铁路货场使列车频繁穿越城市，对城市影响加剧；多数货场处于主城区，与城市核心功能不匹配，发展空间不足。

5. 城市文化综合实力相对较弱

广州丰富的历史文化资源还没有得到充分的利用，对内对外吸引力不足，没有转化为强有力的文化竞争力和影响力。从文化资源吸引力来看，在世界文化遗产数量方面，北京、伦敦、巴黎排第一梯队，纽约、东京、新加坡排第二梯队，广州还没有实现零的突破。从国际游客数量来看，纽约、伦敦、巴黎、东京、新加坡、香港排第一梯队，广州每年接待量仅为308万人次，与世界主要发达城市相比有不小的差距。对比国际先进城市，广州有羊城、花城、千年商都、美食之都等多个城市品牌形象，但形象集聚度偏低。广州缺乏对城市形象的艺术化塑造、现代化呈现和市场化传播，对优秀传统文化和非遗文化产品的开发较弱，缺乏一系列能凝聚其精髓个性、令人过目不忘的品牌符号，具有岭南特色、主题鲜明的系列城市文化产品较少。

广州是传统媒体大市，近年来受互联网和新媒体冲击的影响，传统媒体优势下滑，面临受众流失、广告流失、人才流失、增长乏力等挑战。从传媒实力来看，广州处于第三梯队，在广告、媒体跨国公司数量方面仍有较大差距。融媒体内容形式创新不足，缺乏有吸引力的融媒体平台，传统媒体和新媒体之间资源流通共享不畅，技术支持不到位，媒体融合依然存在"融而不合"等问题。传播手段较为单一，话语体系未能紧跟时代发展。从知名文化节事活动来看，纽约、巴黎、东京和北京、上海都有在国际上具有较大影响力的电影节，广州影响力较大的目前只有中国（广州）国际纪录片大会，还缺乏具有影响力的国际电影节，广州文化产业交易会才刚刚起步。从城市国际形象塑造来看，广州国际城市形象辨识度弱，国际传播话语体系建设仍较滞后，主要表现为优质内容原创力不足、议题设置能力较弱、城市文化和形象传播方法手段有待改进。

三、广州2050：新时代活力全球城市

（一）面向2050年的目标与定位

面对上述诸多挑战，广州的城市发展如何在未来30年实现质的突破？这首先要明确城市发展的目标。广州应在2050年建成"新时代活力全球城市"。"新时代"是指广州面临的时代环境，它是广州有所作为的约束和条件。当今世界经济处于急剧变动的时期，中国正面临百年未有之大变局，广州需要认清其中蕴含的机遇与挑战，顺应历史潮流，再次担当起在新环境下探索改革开放路径的重任。"活力"是广州城市发展的关键所在，也是构造新的比较优势的过程。"全球城市"具有三个重要特征，一是在全球范围内对重要的经济资源具有控制和指挥的能力，二是生产力高度发达，三是深度融入全球交通运输网络。在日益开放的今天，广州的竞争对象已不再局限于国内城市，它会更多地面对来自世界其他城市的竞争。因此只有以世界顶级城市为参照标准，才能不断地提升广州的城市发展水平。

在新时代活力全球城市的目标之下，广州需要多维度的定位丰富其内涵。全球城市有多种类型，它们在世界城市经济分工体系中扮演着不同的角色。广州在长期的城市演化过程中形成了以商业和贸易活动为主体的城市经济结构。然而，随着时代变革，单一的商贸功能并不足以支撑城市的长远发展，它应该有更加多元化的、综合、具有创新性的职能。2019年年初，《粤港澳大湾区发展规划纲要》提出，广州要充分发挥国家中心城市和综合性门户城市引领作用，全面增强国际商贸中心、综合交通枢纽功能，培育提升科技教育文化中心功能，着力建设国际大都市。2021年4月发布的《广州市国民经济和社会发展第十四个五年规划和2035年远景目标纲要》则提出，到2035年，广州要"建成具有经典魅力和时代活力的国际大都市，成为具有全球影响力的国际商贸中心、综合交通枢纽、科技教育文化医疗中心"。基于国家和地方发展的战略需求，以及全球城市的特征，面向2050年的广州可以定位为全球商贸中心、全球科创产业中心、全球综合交通枢纽、全球文化创意之都。

第一，商业和贸易是广州经济结构的根基。多年来，广州的定位一直十分清晰，就是建成中国最强大的商贸中心和商业城市。且不说上百年前的"一口通商"时代，就说中华人民共和国成立后的"广交会"、改革开放初期的"前沿地"和"试验田"以及近十年来的国家中心城市布局，无一不是将广州定位为国内国际商贸中心。把广州定位为全球商贸中心城市，体现了城市演化的连贯性。未来，广州要与更多的国家建立贸易伙伴关系，进一步扩展和深化商贸合作内容，从国际商贸中心升级为全球商贸中心。

第二，科技是世界历史进步的原动力，也是新的历史条件下城市竞争力的内核。广州是一个超级大城市，按照经济发展规律，达到这样规模的城市一般以知识和技术密集型产业为支柱。广州有良好的基础和条件成为全球科创产业中心，工业门类齐全，产业链条完整，可依托《中国制造2025》、战略性新兴产业发展等相关政策，实现原有制造业的转型升级。同时，广州高校科研院所集中，人力资本丰富，文化自由开放，广州通过推进知识与产业的融合能够培育出高端技术及产业，由此形成城市新的核心竞争力。

第三，随着全球化进程的深入，商品、人员、资本等生产要素在全球范围内的流动速度加快，一个城市如果没有高效、便利、通达的交通运输系统，对各种资源的吸纳和周转将会出现阻滞，难以融入全球城市网络以汲取更多的发展资源。长期以来广州一直是南中国的交通枢纽，虽然国内铁路、公路、航空、河运线路发达，但面向全球的海空通道相对有限，这制约了广州接入世界的能力。广州建设全球综合交通枢纽，就是要在原有基础上提升能级，不断向全球顶级城市靠拢。

第四，当经济发展到一定阶段，文化的力量就会显现出来。一方面，文化作为消费品，以文学、艺术、历史等形式存在，它能够给人以精神上的愉悦，可以陶冶情操，构筑和谐社会；另一方面，文化作为资本产品，以思想、方法、逻辑、法则等形式存在，它能够帮助建立秩序，提高工作效率，激发新思维。无论是哪一方面，文化都是维持健康的经济体所必须的。具有竞争力的全球顶级城市无不以包容、开放、创新的文化氛围吸引着来自世界各地的人才和游客。将广州定位为全球文化创意之都，旨在以兼收并蓄、求同存异的态度汲取世界文化的养料，培育有特色、有魅力、有能量的城市人文环境，为各种创新性行为提供精神的沃土。

（二）新时代活力全球城市的内容结构

2018年10月习近平总书记广州调研时提出，广州要在四个方面"出新出彩"，即增强综合城市功能，提升城市文化综合实力，构建现代服务业体系，以及培育现代化国际化营商环境。这四个"出新出彩"实际上高度概括了构建新时代活力全球城市的四个维度，在此我们要作扩展性的理解。四个"出新出彩"可以对应四种城市活力，即经济活力、空间活力、制度活力，以及文化活力。这四个维度也为我们构建评价指标体系，评估城市的动态竞争能力提供了框架。

第一，经济活力来自产业结构转型升级。一个城市最重要的功能是生产功能，经济生产活动决定了城市的其他特质。纵观全球范围内有影响力的大都市，如伦敦、纽约、东京、旧金山等，无不以金融、科技研发、商业服务、信息服务、教育培训、出版、文化创意等现代服务业为支柱产业。广州的服务业所占比重也较高，但集中在批发零售、交通运输、商务服务等体量大、附加值相对较低的行业，亟需提高质量和效益。与此同时，广州还要大力发展金融、科技研发、信息服务等具有高附加值的服务业。经济活力不仅来自现代服务业，还来自制造业，广州必须借助《中国制造2025》、IAB和NEM发展战略、建设广深科技走廊等重大机遇加快制造业的转型升级进程。

第二，空间活力来自综合城市功能的提升。要支撑起与世界各国的贸易往来，城市对内对外的交通网络、信息处理系统、建筑、功能区都是贸易活动得以顺利进行的基础。以交通网络为例，广州航空枢纽在全球网络拓展方面相对不足，限制了国际旅客的吞吐量。广州信息设施的全球连通度明显低于伦敦、纽约、东京和新加坡等全球顶级城市。除了交通通信基础设施建设，空间活力还来源于多个方面。城市的物理形态具有周期性，必须通过城市更新盘活土地资源，改善城市面貌与形象。智慧城市建设能够提升城市的运转效率和宜居程度。为提高城市经济效率，需要进行功能区块的合理布局，以便理顺城市内部各区之间的分工合作关系。

第三，制度活力来自城市政府的体制机制改革。政府管理着城市，同时也掌控着城市的大部分发展资源。政府决定着营商环境的好坏。建设现代化国际化营商环境有助于营造公平竞争的市场环境，降低企业生产经营成本和交易成本，增强对国内外投资者的吸引力。政府决定着国企经营权限的大小。国企由于其所有权的特殊性质需要接受政府监管，政府管什么范围、管什么事务、管什么环节，直接影响着国企应对市场变化的能力及经营效益。政府决定着事业单位获得财政支持的多少。对科技创新和人才培养至关重要的高校科研院所依赖政府的财政拨款，政府拨款对科研及培养工作具有引导性，要激发事业单位的活力就要创新政府对财政拨款的管理方式。总之，政府的体制机制活了，市场就活了，国企就活了，事业单位就活了。

第四，文化活力来自文化综合实力。较强的文化竞争力是城市经济发展到高级阶段的产物，而反过来，文化竞争力又会通过吸引人才、激发灵感、创造身份认同、陶冶情操等方式推动城市经济发展。文化综合实力与创造力紧密相连，文化综合实力强的城市往往也具有旺盛的创造力。20世纪末以来，创造力越来越成为公共领域和私人领域成功发展的核心理念，城市发展也不断融入全球性的"创造力博弈"之中。"创意城市"作为以高新技术为依托的创意活动（如设计、技术、制造、商业、文化和艺术等）、创意产业（如微电子技术、生物技术、时装业、电影产业或商业服务业等）的集聚空间，在战略规划上被用来促进高新技术产业和各种文化产业的发展，不断推动城市获得经济社会发展的区域竞争优势。

（三）抓住激发城市活力的关键要素

广州未来30年的城市发展任重道远、千头万绪，我们必须抓住关键要素，谋求新产业、新人才、新科技、新空间，以此来为城市发展注入活力。

首先，城市要保持经济活力，最重要的是要不断地更新产业技术，追赶产业技术前沿。由于一个产业的发展具有特定的生命周期,即经历"导入—成长—成熟—衰退"四个阶段,当城市的主导产业进入衰退期,如果没有提前引入和培育新的产业,城市就不可避免地随着旧的主导产业衰落下去。城市需要不断地引进新的生产技术,用以改造旧有产业,提升产出效率,或者使用新的生产技术形成新的产业以取代旧有产业。前述四个大城市的持续发展无不得益于前瞻性的新旧产业的有序接替,这些城市无不实现了从劳动密集型制造业向知识技术密集型制造业的转变,从以制造业为主逐步蜕变为以高附加值的生产性服务业为主。相反,有些城市尽管辉煌一时,其发展却不可持续,如美国的汽车城底特律,以及中国东北的一些城市。

其次,城市最基本的组成要素是人,人口和劳动力结构、人力资本水平、社会关系网络、家庭结构、人口流动都直接关系到城市的发展路径和质量。人才是对城市发展具有重要作用的人口群体,技能、知识、经验、思想、社会资本都附着在人才身上,人才的引入会引起城市内部经济、社会、政治结构深刻而久远的变化,对于自然资源禀赋缺乏的城市来说,如新加坡,人才更是一种宝贵的资源。在知识经济引领增长的时代,城市增长最终依靠的是人才。人有生命周期,城市要长期保持活力,人才更新的工作就时刻不能放松,必须通过人才竞争保持大量的储备人才,确保城市拥有充足的、可持续的发展后劲。

再次,要运用前沿科技打造高效、安全、快速、清洁的城市。包括人工智能、物联网、5G、云计算、新能源、新材料等在内的前沿科技在城市治理中有广阔的运用前景。在优化营商环境方面,城市可以依托政府信息共享平台和数据统一开放平台,推动政府信息共享和公共数据资源开放,提升行政效能。在交通治理方面,可以构建"城市交通大脑",实现对客流、车流、路况、交通环境等交通全要素的实时感知、综合分析、趋势预测等,疏导交通流量,降低堵塞。在便民服务方面,可以打造"互联网+医疗"品牌,实现挂号、医疗缴费、接种预约、检验检查报告查询、家庭医生签约等惠民便民服务。

最后,空间是城市发展的物理载体,城市的老化最明显的外在表现就是空间的老化。空间老化体现在多个方面,例如原有空间格局已不能承接新的功能，空间逼仄混乱，利用达到极限，附着设施老化（如建筑物、水电气系统、通信系统），空间功能碎片化等。老化的城市空间不仅占用宝贵的城市发展空间，同时还因难以与新开发城区对接而形成功能孤岛。四大全球顶级城市都在不同程度上面临着城市空间老化的问题。面对这种情况，它们寻求的出路包括几个方面：一是要进行旧城改造，盘活存量土地资源；二是要利用现代化手段提高城市空间的利用效率；三是要开发新的土地，作为新的发展空间或促进城市整体改造的腾挪空间。

四、抓住机遇，实现跃升

当前及未来较长一段时间，广州城市发展的最大机遇在于粤港澳大湾区建设这一重大国家战略。

例如，随着中美两国的技术竞争越来越激烈，美国积极推动中美"高科技脱钩"，借此遏制、打压中国高科技领域的创新力和竞争力。为应对这种风险，第一，广州需要以更加开放的态度加强国际高科技研发和应用转化方面的合作和交流；第二，广州要努力突破"卡脖子"技术和关键前沿领域技术的研发、创新和应用；第三，广州要培育出关键核心技术领域所需要的科技领军人才和创新团队。粤港澳大湾区是人才和技术创新的聚集区，肩负着破解国际围困重任。广州通过主动融入大湾区的协同创新和全球创新网络，可以加速形成高水平人才中心和国际科技创新中心，成为国家战略科技力量的重要节点。

又如，2021年9月，中国正式申请加入《全面与进步跨太平洋伙伴关系协定》（CPTPP）。该协议被视为超越了亚太现有自由贸易协定水平的高标准协定版本，具有全球新一代贸易规则的典型特征。正如WTO给中国经济发展带来巨大机遇一样，CPTPP很有可能成为中国第三次开放的重要契机。然而目前CPTPP的影响远没有释放出来，其中的潜在风险也难以预测，粤港澳大湾区获得试点的可能性很大。如果广州能够率先对标CPTPP的要求和规则，城市活力将会得到极大的提升。

2021年9月，中共中央、国务院相继印发《横琴粤澳深度合作区建设总体方案》和《全面深化前海深港现代服务业合作区改革开放方案》两份重要文件,这表明大湾区建设进入了"以点带面"的深化阶段。作为湾区核心城市之一,广州也必将获得中央和广东省对其全面制度创新以及粤港澳深度融合先行先试方面的政策支持。在这种情况下,广州要把握机遇,积极行动,敢想敢做,为广州在2050年建成新时代全球活力城市迈出坚实的步伐。

参考文献

［1］东京都政策企划局. 未来东京战略［R］. 2021. https://www.seisakukikaku.metro.tokyo.lg.jp/basic-plan/choki-plan/.

［2］陶达嫔. 广州城建开发民资难介入:城市建设与管理蓝皮书建议BRT建设可引民资助力［EB/OL］. http://epaper.southcn.com/nfdaily/html/2014-08/26/content_7343453.htm.

［3］GREATER LONDON AUTHORITY. Developing the evidence base for London's local industrial strategy-interim report［R］. 2019. https://www.london.gov.uk/sites/default/files/lis-evidence-base-interim-report.pdf.

［4］GREATER LONDON AUTHORITY. London and the UK: a declaration of interdependence［R］. 2019. https://www.london.gov.uk/sites/default/files/london_and_the_uk_2019_report_fa.pdf.

［5］GREATER LONDON AUTHORITY. London's economic outlook: autumn 2021: the GLA's medium-term planning projections［R］. 2021. https://www.london.gov.uk/sites/default/files/leo-autumn-2021-final.pdf.

［6］GREATER LONDON AUTHORITY. The London plan 2021: the spatial development strategy for greater London［R］. 2021. https://www.london.gov.uk/sites/default/files/the_london_plan_2021.pdf.

［7］NEW YORK CITY. OneNYC 2050: building a strong and fair city［R］. 2019. https://onenyc.cityofnewyork.us/strategies/onenyc-2050/.

［8］TOKYO METROPOLITAN GOVERNMENT. Tokyo sustainability action［R］. 2021. https://www.metro.tokyo.lg.jp/english/about/sustainable/documents/tokyo_sustainability_action.pdf.

分 报 告

• 科技创新与产业发展篇 •

导 言

《广州市国民经济和社会发展第十四个五年规划和2035年远景目标纲要》强调,广州要以"双区"建设、"双城"联动为战略引领,做强人工智能与数字经济、城市更新"双引擎",加快建设科技创新强市、先进制造业强市、现代服务业强市、人才强市、文化强市,提升国际商贸中心、综合交通枢纽、科技教育文化医疗中心功能,完善现代金融服务体系和现代流通体系,统筹发展和安全,为广东省打造新发展格局的战略支点发挥重要支撑作用,在广东省全面建设社会主义现代化国家新征程中走在全国前列,为创造新的辉煌勇当排头兵。

加快构建新发展格局,着力推动高质量发展。一要巩固壮大实体经济根基,建设更具竞争力的现代产业体系。坚持把发展着力点放在实体经济上,提升产业基础高级化和产业链现代化水平,构建现代产业体系,培育战略性新兴产业增长引擎,打造先进制造业强市和现代服务业强市。二要加快数字化发展,建成国际一流智慧城市。深入实施数字中国战略,加快建设数字经济、数字社会、数字政府,以数字化转型整体驱动生产方式、生活方式和治理方式变革,建设数字经济引领型城市。三要服务构建新发展格局,打造国内大循环中心节点城市和国内国际双循环战略链接城市。把握扩大内需战略基点,深化供给侧结构性改革,做强综合门户枢纽功能,畅通产业循环、市场循环、经济社会循环,为全省打造新发展格局的战略支点发挥重要支撑作用。四要扩大高水平对外开放,构建开放型经济新格局。坚持实施更大范围、更宽领域、更深层次对外开放,提升投资贸易自由化便利化水平,深化商品和要素流动型开放,深化国际合作,实现互利共赢,率先推动全方位高水平开放。

五要构建国际一流营商环境，增创改革发展新优势。以优化营商环境引导改革重点突破、整体推进，充分发挥市场在资源配置中的决定性作用，更好地发挥政府作用，推动有效市场和有为政府更好的结合。六要推进"双区"建设、"双城"联动，引领国际一流湾区和世界级城市群建设。强化国家中心城市核心引擎功能，服务带动全省"一核一带一区"建设，支撑引领粤港澳大湾区建设国际一流湾区和世界级城市群。

大力实施创新驱动发展战略，加快建设科技创新强市。一要加强战略科技力量建设。积极锚定重大科技基础设施、国家和省级实验室等重大平台建设，充分发挥现有国家重大科技创新平台的作用，组织大院大所大平台在最迫切领域集中最优势资源攻关，为打造服务全省、辐射华南、链接全球的战略科技力量提供坚强的"硬科技"支撑。二要培育壮大科技创新型企业。强化企业创新主体地位，坚持科技创新型企业数量扩张与质量提升并举、提高企业创新能力与壮大企业规模并重，推动产业链上中下游、大中小企业融通创新，培育具有国际竞争力的科技创新型企业集群。三要建设全球人才创新创业高地。深入实施"广聚英才计划"，深化人才发展体制机制改革，全方位培养、引进、用好人才，形成"才源广进"工作格局，充分发挥人才第一资源的作用，营造近悦远来、栓心留人的人才发展环境。四要创建科技体制机制改革先行区。围绕创新链、产业链、人才链完善政策体系，深化科技领域"放管服"改革，加快协同创新和科技成果转化，打造知识产权保护和运用高地，构筑科技金融服务生态圈，深化国际科技开放合作。

本部分包括三篇报告。第一篇报告提出了"技术性能—应用场景—产业经济"的技术经济范式研究框架。作者认为，广州以5G为引领的数字新基建超前布局、全国领先，数字科技和数字经济发展迅猛，成为推动广州城市高质量发展的重要引擎。广州需要全力打造全球数字科技策源地、全球数字技术研发试验高地和全域最丰富应用场景、数字经济集聚区。第二篇报告所述现代产业体系包括以制造业为代表的实体经济、生产生活性服务业以及为产业通畅运行所必须具备的交通、通信、能源等基础设施产业等几个部分，具有创新性、开放性、融合性、集聚性和可持续性特征，能够集聚技术、人才、资本、信息等生产要素,并满足新型产业体系科技含量高、附加值高、能耗低、污染低的要求。第三篇报告认为广州发展数字贸易有助于形成外贸代际新优势,符合自身经济发展战略且提供了新的经济增长点;广州重视发展数字经济,数字科技创新资源不断集聚,产业数字化基础/外贸基础/网络设施基础日渐雄厚,逐渐形成服务业和跨境电商业态发展优势;报告提出完善监管模式、推动数据市场化进程、扩大数字基础设施投资、加强财政金融扶助等发展数字贸易的对策。

广州建设数字经济引领型城市的科技创新路径与对策

周锐波[①]

摘　要：发展数字经济和建设数字经济引领型城市，是广州把握新一轮科技革命和产业变革新机遇的战略选择，也是广州推动实现老城市新活力、"四个出新出彩"，提升城市综合能级和核心竞争力的重要手段。广州以5G为引领的数字新基建超前布局、全国领先，数字科技和数字经济发展迅猛，成为推动广州城市高质量发展的重要引擎。广州要建设数字经济引领型城市，必须充分利用我国海量数据和丰富应用场景优势，全力打造全球数字科技策源地；促进数字技术与实体经济深度融合，赋能珠三角传统产业转型升级，催生新产业新业态新模式，打造全球数字技术研发试验高地和全域最丰富应用场景；以"双十"产业集群为抓手，携手粤港澳大湾区打造全球规模最大、链条最完整的数字经济集聚区。本课题研究根据"数字新技术引领下催生新产业、新业态、新模式"的研究思路，提出了"技术性能—应用场景—产业经济"的技术经济范式研究框架。

关键词：数字经济　数字技术　科技创新　广州

引言

2021年10月18日，中共中央政治局就推动我国数字经济健康发展

[①] 周锐波，华南理工大学经济与贸易学院副教授，主要研究领域为区域经济与城市创新发展等，代表性成果有《中国城市创新能力的时空演化及溢出效应》等。

进行第三十四次集体学习。习近平总书记在主持学习时强调，要"把握数字经济发展趋势和规律，推动我国数字经济健康发展"；"充分发挥我国海量数据和丰富应用场景优势，促进数字技术与实体经济深度融合，赋能传统产业转型升级，催生新产业新业态新模式，不断做强做优做大我国数字经济"。可见，数字技术革命和数字经济发展是我国把握引领新一轮科技革命和产业变革新机遇的战略选择，也是推动传统产业改造升级、新兴产业发展壮大，构建现代化经济体系的重要抓手。

"近年来，互联网、大数据、云计算、人工智能、区块链等技术加速创新，日益融入经济社会发展各领域全过程，数字经济发展速度之快、辐射范围之广、影响程度之深前所未有，正在成为重组全球要素资源、重塑全球经济结构、改变全球竞争格局的关键力量。"① 笔者根据数字"新技术引领下催生新产业、新业态、新模式"的研究思路，构建起"技术性能—应用场景—产业经济"的技术经济范式研究框架。

本课题的主要结论：（1）数字技术将引发新一轮科技革命和产业变革，其"发展速度之快、辐射范围之广、影响程度之深前所未有，正在成为重组全球要素资源、重塑全球经济结构、改变全球竞争格局的关键力量"。因此，着力发展数字技术和数字经济是广州把握新一轮科技革命和产业变革新机遇的战略选择。（2）广州5G信息网络和数字基础设施建设全国领先，并拥有市场规模较大、产业门类完整、数字经济发达、应用场景丰富等优势，具备抢抓数字技术和数字经济发展先机、抢占未来发展制高点的条件。（3）数字经济和实体经济的融合发展，催生了新兴数字产业的增量发展，也促使传统产业数字化转型的存量改进，加速重构了现代化产业体系。广州应以"双十"产业集群为抓手，携手大湾区打造全球5G产业集聚区；应以投资端和应用端"两端"联动为抓手，打造全球最丰富的5G应用场景，加速5G技术创新和应用推广；应以产业链和创新链"双链"互动为抓手，抢占全球数字科技创新中心。（4）数字技术变革和行业技术溢出趋势明显，成为拉动全社会技术创新的核心力量，并出现科技创新空间集聚、集群涌现效应。

---

① http://www.gov.cn/xinwen/2021-10/19/content_5643653.htm.

数字技术，特别是云计算、大数据、系统软件等数字算法技术正成为沟通 5G 网络与行业应用的关键使能技术（Key Enabling Technologies，KETs）。

一、把握新一轮科技革命和产业变革

2021 年 10 月 18 日，习近平总书记在主持中共中央政治局第三十四次集体学习时强调："发展数字经济是把握新一轮科技革命和产业变革新机遇的战略选择。一是数字经济健康发展有利于推动构建新发展格局，数字技术、数字经济可以推动各类资源要素快捷流动、各类市场主体加速融合，帮助市场主体重构组织模式，实现跨界发展，打破时空限制，延伸产业链条，畅通国内外经济循环。二是数字经济健康发展有利于推动建设现代化经济体系，数字经济具有高创新性、强渗透性、广覆盖性，不仅是新的经济增长点，而且是改造提升传统产业的支点，可以成为构建现代化经济体系的重要引擎。三是数字经济健康发展有利于推动构筑国家竞争新优势，当今时代，数字技术、数字经济是世界科技革命和产业变革的先机，是新一轮国际竞争重点领域，我们要抓住先机、抢占未来发展制高点。"

（一）5G 应用引领下的数字技术革命

1.5G 的技术迭代和性能

5G 技术是指目前最新一代即第五代的移动通信技术。它是在 2G、3G 和 4G 技术上的延展和扩展，具有高速率、低延迟、大容量和通用链路的特点。国际电信联盟界定 5G 技术的基本标准是，峰值容量为 20gbps，用户体验速率为 100mbps，端到端延迟为 1 毫秒，每平方千米 100 万个连接。这包括了应用场景的三大基础技术性能：一是增强移动宽带（eMBB）；二是海量机器类通信（mMTC）；三是超可靠低时延（uRLLC）。

2.5G 的技术优势和特点

从具体技术特点来看，5G 技术将提供卓越的用户体验和前所未有的物联网连接，有以下四个显著优势：

高速度：用户体验的速度可达 100mbps ～ 1gbps，可支持移动虚拟现实、VA/AR 等极限商务体验。

大容量：连接物数可高达 100 万个/km^2 的密度，能够同时满足海量设备接入网络。

低时延：数据传输时延可控制在毫秒量级，能够满足对实时性要求较为苛刻的应用场景。

广应用：5G 网络的应用范围大幅增加，能够实现万物互联。

基于 4G 的 5G 移动通信技术的产生转换使系统性能实现指数级提高。相对于 4G 技术，5G 是一种全新的、万物互联的网络架构，并在峰值速度、流量密度、网络时延、移动性等方面实现巨大飞跃，进而开启人工智能、数字经济新时代。

3. 5G 数字技术行业应用

5G 应用和行业融合发展是促进经济社会数字化、网络化和智能化转型的重要引擎。当前，经济社会不断数字化转型，5G 移动通信技术是最为重要的核心推动力。5G 网络与大数据、云计算、人工智能等技术的融合，能够使得人和电子设备相连，为各行各业的数字化转型提供最为关键的基础设施。

5G 作为新一代的移动通信技术，具有增强型移动宽带（eMBB）、海量机器类通信（mMTC）及低时延高可靠通信（uRLLC）三大技术性能和行业应用优势，打破了人与人、人与物、物与物之间的界线，开启了万物互联、数字网络的新时代。当前，5G 信息基础设施、技术标准、产业生态、行业应用等都取得突飞猛进的发展，5G 场景化行业应用落地成为业界关注的焦点。结合 5G 的技术能力特点，其行业应用可分为三个主要维度：

首先，利用增强移动宽带（eMBB）实现海量数据实时传送，5G 通过网络数据链接带给客户随时随地、身临其境的"真实"体验，能够在超高清视频、浸入式游戏等领域广泛应用，促进人类与电子设备的互动和用户体验的提升。

其次，利用大规模链接和海量机器类通信（mMTC），5G 网络深度融入城市、家居、工厂等生产生活领域，形成智慧城市、智能工厂等典型应用场景，提高社会经济各行各业的智能化管理水平。

最后，基于超高可靠和超低时延等更加出众的网络通信性能，5G在车联网、移动医疗、工业互联网等需要实时机械控制、同步自动化的领域的广泛应用，也是未来5G应用的高端重点领域和主要发展趋势（表1-1）。

表1-1 5G主要技术性能和行业应用优势

5G技术性能	主要技术参数	行业应用优势	典型应用场景	主要行业应用
增强型移动宽带（eMBB）	传输速率：峰值速率10-20Gbps，用户体验速率0.1-1Gbps，提升了10-100倍	提升以"人"为中心的娱乐、社交等个人消费业务的通信体验，适用于高速率、大带宽的移动宽带业务	VR/AR；超高清视频	超高清视频；沉浸式互动娱乐；智慧教育医疗
海量机器类通信（mMTC）	连接数密度：每平方千米可联网设备100万个，提升了10倍	主要面向物物连接的应用场景，满足海量物联的通信需求，面向以传感和数据采集为目标的应用场景	智能电力、智能工厂、智能安防、智慧园区	智能制造；智慧电网；智慧城市
低时延高可靠通信（uRLLC）	端到端时延：达到1ms级，提升了10倍；移动性支持500km/h环境下的通信	主要面向物物连接的应用场景，基于其低时延和高可靠特点，主要面向垂直行业的特殊应用需求	远程医疗、车联网、联网无人机	智能网联汽车；自动驾驶

资料来源：项目组整理。

2019年我国5G商用以来，5G行业应用在广度深度、融合创新等方面都有明显的进步，一些应用已经从试验探索阶段进入规模化、体系化、市场化复制推广的广泛应用阶段。总体上看，围绕5G技术网络，行业应用呈现出"6+4+3+N"的应用体系（即"六大功能、四大通用应用、三大应用领域、N个行业应用或应用场景"）。其中，行业应用需求高度聚焦远程控制、精准定位、智能识别、视频连接、沉浸式体验和万物互联等六大功能，并形成超高清视频（4K/8K）、虚拟仿真（VR/AR）、无人机/车/船、机器人四大类通用应用；应用方向上形成产业数字化、智慧化生活、数字化治理三大领域以及N类行业应用或典型应用场景。总体而言，应用需求正在进一步聚焦，通用应用和垂直行业应用正成为5G商用的主要方向。

（二）全球数字经济进入加速发展期

数字经济以数字化信息数据为关键生产要素，以数字技术为核心驱动力，依托全球高速信息网络，通过数字技术与实体经济的深度融合，深刻影响着全球贸易、金融和科技发展。

1. 数字经济是推动全球经济增长的主要动能

随着数字经济时代的到来，数字经济成为推动全球经济增长的重要引擎，在全球经济发展中扮演着越来越重要的角色。首先，数字经济是全球应对经济下行压力的稳定器。受新冠疫情影响，2020年全球经济出现负增长（-3.5%），但数字经济依然保持3.0%的稳步发展，成为全球经济复苏和发展的中坚力量。其次，数字经济在全球经济发展中的作用日益凸显。2020年，全球47个主要经济体的数字经济增加值达到32.6万亿美元，占GDP的比重达到43.7%[1]。据中国信息通信研究院《全球数字经济白皮书（2024年）》预测，2023年全球数字经济占全球生产总值的60%，全球迈向数字经济时代的步伐不断加速。最后，发达国家数字经济领先发展。2020年，发达国家数字经济规模24.4万亿美元，占全球经济的74.7%，是发展中国家的3倍左右；占GDP的54.3%，是发展中国家（27.6%）的2倍左右。[2]

2. 数字经济是推动全球经济发展的主要方式

数字经济对全球经济增长的影响日趋重要。首先，数字经济催生了对数字基础设施和数字服务平台的投资需求，数字产业化直接带动了投资增长。围绕超级计算机、人工智能、网络安全、应用软件开发、数字技能培训等领域的基础设施，多国政府出台政策，鼓励社会资本参与数字基础设施和数字服务平台的投资，以积极促进经济尽快复苏。其次，产业数字化带动了传统生产方式和产业结构的深刻变革，加快了新兴产业的形成。以人工智能、大数据、云计算、物联网、区块链、5G等新一代信息技术为代表的新一代数字通用技术与实体经济深度融合，推动

---

[1]中国信通院：《2021年全球数字经济白皮书》。
[2]中国信通院：《2021年全球数字经济白皮书》。

了全球数字经济的快速发展。全球产业数字化仍然是数字经济发展的主引擎，占数字经济的84.4%①。最后，新业态新模式竞相发展，数字经济形成新的虚拟网络经济和数字服务平台等商业模式，促进了新的消费增长。新冠疫情加速了全球数字经济发展的进程，数字技术与各行业加速融合，电子商务蓬勃发展，移动支付广泛普及，在线学习、远程会议、网络购物、视频直播等生产生活新方式加速推广，互联网平台日益壮大。有关统计显示，2020年全球线上零售市场规模达到4.28万亿美元，年增长率为27.6%，线上消费占全球消费总额的比重已经达到了19.5%。

3. 数字经济深刻影响全球经济发展治理格局

数字经济已经成为重组全球要素资源、重塑全球经济结构、改变全球竞争格局的关键力量，各多边合作框架为共同推动数字经济发展创造了良好的国际环境。首先，数字安全保护、共享使用和科技创新的国际治理标准成为全球治理的关键议题，许多国家正在加速立法构建本国的数据保护与数据安全法律体系。其次，针对数字货币、电子商务等新业态新模式，各种世界组织积极谋求在多个领域制定国际规则。最后，数字政务和数字政府建设成效显著。随着疫情在全球扩散，电子政务开始以新的方式服务公众，并在越来越多的国家被广泛应用。政府可以根据实时数据和分析迅速作出决策，这提高了政府的应对能力。

（三）发展数字经济是重大战略选择

1. 数字技术是引领新一轮科技革命和产业变革新方向的关键使能

人类自1780年代进入工业社会以来，共经历了五次大的技术革命以及由此引发的产业周期，即康德拉季耶夫长波②，每个周期延续50～60年。熊彼特的商业周期理论③认为，资本主义经济周期由重大技术创

---

① 中国信通院：《2021年全球数字经济白皮书》。

② 1925年，苏联经济学家康德拉季耶夫发表了一篇名为《经济生活中的长波》的文章，第一次提出了"康德拉季耶夫周期"这一理论——经济生活中存在着45～60年的长期波动，这种波动周期是由科学技术的发展所决定的。

③ 1939年美籍奥地利经济学家约瑟夫·阿洛伊斯·熊彼特在《经济周期》一书中提出。

新引发,每一次创新都会带来新的主导产业的更迭,并由此带来经济增长周期性的波动。60年里,前30年为基础技术发明阶段,是主导技术群和新兴产业爆发、成长阶段;后30年是技术加速应用阶段,是产业扩散、成熟阶段。信息通信技术(ITC)作为第五次技术革命始于20世纪90年代,此后30年的信息技术发明过程中,涌现出一大批全球性技术型公司,如微软、IBM、英特尔等。以50年为周期,这轮技术革命目前正处于后半段,技术潜能开始向其他经济部门加速横向扩散,迈入全面扩散、深入渗透的"拓展应用区"。

数字技术引领新一代技术革命和产业变革具有双重意义,一是发挥信息通信技术向社会经济各行各业渗透融合的桥接型技术的协助作用;二是加速开辟了工业技术文明的新纪元。首先,信息通信技术的行业渗透融合需要桥接型技术的协助,以5G引领的人工智能、大数据、云计算、区块链、物联网、人机结合等数字技术簇,作为通用目的技术和关键使能技术,加快了信息通信技术在各行各业中的技术扩散和行业渗透。其次,当下的信息通信技术,是基于量子力学原理的第二次科学革命进入应用领域的产物,也是第二次科学革命引发的第一次技术革命。它作为新一轮技术革命,与前四次革命替代人的体力劳动的不同之处,在于首次局部替代人的脑力劳动。这也意味着,信息技术革命开辟了工业技术文明的一个新纪元。数字技术和数字经济将沿着替代人的脑力劳动的方向不断前进,并使得替代体力劳动的技术更加全面和高效。

2. 数字经济是把握新一轮科技革命和产业变革新机遇的战略选择

世界正处在从工业经济向数字经济加速转型过渡的大变革时代,这也是一个不断演进的长期历史进程。把握数字经济发展趋势和规律,推动我国数字经济健康发展,是抢抓新一轮科技革命和产业变革新机遇的战略选择。首先,数字经济时代,数据已越来越成为驱动经济社会发展的关键生产要素和新引擎。数字技术和数字经济推动各类资源要素快捷流动、各类市场主体加速融合,帮助市场主体重构组织模式,实现跨界发展,打破时空限制,延伸产业链条,畅通国内外经济循环,有利于推动构建新发展格局。其次,推进数字产业化和产业数字化,发展数字经济有利于推动构建现代化经济体系,打造具有国际竞争力的数字产业集群。数字技术应用具有高创新性、强渗透性、广覆盖性等特点，不仅是新的经济增长点，而且是改造提升传统产业的支点，可以成为构建现代化经济体系的重要引擎。第三，数字经济健康发展有利于推动构筑国家竞争新优势。数字技术经济的核心是平台，是大量离散市场要素集聚整合的关键环节和数字经济活动的重要依托。平台通过参与者的共享信息，利用大数据进行低成本、高效率的供需匹配、交易撮合，将生产和消费、产品和服务有机结合，平台规模越大集聚整合的市场要素越多，用户规模越大对市场主体的降本增效作用越显著。数字经济是我国实现弯道超车重塑国际经济竞争新优势的关键领域，在构建国内大循环为主体、国内国际双循环相互促进的新发展格局中具有重要战略作用。

3. 数字技术和数字经济正成为拉动我国经济社会发展的主要引擎

首先，数字经济在稳增长、减缓经济下行压力方面发挥着重要作用。据中国信通院相关数据，2005—2019 年我国数字经济增加值由 2.6 万亿元增长到 35.8 万亿元，占 GDP 的比重由 14.2% 提升至 36.2%。其次，我国数字产业不断创新发展，价值链层次不断提升，逐步实现量质齐增。数字产业增加值由 2.96 万亿元增至 7.1 万亿元，年均增速 11.56%，占 GDP 的比重由 6.3% 提高至 7.2%。电信业和电子信息制造业占比由 2011 年的 70% 下降至 40% 左右，软件业和互联网行业占比由 30% 上升至 60% 左右。[①] 最后，数字经济有效对冲了疫情对经济增长的负面影响。数字技术、数字经济在支持抗击疫情、恢复生产生活方面发挥了重要作用。在线办公、在线教育、在线医疗、网络购物、网络金融、数字娱乐等新业态、新模式的大规模应用，推动数字经济强势崛起。2020 年全国网上零售额达 11.76 万亿元，同比增长 10.9%，其中实物商品网上零售额达 9.76 万亿元，同比增长 14.8%，占社会消费品零售总额的比重接近 1/4（图 1-1）。

---

①数据来源：中国信通院，《中国数字经济发展白皮书（2020 年）》。

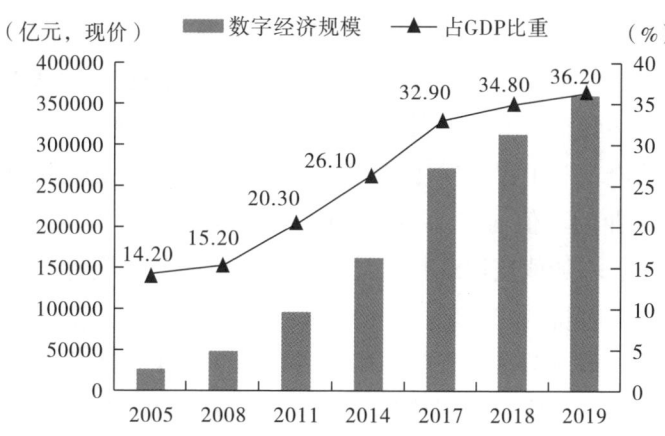

图 1-1 我国数字经济规模及占比变化情况

资料来源：中国信通院，《中国数字经济发展白皮书（2020年）》。

二、广州市数字经济发展概况

广州作为千年商都、国家中心城市和国家综合性门户城市，在国家战略数字基础设施、重大数字科技装置设施、重大数字经济发展平台等领域具有良好的发展基础和竞争优势。近年来，广州陆续颁布《广州人工智能与数字经济试验区建设总体方案》《广州市推进新型基础设施建设实施方案（2020—2022年）》，新基建和数字经济进入发展快车道，数字经济正在成为广州经济增长的重要引擎。2022年4月6日，广州市人大常委会发布公告，《广州市数字经济促进条例》（简称《条例》）经广东省人大常委会批准自2022年6月1日起施行，广州成为全国首个出台实施数字经济条例的城市。

（一）广州数字经济发展量质齐升

数字经济产业是推动广州市整体产业和经济发展的重要产业，总量规模占比大，发展快，质量高，是推动广州经济增长的重要引擎。尽管受到疫情影响，广州数字经济发展势头依旧保持强劲态势。据统计，2020年广州GDP超2.5万亿元，其中数字经济产业增加值规模已超过8000亿元，同比增长15.2%，占GDP的比重约为32%。数字经济相关服务业增长迅速，2020 年，广州互联网、软件和信息技术服务业营业收入同比增长约 12.7%，科学研究与技术服务业增长率超 9.4%。[①]

统计数字经济核心产业部门计算机、通信和其他电子设备制造业，电信、广播电视和卫星传输服务，互联网和相关服务及软件和信息技术服务四大产业的产值与增加值，分析广州 2017—2020 年数字经济产业发展。服务业增加值按照现行统计年鉴中重点服务业现价增加值估算方法，基于数据可得性进行估算，公式如下：

现价增加值 = 劳动者报酬 + 生产税净额 + 固定资产折旧 + 营业盈余

劳动者报酬 = 应付职工薪酬 + 三项费用 × 劳动者报酬系数

生产税净额 = 税金及附加 + 应交增值税 + 三项费用 × 生产税净额系数

固定资产折旧费用不计

营业盈余 = 营业利润 + 三项费用 × 营业盈余系数

1. 广州数字经济发展占比较高

就全省而言，2020 年珠三角九市数字经济核心产业部门产值 40 678.05 亿元，在广东省同部门中占比达到 95.39%。其中 2017—2020 年仅深圳和广州产值占比呈明显上升趋势，其余七市占比均有所下降。广州市数字经济核心产业产值占比由 2017 年的 12.16% 上升到 2020 年的 14.22%，在疫情影响下约增加 2310 亿元，在全省占比较大且不断上升。但和深圳相比，仍有不小差距（表 2-1、图 2-1）。

表 2-1　2017—2020 年珠三角城市数字经济核心产业部门产值分布情况

地域	2017 年		2018 年		2019 年		2020 年	
	产值（亿元）	占比（%）	产值（亿元）	占比（%）	产值（亿元）	占比（%）	产值（亿元）	占比（%）
全省	42 645.21	100.0	46 459.27	100.0	49 741.58	100.0	52 731.45	100.0
深圳	20 923.10	49.1	23 396.39	50.4	25 368.97	51.0	27 108.74	51.4
东莞	7925.09	18.6	9039.98	19.5	9798.52	19.7	9606.29	18.2

---

① 《广州重点产业白皮书——数字经济》。

续上表

地域	2017 年 产值（亿元）	2017 年 占比（%）	2018 年 产值（亿元）	2018 年 占比（%）	2019 年 产值（亿元）	2019 年 占比（%）	2020 年 产值（亿元）	2020 年 占比（%）
惠州	3345.89	7.8	3073.73	6.6	2650.39	5.3	2894.71	5.5
广州	**5185.73**	**12.2**	**5688.86**	**12.2**	**6466.45**	**13.0**	**7495.73**	**14.2**
珠海	1069.13	2.5	1138.32	2.5	1133.00	2.3	1163.96	2.2
佛山	933.21	2.2	807.41	1.7	830.40	1.7	788.31	1.5
中山	801.18	1.9	797.53	1.7	733.95	1.5	699.01	1.3
江门	298.81	0.7	293.97	0.6	365.01	0.7	422.64	0.8
肇庆	195.90	0.5	215.09	0.5	229.38	0.5	240.98	0.5

资料来源：广州市统计局网站、广东省统计局网站。

图 2-1　2017—2020 年广州市数字经济核心产业产值占全省比重

就广州市而言，数字经济核心产业产值对 GDP 贡献大，增速快。2017—2020 年数字经济核心产业产值在 GDP 中占比高达 20% 以上，保持波动上升趋势，增速保持在 10% 以上，始终高于 GDP 整体增速，且波动较小（图 2-2）。

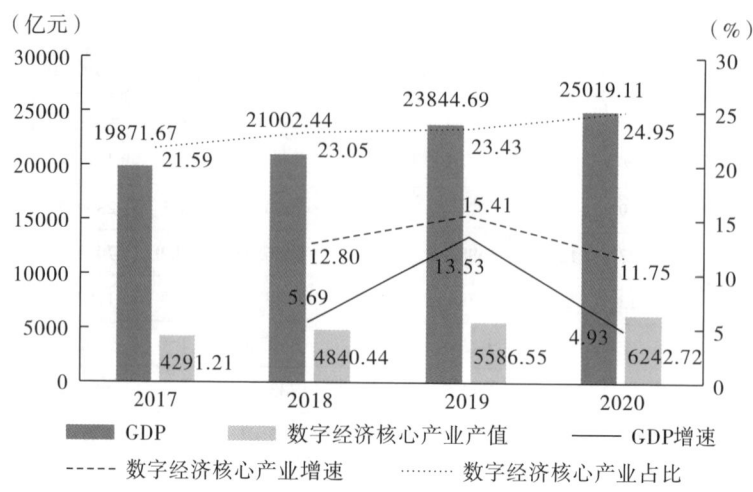

图 2-2 2017—2020 年广州市 GDP 和数字经济核心产业发展情况

2. 广州数字经济结构不断优化

2018—2020 年，数字经济核心产业各部门产值和增加值不断上升，同时由于增长幅度和速度差异，各部门占比发生变动，出现内部结构调整趋势。占比最高的产业由电子及通信设备制造业变为软件和信息技术服务业，互联网和相关服务业增速最快，占比实现大幅度提升（表 2-2）。

表 2-2 2018—2020 年广州市数字经济核心产业部门分行业增长情况

项目	2018 年				2019 年				2020 年			
	产值			增加值（亿元）	产值			增加值（亿元）	产值			增加值（亿元）
	（亿元）	占比（%）	增长（%）		（亿元）	占比（%）	增长（%）		（亿元）	占比（%）	增长（%）	
电子及通信设备制造业	2003.68	41.4	-2.1	348.46	1983.08	35.5	-1.0	334.75	2001.19	32.1	0.9	416.55
电信、广播电视和卫星传输服务业	456.41	9.4	-1.4	256.63	486.08	8.7	6.5	192.67	527.07	8.4	8.4	182.49
互联网和相关服务业	622.93	12.9	167.1	276.98	1077.25	19.3	72.9	150.13	1276.65	20.5	18.5	69.67
软件和信息技术服务业	1757.43	36.3	13.5	746.09	2040.14	36.5	16.1	594.62	2437.81	39.1	19.5	578.69
合计	4840.44	100	12.8	1628.16	5586.55	100	15.4	1272.17	6242.72	100	11.7	1247.40

资料来源：广州市统计局网站，广东省统计局网站。

在数字经济核心四大产业部门中,电子及通信设备制造业产值高,保持在2000亿元左右,但发展迟缓,在5G产业中占比由2018年的41.4%下降到2020年的32.1%。互联网和相关服务业在2018产值增速达到167%,在2019—2020逐渐回落,但仍然保持高速增长。软件和信息技术服务业产值则呈现平稳上升趋势,在2020年超过电子及通信设备制造业成为产值第一的部门,具有较高增长潜力。广州市社会科学院和社会科学文献出版社联合发布的《广州数字经济发展报告(2021)》蓝皮书"十四五"预计,广州信息传输、软件和信息技术服务业产值将大概率继续保持两位数增长,增长速度维持在15%以上,主营业务收入将超过4600亿元。2021年广州电子产品制造业产值预计增长3%左右,总量约为2800亿元(图2-3、图2-4)。

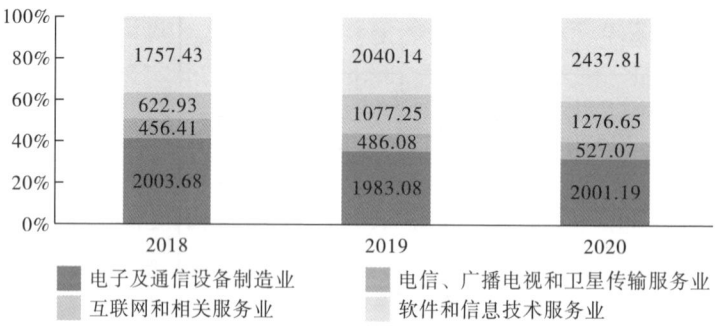

图2-3 2018—2020年广州市数字经济核心产业结构变化情况

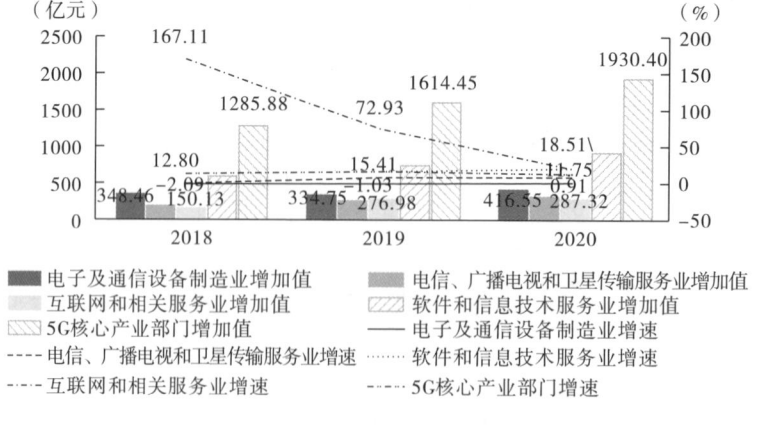

图2-4 2018—2020年广州市数字经济核心产业发展情况

（二）广州市数字新基建全国领先

2020 年以来，以 5G 为代表的数字"新基建"发展火热，被业界公认是未来十年数字经济发展的重要引擎。广东作为我国最大的电子产品和网络通信生产消费大省，在新一轮产业变革和数字经济到来之际，面临着供给侧结构性改革、新旧经济动能转换等战略机遇。广东省政府高度重视 5G 相关"新基建"发展，出台了《广东省推进新型基础设施建设三年实施方案（2020—2022 年）》《广东省 5G 基站和数据中心总体布局规划（2021—2025 年）》《广东省数据要素市场化配置改革行动方案》等政策文件，以"顺应新一轮科技革命和产业变革的发展趋势，准确把握各类新型基础设施发展的共性规律和个性特征，统筹推进信息基础设施、创新基础设施和融合基础设施加快发展，以新型基础设施支撑新经济发展，进一步夯实广州经济社会高质量发展的基础"。2020年，广东省 5G 产业规模、用户数和基站数均为全国第一，拥有 1600 多家 5G 相关企业，其中华为、中兴等已成为 5G 行业龙头，初步形成了全球最大的 5G 产业集聚区。根据欧洲电信标准化协会（ETSI）公布的数据，广东的华为、中兴、OPPO、VIVO 四家企业在 5G 标准必要专利声明量中排名靠前，拥有全球近 30% 的 5G 标准必要专利族，位居世界首位。

广州市也出台了《广州市推进新型基础设施建设实施方案（2020—2022 年）》《广州市加快 5G 应用创新发展三年行动计划（2021—2023年）》等规划方案。广州市 5G "新基建"持续率先发展，对数字经济发展起良好作用的信息基础设施和数据中心的数量不断增多、覆盖面持续扩大，交通、能源等传统基础设施"数字+""智能+"升级提速，创新基础设施建设有序推进，拥有规模化的新基建上市企业群，产业生态日趋完善。广州在加快新型基础设施建设的同时，积极推动 5G 应用融合、引领产业转型升级，数字化全域赋能作用进一步凸显（图 2 - 5）。5G 技术率先在工业互联网、医疗卫生、健康保健、媒体娱乐等领域应用并成为 5G 应用的先导领域。广州获批第一批省级 5G 产业园。

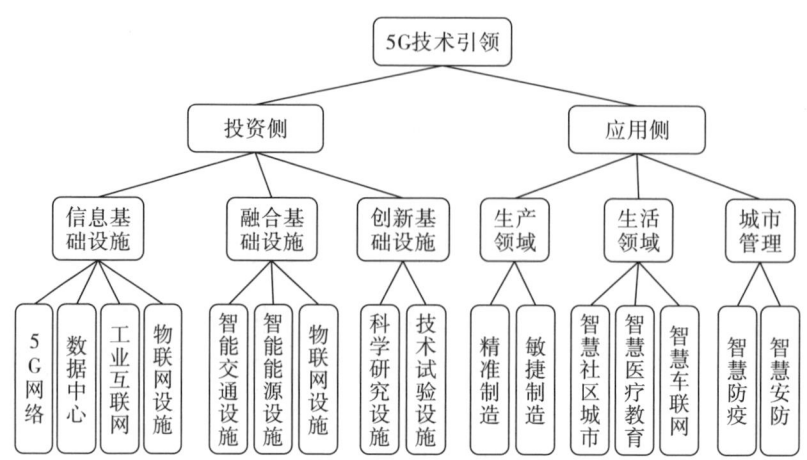

图 2-5　广州市从投资端和应用端协同推进新基建科学有序发展

资料来源：项目组整理。

1. 5G 通用网络覆盖广度和应用深度全国领先

近年来，广州积极推进信息基础设施建设，不断加快建设 5G 基础网络和物联网、工业互联网等专用网络建设，5G 网络覆盖广度和应用深度处于全国领先水平，初步构建泛在互联、协同融合、智能高效、安全可控的一体化网络设施初成体系。2020 年，广东全省新建基站 8.7 万座，总量突破 12.4 万座，数量占全国总数的六分之一。空间布局上，广深佛莞等经济发达、人口分布集中的城市也是 5G 服务消费的重要区域，5G 网络建设与地区网络用户不断增长。广州、深圳两大核心城市基本实现城区 5G 网络的连续覆盖，珠三角其他城市建设速度也较快，中心城区和核心区域也基本实现覆盖。总体上看，流量需求和经济发展相匹配，按"广州、深圳—珠三角—粤东西北城区—乡镇及农村区域"的建设次序，2025 年广东省将实现 5G 网络全域覆盖。

截至 2021 年 6 月，广东全省累计建设 5G 基站 13.1 万个，5G 移动用户达 2739.9 万户，5G 基站和 5G 用户规模均位居全国第一，全省所有县级行政区域的 122 个主城区都已实现 5G 信号覆盖。广州无论从 5G 基站完成数还是计划数，均处于全省领先水平（图 2-6、表 2-3）。

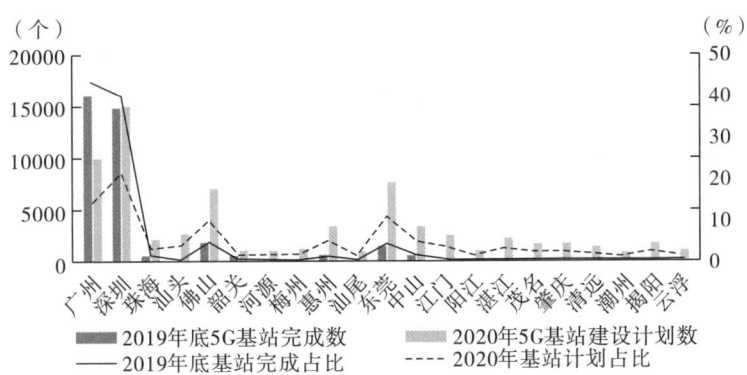

图 2-6 广东各市 5G 基站 2019 年建设和 2020 年计划完成情况

资料来源：项目组整理。

表 2-3 广东省 5G 基站及站址建设情况　　　　（单位：个）

地市	2019年底5G基站完成数	2020年5G基站建设计划数	2020年新增5G基站站址数
广州	15 969	10 000	1581
深圳	14 810	15 000	1230
珠海	548	2134	105
汕头	110	2609	112
佛山	1701	7018	181
韶关	85	1083	70
河源	84	978	60
梅州	86	1160	63
惠州	456	3425	72
汕尾	84	932	28
东莞	1515	7620	229
中山	567	3399	210
江门	150	2523	151
阳江	85	997	277
湛江	130	2170	150
茂名	110	1686	280
肇庆	160	1666	105
清远	84	1393	134
潮州	85	887	25
揭阳	84	1747	200
云浮	85	1065	40

资料来源：《广东省 5G 基站和数据中心总体布局规划（2021—2025 年）》。

2. 数据中心建设数量和算力能力全国领先

广州市高度重视以 5G 算力和人工智能、区块链等新一代信息技术为通用目的的创新基础设施集群建设，联合深圳构建以广深"双超算"为基础，通用技术能力为支撑，形成"基础创新能力—先进算力能力—通用技术能力"的创新基础设施集群体系。数据是数字经济时代新的生产要素和关键资源，算力是新的生产力，算法代表了新的生产关系，这些构成了数字经济时代的重要基石。数字经济时代，超级计算机和算力能力建设就是参与竞争的大国重器。2021 年 7 月，广东省出台《广东省数据要素市场化配置改革行动方案》，提出统筹构建先进算力和数据新型基础设施。广东算力基础设施建设领域走在全国前列，布局了广州、深圳两大国家级超算中心（全国 6 个），鹏城"云脑"、珠海横琴、东莞大科学等智能计算平台也在抓紧建设，目前广东正在打造世界领先的超级计算高地（图 2-7、表 2-4）。

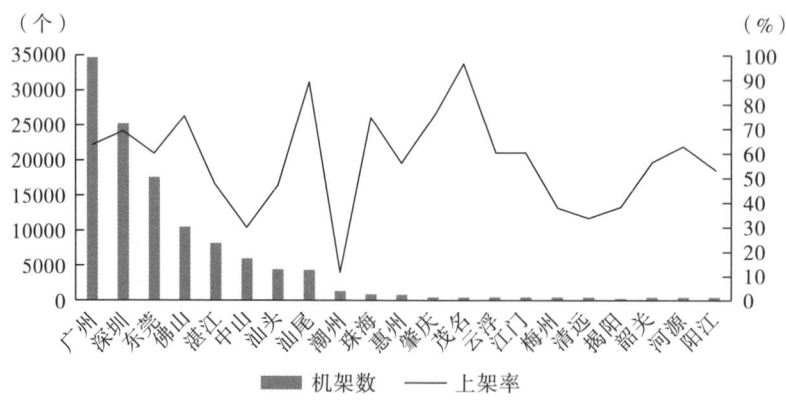

图 2-7　2020 年广东省各地市数据中心机架数和上架率
资料来源：项目组整理。

表 2-4　广东省各地机架及上架率情况

地市	机架数		上架率	
	排名	现有（个）	排名	百分比（%）
广州	1	34 676	7	63.21
深圳	2	25 213	6	69.01

续上表

地市	机架数		上架率	
	排名	现有（个）	排名	百分比（%）
东莞	3	17 618	11	59.73
佛山	4	10 414	3	75.16
湛江	5	8110	15	47.02
中山	6	5971	20	29.56
汕头	7	4333	16	46.85
汕尾	8	4271	2	89.67
潮州	9	1339	21	9.93
珠海	10	819	4	74.94
惠州	11	803	13	55.92
肇庆	12	428	5	74.07
茂名	13	391	1	96.68
云浮	14	376	9	60.11
江门	15	367	10	60.05
梅州	16	349	18	37.82
清远	17	271	19	33.58
揭阳	18	228	17	38.16
韶关	19	135	12	56.30
河源	20	110	8	62.73
阳江	21	107	14	53.27

资料来源：《广东省5G基站和数据中心总体布局规划（2021—2025年）》。

广东省5G网络和数据中心建设步伐加快，全省按照"双核九中心"总体布局，形成广深两个低时延数据核心区和汕头等9个数据中心集聚区，但从建设数量来看，离2025年的发展目标仍然存在较大差距。2019年底，广东省已投入使用的数据中心约有160个。其中，超大型数据中心、大型数据中心和中小型数据中心占比分别为1%、20%、79%。机架数量方面，在用的、已投产的和规划在建的机架数量分别是7.2万个、11.6万个和18.5万个。服务器数量累计超过了86.4万台，数据存储规模高达25万TB，总投资金额约700亿元。

3. 人工智能等新技术基础设施集群加快形成

广东省以广州、深圳国家新一代人工智能创新发展试验区建设为主要抓手，聚焦人工智能、区块链等新一代通用信息技术，加快构建形成开放协同的新技术基础设施集群。2018 年，广东省率先出台《广东省新一代人工智能发展规划》，并在智能无人系统、智能制造、智能交互等领域分三批创建了 16 家新一代人工智能开放创新平台。围绕未来通信高端器件、集成电路、第三代半导体、新型显示等重点领域，广东省获批建设一批国家和省级产业创新中心、制造业创新中心、技术创新中心、工程研究中心和企业技术中心。2019 年，广东省共有 11 个国家重点实验室，排在全国第六位，同时拥有 240 个广东省重点实验室。重点实验室所研究的领域是科技前沿，是创新基础设施建设的重要着力点，为推动创新发展提供强大动力。"广电鲲鹏"创新中心是华为和广州无线电集团在大湾区打造的 5G 创新生产基地。该创新中心运用华为的"昇腾"人工智能芯片和"鲲鹏"计算处理器，为各行业提供测试适配和人才培养等服务。

三、广州市数字科技发展概况

当前，数字技术应用还处于起步发展阶段，其对社会经济转型升级的表现还主要集中在技术变革和技术扩散、行业渗透方面。目前，课题组从数字技术渗透及其引领带动形成数字经济发展的角度，利用 IncoPat 专利数据库，尝试对数字技术对行业间的技术带动进行深入研究，从技术溢出和行业渗透的角度探讨数字技术引领作用。

（一）广州市数字技术引领新一轮科技创新蓬勃发展

1. 广州市数字技术引领科技创新蓬勃发展

与全国、全省的总体情况类似，广州市技术专利授权量也遵循技术更新迭代的生命周期理论，呈现阶段性、周期性特点。如图 3-1、图 3-2 所示，广州市 5G 技术和数字技术以及所有专利的授权量大致分为三个阶段：第一阶段（2011—2013 年）传统通信技术（4G 技术引领）

由起步走向成熟;第二阶段(2014—2016年)为新兴技术(5G技术引领)的快速成长期;第三阶段(2017—2019年)为接续技术(数字技术引领)的延续发展期。从所有发明专利和数字技术的变化趋势看,它们之间具有较高的同步性,且数字技术发展变化更加迅猛,某种程度上可以认为数字技术是这一轮科技创新革命的关键推动力量。可见,5G技术从2015—2017年进入井喷式发展期,在2018年前后开始网络基础设施建设应用,由此快速带动数字技术相关领域的技术创新,并促成广州这一轮的数字技术科技创新集群。

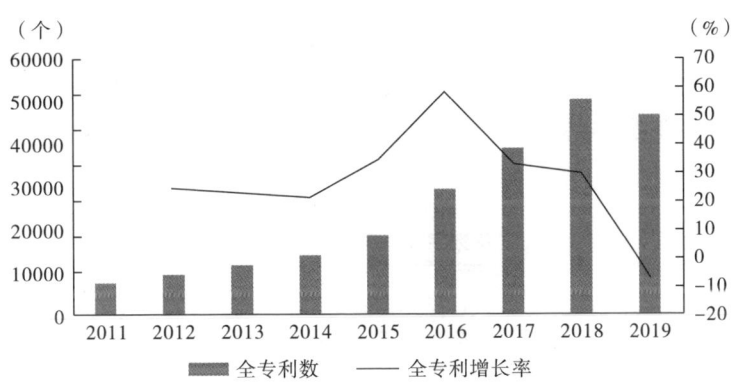

图3-1 广州市发明专利授权量发展变化情况

资料来源:IncoPat数据库,项目组分析整理。

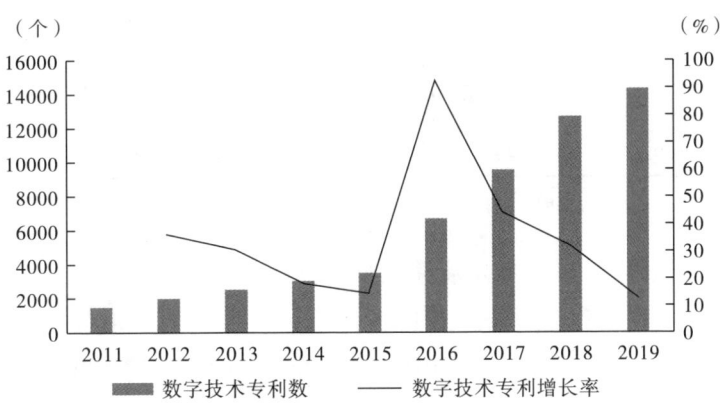

图3-2 广州市数字技术发明专利授权量发展变化情况

资料来源:IncoPat数据库,项目组分析整理。

2. 数字技术是广州此轮科技革命核心动力

同上方法,为进一步研判广州数字技术对技术创新影响作用,本课题引入增长贡献率和拉动率两个指标。计算公式如下:

$$贡献率 = \frac{\Delta 某因素专利数}{\Delta 总专利数}$$

$$拉动率 = 贡献率 \times 总专利增长率 = 贡献率 \times \left(\frac{\Delta 总专利数}{总专利数_{t-1}}\right)$$

研究结果发现,广州数字技术对所有专利技术增长具有较强拉动作用。其中,2016—2017年的贡献率达到最高点,数字技术对广东技术发明贡献率高达30%左右,是技术创新的核心动力和主要源泉。在2019年,虽然广州专利技术总量出现负增长,由50 151件降低到46 502件,但数字技术始终呈现较强的正向拉动作用,是保持技术创新发展的关键力量(表3-1)。

表3-1 5G技术及数字技术对全国技术创新发展拉动作用   (单位:%)

年份	全国			广州		
	贡献率	全国专利增长率	拉动率	贡献率	广州专利增长率	拉动率
2012	15.18	35.10	5.33	28.64	24.34	6.97
2013	10.80	31.15	3.36	27.94	23.09	6.45
2014	14.55	14.97	2.18	19.38	21.07	4.08
2015	16.04	20.53	3.29	9.23	34.02	3.14
2016	27.31	26.44	7.22	29.91	57.99	17.34
2017	22.89	16.06	3.68	30.65	32.71	10.03
2018	20.92	11.40	2.38	27.01	29.40	7.94

资料来源:IncoPat 数据库,项目组分析整理。

3. 广州数字科技迅猛发展并逐步迎头赶上

总体上看,近年来广州市科技创新能力发展迅猛,其发明专利数量在全省的占比不断提高,由2010年代初期的16%提升到2019年的接近23%,与其在全省的经济体量占比相当。其中,数字技术的创新发展功不可没。虽然广州市的数字技术创新相较于广东省(主要是深莞惠都市圈的影响)起步较晚,而且还相对落后,但经过最近10年的快速发展,广州在全省的数字技术专利数占比已从 2011 年的 6.0% 快速提升到 2019 年的 16.4%;广州数字技术专利数占全市专利总数的比重也由 19.3% 提升到 30.77%,数字技术已成为广州科技创新的核心动力和明星领域(图 3-3)。

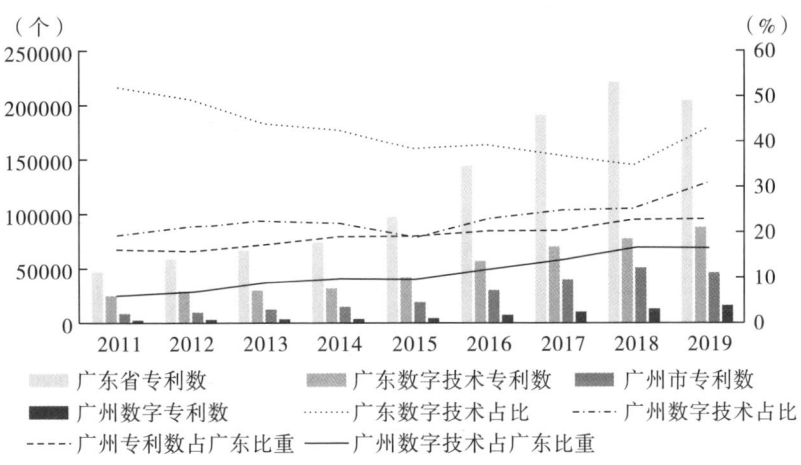

图 3-3 广州数字技术发明专利量与全省的情况对比

资料来源:IncoPat 数据库,项目组分析整理。

(二)广州数字技术呈现集群式簇群式创新涌现

1. 数字技术创新呈现簇群式爆发性增长

熊彼特(Joseph A. Schumpeter)的技术创新理论(Technical Innovation Theory)认为:创新的本质是建立一种新的生产函数,它具有"创造性破坏"的特征(the creative destruction);科技创新发展不是均匀的,而是以浪潮的形式出现,具有生命周期特征。

数字技术作为 5G 技术的延展和 5G 网络行业应用的关键使能技术(KETs),在 5G 技术和 5G 网络发展的引领下,目前正呈现科技爆发式、创新集群式的发展趋势。2015—2017 年,5G 在技术上实现了对 4G 的更新迭代,并在 2018 年后进入成熟发展阶段,2019 年进入商用元年。与此同时,随着 5G 网络建设和行业广泛应用,5G 技术引领下的数字技术呈现爆发式增长,特别是与 5G 万物互联、工业互联网密切相关的区块链、人工智能、网络安全等数字技术领域发展尤为明显。除云计算外,虚拟现实、边缘计算、自动驾驶等大多数字技术领域,与5G也呈现技术紧密关联性发展,技术簇群爆发式发展现象较为突出。相反,云计算发明专利增长速度相对较慢,这可能是因为5G应用还处于万物互联的初级阶段,行业深度融合不够,导致软件编程、数字运算和远程控制等算法技术发展相对落后。2011—2019年全国数字技术发明专利授权量发展变化情况见图3-4,广州数字技术发明专利授权量发展变化情况见图3-5。

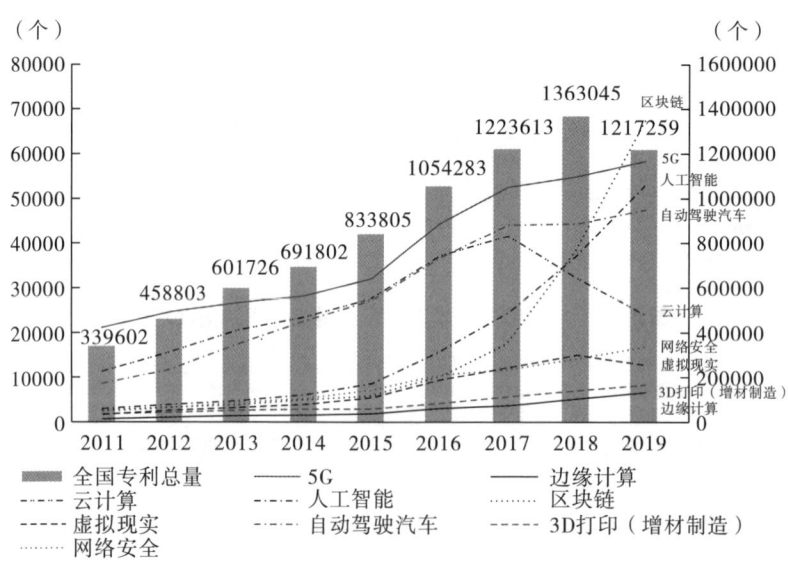

图3-4　2011—2019年全国数字技术发明专利授权量发展变化情况

资料来源:IncoPat数据库,项目组分析整理。

2. 数字技术创新呈现头部城市集聚发展

数字技术作为前沿引领性技术,其空间集聚效应十分明显,核心城市引领作用不断增强。近年来,广东逐渐形成以深圳、广州为双中心的珠三角数字产业化发展引领地和数字经济企业聚集地。

(1) 全国数字技术高度集中在一二线中心城市。

数字技术的创新发展呈现明显的空间集聚效应,具有极强的中心城市指向性。在5G技术及数字技术两个口径下,以2019年为例,在计算

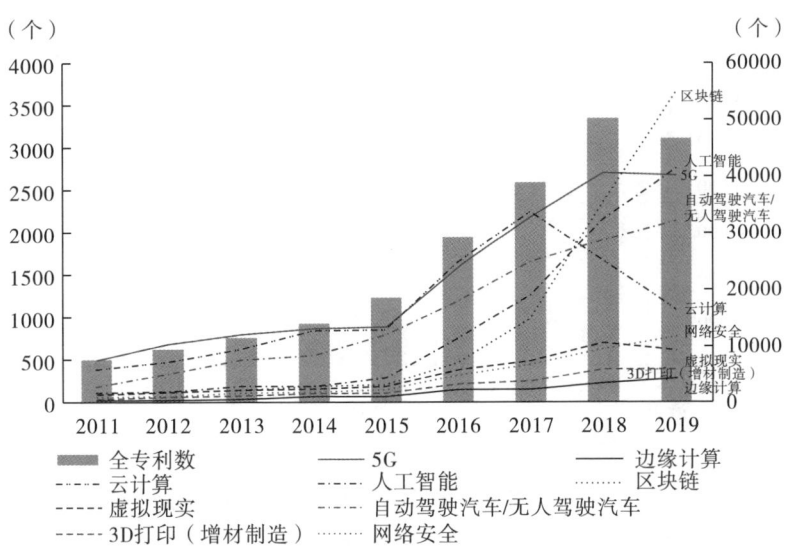

图 3-5　2011—2019 年广州数字技术发明专利授权量发展变化情况

资料来源：IncoPat 数据库，项目组分析整理。

排名前五、前十、前二十的城市所申请的发明专利数之和占全国发明专利数量的比重中，5G 技术与数字技术专利数量占全国的比重，前五名占比达到 50% 以上，前十名接近或超过 70%，前二十名达到 80% 以上。可见，5G 技术及数字技术创新均表现出中心城市极强的聚集效应。

课题项目组进一步研究排名前二十的城市的 5G 技术及数字技术数量及累计排名发现，深圳和广州具有明显的发展优势，深圳、广州均分别位列全国第二、第五。但除北京、深圳外，名列前茅的城市之间差距较小，存在激烈的竞争压力，尤其是广州，在数字技术发展方面面临较大的挑战（图 3-6）。

（2）广东数字技术高度集中在广深东岸城市带。

广东的情况与全国非常类似，无论是 5G 技术还是数字技术，都表现出极高的中心城市指向和地理集聚倾向。早期相关技术高度集中于深圳，2011—2014 年深圳所申请的 5G 技术专利占全广东的 80% 以上，数字技术专利占全广东的 70% 以上。而随着数字技术的发展，集中程度有所稀释，广州以及珠三角其他城市的相关专利数量有所增加，但广深两市占比仍占 70% 以上。此外，珠三角七市（除江门、肇庆）整体占

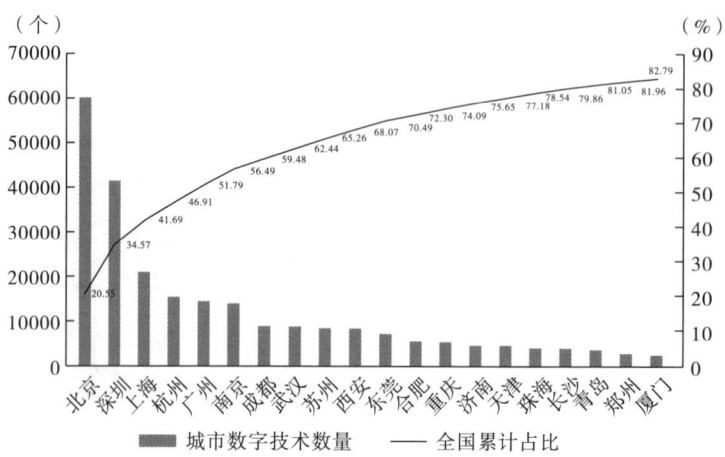

图 3-6 全国数字技术发明专利数量前 20 名城市情况

资料来源：IncoPat 数据库，项目组分析整理。

全广东的 95% 以上，可见广东的数字技术创新具有明显的空间聚集效应，发展高度集中于广深两市（图 3-7）。

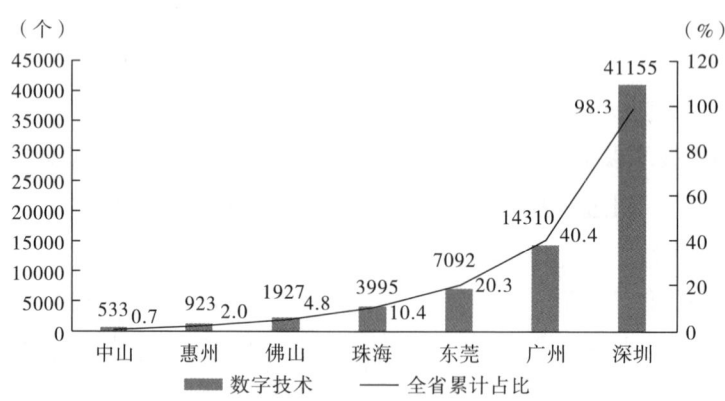

图 3-7 广东数字技术发明专利数量前 7 名城市情况

资料来源：IncoPat 数据库，项目组分析整理。

3. 数字技术创新呈现集群簇群发展效应

（1）全国数字技术创新呈现集群发展效应。

数字技术创新除了具有明显的空间集聚效应之外，技术门类上的簇群式、集群式、结构化创新效应也很明显。历年来数字技术专利排名前十、表现较为稳定的十个城市中，各数字技术门类的结构非常相似，表明数字技术之间相互支撑作用明显、本地数字技术关联性强，数字技术应用需要多种技术之间的配合、组合才能得以实现，总体上呈现地方簇群式、集群式创新发展的效应。其中，新一代电子信息制造业发达的城市，如深圳、苏州、东莞等，5G技术和云计算技术发明比重相对较高（图3-8）。

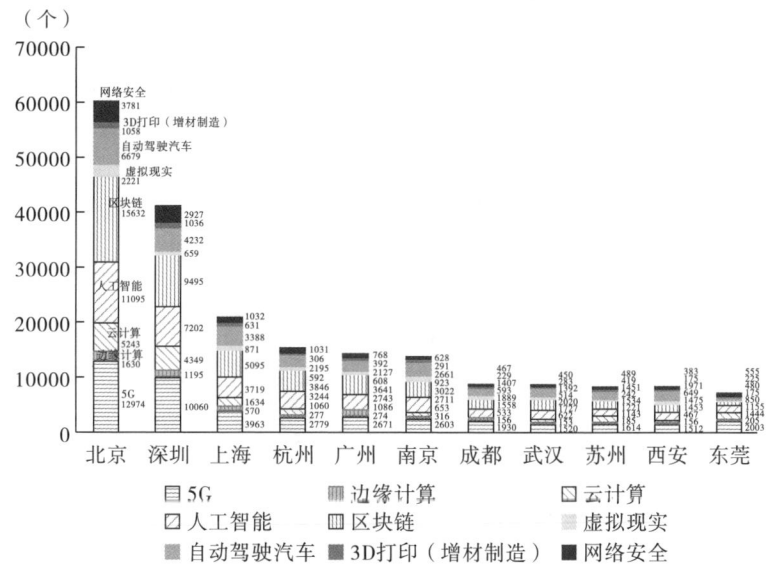

图3-8 全国主要城市数字技术专利数量和门类结构对比

资料来源：IncoPat数据库，项目组分析整理。

这可能是因为，目前中国数字技术仍处于早期发展阶段，各城市之间尚未形成技术优势部门和技术分工协作，5G技术和数字技术在行业上的应用需要本地组合技术加以解决。随着各类数字技术，尤其是应用技术的成熟，区域知识累积越发成熟，地区间技术交流和竞争加剧，各区域对不同技术的特殊发展优势将会显现，数字技术发展将会出现专业化分化。

（2）广州数字技术创新呈现集群发展效应。

广东各主要城市数字经济技术领域占比相似度较高，技术之间的相互支撑作用明显，关联性、互补性强，处于技术生命周期早期。但部分地区已经表现出专业化分化特征，如东莞5G领域与云计算领域占比较高，而佛山则是偏向于自动驾驶汽车，惠州更加注重发展3D打印相关技术，可见未来地区专业化的程度会进一步加深（图3-9）。

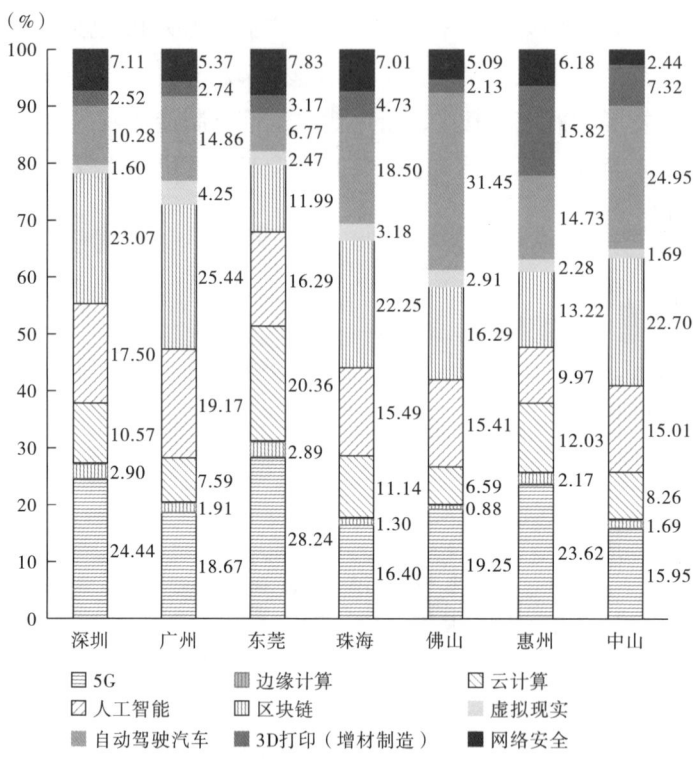

图 3-9 广东主要城市数字技术专利数量和门类结构对比

资料来源：IncoPat 数据库，项目组分析整理。

（三）数字技术关键使能（KETs）作用特征明显

1. 数字技术合作网络趋于紧密化

项目组将 2011—2019 年平均分为三个阶段，利用发明专利技术组合信息构建全国和广东省 5G 技术与其他数字技术之间的技术合作网络图，结果显示 5G 和数字技术合作不断加强、网络趋于紧密。2011—2013 年，各技术门类之间的专利合作数量较少，部分领域间缺少合作联系，其中 5G、云计算领域作为重要的核心领域，两个领域之间联系紧密的同时，又联系其他领域构建了数字经济技术的早期合作网络。2014—2016 年各领域之间的专利合作开始加深，人工智能、自动驾驶、网络安全等领域崛起，但 5G、云计算在这个阶段仍然占据核心地位。2017—2019 年，各领域之间的专利合作进一步加深，以人工智能、区块链为代表的数字经济核心技术取代5G与云计算的地位，占据整个专利合作网络的中心位置，5G逐渐边缘化，但5G为数字经济提供基础，是重要的通信设备或终端，仍是数字化转型的基础和条件。

2. 数智算法是数字技术关键领域

项目组构建了5G技术和数字技术之间的合作网络，由图3-10、图3-11可见数字技术门类间合作呈现多元化、紧密化发展趋势，形成以区块链、人工智能为核心的技术合作网络。5G技术作为数字技术及其应用的基础，是重要的通信设备或网络支撑，是数字化转型的基础和条件，但在后续的行业应用中，数据算法才是沟通5G技术和行业应用的关键使能技术。

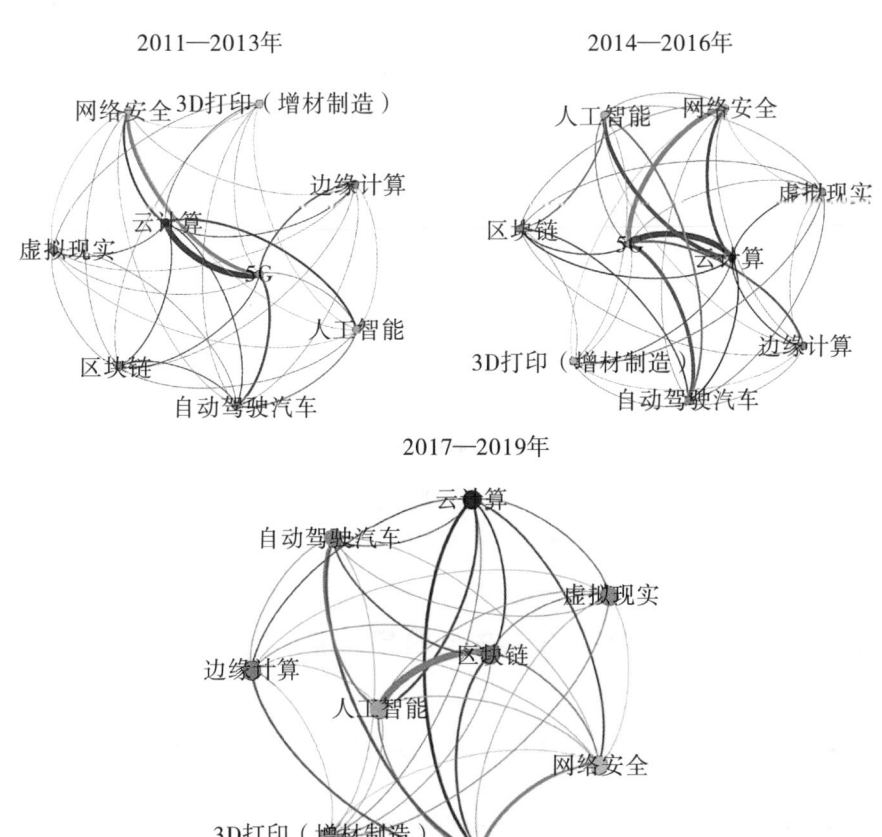

图3-10　全国数字技术合作网络演化

资料来源：IncoPat数据库，项目组分析整理。

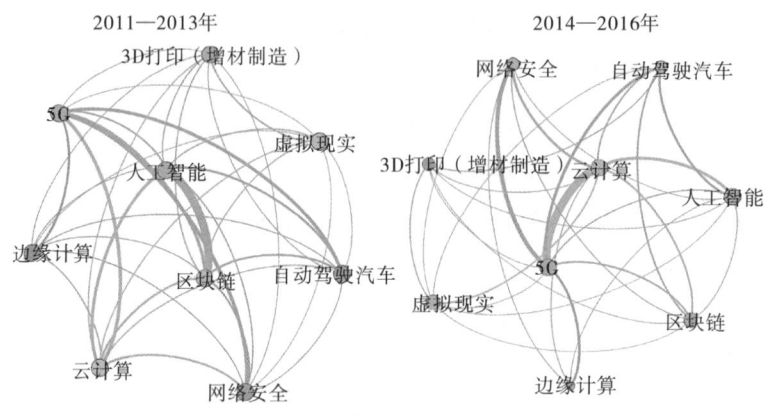

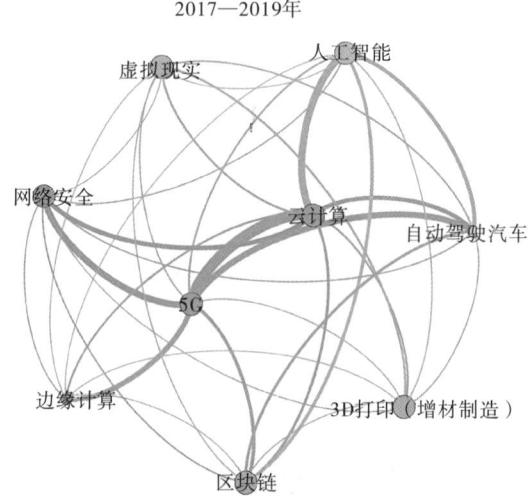

图3-11 广州数字技术合作网络演化

资料来源：IncoPat 数据库，项目组分析整理。

四、广州市数字经济发展的问题与机遇

(一) 广州数字经济发展存在的主要问题

1.行业结构发展不均衡，元器件等基础配套行业发展相对滞后

当前，广东省新一代电子信息产业发展规模较大，但行业结构发展不平衡，通信设备制造业一枝独秀，总量较大、占比偏高（55%），明

显大于其他行业。该行业目前在国内、国际市场上均占据较大份额，受逆全球化、单边主义等多种因素影响，进一步扩大市场、发展壮大的空间较小，发展难度较大。除电子元件及电子专业材料制造和电子器件制造营业收入占比分别为17.4%和13.2%外，其他行业占比均远小于10%，部分行业甚至小于或接近5%（如广播电视设备制造占1.2%；智能消费设备制造占2.2%；非专业视听设备制造占5.7%等）。

与此同时，与5G产业配套的电子器件制造、电子元件及电子专业材料制造业发展则规模相对较小、速度相对较慢、行业占比偏低，特别是半导体产业严重滞后于产业发展。从行业小类看，部分基础性行业发展滞后于产业整体发展水平，如集成电路制造，该行业是电子信息产业的基石与核心，占据全球电子信息产业的战略制高点，是引领新一轮科技革命和产业变革的关键力量。截至2019年，该行业在全省共有规模以上工业企业数171家，户均产值3.75亿元，超10亿元的企业仅17户，行业现状整体呈现"小""散"等特点。

2. 部分关键技术领域自主研发能力不足，"卡脖子"情况较为突出

当前全省新一代电子信息产业发展面临的主要问题是"缺芯少核"，即在高性能通用芯片、关键核心技术等方面受制于国外。从产业分布看，"卡脖子"主要集中在核心基础零部件（元器件）、先进基础工艺、关键基础材料、高端通用芯片、基础软件产品以及高端制造装备等环节。近年来随着我国综合国力上升，中美贸易摩擦加剧，特别是疫情发生以来，美国频繁制裁中国企业，严重影响了国内企业正常的生产经营，产业链安全面临较大冲击。

3. 企业盈利能力和产品附加值均偏低，自主品牌实力有待提升

当前企业盈利能力和产品附加值都偏低。一是企业盈利能力偏低。2020年前三季度，新一代电子信息产业平均营业收入利润率为5.27%，低于上年同期0.02个百分点，比全省规模以上工业平均水平低0.89个百分点。从行业中类看，非专业视听设备制造、电子器件制造、计算机制造等行业营业收入利润率低于4.0%，分别为3.21%、3.27%、3.58%，雷达及配套设备制造业为亏损行业；二是平均增加值率低于全省平均水平。从2019年成本费用来看，新一代信息技术产业（即计算

机、通信及其他电子设备制造业）平均增加值率为 21.08%，比全省平均低 1.33 个百分点；三是自主品牌形象有待提升。目前广东新一代电子信息产业总体规模较大，多种产品在国内、国际均占据重要地位，全球影响力较大，但在欧美等发达国家主流市场上，广东甚至中国生产的电子产品品牌市场占有率不高，或仅为贴牌生产，缺乏具有国际竞争力和影响力的品牌，品牌数量、知名度、美誉度等仍有待提升。

（二）广州数字经济发展存在的主要机遇

1. 大湾区是全球最大 5G 产业和数字经济集聚区

大湾区是全球最大的 5G 产业集聚区，聚集了一大批实力雄厚的 5G 核心企业和关联企业，形成涵盖器件材料、主设备、终端制造和行业应用的 5G 全产业链体系。2020 年，时任广东省省长马兴瑞在广州 2020 世界 5G 大会开幕式致辞时表示："广东是通信产业大省，通信网络和基站设备产值约占全国 70%，智能手机出货量约占全球 30%，发展 5G 产业的基础扎实、优势明显。""广东拥有 5G 相关企业 1600 多家，约占全国 1/3。华为、中兴的 5G 必要专利数超过 5000 件，约占全球 1/3，累计建成 5G 基站超过 11 万座，初步形成全球最大的 5G 产业集聚区。"[①] 2019 年，广东省电子信息产业营业总收入高达 4.3 万亿元，连续 29 年位居全国第一，占全省规上工业营业收入的 29.4%，是支撑广东省经济发展的主导力量。

大湾区数字经济行业集聚和空间集聚均十分明显。新一代电子信息产业在行业上高度集中于信息通信设备制造业。2020 年前三季度，在新一代电子信息产业 9 个中类行业中，属于 5G 核心产业部门的通信设备制造业、电子器件制造和电子元件及电子专用材料制造排在前三位，它们的工业总产值和增加值占比 80%～85%。其中，通信设备制造业实现增加值 3367.03 亿元，增长 6.1%；实现工业总产值 15 367.56 亿元，同比增长 5.6%，占新一代电子信息产业的比重分别为 55.1% 和

---

① 朱文彬：《广东省省长马兴瑞：广东初步形成全球最大的 5G 产业集聚区》，《上海证券报》2020 - 11 - 26。https://new.qq.com/omn/20201126/20201126A05RP700.html。

51.9%，拉动新一代电子信息产业集群增长3.2个百分点。电子元件及电子专用材料制造业实现增加值935.42亿元；实现工业总产值3884.63亿元，占新一代电子信息产业的比重分别为15.3%和13.1%。电子器件制造实现增加值849.69亿元；实现工业总产值4223.12亿元，占新一代电子信息产业的比重分别为13.9%和14.3%。

新一代电子信息产业区域分布高度集中，主要分布在珠江三角洲，并以深圳、东莞、惠州和广州为依托，高度集聚在珠江东岸电子信息产业带上。2020年前三季度，珠三角地区共实现新一代电子信息产业工业增加值5965.20亿元，比上年同期增长1.3%，占全省的96.7%。由地市来看，增加值总量较大的深圳、东莞、惠州和广州四市，分别实现工业增加值3706亿、1017亿、457亿和305亿元，分别占全省的60.1%、16.5%、7.4%和4.9%，空间上形成以深莞惠为核心的东岸新一代电子信息产业集聚带（表4-1）。

表4-1 广东省新一代电子信息产业集群增加值城市分布情况

区域	2020年前三季度		2019年		2018年	
	总量（亿元）	占比（%）	总量（亿元）	占比（%）	总量（亿元）	占比（%）
全省	6111.12	—	9227.08	—	8766.47	—
#珠三角九市	5965.20	96.7	9042.00	96.8	8630.00	97.0
广州	304.58	4.9	475.53	5.1	370.70	4.2
深圳	3706.31	60.1	5527.91	59.2	5585.81	62.8
珠海	151.61	2.5	209.04	2.2	203.65	2.3
佛山	120.23	1.9	178.53	1.9	179.77	2.0
东莞	1017.06	16.5	1704.47	18.3	1374.27	15.4
中山	97.97	1.6	139.03	1.5	160.40	1.8
江门	77.14	1.3	98.36	1.1	76.45	0.9
惠州	456.59	7.4	657.68	7.0	639.00	7.2
肇庆	33.72	0.5	51.45	0.6	39.93	0.4

资料来源：广东省统计局网站，项目组整理。

2. 大湾区是全球数字产业链最完整的地区之一

数字产业链包括基础元器件、产品设备和网络分析服务等多个环节，上游由5G网络的核心技术和网络基础设施构成，中游为应用5G

网络的用户终端产品及设施，下游则是 5G 网络运营维护和应用服务等。目前，从全国 5G 产业链代表性企业和主要产业功能的区域分布情况来看，其主要集聚在经济相对发达的东部沿海省市，如广东、江苏、浙江、北京和上海等。其中广东的 5G 产业链门类最为齐全、优势最为明显，拥有多个领域领先的头部企业，并在智能终端、信息通信、集成电路设计等领域具有良好产业基础，5G 手机、通信设备、计算机整机等产品产量居全国前列，处于领跑地位。[①]

3. 广州构建泛在互联一体化信息网络优势明显

基于制造产业规模巨大、行业门类齐全、应用场景丰富等优势，广州加快推进无线网络、光纤网络、物联网等各类基础网络设施建设，大力推进工业互联网等专用网络设施建设，专用信息网络建设优势明显。广东大力推进高水平建成全光网省，目前已完成广州、深圳、珠海为中心的骨干光纤网络布局，普遍提高了固定宽带网络接入能力，全省光纤用户提速至 100M；广泛推动物联网泛在感知设施布局，加快实现"万物互联"发展；初步构建形成工业互联网、物联网等专用网络设施体系及北斗系统应用体系，各类网络协同融合、泛在互联、智能高效的网络设施体系初步形成。

广州高度重视工业互联网发展，2018 年在全国率先出台《深化互联网+先进制造业 加快发展工业互联网的实施方案及配套政策》，成为工信部授予的首批 2 个国家级工业互联网示范区之一。2018 年在全国率先开通工业互联网标识解析国家顶级节点（广州），已建成 30 个行业/区域标识解析二级节点。广州首创"工业互联网产业生态供给资源池"，阿里云工业互联网总部、树根互联总部等省外优秀服务商落地广东，目前已有 370 多家优秀服务商入池；围绕重点行业，培育了美云智数、云工厂等一批专注于垂直行业的工业互联网平台；重点培育了华为、富士康、树根互联、腾讯 4 家企业成为国家级跨行业跨领域工业互联网平台，数量全国第一。全省共试点建设 8 个"5G+工业互联网应用示范园区"，共带动 50 万家企业"上线用云"降本提质增效。

---

① 资料来源：《中国 5G 关键材料及零部件分布地图》，新材料在线 xincailiao.com.

五、广州市建设数字经济引领型城市的策略建议

数字技术与实体经济的深度融合应用是促进经济社会数字化、网络化、智能化转型的重要引擎（图5-1）。广州深入推进数字技术赋能千行百业，促进形成"需求牵引供给，供给创造需求"的高水平发展模式，驱动生产方式、生活方式和治理方式升级，实现传统产业转型升级和新兴产业发展壮大。

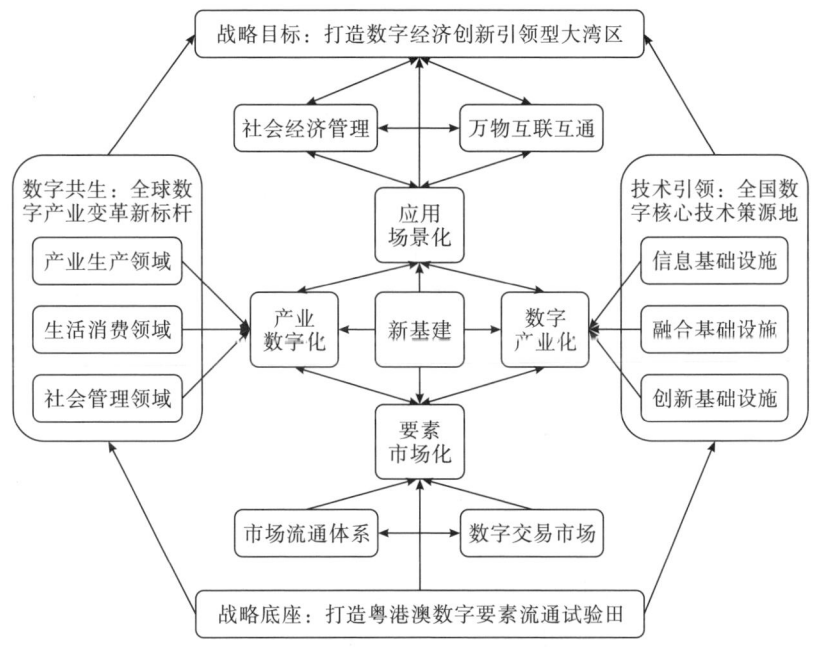

图5-1 广州市数字经济与实体经济深度融合的发展路径

资料来源：项目组整理。

（一）以建链强链补链为抓手，携手大湾区打造全球规模最大数字经济产业集聚区

当前，广东省正积极推动"双十"产业集群建设，培育若干具有全球竞争力的产业集群，推动广东产业链、创新链相互贯通，加快建立具有国际竞争力的现代化产业体系，打造产业高质量发展典范。数字经济是"双十"产业集群核心战略。广州要深入开展以5G技术为引领的

新一轮科技和产业变革，加快行业交叉融合创新，为传统产业转型升级和新兴产业发展壮大带来新市场和新机遇。5G商用日益成为经济发展的重要驱动力，将推动制造业产业模式和企业形态根本性变革，促进全省制造业加速向数字化、网络化、智能化、绿色化、服务化转型。

因此，广州要紧紧围绕广东省"双十"产业集群建设契机及新一代产业变革方向，补齐产业链发展短板，加快推动产业链均衡发展，构建基于数字技术发展和商业应用的"3+3+2+3+N"的现代产业体系。针对广东省基础元器件、半导体等行业发展相对滞后的情况，广州要加快推进新一代电子信息产业链上下游均衡发展，补齐产业链发展短板和核心环节。一是要大力发展半导体与集成电路产业，提升集成电路设计优势，突破存储芯片、处理器等高端通用芯片设计，积极布局半导体产业各领域发展，同时着力推进集成电路设计软件国产化；二是要围绕电子信息产业特别是集成电路产业发展上下游产业链，重点关注原材料、基础工艺、核心零部件、电子元器件、生产及检测设备等环节，加大对企业技术改造支持力度，支持核心产品研发及产业化发展；三是着力引进一批国际、国内的领军企业的半导体项目落户广东，通过龙头企业带动全产业链发展（图5-2）。

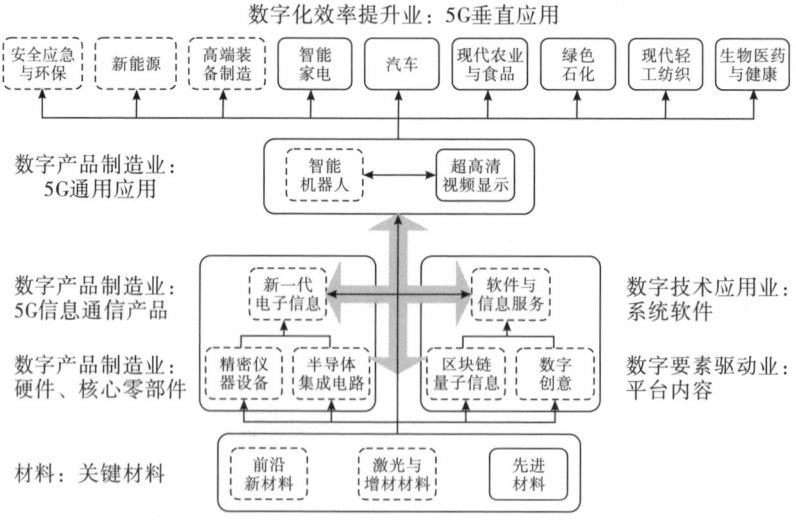

图5-2　广州着力构建基于数字经济的"3+3+2+3+N"现代产业体系
资料来源：项目组整理。

1. 重点发展新一代电子信息产业集群

第一个数字"3"是指数字基础产品制造业，包括新一代电子信息产业和精密仪器设备、半导体与集成电路两大类关键核心零部件产业集群。它们是 5G 网络和人工智能设备等硬件产品制造业，是整个数字经济活动的工作底盘。广东省新一代电子信息产业具有良好的发展基础，在终端智能产品、信息通信设备、集成电路设计等领域实力雄厚。当前，5G 技术行业应用加速、深度融合，催生了 5G、大数据、云计算、物联网等新一代信息技术产品，电子信息产业呈现智能化、高端化、服务化等趋势，为广州市新一代电子信息产业实现跨越发展带来了战略机遇。广州市应将新一代电子信息产业作为推动经济高质量发展的支柱性产业，努力抢占 5G 产业发展制高点。

2. 重点发展数字技术应用和软件服务

第二个数字"3"是指数字技术应用业和数字要素驱动业，包括软件与信息服务、区块链与量子信息和数字创意三大类产业集群。它们以数据资源作为关键生产要素，以现代信息网络作为重要载体，以信息通信技术和数字技术的有效使用的一系列经济活动为重要推动力，是整个数字经济活动的工作平台。其中精密仪器设备、半导体与集成电路两大类将为 5G 产品生产配套提供关键零部件，软件与信息服务、区块链与量子信息两类将为 5G 产品应用提供专业服务软件，是 5G 产业基础高级化的重要方面。

3. 大力发展两类 5G 通用应用（超高清视频显示和智能机器人）产业集群

第三个数字"2"是指数字通用产品制造业，包括智能机器人和超高清视频显示两类产业集群。它们是深度融合了数字技术、具有广泛应用的通用产品生产，是整个数字经济应用活动的基础工具。超高清视频显示和智能机器人作为 5G 四大类通用应用产品，是 5G 商用的重要媒介。广东省是智能机器人、超高清视频显示产品的生产和应用大省，这两类产业集群具有良好的产业发展基础，具有广阔的市场前景。广东省良好的制造业基础和巨大的消费力市场，制造业转型升级和线上消费等迫切需求为机器人、超高清视频显示产业发展提供了坚实基础。

4. 大力发展三类数字产品基础产业集群

第四个数字"3"是指数字产品制造的基础材料业，包括前沿新材料、激光与增材材料和先进材料三类产业集群，可为5G技术产品提供相关材料，是5G产品及零部件高质量生产的重要基础。

5. 推动产业数字化智能化转型发展

第五个数字"N"是指数字技术垂直应用到其他产业集群。依托传统优势龙头企业，推动汽车、家电、纺织服装、食品饮料、家电家具、五金建材等产业智能化、数字化转型发展。深化新一代信息技术与制造业融合发展，支持建设区域性智能制造产业科技创新平台，分类组织实施机器人应用专项计划，建设智能制造基地，打造全国智能制造发展示范引领区。推动企业技术改造和设备更新，重点实施以传统制造装备联网、关键工序数控化等为重点的技术改造。

（二）以数字产业化和产业数字化为抓手，打造具有全球引领示范作用的数字经济体系

数字技术、数字经济推动各类资源要素快捷流动、各类市场主体加速融合，帮助市场主体重构组织模式，实现跨界发展，打破时空限制，延伸产业链条，畅通国内外经济循环。数字技术和数字经济具有高创新性、强渗透性、广覆盖性，它们不仅是新的经济增长点，而且是改造提升传统产业的支点，可以成为构建现代化经济体系的重要引擎，有利于推动建设现代化经济体系。

1. 5G与实体经济各行各业领域的深度融合机制

5G引领下的数字技术革命与实体经济各行业领域的深度融合本质上是一场"技术经济范式"变革。关于数字经济的定义，2016年G20杭州峰会发布的《二十国集团数字经济发展与合作倡议》认为："数字经济是指以使用数字化的知识和信息作为关键生产要素、以现代信息网络作为重要载体、以信息通信技术的有效使用作为效率提升和经济结构优化的重要推动力的一系列经济活动。"可见，数字经济代表了围绕数据这种关键的生产要素所进行的一系列生产、流通和消费的经济活动的总和；它是继农业经济、工业经济之后的主要经济形态，数字化转型正

在驱动生产方式、生活方式和治理方式发生深刻变革。由此，本课题根据5G和数字"新技术引领下催生新产业、新业态、新模式"的研究思路，构建起"技术性能—应用场景—产业经济"的技术经济范式研究框架（图5-3）。

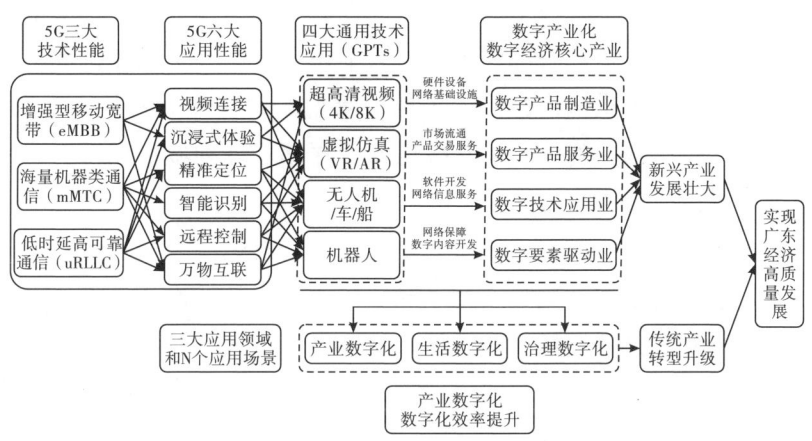

图5-3 数字经济发展的技术经济范式研究框架

资料来源：项目组整理。

2. 加快推动数字产业化，培育发展数字新经济

数字产业化是指数据要素的产业化、商业化和市场化；为产业数字化发展提供数字技术、产品、服务、基础设施和解决方案，以及完全依赖于数字技术、数据要素的各类经济活动，是数字经济核心产业，也是数字经济发展的基础。[①] 首先，要以用户为中心打造数字化价值链体系。数字化转型以用户为中心，重点是打通制造与生活的"任督二脉"，推动全价值链数字化转型和数智化蜕变，打造数字化价值链体系。工业互联网2.0旨在承接"万物互联、人机新世代"的创想，从产品生产、产品运输直至产品进入用户生活实现智慧互联、全价值链端到端的全面协同，将制造与生活推往新的高度。面向用户全方位的智能体验升级，用数据驱动全价值链运营，以数字化连接研发、计划、制造、采购、品质、物流、客服等全价值链各个环节，通过5G、AI、IoT

---

①国家统计局：《数字经济及其核心产业统计分类（2021）》。

等全新技术赋能研发、制造、渠道、服务等全产业链。其次，要以交钥匙方式打造全流程数字化解决方案。数字企业应基于自身数字化转型的经验产品，兼备"制造业知识、软件、硬件"三位一体的完整工业互联网平台提供商功能，产品渐渐覆盖全价值链，兼顾软件、硬件、技术、服务等综合能力。数字赋能制造产业链，提高智造自动化水平和生产准确度，可以凭借核心部件、机器人本体、机器人单元和完全自动化系统，向各行业提供从产品到服务的一整套解决方案——从入厂物流、仓储备货、生产精益物流、干支线运输、存储管理到城市配送、送装一体的全场景供应链解决方案。

3. 加快推动产业数字化，培育发展产业新动能

产业数字化是指应用数字技术和数据资源为传统产业带来的产出增加和效率提升，是数字技术与实体经济的融合。[①] 产业数字化体现了数字技术与国民经济各行业产生深度渗透和广泛融合，主要涵盖智慧农业、智能制造、智能交通、智慧物流、数字金融、数字商贸、数字社会、数字政府等数字化应用场景。首先，要重点引导传统企业建立个性化定制柔性化生产 C2M 模式。C2M 是 Customer to Manufacturer（用户直连制造）的缩写，是一种新型的工业互联网电子商务的商业模式，又被称为"短路经济"，强调的是制造业与消费者的衔接，可以简单理解为用户定制模式。该模式创新性地开展数码化定制生产，开创大规模个性化定制生产新模式，破解非标产品批量生产难题，探索出一条采用数字技术和先进适用技术改造传统产业的新路子。C2M 的最大特点是，按需生产，以销定产，用户先下单，工厂再生产，砍掉了品牌商、代理商、销售终端等中间环节，没有库销比，可实现"零库存"；既柔性生产，又实现规模经济。其次，要积极引导企业利用数字技术改进传统产业生产效率。利用 5G 信息网络平台，客户通过线上线下场景体验，厂商通过大数据分析、数字化设计捕获消费者对个性化、定制、产品的需求，缩短厂商与客户的信息距离，改变了传统产品市场标准化产品的销售模式。利用大数据分析对订单进行拆分、组合排产、数码化标签，通

[①] 国家统计局：《数字经济及其核心产业统计分类（2021）》。

过机器人和智能制造系统进行精细生产，解决了个性化、非标准化生产导致成本骤增的问题，既确保了个性化定制的需求，也兼顾了规模经济的效益。整个过程采用数码化的生产模式，二维码身份识别贯穿设计、制造、仓储、发货、入户拼装全周期。每块板件都加贴了条码，每台设备都加装了电脑，工人只需按照机器的指令进行操作，使原本复杂的生产程序变得简单、高效，从而以大规模生产的成本和速度来实现多样式、个性化的定制生产（图5-4）。

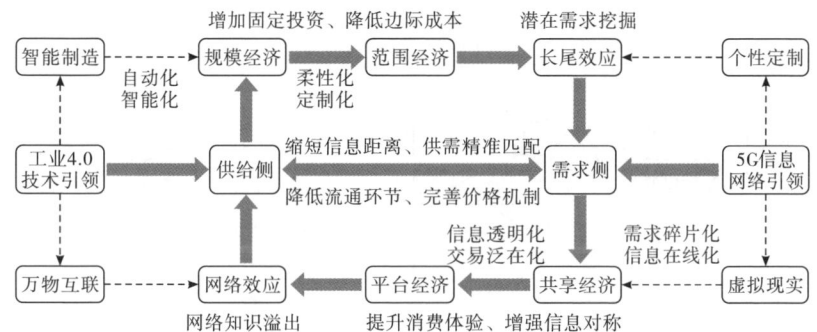

图5-4　数字技术驱动传统产业转型升级的逻辑过程

资料来源：项目组整理。

数字产业化和产业数字化是一个相互促进、协同发展的过程。推动数字产业化为产业数字化发展提供数字技术、产品、服务、基础设施和解决方案；随着产业数字化转型的推进，各行各业的生产经营销售又会产生海量数据，为数字产业化提供源源不断的源头活水和数据资源。

（三）以投资端和应用端"两端"联动为抓手，打造全球最丰富的5G应用场景

基于5G技术革命带来的万物互联这一技术背景，广州市应从投资侧和应用侧两个视角分析，一方面推进5G带来的投资侧新基建（信息基础设施、融合基础设施、创新基础设施三大领域）、新经济（数字经济），另一方面推动现有传统产业经济（包括生活、生产和城市管理等领域）在5G技术引领下转型升级，形成新业态。首先，5G技术推广和应用需要大量的新型基础设施建设，即投资侧的新基建，包括信息基

础设施、融合基础设施、创新基础设施三大领域。其次，5G 技术推广和应用最终落到社会经济的方方面面，即应用侧的新业态，包括围绕生产、生活、城市管理领域形成商业闭环的应用场景。而垂直场景应用则是新基建落地的"最后一公里"（图5-5）。

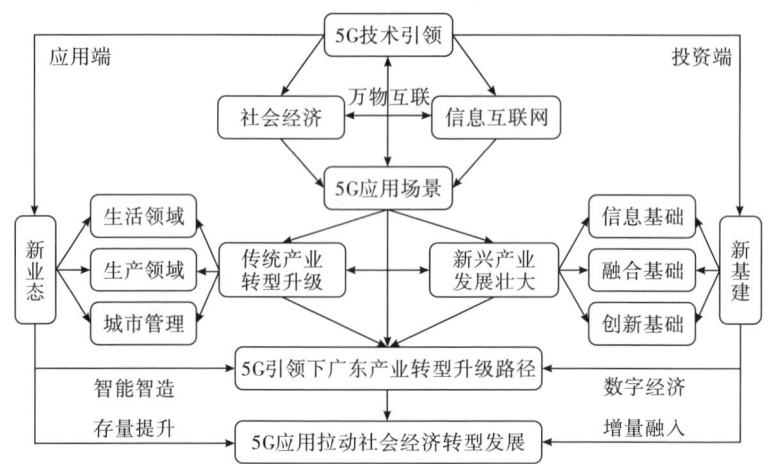

图 5-5　投资端和应用端"两端"联动推动产业转型升级

资料来源：项目组整理。

1. 以新基建"投资端"为支撑推动 5G 行业应用发展

（1）信息基础设施产业。

信息基础设施主要包括 5G、物联网、工业互联网等为代表的通信基础设施和以区块链、云计算为代表的算力基础设施，其相关产业即是依靠信息基础设施发展壮大的产业。

通信基础设施产业的典型代表中，5G 产业的主要发展方式有商用和公用两个途径。商用主要面向个人消费者和机构消费者，居民的 5G 移动通信、家用 5G 网络是面向个人消费者的着力点；机构消费者主要是企业，5G 主要用于企业的生产制造和运营管理。公用主要是面向政府，即政府在行政管理、公共基础设施等方面的 5G 使用。通信基础设施产业的发展重点在"生产—消费"两个环节，其中"生产"即 5G 网络的供应，前提就是通信基础设施的保证，所以生产环节的重点在保障通信基础设施建设。而在"消费"环节重点推动的是 5G 使用的消费路径，商用方面使消费方式多样化，增加5G网络产品；公用方向增强政府与供应商的合作，通过政府项目、政策支持等方式扶持产业发展。

算力基础设施产业的重点是区块链产业和云计算产业。区块链产业发展重点有以下几点：第一，要打造产业发展平台，建立产业园、形成产业集群；第二，要大力培育骨干企业，发挥龙头企业的带动作用；第三，要加快区块链与实体经济的融合，让区块链技术落到实处；第四，规范区块链产业发展，例如搭建电子发票区块链平台"税链"，规避虚拟货币等违法活动风险等。"5G + 云 + AI"将成为推动数字经济发展的新引擎，但也要注意解决云计算的发展上面临的诸多问题：云计算发展水平与经济发展水平不匹配，企业上云率较低等。从产业链的角度来看，为促进云计算产业发展，首先应提高上游核心硬件如芯片、服务器等设施的质量；在中游产业，要优化云基础平台、数据库等资源建设，提高计算能力和服务水平；同时还要拓宽云计算的应用，将云计算与制造业等实体经济的深度融合，政府出台相关政策鼓励企业向"云端"发展。

（2）融合基础设施产业。

融合基础设施产业主要包括智慧交通、智慧能源等。①智慧交通。在智慧交通的发展上，5G应用主要场景是车联网和无人驾驶，依靠5G的高带宽、低时延特点将每一辆汽车连接到网络之中，构造一个智能交通网，实现智能交通管理、智能动态信息服务和智能车辆控制。5G网络则可以为无人驾驶技术提供更稳定的网络、更低的时延、更广的覆盖面、更庞大的数据量。在推动智慧交通产业发展上，重点在于提升汽车自身的智能化水平、车联网平台的建设和相关交通基础设施的保障。这就需要政府加大对汽车生产商生产智能汽车的政策优惠，从而促进消费者对新兴汽车的购买；同时搭建车联网平台，联合汽车供销商共同出力；完善交通基础设施，加大交通投资力度。②智慧能源。5G在智慧能源的应用上，需要从三个方面促进二者的融合发展。第一是要扩大5G网络覆盖面，推动5G基站建设，让偏远地区和环境恶劣地区的网络供应得到保障，以此确保电力传输的稳定；第二是要制定5G和能源行业的标准，二者融合发展需要行业标准将其规范化，尤其是在电力等能源方面，标准化发展能够提高发展效率；第三要保证网络安全，避免能源网络被恶意入侵及遭破坏。

(3) 创新基础设施产业。

在创新基础设施产业的发展上,政府要着力促进产学研一体化发展,加大对科技研究、实验研发的支出,另一方面加速研究成果的落地。在5G融合发展上,可以搭建大数据研究平台,让优秀的科研项目可以被发现、被开发,还可以依托5G技术让研究能力智能化,提高研发的硬件设施质量。

2. 推动数字技术行业应用,构建"数字化应用系统"

优化政策环境,引导市场主体积极参与。区别于"铁公机"等传统基础设施行业的特许经营和垄断特性,新基建大多属于竞争性领域,应当坚持市场主导,放宽新基建领域的投资准入,完善准入规则。应当探索通过技术入股的方式吸引有实力的高新技术企业参与新基建投资,或通过竞争性招标方式,引导民营高科技企业主导新基建投资,再由政府购买此类专业化服务。对主要由国家和省级财政投入建设的大科学基础设施、通用型科技基础设施,引入市场机制,采取"政府所有、委托运营"的方式,实现设施资源开放共享。

数字经济创新引领的核心要义是打造区域数字生态创新系统,构建"数字化区域应用系统"(图5-6),即包括"1+4+4"框架,分别是1个核心生产要素:数字;4个支撑保障条件:技术创新、场景应用、制度规则和政府引导;4个重点发展领域:新基建、新产业、新业态和新治理。

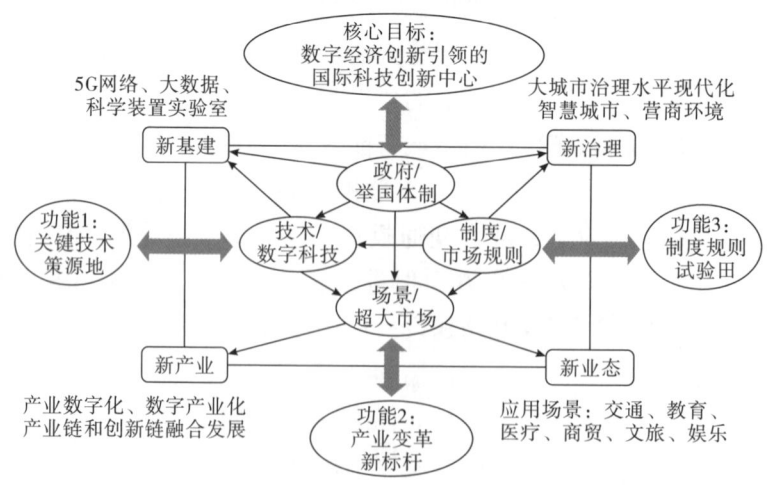

图5-6 构建"1+4+4"数字化区域应用系统

资料来源:项目组整理。

(四)以产业链和创新链"双链"互动为抓手,建设5G国际科技创新中心

围绕新基建促进产业链和创新链深度融合发展,是当前破解数字科技成果落地难、区域产业协同难的关键所在。

在现代数字经济中,产业链提出数字化、智能化技术创新需求,创新链推动产业链价值提升,二者相互支撑、共生共融。因此,推进产业链和创新链的深度融合,掌握数字核心和关键技术,才能有效提升产业水平和产业竞争力,更好地参与国内及全球产业链分工。2020年9月,习近平总书记在湖南考察时强调,"要围绕产业链部署创新链、围绕创新链布局产业链",加速科技成果向现实生产力转化。

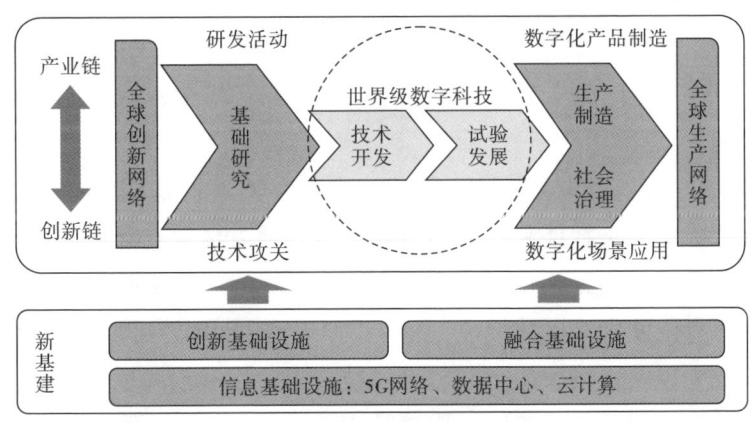

图 5-7 以新基建推动产业链和创新链融合发展

资料来源:项目组整理。

1. "从0到1",抢占5G技术和数字科技制高点,打造全国数字核心技术策源地

重点把握新型基础设施建设和数字技术创新发展的最新动态及一般规律,探讨粤港澳大湾区需重点攻关的数字关键技术及需要重点培育、建设的数字科技创新载体平台,夯实数字经济发展战略底座,强化粤港澳大湾区国际科技创新中心的原始创新和科技创新策源能力,创造更多"从0到1"的原创成果。加强央地、粤港澳多空间层次联动,汇聚全球、国家、省市战略科技力量,大手笔引进"大院大所大装置大平

台"，构筑高端战略创新平台。

数字经济创新发展的战略底座就是构建以5G网络技术为基础、人工智能技术为特点的新型基础设施，核心内容就是"上云用数赋智"，构建万物互联的神经网络。粤港澳大湾区必须牢牢把握数字科技创新发展前沿方向，加快数字关键核心技术攻关，全力打造数字经济核心优势，建设全国数字核心技术策源地。坚持创新驱动、应用牵引、链群发展，推进人工智能开放创新平台建设，构建高水平创新基础设施体系，聚焦瞄准数字未来科技，推进智能传感、大数据、云计算、边缘计算、人工智能、数字孪生等新一代信息技术融合发展、集成创新，大力发展数字关键核心技术。推动操作系统、数据库等基础软件以及计算机辅助设计、电子设计自动化等工业软件发展，建设国家通用软硬件适配测试中心。

2. "从1到100"，建设数字科技试验应用场景，打造全球数字科技试验场

加大数字经济领域应用场景开放力度，完善科技成果试验转化机制，支持吸引人工智能和数字经济相关科技研发成果在粤港澳大湾区进行场景化调试应用，推动更多"从1到100"的成果试验展示、应用产业化，将粤港澳大湾区建设成为新一代人工智能和数字经济应用场景试验场，成为现实现场版的全球数字科技成果应用展示博览会，建设数字经济试验型、引领型大湾区。构建基于5G应用场景和数字经济产业生态，在工业互联网、智能交通、智慧物流、智慧能源、智慧医疗等重点领域开展应用场景试点，建设一批数字经济产业示范园。

充分发挥粤港澳大湾区数字经济应用场景丰富、市场容量巨大等现实优势，发挥平台创新、场景试验作用，开展开放式平台合作，以场景应用试验带动数字产业开放融合发展，实现数字技术与产业经济、社会管理深度融合，创新新业态、新模式、新经济，形成产业数字化转型融合发展科技馆、试验场。挖掘优质应用场景领域，深入开展数字化改造。

3. "从100到10000"，加快构建数字化现代产业体系，打造全球数字产业变革新标杆

利用应用场景试验平台，推动数字科技成果转化，推进数字产业化

和产业数字化，打造全球数字产业变革新标杆。要以"数字科技赋能产业、产业经济依托数字"的发展理念，突出数字科技对产业发展的应用引领作用，抢抓数字经济、量子科技等发展先机。围绕产业链布局数字科技创新链、围绕数字科技创新链布局产业链，从"四个面向"找方向，大力培育发展战略性支柱产业集群和战略性新兴产业集群，加快构建有后劲的现代产业体系。

要充分发挥粤港澳大湾区电子制造和软件信息服务产业基础雄厚、数字经济应用场景丰富、市场容量巨大等现实优势，加速汽车制造、高端装备、生物医药等重点行业领域产业数字化转型；提升数字经济核心产业优势，重点发展工业软件、区块链等数字经济领域优势产业。

4."从数字到生态"，加快数字经济体制机制改革创新，打造数字要素安全高效流通示范区

充分激活数据要素潜能，探索数据安全治理和高效流通配置机制，打造粤港澳数字要素安全高效流通试验区。海量数据是数字经济的关键生产要素，粤港澳大湾区要充分利用"一国、两制、三地"的地缘政策优势，持续推进数据联通共享，完善公共数据资源目标和责任清单制度，在数据确权、数据流动、知识产权保护等数字资源要素领域先行先试，加快应用数据沙盒、隐私计算等可信开放技术，抢占数据治理体制机制新高地。加快推动数据交换交易，大力发展数据要素市场，探索建立数字交易平台，建立数据确权、交易、登记和清算等基础性制度，打造互信、包容、开放、流通的数字生态环境和数字流量配置战略枢纽。

以构建数据要素流通体系为抓手，开展数据交易商业模式创新试点，探索数据生成采集、整合汇聚、确权定价、流通交易、开发利用等基础性规划；利用数字经济全产业链生态优势，面向5G、工业互联网、集成电路、云计算、大数据、人工智能、信息网络安全等领域打造一批国际一流的数字化产业集群，从而赢得数字经济全产业链、全创新链集群优势。

参考文献

［1］ BALLAND P A, BOSCHMA R. Mapping the potentials of regions in Europe to contribute to new knowledge production in Industry 4.0 technologies ［J］. Regional Studies, 2021, 55（10 - 11）.

［2］ CORRADINI C, SANTINI E, VECCIOLINI C. The geography of industry 4.0 technologies across European regions ［J］. Regional Studies, 2021, 55（10 - 11）.

［3］ TEECE D J. Profiting from innovation in the digital economy: enabling technologies, standards, and licensing models in the wireless world ［J］. Research Policy, 2018, 47（8）.

［4］ KOGLER D F, ESSLETZBICHLER J, RIGBY D L. The evolution of specialization in the EU15 knowledge space ［J］. Journal of Economic Geography, 2017, 17（2）.

［5］ 杜庆昊. 新时代数字经济发展的主要方向［J］. 开放导报, 2020（6）: 76 - 82.

［6］ 官思发. 基于专利信息分析的云计算技术透视［J］. 情报杂志, 2011, 30（8）: 149 - 153.

［7］ 李晓华. 数字经济新特征与数字经济新动能的形成机制［J］. 改革, 2019（11）: 40 - 51.

［8］ 罗以洪. 大数据人工智能区块链等ICT促进数字经济高质量发展机理探析［J］. 贵州社会科学, 2019（12）: 122 - 132.

［9］ 欧阳日辉. "十四五"时期中国发展数字经济的重点和策略［J］. 新经济导刊, 2021（1）: 10 - 14.

［10］ 裴长洪, 倪江飞, 李越. 数字经济的政治经济学分析［J］. 财贸经济, 2018, 39（9）: 5 - 22.

［11］ 商琦, 陈洪梅. 边缘计算领域核心专利挖掘: 基于专利引证视角［J］. 科技管理研究, 2020, 40（20）: 166 - 172.

［12］ 中国信息通信研究院. G20国家全球数字经济发展白皮书: 疫情冲击下的复苏新曙光（2021年）［R/OL］.（2018 - 12 - 18）［2021 - 08 - 01］. http://www.caict.ac.cn/kxyj/qwfb/bps/202108/P020210913403798893557.pdf.

［13］ 中国信息通信研究院. G20国家数字经济发展研究报告（2018年）［R/OL］.（2018 - 12 - 18）［2019 - 05 - 01］. http://www.caict.ac.cn/kxyj/qwfb/bps/201812/P020181219311367546218.pdf.

［14］ 荆文君, 孙宝文. 数字经济促进经济高质量发展: 一个理论分析框架［J］. 经济学, 2019（2）: 66 - 73.

［15］ 刘洋, 董久钰, 魏江. 数字创新管理: 理论框架与未来研究［J］. 管理世界,

2020,36(7):198-217,219.

[16] 张昕蔚.数字经济条件下的创新模式演化研究[J].经济学家,2019(7):32-39.

[17] 任保平.数字经济引领高质量发展的逻辑、机制与路径[J].西安财经大学学报,2020,33(2):5-9.

[18] 王彬燕,田俊峰,程利莎,等.中国数字经济空间分异及影响因素[J].地理科学,2018,38(6):859-868.

[19] 杨海深,王茜.全面构建粤港澳大湾区数字经济协同发展新路径[J].新经济,2019(10):15-19.

[20] 朱惠.广州建设粤港澳大湾区数字贸易中心路径分析[J].广东技术师范大学学报,2020,41(5):96-101.

广州加快发展现代产业体系的战略路径对策研究

陈　林①

摘　要：党的十九大报告指出，要着力加快建设实体经济、科技创新、现代金融、人力资源协同发展的产业体系。党的十九届五中全会也提出，要坚持把发展经济着力点放在实体经济上。在此基础上，"十四五"规划纲要进一步明确提出，要加快推进制造强国、质量强国建设，促进先进制造业和现代服务业深度融合，强化基础设施支撑引领作用，构建实体经济、科技创新、现代金融、人力资源协同发展的现代产业体系。在国家高度重视实体经济的大背景下，和以国内大循环为主体、国内国际双循环相互促进的新发展格局之下，以外向型经济为主体的广州现代产业发展体系亦将步入转折点。因此，深刻认识新发展格局下，广州建立现代产业体系面临的时代特征与瓶颈制约，瞄准痛点难点问题，理清思路，对于广州打好产业基础高级化和产业链现代化攻坚战、构建现代产业体系具有战略性意义。为明确研究内容，本报告所述现代产业体系包括以制造业为代表的实体经济、生产生活性服务业以及为产业通畅运行所必须具备的交通、通信、能源等基础设施产业等几个部分，具有创新性、开放性、融合性、集聚性和可持续性特征，能够集聚技术、人才、资本、信息等生产要素，并满足新型产业体系科技含量

---

① 陈林，暨南大学产业经济研究院副院长、教授、博士生导师，广东省"珠江学者"特聘教授。主要研究领域为产业组织、产业规制与国企改革等，代表性成果有《粤港澳大湾区的经济学内涵——基于新制度经济学的交易成本视角》等。

高、附加值高、能耗低、污染低的要求。

关键词： 广州　现代产业体系　高质量发展　路径　对策

一、广州现代产业体系建设现状

（一）广州现代产业规模

1. 产业规模稳步提升

2016—2020 年，广州三次产业规模稳步增长，地区年生产总值保持在 15 000 亿元以上。按可比价格计算（下同）①，2016—2019 年广州地区生产总值增长速度保持在 5% 以上。2020 年，广州实现地区生产总值 25 019.11 亿元，在疫情影响下较 2019 年依旧有所突破，尽管地区生产总值增长速度仅为 2.7%②，较前几年有所放缓，但仍跑赢全国（2.3%③）以及广东省（2.3%④）的增速（图 1 – 1）。

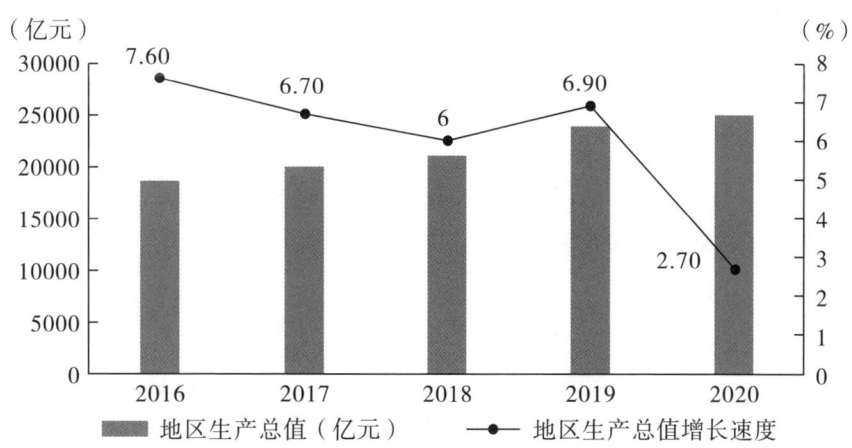

图 1 – 1　2016—2020 年广州地区生产总值及增长速度

数据来源：广州市统计局网站。

---

① 本章所述产值数据按照当年价格计算，增长速度按照可比价格计算。
② 数据来源：广州市统计局（http://tjj.gz.gov.cn/），下同。
③ 数据来源：国家统计局。
④ 数据来源：广东省统计局。

2. 生产供给功能总体加强

从产业增加值量来看，2016—2019 年广州三次产业地区生产增加值每年稳步增长，三次产业年增长速度总体稳步提升。其中，第二、第三产业年增长速度保持在 4% 以上，第一产业年增长速度大幅提升：由 2016 年不到 1% 提升至 2019 年的 4.2%。广州三次产业，尤其是第一产业生产供给功能逐步加强。

2020 年，广州三次产业总增加值依旧稳步提升。其中，第一产业增加值为 288.08 亿元，占地区生产总值的 1.15%，增长速度达 9.8%，受疫情影响较小；第二产业增加值为 6590.39 亿元，占地区生产总值的 26.34%，增长速度为 3.3%，说明受到了一定的疫情影响；第三产业增加值为 18 140.64 亿元，占地区生产总值的 72.5%，增长速度为 2.3%，受疫情影响较大。

可见，一方面广州三次产业在国民经济领域的供给规模再上新台阶，并且在疫情影响下保持生产总值总体上升，三次产业增长速度均在 0 以上，且波动幅度较小，说明广州生产供给能力进一步加强（图 1-2）。

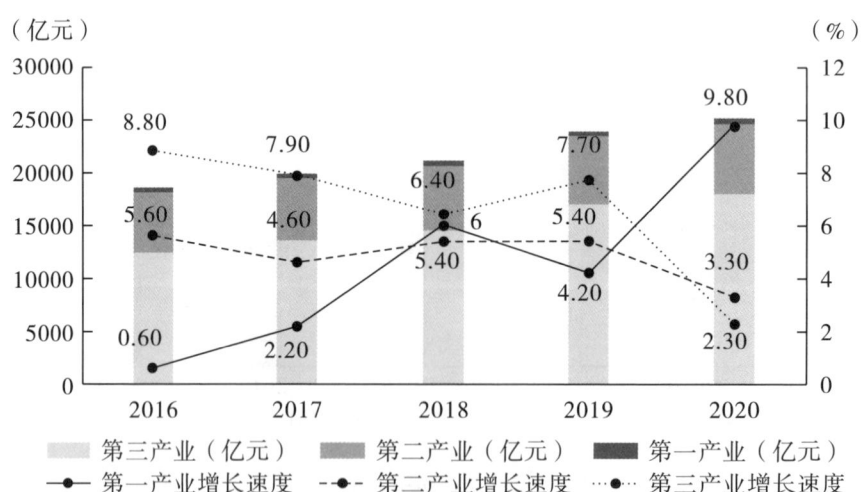

图 1-2　2016—2020 年广州三次产业增加值及增长速度

数据来源：广州市统计局网站。

另一方面，从第一产业来看，2020 年农业总产值占比最大，超过一半；其次为渔业，占比为 22.99%；林业牧业合计占比 9.8%。从纵向看,2009—2020年农业总产值大致呈现稳步增长态势,且近五年来增长速度显著提升。尤其是2020年农业总产值高达278.55亿元,年均增长速度达到近十年最大值10.4%。2020年渔业总产值较2009年增加一倍以上,增长速度创历年新高,为19.8%。牧业总产值在过去呈现下降趋势,但2020年这一趋势大大缓解。林业总产值在经历2018年的较大下降之后,2020年实现强势增长,增速为79.80%(图1-3)。

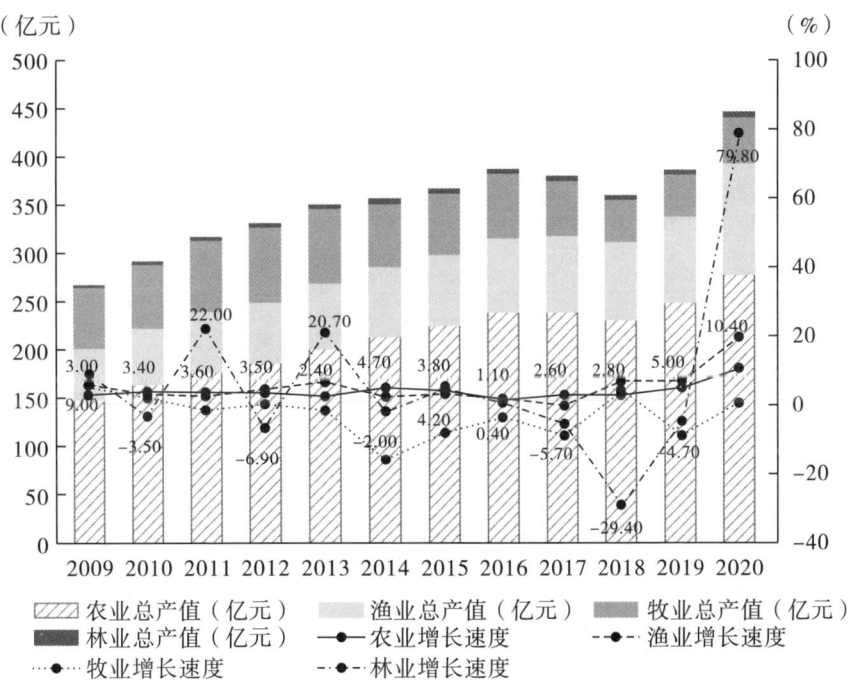

图1-3 2009—2020年广州农林牧渔业总产值及其增长速度①

数据来源:广州市统计局网站。

从第二产业看,2016—2020年广州工业总产值尽管增速波动幅度明显,但总产值总体稳步提升,自2018年起保持在20 000亿元以上,并且重工业年总产值占工业总产值的大部分。在增长速度方面,轻工业自2017年起增长速度稳步提升,至2019年达到最大值4.7%。而与此

---

①本研究该部分产值数据按照当年价格计算,增长速度按照可比价格计算,因此会存在产值下降但增长速度大于0的情况。

同时,重工业增长速度逐步放缓,直至2019年回升至6.6%。2020年受疫情影响较大,轻工业、重工业年增长速度均有所放缓,但产值仍然呈现上升趋势(图1-4)。

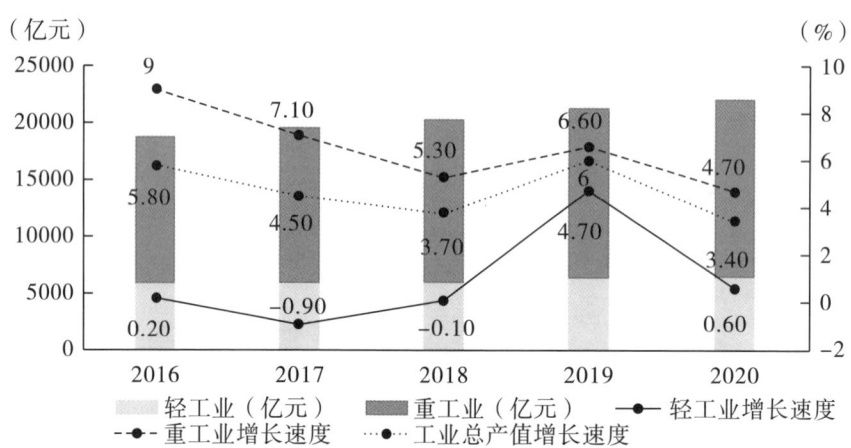

图1-4 2016—2020年广州工业产值及其增长速度

数据来源:广州市统计局网站。

其中,2020年规模以上汽车制造业、电子产品制造业和石油化工制造业三大支柱产业增加3.7%,占全市规模以上工业总产值比重的50.61%。其中,汽车制造业包括汽车零部件制造业和其他汽车制造业占比最大,高达57%;电子产品制造业以27%占比次之;最后是石油化工制造业,占比为16%(图1-5)。

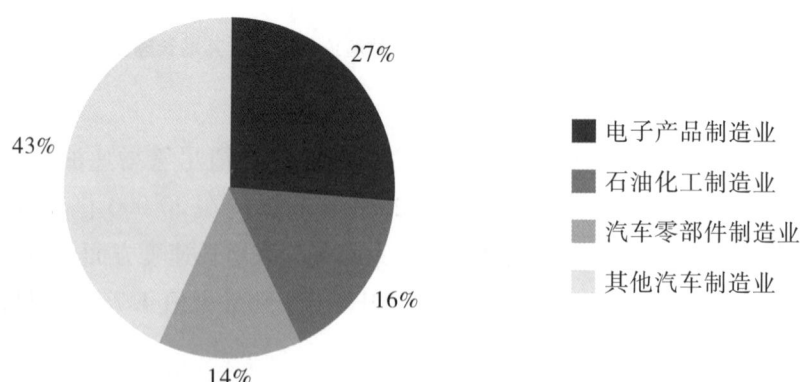

图1-5 2020年广州工业三大支柱产业工业产值占比

数据来源:广州市统计局网站。

从第三产业来看，2020年广州规模以上服务业企业营业收入为14 094.8283亿元，同比增长1.3%，其中交通运输、仓储和邮政业，信息传输、软件和信息技术服务业以及租赁和商务服务业占规模以上服务业企业营业收入最多，合计占比超七成。从增速来看，除交通运输、仓储和邮政业，租赁和商务服务业，教育，文化、体育和娱乐业四项以外，其余各项均稳定增长（图1-6）。

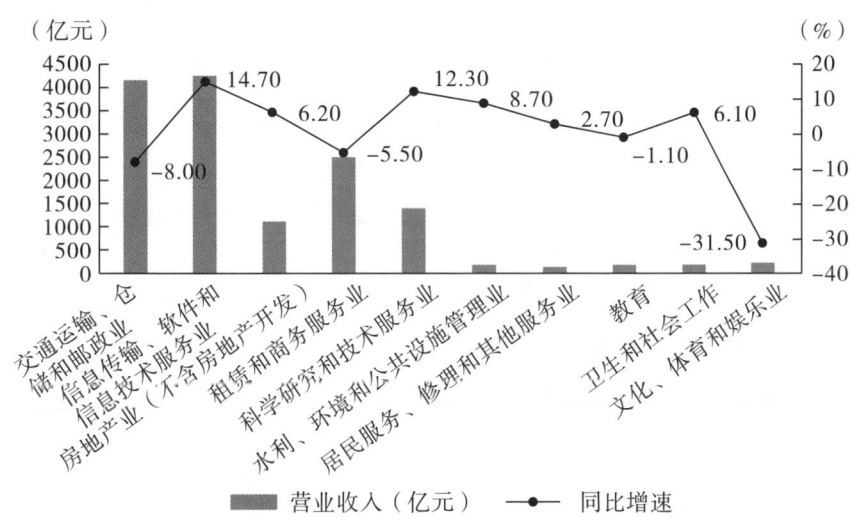

图1-6　2016—2020年广州规模以上各类服务业营业收入及其同比增长
数据来源：广州市统计局网站。

此外，社会消费品零售总额可以从侧面反映第三产业的活跃程度。通常来说，社会消费品零售总额越高，第三产业也就越发达。2016—2019年广州社会消费品零售总额呈现稳步上升态势，从2016年的7562.03亿元增长至2019年的9551.57亿元；年增长速度均稳定保持在7.5%以上的水平，且波动幅度不大。

2020年，受疫情影响，广州社会消费品零售总额增长速度出现较大波动，但是总销售额依然稳健。全年社会消费品零售总额为9218.66亿元，增长速度为-3.5%，下降幅度较小（图1-7）。

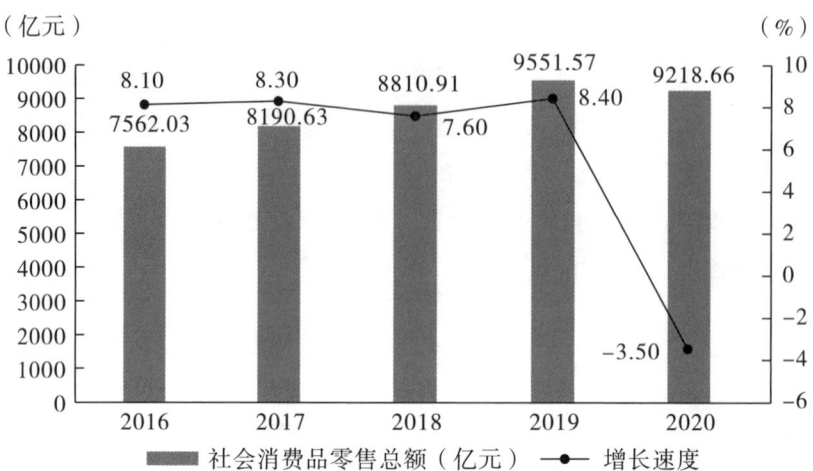

图1-7　2016—2020年广州社会消费品零售总额及其增长速度
数据来源：广州市统计局网站。

（二）广州现代产业结构

1. 产业结构不断优化

1994年，广州第三产业占比首次超过第二产业，之后以大约1%增速稳步上升。2020年广州产业结构呈现1.15∶26.34∶72.51的比例。按照可比价格计算，第一产业对经济增长拉动率①为0.1个百分点，第二产业为1.0个百分点，而第三产业则高达1.6个百分点，此前更是大体维持在5个百分点以上的水平，远高于第一、第二产业。具体来说，2016—2020年间，广州第三产业在地区总产值的比重由67.51%上升至72.51%，提高5个百分点。而在此期间，第二产业的比重逐年下降，由31.32%降至26.34%，低于30%的水平。第一产业则稳定在1个百分点左右。可见，广州以第三产业为主导的产业结构基本形成（图1-8）。

从贡献率来看，2016—2019年广州第三产业对地区生产总值贡献率②一直维持在70%以上。即便是在2020年受到疫情严重冲击的情况下，第三产业贡献率依然占有一半以上的份额。由此可见，广州第二产

---

①各产业对地区生产总值的拉动指地区生产总值增长速度与各产业贡献率之乘积。
②产业贡献率指各产业增加值增量与地区生产总值增量之比。

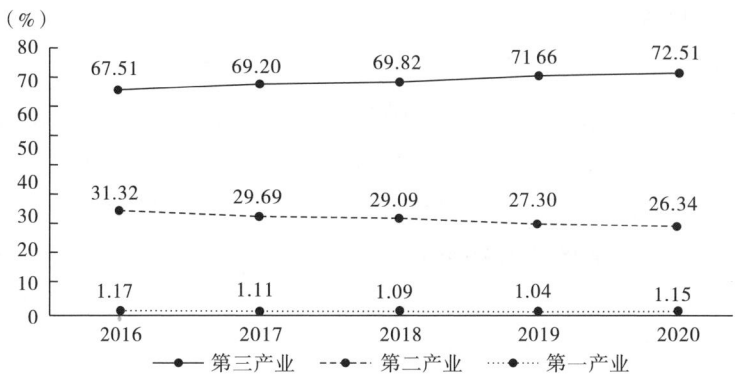

图 1-8　2016—2020 年广州三次产业比重变化趋势

数据来源：广州市统计局网站。

业与第三产业动能转换特征明显，第三产业贡献率约为第二产业的 2～3 倍，已然成为推动广州经济增长的主引擎（图 1-9）。

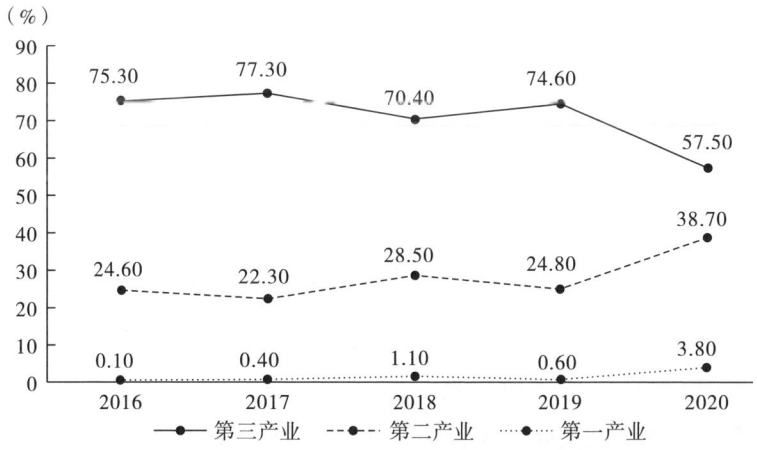

图 1-9　2016—2020 年广州三次产业贡献率①

数据来源：广州市统计局网站。

2. 先进制造业支撑工业发展

先进制造业包括高端装备制造业和电子信息产业等高技术产业，是我国现代产业体系的核心。② 近年来，广州工业增加值逐步上升，高端

---

① 产业贡献率指各产业增加值增量与地区生产总值增量之比。
② 詹懿：《中国现代产业体系：症结及其治理》，《财经问题研究》2012 年第 12 期，第 31-36 页。

电子信息制造业、先进装备制造业、新材料制造业等先进制造业成为广州工业增长的主要拉动力。2020年全年先进制造业增加值比2019年增长6.0%，占规模以上工业增加值的59.7%，较2019年提高1.3%。其中，先进装备制造业占比60%，高端电子信息制造业占比12%，石油化工业占比12%，先进轻纺制造业占比7%，新材料制造业占比5%，生物医药及高性能医疗器械业占比4%。可见，近年来，广州工业不断向产业链中高附加值环节延伸，正处于从以传统产业为主导到以先进制造业为主导的转变过程中（图1-10）。

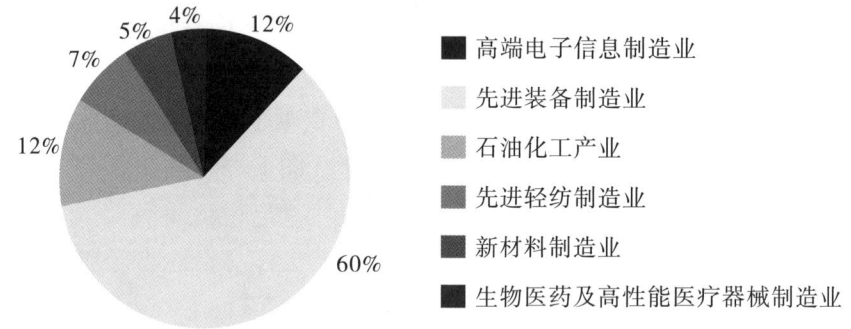

图1-10　2020年广州规模以上先进制造业工业产值占比

数据来源：广州市统计局网站。

此外，广州高技术制造业也有较为可观的发展态势。2020年全年，广州规模以上高技术制造业增加值增长6.3%。其中，电子及通信设备制造业占比67%，医药制造业占比14%，医疗设备及仪器仪表制造业占比10%，计算机及办公设备制造业占比7%，航空航天器及设备制造业占比1%（图1-11）。

3. 生产性服务业成为现代服务业重心

现代服务业是一个知识密集和人才密集的产业，大多数现代服务行业具有高人力资本含量、高技术含量和高附加值的特点，其发展需要拥有高素质的人才。[①] 而广州依托强大的交通网络、信息网络和高技术人

---

① 孙永波、于清：《现代服务业发展的困境与对策》，《国家行政学院学报》2009年第2期，第77-80页。

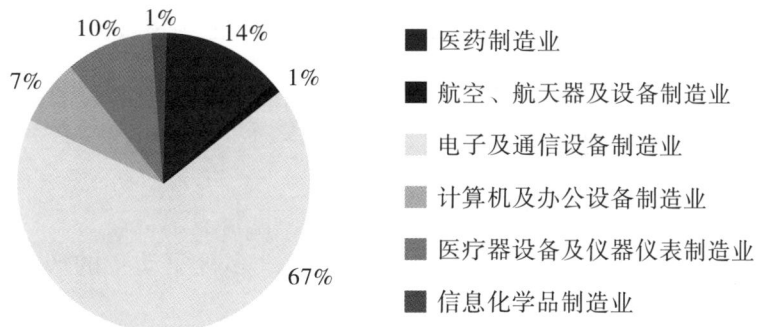

图 1-11　2020 年广州规模以上高技术制造业工业产值占比

数据来源：广州市统计局网站。

才储备，具有较强的现代服务业集聚能力，形成以租赁和商务服务业、信息传输、软件和信息技术服务业、健康服务、文化创意和设计服务为主的现代服务业体系，现代服务业发展走在全国前列。

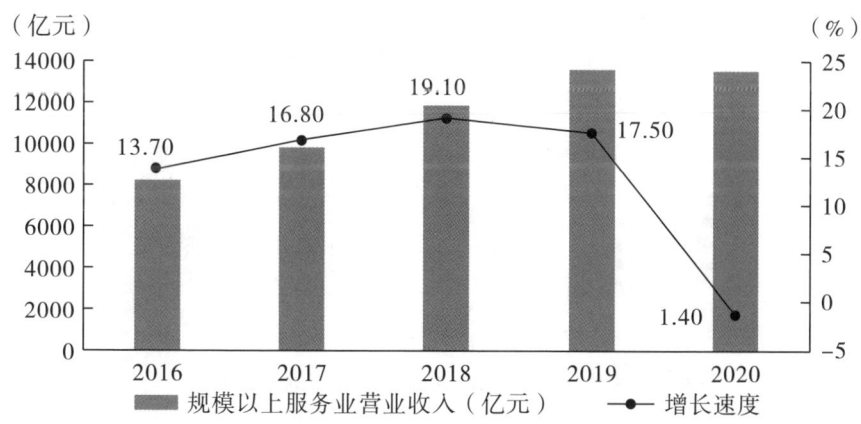

图 1-12　2016—2020 年广州规模以上服务业营业收入及其增长速度

数据来源：广州市统计局网站。

近年来，广州第三产业占地区生产总值的比重均在 70% 以上，成为全市经济增长的主要引擎。2016—2019 年，规上服务业营业收入年均增速均在两位数以上；2020 年，受疫情影响增速降至 1.4%（图 1-12）。现代服务业 2020 年全年增加值 11 801.21 亿元，增长 2.5%。其中，生产性服务业增加值 9392.62 亿元，增长 1.9%，占整个现代服务业增加值的 79.59%，已成为现代服务业发展的主动力和火车头。与此同时，服务业内部发展核心也逐步由以传统服务业为主转向以现代服务业为主，产业结构不断优化。

（三）广州现代产业布局

1. 产业发展集约化水平显著提升

目前，广州形成了"一核、一廊、三翼、多极驱动"的产业布局，促进了广州产业集约化高速发展（图1-13）。

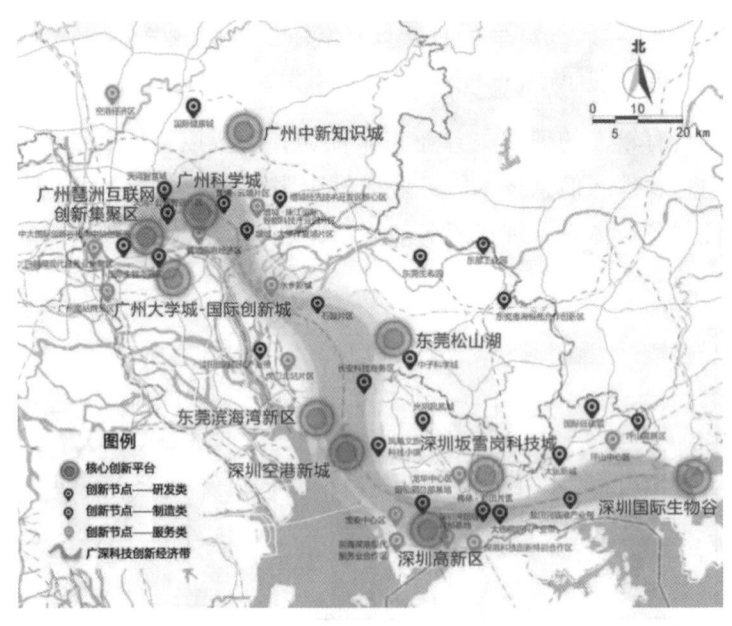

图1-13　广州"一核、一廊、三翼、多极驱动"产业布局全景图

资料来源：广州市商务局官网。

广州市内，在天河区、海珠区、荔湾区、越秀区等中心城区，通过重点发展总部经济、现代金融、产业科技创新、信息服务等具有高附加值的现代服务业，来提升广州国际辐射带动力，实现世界生产要素在广州的自由流动，建设现代产业"集聚核"。

广州市外，建设"广州—深圳—香港—澳门"科技创新走廊广州段，通过促进各地区知识扩散与人才交流，实现科技要素的集约化发展。该科技创新走廊东西贯穿广州增城区、荔湾区，连接佛山、东莞、深圳、香港、澳门，通过汇集大湾区人才与物质生产要素，集中打造广州大学城—国际创新城、中新广州知识城、广州科学城等创新平台。

要素的汇集离不开交通运输的发展,以交通一体化发展实现产业融合集约化发展,促进地区之间商贸等交流合作与产业互补发展,可以为广州经济持续高速发展注入新活力、新动能。因此,通过北翼产业集聚带建设"国际航空枢纽",强化对外联系,充分对接和利用上海、北京及世界其他大型机场的国际交通枢纽功能,实现点对点的快速接驳,提升城市对外联系水平。通过南翼产业集聚带建设"国际航运枢纽",扩大海河联运辐射范围,实现内河与海港的无缝衔接。

深入实施区域合作战略的"多极驱动",共建南沙粤港澳全面合作示范区、广佛合作试验区、广清经济特别合作区等一批重大合作载体,具有实现区域间资源的优化配置、降低区域合作交易成本以及深化区域分工的重要意义。

2. 产业布局集聚化功能不断强化

广州产业集群化功能不断强化,新一代支柱产业加速形成。自2017年起,广州正式提出"IAB"战略,即发展新一代信息技术、人工智能、生物制药等战略性新兴产业,到2022年,发展成为影响全球、引领全国的IAB产业集聚区,建成"世界显示之都"、"国际软件名城"、国际一流的人工智能应用示范区和具有全球影响力的生物医疗健康产业重镇。全市IAB产业规模年均增长15%以上,总规模超10 000亿元。其中,新一代信息技术、人工智能、生物医药产业规模分别超7000亿元、1200亿元和1800亿元。①

表1-1 IBA重点发展领域及方向

重点发展领域	发展方向
新一代信息技术	新型显示、集成电路、新一代信息通信、基础硬件、工业互联网、物联网及车联网、云计算及大数据、互联网及软件服务、新一代信息技术服务业以及量子通信、区块链、太赫兹等
人工智能	智能软硬件、智能机器人、智能运载工具、智能终端等智能产业,以及智能工厂、"人工智能+"制造等应用服务
生物医药产业	生物制药、化学药、现代中医药、体外诊断产品、高端医用耗材、先进治疗设备、干细胞与再生医学、精准医疗、基因检测、高端医疗等

① 数据来源:《广州市加快IAB产业发展五年行动计划(2018—2022年)》。

目前，在"IAB"发展战略下，广州正在加速形成新一代 IT 产业集群、大智能产业集群及大健康产业集群。其中 IT 产业集群以超算中心、思科、富士康等龙头项目为代表；大智能产业集群包括机器人、无人机、人工智能、3D 打印、无人驾驶、智能家居、可穿戴设备等细分业态；大健康产业集群凭借生物医药、生物制造、健康服务等迅速崛起。预计到 2025 年，以生物医药为核心的大健康产业规模超 1 万亿元，将成为广州第一大支柱产业。这些新兴产业正以区域产业园和高新区为主要集聚区，形成智能装备、新型显示、人工智能、生物医药、新材料等产业集群。

（四）广州现代产业支撑环境

1. 支撑现代产业发展的硬条件

交通基础设施对经济增长有着显著的正向促进作用[1]，它的合理投产使用将增强一个城市的要素集聚与辐射能力，是成功构建现代产业体系的强大支撑之一。

广州 2020 年重点建设项目计划指出，在白云机场扩建工程中，2020 年竣工的项目包括广州白云国际机场扩建工程噪音区治理花都区治理项目和扩建工程第三跑道安置区二期项目。预计 2025 年竣工项目包括白云国际机场三期扩建工程，总投资 488.21 亿元，年度投资 19.3 亿元。白云机场的逐步完善将进一步促进广州航空要素流动开放，聚合现代产业相关上中下游企业和第三方的产业资源。

铁路、公路方面，包括广州至湛江高速铁路（广州段）、深圳至茂名铁路深圳至江门段（广州段）、城轨广清城际广州白云至广州北站段、广州南沙至中山高速公路、广州从化至黄埔高速公路、广清城轨白云至广州北站段、琶洲港澳客运口岸项目等。除此以外，综合交通枢纽项目建设也是广州重点推广项目，其中包括年度投资 20 亿元的广州白云站（棠溪站）。改造后的白云站将成为广州北部枢纽，为广州火车站

---

[1] 刘生龙、胡鞍钢：《交通基础设施与经济增长：中国区域差距的视角》，《中国工业经济》2010 年第 4 期，第 14 – 23 页。

分散部分承载压力。这将有力地促进广州各区区域间的要素流动，推动各区联动发展。

目前，白云国际机场已成为4F级民用国际机场，是中国三大门户复合枢纽机场之一，也是世界排名前五十位的机场之一，共开通国内外232个通航点，其中国际及地区航点近90个，航线超过400条。而截至2018年8月，广州港已通达世界100多个国家和地区的400多个港口，成为华南地区主要物资集散地和最大的国际贸易中枢港。广州新客站将建成亚洲规模最大的铁路客运站场，以广州为中心的珠三角高速公路网络已基本建成，广州国际信息通信交换枢纽地位得到进一步巩固。这些重大基础设施的投产使用，必将极大地增强广州市的集聚与辐射能力，成为构建现代产业体系的强大支撑。

2. 支撑现代产业发展的软条件

现代产业的高速健康发展离不开政策支持的连贯性和一致性。根据《广州市2019年重点建设项目计划》，2019年广州重点项目共计592个，计划投资3087.71亿元。2019年广州新开工项目130个，计划投资额580.16亿元。其中，有24个交通基础设施项目、4个科技创新基础设施项目、2个能源基础设施项目。[①] 产业类别分布于先进制造业、人工智能及装备制造、新一代信息技术、生物医药及健康医疗等产业，这在一定程度上有利于广州加速形成龙头企业，深挖产业集群效应（表1-2）。

2020年，广州重点建设项目中，正式项目675个，年度计划投资2959亿元；预备项目共88个，年度计划投资352亿元。[②] 2021年，广州发展改革委官网发布《广州市发展改革委关于印发广州市2021年重点项目计划的通知》。据统计，2021年广州重点建设正式项目共666个，年度计划投资3417亿元；同时强化重大项目储备，重点建设预备项目共111个，年度投资计划186亿元。[③] 广州发力方向仍是新一代信

---

① 中华人民共和国中央人民政府（http://www.gov.cn/xinwen/2019 - 01/27/content_5361518.htm）。

② 央广网（http://www.cnr.cn/gd/gdkx/20200622/t20200622_525139135.shtml）。

③ 广州市科协（广州市科学技术协会官方网易号，https://www.163.com/dy/article/G5Q097O10514QQM0.html）。

息技术、人工智能及装备制造、生物医药与健康医疗,这将进一步增强战略性新兴产业龙头项目和重大产业平台集聚效应。

表1-2 2019年广州重点发展项目

项目名称	企业	政府	建设内容	投资(万元)
2019年广州重点发展项目——新一代信息技术				
第10.5代TET-LCD显示器件生产线项目	超视堺国际科技(广州)有限公司	增城区政府	规划总建筑面积1 805 212平方米,建设第10.5代液晶显示器及全生态链生产和销售,设计产能为生产第10.5代显示屏9万片/月	6 100 000
康宁显示科技(广州)有限公司G10.5液晶显示玻璃生产线项目	康宁显示科技(广州)有限公司	增城区政府	项目总建筑面积120 584平方米,每月生产18万片G10.5显示器件用玻璃基板	204 939
乐金显示OLED项目	乐金显示光电科技(中国)有限公司	黄埔区政府	项目建设8.5代OLED面板生产基地,生产220cm×250cm面板	4 600 000
粤芯半导体项目	广州粤芯半导体技术有限公司	黄埔区政府	建设12英寸晶圆芯片生态基地,共23个厂房等建筑物,建筑面积241 544平方米	440 000
2019年广州重点发展项目——人工智能及装备制造				
美华航空电子研发建设项目	广东美华航空科技有限公司	花都区政府	总建筑面积232 503平方米;其中,地上建筑面积172 200平方米,地下建筑面积60 303平方米;厂房A地上16层,局部1-5层;厂房B地下8层,局部1层;厂房C、D地上16层,局部2层;研发楼地上3层。	250 000
启迪协信科技园	广州荔湾区启迪协信科技园发展有限公司	荔湾区政府	总建筑面积169 206平方米,建设启迪协信华南总部、物联网芯片研发及应用中心、机器人研发及应用中心、VR/AR技术及应用研发中心、国际时尚艺术设计基地、国际科技创新人才培养中心等旗舰项目	130 000
2019年广州重点发展项目——生物医药与健康医疗				
百济神州生物产业园	百济神州(广州)生物科技有限公司	黄埔区政府	建设百济神州单克隆抗体类生物药产业基地,使用GE的KBio模块化原液生产厂房和设计,建设制剂车间、研发大楼、QC实验室公用系统车间、仓库、废物处理、办公楼等	230 000

续上表

项目名称	企业	政府	建设内容	投资（万元）
GE 田生物科技园首期项目 – GE 中试平台	广州高新区投资集团有限公司	黄埔区政府	建设包括 KuBio Facility 厂房综合实验办公楼、非洁净公用工程和符合 GMP 要求的仓储区域，项目向生物医药企业提供桥接式生产、试验平台、上下游生物工艺开发以及技术人员培训等一站式公共服务	89 597
广州市力鑫药业总部及生产基地项目	广州市力鑫药业有限公司	黄埔区政府	总建筑面积12 500平方米，主要建筑物有办公楼、专家楼、无菌制剂楼、普通固体制剂楼、孵化器、加速器等	70 000
广州国际医药港	广东省广州国际医药港有限公司	荔湾区政府	总建筑面积约150万平方米。计划建成"互联网+"大健康产业综合体、国际大健康产业港湾总部集聚区、国际生物医药创新孵化基地以及大健康产业配套服务区、大健康产业人才社区	486 410
大参林运营中心建设项目	大参林医药集团股份有限公司	荔湾区政府	总建筑面积83 570平方米。计划建设大参林运营中心，开展药品、研发、检测、健康管理等项目，并配套建设物流仓储	60 000

二、广州现代产业体系发展的对比研究

（一）省内现代产业体系发展情况的对比研究

1. 产业规模对比

2020 年，广东省地区生产总值达 110 760.94 亿元，同比增长 2.3%，连续 32 年位居全国第一。其中第一产业增加值 4769.99 亿元，占全国的 6.13%；第二产业增加值 43 450.17 亿元，占全国的 11.3%，仅次于江苏省；第三产业增加值 62 540.78 亿元，占全国的 11.3%，排名第一。其中现代服务业增加值、先进制造业增加值、高技术制造业增加值分别同比增长 5.0%、3.4% 和 1.1%。

从总量来看，省内区域间城市经济发展水平差异较大。分区域看，珠三角核心区的地区生产总值占全省的80.8%，而东翼、西翼、北部生态发展区分别占6.4%、7.0%、5.8%。分城市来看，深圳、广州、佛山的地区生产总值排名前三，分别为27 670.24亿元、25 019.11亿元和10 815.47亿元，占全省地区生产总值的24.98%、22.59%和9.77%。此外，全省仅有深圳、广州、佛山和东莞四城的地区生产总值高于全省平均水平，说明省内城市间经济发展水平差距仍然较大。

从增速来看，北部生态发展区城市经济增速较快，深圳、广州、佛山等珠三角核心城市经济增速放缓。受疫情等因素影响，2020年省内各城市地区生产总值增长速度明显下降。分区域看，北部生态发展区地区生产总值增长3.4%，珠三角核心区、东翼、西翼地区的地区生产总值分别比2019年增长2.65%、1.54%、1.9%。分城市来看，云浮、阳江、广州的地区生产总值增速排名前三，分别为6.15%、5.32%和4.93%。深圳、佛山、东莞等珠三角核心城市的地区生产总值增速放缓，分别为2.51%、0.71%和1.86%（图2-1）。

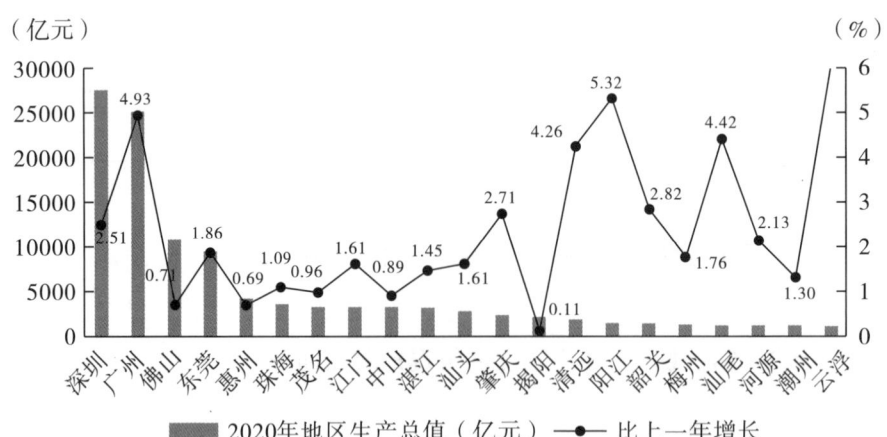

图2-1　2020年广东省分城市地区生产总值及增速

资料来源：广东省统计年鉴。

从三次产业来看，省内各城市之间产业规模存在较大差距，广州、深圳等珠三角核心城市第二、第三产业规模可观，其他城市第二、第三产业基础薄弱。茂名、湛江、肇庆等粤西城市的第一产业规模超400亿元，在全省排名前列；深圳的第二产业增加值规模超10 000亿元，广州、佛山和东莞的第二产业规模也在4000亿元以上,与省内其他城市拉开较大差距;广州、深圳的第三产业规模超16 000亿元,是第三名佛山的4倍左右,说明除广深外,省内其他各市的第三产业规模仍然较小(图2-2、图2-3、图2-4)。

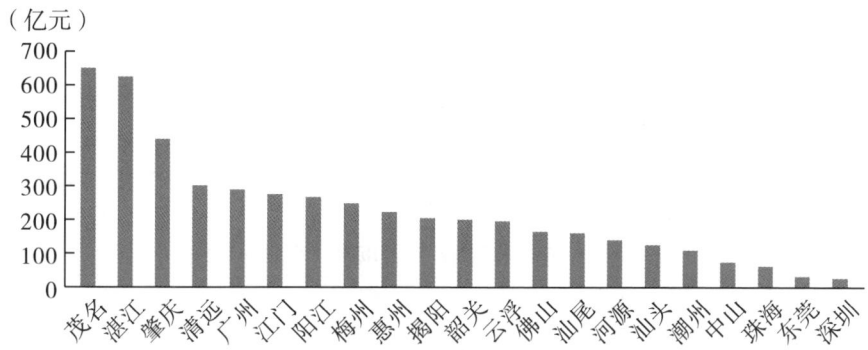

图2-2　2020年广东省内各市第一产业增加值

数据来源：广东省统计局。

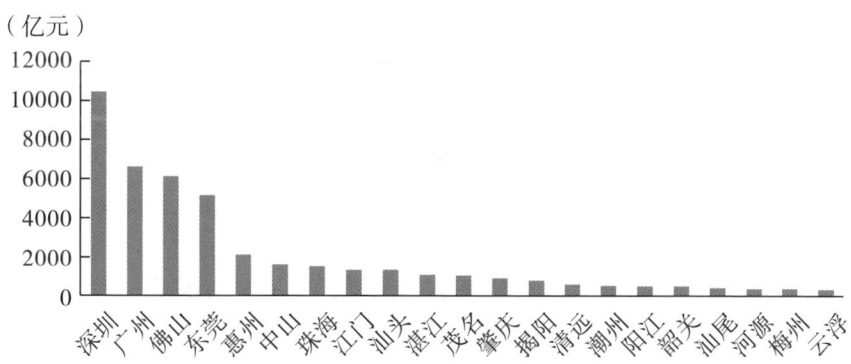

图2-3　2020年广东省内各市第二产业增加值

数据来源：广东省统计局。

2.产业布局对比

2019年7月,广东省委省政府印发《关于构建"一核一带一区"区域发展新格局促进全省区域协调发展的意见》,对珠三角核心区、东西翼沿海经济带、北部生态发展区的区域经济协调发展作出战略部署,意在推动形成功能布局合理、区域分工清晰、各具特色、协同共进的区域协调发展格局。在产业布局方面,明确提出推动珠三角地区产业高端

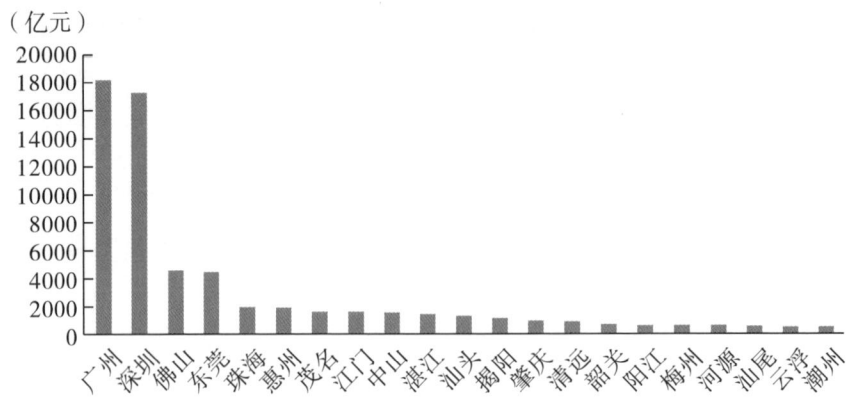

图 2-4　2020 年广东省内各市第三产业增加值

数据来源：广东省统计局。

化发展，推动重大产业、战略性新兴产业布局东西两翼沿海地区，推动北部生态发展区产业绿色化的指导意见，为优化全省产业布局、实现区域经济协调发展提供了思路（表 2-1）。

表 2-1　"一核一带一区"功能定位与区域产业布局表

功能区		功能定位	区域产业布局	区域范围
一核	珠三角地区	引领全省发展的核心区和主引擎	重点支持新一代信息技术、高端装备制造、绿色低碳、生物医药、新材料等战略性新兴产业以及数字经济、海洋经济发展，建设珠三角人工智能产业集聚区、国家大数据综合试验区，大力培育发展工业设计、供应链金融等高端服务业，积极发展健康、旅游等生活性服务业。提升发展家电、家具、医药食品、纺织服装等传统优势产业	广州、深圳、珠海、佛山、惠州、东莞、中山、江门、肇庆九市
一带	沿海经济带	新时代全省发展的主战场	培育一批千亿元级产业集群，打造世界级沿海产业带。培育壮大粤东生物医药、石化等重大产业集群，全力打造粤西区域重化产业集群，推动东西两翼地区产业与珠江东岸高端电子信息制造产业带、珠江西岸先进装备制造产业带协同发展。围绕湛江东海岛、茂名石化、揭阳大南海与惠州大亚湾打造世界级沿海重化产业带	珠三角沿海地区：广州、深圳、珠海、惠州、东莞、中山、江门七市 东西两翼地区：汕头、汕尾、揭阳、潮州四市，湛江、茂名、阳江三市

续上表

功能区		功能定位	区域产业布局	区域范围
一区	北部生态发展区	全省重要的生态屏障	依托当地天然资源禀赋，因地制宜发展绿色低碳新型工业、文化生态旅游、健康养生、运动休闲、现代农林业等产业。支持韶关、河源、梅州、清远、云浮等地对接珠三角地区的高端制造业和生产性服务业，积极发展生物医药、大数据等战略性新兴产业，加快污染型产业清退，实现产业转型升级	韶关、梅州、河源、清远、云浮五市

资料来源：广东省人民政府。

工业方面，珠三角核心区多布局电子信息、装备制造、汽车等产业，以计算机、通信和其他电子设备制造业，电气机械和器材制造业，汽车制造业，金属制品业，专用设备制造业等行业为主，这五个行业的工业增加值占珠三角核心区工业增加值的57%。东、西翼地区的工业体系以轻加工为主，其中东翼地区集聚电子信息、玩具、陶瓷、精细化工、纺织服装等优势产业，西翼地区集聚能源、石化、装备制造、临港工业和物流等产业。北部生态发展区由于矿业、林业、种植资源较为丰富，形成钢铁、有色金属冶炼及加工，木材加工，烟草及卷烟生产，食品与药材加工等资源依赖型产业集群（图2-5）。

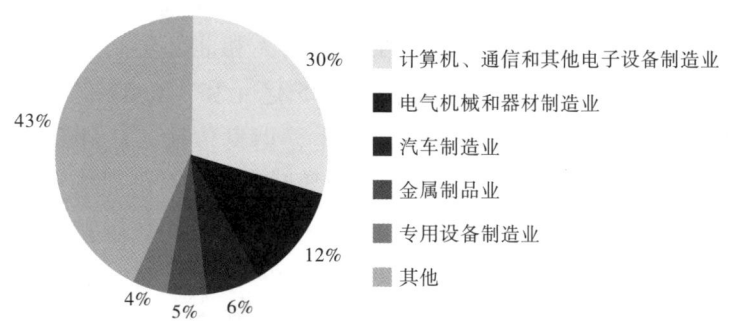

图2-5 2020年珠三角核心区工业增加值按行业分类

数据来源：广东省统计局。

从发展现代产业的角度看，2020年珠三角核心区的先进制造业、高技术制造业分别实现增加值16 357.94亿元与9 976.02亿元，二者合计占该区域规模以上工业增加值的94.2%,说明珠三角核心区工业的产业布局基本以现代产业为主。与之相比,东翼、西翼和北部生态发展区的工业仍以优势传统产业、六大高耗能行业为主,其现代产业在工业总产值中所占的比重分别为42.2%、49.4%和47.4%,有较大提升空间(图2-6)。且东翼、西翼和北部生态发展区的先进制造业、高技术制造业增加值远低于珠三角核心区的水平,说明广东省现代产业发展存在较为明显的区域不平衡问题。

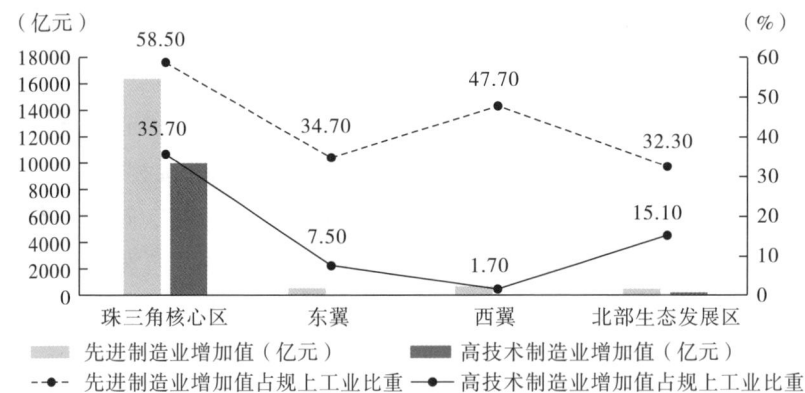

图2-6 2020年四大经济区域的现代产业增加值及比重

数据来源:广东省统计年鉴。

服务业方面,2020年广东省规模以上服务业企业营业收入达35 728.23亿元,珠三角核心区、东翼、西翼和北部生态发展区分别实现34 458.73亿元、446.82亿元、445.85亿元和376.84亿元,同比增长4.0%、3.8%、0.8%和3.9%。其中,信息传输、软件和信息技术服务业,交通运输、仓储和邮政业,租赁和商务服务业是服务业占比较高的三个行业,分别约占服务业总营收的35%、24%和17%。信息技术产业,房地产业(不含房地产开发经营),水利、环境和公共设施管理业是服务业中增长速度较快的行业,相比2019年增长17.04%、16.11%、12.09%(图2-7)。

此外,战略性新兴服务业、高技术服务业营业收入分别增长6.3%和10.1%,体现广东省现代服务业的快速增长态势。在空间布局上,以珠三角尤其是广州、深圳为辐射中心,以汕头、湛江和韶关为次中心,延伸到市县两级以及乡镇的辐射扩散式服务网络初步形成,构成了中心辐射与专业分工相结合的服务业发展格局。①

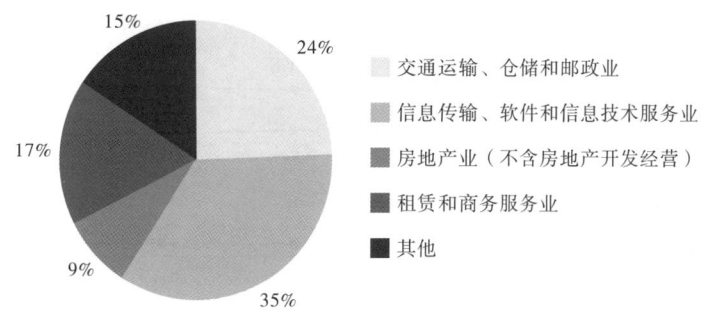

图2-7　2020年广东省规上服务业企业分行业营业收入(亿元)
数据来源:广东省统计年鉴。

未来,珠三角核心区应突出"创新驱动、示范带动",进一步推动先进制造业、现代服务业的发展,不断壮大新动能、塑造新优势。具体而言,要促进信息化与工业化相融合,优先发展以生产性服务业为主体的现代服务业,加快发展先进制造业,大力发展高技术产业,改造提升优势传统产业,积极发展现代农业,争取形成结构高级化、发展集聚化、竞争力高端化的现代产业体系。东、西翼沿海经济带应围绕"陆海统筹、港产联动"的方针,增强现代产业在工业中的支撑作用;北部生态发展区则应按照"生态优先、绿色发展"的原则,重点发展绿色低碳产业,全力打造生态经济发展新标杆。

3. 产业结构对比

从全省的产业结构来看,第三产业成为全省经济的主要动力。2020年,广东三次产业增加值呈现4.3∶39.2∶56.5的结构,第三产业的比重比上年提高1.2个百分点,产业协同性增强。三次产业贡献率为6.4∶33.7∶59.9,第一产业对地区生产总值增长的贡献率有所提高,第三产业贡献率虽有所下降,但第二产业与第三产业的动能转换特征明显,第三产业仍然是推动广东经济增长的主引擎(图2-8)。

分区域看,珠三角核心区第三产业比重高,东西翼、北部生态发展

①资料来源:《广东省现代服务业发展"十三五"规划》。

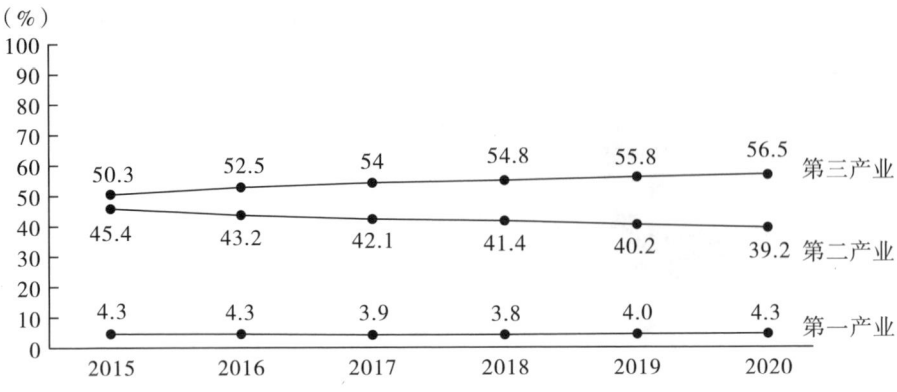

图 2-8 2015—2020 年广东省三次产业占比演变图

数据来源：广东省统计公报。

区处于由第二产业向第三产业过渡的阶段。珠三角核心区以服务经济为主导的产业结构基本形成，三次产业增加值呈现 1.8∶39.9∶58.3 的结构，其中珠三角第三产业比重高于江苏（52.5%）、浙江（55.8%），低于美国（2020 年为 81.51%）及东京湾区、纽约湾区和旧金山湾区（2015 年分别为 82.3%、89.4% 和 82.8%），可见珠三角核心区的第三产业比重还存在较大的提升空间。与之相比，东翼、西翼和北部生态发展区第三产业比重在 50% 左右，分别为 48.97%、46.98% 和 50.7%，第二产业比重逐年缓慢下降，处在由第二产业向第三产业结构性演变的关键时期（图 2-9）。

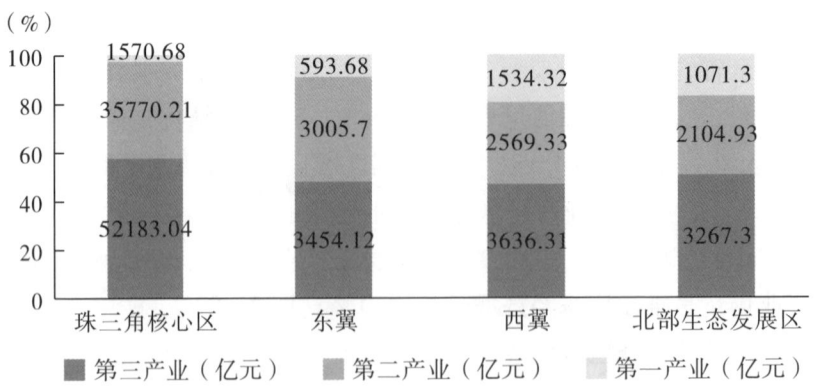

图 2-9 2020 年广东省各区域三次产业增加值及占比图

数据来源：广东省统计年鉴。

分城市来看,"三二一"的产业发展格局基本形成。广州和深圳的经济以第三产业为主导,第三产业占比分别为72.5%和62.1%。佛山、惠州、东莞等工业发达城市仍以第二产业为主导,第二产业占比均在50%以上(56.4%、50.6%和53.8%)。其余城市二、三产业占比较为接近,处在由第二产业向第三产业过渡的阶段。

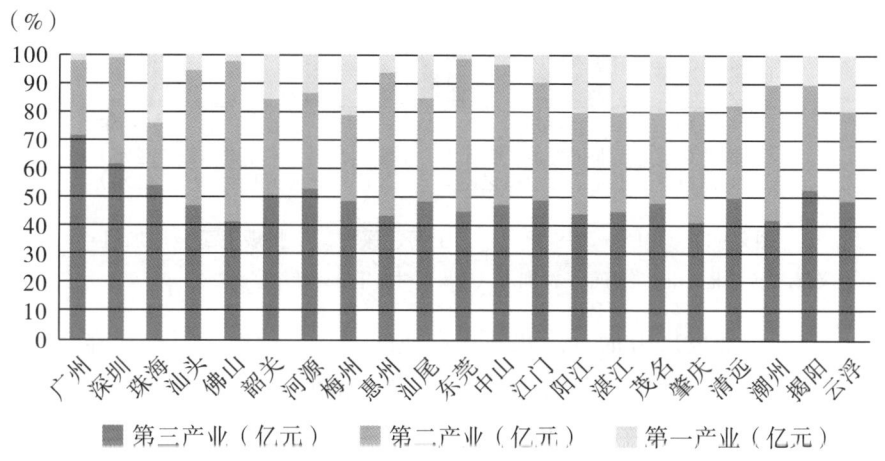

图2-10　2020年广东省各市三次产业结构图

数据来源:广东省统计年鉴。

(二)国内现代产业体系发展情况的对比研究

1. 产业经济效益

"十三五"期间,我国经济结构持续优化,产业经济效益得到显著提升。

在工业方面,北京、上海、深圳的工业生产快速增长,现代化水平不断提高,广州的工业发展速度稍显落后。从总量来看,广州工业增加值在四个城市中排名第三,约为排在第二位的深圳的60%。从增速来看,广州工业增加值的年复合增长率仅为1.78%,低于北京(4.17%)、上海(4.16%)、深圳(5.93%),在四个城市中排在末位。因此,随着时间的推进,广州与深圳的工业增加值差距有逐渐增大的趋势,与排在第四位的北京的工业增加值差距不断缩小,表明广州在工业的总量及发展速度方面表现欠佳(图2-11)。

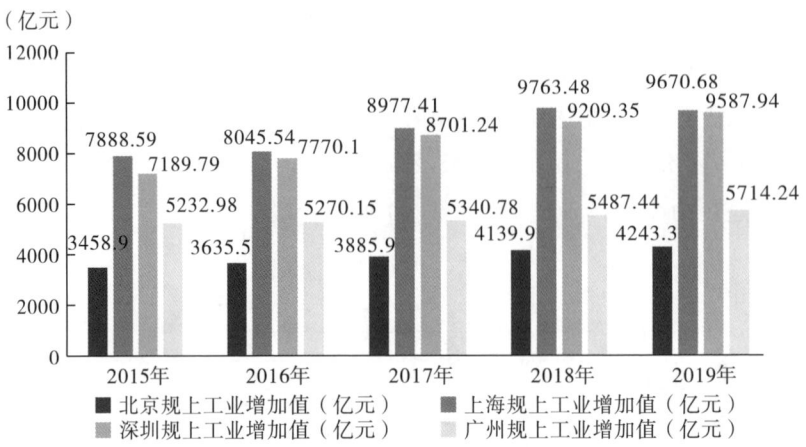

图 2-11 2015—2019 年北京、上海、深圳、广州规上工业增加值

数据来源：北京市、上海市、深圳市、广州市对应年份统计年鉴。

在新产业发展方面，广州新兴产业的引领带动作用显著增强，但相比其他一线城市仍有进一步提高的空间。2020 年广州先进制造业、高技术制造业分别占该市规模以上工业总产值的 57.1% 和 14.77%，较 2012 年的水平有明显提高，但仍低于同期上海、北京的高技术制造业比重（20.18%、24.56%），说明广州现代产业占工业的比重有待提高。

在战略性新兴产业方面，2019 年广州战略性新兴产业增加值为 4000 亿元，约占 GDP 的 24.25%，同比增长 3.8%，战略性新兴产业增加值规模在四个城市中最小（深圳 10 155.51 亿元、上海 11 163.86 亿元、北京 8965.4 亿元），占地区生产总值的比重与深圳（37.71%）、上海（29.26%）存在差距，增速与上海较为接近（3.3%），但仍低于深圳（8.8%）、北京（6.2%），可见广州在战略性新兴产业方面的发展存在较大的不足。

在服务业方面，广州服务业规模不断扩大，保持较快增长，现代服务业成为支撑服务业发展的重要力量。2020 年广州实现服务业增加值 18 140.63 亿元，仅次于北京（30 236.3 亿元）、上海（28 307.54 亿元），高于深圳（17 190.44 亿元）。从增速来看，广州服务业增加值增长 2.3%，高于同期北京（2.1%）、上海（1.8%）的服务业增速，低于深圳（3.9%）。其中现代服务业增加值 11 801.21 亿元，占服务业增加值的 65%，比 2019 年增长 2.5%，说明现代服务业对服务业经济的支撑作用逐渐增强（图 2－12）。

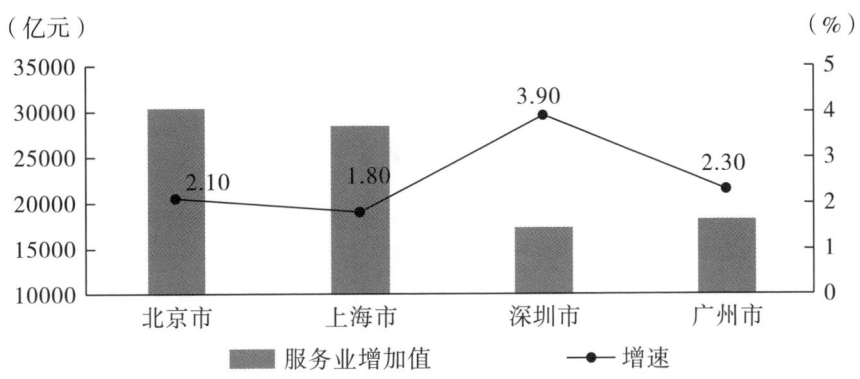

图 2－12　2020 年北京、上海、深圳、广州服务业增加值及增速

数据来源：北京市、上海市、深圳市、广州市 2020 年统计年鉴。

2. 产业支撑环境

"十三五"以来，我国经济结构持续优化，产业链和产业体系日趋完备，产业规模持续扩大，新的技术、产品、模式和业态不断涌现。我国在构建现代产业体系方面取得的重要成果离不开支撑产业发展的软环境和硬环境的持续优化。

在软环境方面，北京、上海、深圳和广州均围绕高精尖行业部署产业政策，以优化营商环境为主体出台配套措施，构建良好的产业支撑环境。

在产业政策方面，广州、深圳、上海三市均对新型基础设施建设作出规划。此外，广州还出台现代物流业、文化和旅游业的相关产业措施，体现出发展现代服务业的产业导向；上海围绕新型基础设施建设，加快新能源汽车产业发展，同时关注生物医药、工业互联网等高科技产业；深圳发布生物医药产业集聚发展的指导意见，并出台推动制造业高质量发展的相关措施，体现深圳打造制造强市的战略目标；北京出台政策推进制造业高端智能绿色发展，并加大对光伏、基础设施领域不动产投资信托基金（REITS）等新兴产业的支持力度。

在配套措施方面，四市均围绕营商环境优化，深化"放管服"改革，以事权下放、加强事中事后监管、降低行政收费标准等方式破除旧管理方式对产业体系构建的束缚，激发企业活力。此外，通过设立产业基金、调整能源价格等方式降低企业成本，为产业的发展提供支撑环境。

表 2-2 2020—2021 年北京、上海、深圳、广州产业政策一览表

政策	类型	北京市	上海市	深圳市	广州市
产业发展	产业发展规划	《关于促进高精尖产业投资推进制造业高端智能绿色发展的若干措施》	《上海市加快新能源汽车产业发展实施计划（2021—2025年）》的通知	《关于推动制造业高质量发展坚定不移打造制造强市的若干措施》	《关于新时期进一步促进科技金融与产业融合发展的实施意见》
		—	《上海市推进新型基础设施建设行动方案（2020—2022年）》的通知	《关于加快推进新型基础设施建设的实施意见（2020—2025年）》的通知	《关于推进新型基础设施建设实施方案（2020—2022年）》的通知
	产业发展措施、指导意见	《关于进一步支持光伏发电系统推广应用的通知》	《促进本市生物医药产业高质量发展的若干意见》	《深圳市促进生物医药产业集聚发展的指导意见》及相关配套文件	《广州市精准支持现代物流高质量发展若干措施》的通知
		《关于支持北京市基础设施领域不动产投资信托基金（REITs）产业发展的若干措施》	《推动工业互联网创新升级实施"工赋上海"三年行动计划（2020—2022年）》	—	《广州市促进文化和旅游产业高质量发展若干措施的通知》
配套措施	营商环境	《北京市"十四五"时期优化营商环境规划》的通知	《建立完善帮办制度提高"一网通办"便捷度的工作方案》	《深圳市2021年深化"放管服"改革优化营商环境重点任务清单》	《广州市深化"放管服"改革优化营商环境2021年重点工作任务的通知》
			《关于取消、下放和承接一批行政审批等事项的决定》	《深圳市2021年推进四个"十大"改革措施 持续打造国际一流营商环境工作方案》	
			《关于降低部分涉企公证服务收费标准的通知》	《深圳市贯彻〈深圳经济特区优化营商环境条例〉实施方案》	
			《上海市人民政府关于加强和规范事中事后监管的实施意见》	—	《关于取消和重心下移一批市级行政权力事项的决定》

续上表

政策	类型	北京市	上海市	深圳市	广州市
配套措施	其他配套措施	《关于调整本市销售电价有关事项的通知》	《上海市天然气分布式供能系统发展专项扶持办法》	《深圳市创新型产业用房管理办法（修订版）》《深圳市发展和改革委员会专项资金战略性新兴产业发展扶持计划操作规程》	《关于广州市引进人才入户管理办法的通知》《关于广州市产业发展资金管理办法的通知》

资料来源：北京市、上海市、深圳市、广州市人民政府官网。

在硬环境方面，北京、上海、深圳和广州均利用新型基础设施建设的契机为新技术的发展，新产业、新模式和新业态的形成与大规模商业化提供必要支撑。以5G、物联网、工业互联网为代表的通信网络基础设施建设正在如火如荼进行中。从数据上看，截至2020年底，北京、上海、深圳、广州分别累计建成5G基站3.7万个、2万个、4.6万个、4.8万个，广州的5G基站建设水平在全国领先。[①]

从新型基础设施建设规划政策来看，北京、上海、深圳、广州均发布了新型基础设施建设行动方案，并结合自身城市地位以及优势产业提出了不同的发展目标和主要任务。广州致力于用新基建赋能第二产业转型，利用数字化为工业、制造业降本增效；北京、上海则偏向卫星互联网、人工智能等高新技术的进一步投资，尤其是上海在高性能计算设施等创新基础设施建设上布局谋篇；深圳则强调5G建设的重要作用，发挥自身在5G、生物医学、智慧交通、工业制造等多方面产业链的优势，着重智慧城市的建设布局新基建。新一代基础设施的投入为大数据、人工智能、区块链等新兴科技的产业化提供了条件，为构建现代产业体系提供了强大支撑，将大大推动新的经济动能和传统实体经济的数字化转型。

---

① 数据来源：工业和信息化部。

3. 产业发展模式创新力

按照科学发展的要求，创新产业发展模式是中华民族伟大复兴的迫切需要，是构建和谐社会、小康社会和科学发展的必然选择，是节约资源、保护环境、推进可持续发展的客观需要。目前我国主流的产业发展模式有龙头企业带动、产业园区、全产业链发展模式三种。

广州、深圳采取以龙头企业带动产业链升级的产业发展模式。2020年出台的《广东省人民政府转发国务院关于进一步提高上市公司质量意见的通知》提出，要充分发挥上市公司在培育发展战略性支柱产业集群和战略性新兴产业集群、"稳链""强链"中的引领带动作用。在此背景下，广州、深圳地方政府加大对企业上市的扶持力度，通过推动企业上市，借助资本市场力量加快培育龙头企业，引领产业集群创新发展。以广州"领头羊"计划为例，争取到2022年底，在IAB、NEM、超高清视频、集成电路、5G等领域新增上市公司占全市新增上市公司的比重要超过30%。[①] 深圳市发布的《关于进一步提高上市公司质量的实施意见》也指出，以上市公司为龙头，实施创新驱动发展战略，重点推动5G、生命健康、新能源、数字经济、集成电路、先进制造等重点产业利用资本市场形成体现深圳特色优势产业集群，充分发挥深圳上市公司的创新引领作用，促进深圳产业升级。

上海采取产业园区的发展模式，以特色产业园建设培育新产业新业态，推动城市产业集群的持续升级。2020年出台的《关于加快特色产业园区建设 促进产业投资的若干政策措施》计划在全市先期推出26个特色产业园区。截至目前，上海市已先后认定两批次40个特色产业园区，涉及生命健康、高端装备、先进材料、汽车、信息技术等领域，聚焦关键领域核心环节，加强源头创新，强化产业引领，着力建设产业发展新高地和产城融合新地标。通过打造特色产业园区，引进集聚优质项目，为城市产业经济高质量发展提供支撑。

北京则围绕产业链、创新链、供应链三链联动，实施全产业链发展模式。"十四五"期间，北京以"服务业扩大开放综合示范区和双自贸

---

① 资料来源：《广州市加快推进企业上市高质量发展"领头羊"行动计划（2020—2022年）》。

区"建设为抓手，选取科技创新、数字经济、生物医药等重点产业，推动全产业链开放，聚焦人才、知识产权等关键要素，谋划全环节改革。此外，北京还主张打通科技成果转化的堵点，用科研成果转化赋能产业链，实现创新链与产业链的深度融合；用科技手段做强供应链，实现产业链与供应链的深度融合。

（三）国际现代产业体系发展情况和对比研究

1. 东京湾区的"雁阵布局"经验

东京湾区主要指围绕东京湾发展的一都三县①，占地面积约为3.7万平方千米，占日本国土面积的3.5%，人口4300万人，约占日本总人口的30%。2019年以名义GDP1.9万亿美元位于全球湾区之首，同期纽约湾区和旧金山湾区实现1.7万亿美元和0.8万亿美元的地区生产总值。2019年，东京湾区人均GDP 4.2万美元，低于纽约湾区（8.2万美元）和旧金山湾区（10.2万美元），高于日本人均水平（4万美元）。②与广州的化工、汽车和电子信息等主导产业不同，东京湾区是日本最大的工业城市群和交通中心、商贸中心和金融中心，经济以第三产业为主导，占比达74%，服务业、批发及零售业和房地产业是其三大支柱。

东京湾区经历了港口经济、工业经济、服务经济和创新经济的产业结构升级历程。20世纪80年代之前，东京湾由于有多个港口首尾相连，多布局临港工业经济，形成了京滨、京叶两大工业地带，钢铁、石油化工、现代物流、装备制造等产业十分发达；80年代后，逐步转型为知识密集型创新经济，游戏动漫、高新技术等产业蓬勃兴起。湾区内部产业也发生了迁移，核心区的东京都被打造成对外贸易、金融服务和高科技产业的中心，附加值相对较低的一般制造业部门被迁往横滨、川崎等城市。数据显示，2019年东京都的第二产业GDP占比为11%，低于全国平均水平，第三产业则占到了89%，高于全国平均水平（74%），另外"三县"的第三产业占比也高于全国平均水平，说明东

---

①东京都、埼玉县、千叶县和神奈川县。
②数据来源：日本东京都总务局统计部。

京湾区将产业重心放在具备高附加值、高成长性的服务业，并带动周边地区实现制造业等产业的优化升级，最终形成了以第三产业为主、高端制造业发达、多产业布局均衡的产业结构体系（图2-13）。①

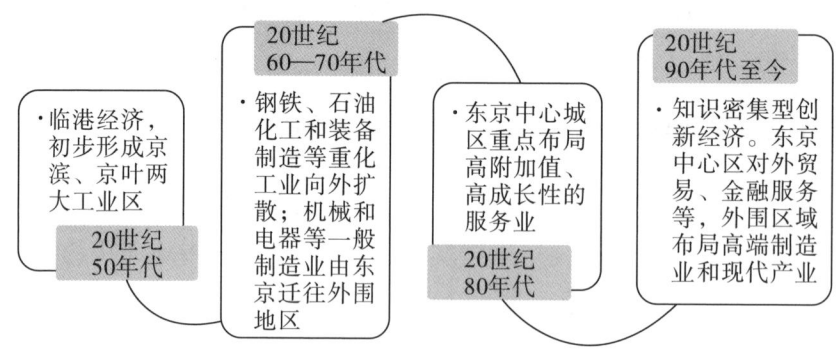

图2-13 东京湾区产业升级和迁移

资料来源：根据文献资料整理。

从经济体量看，东京湾区的产业经济符合"雁阵布局"的特点。"一都三县"的一极化优势体现为东京市对东京湾区经济的突出贡献。2016年东京GDP占湾区的57.7%，第二大经济区域神奈川县的GDP仅占湾区的18.7%，剩余的千叶县和埼玉县的GDP占比均在12%左右。作为拥有千万人口的超大城市，东京吸引着人才、资本、技术、知识、服务等创新要素的集聚，是湾区与国际经济社会联系的主要窗口，承担着区域增长极的重要功能（表2-3）。

在城市功能定位方面，广州形成了"一脉三区、一核、一极、多点支撑、网络布局"的空间发展结构，而东京湾区则形成了多中心多圈层城市功能体系，促进交流合作与竞争。东京中心区和多摩地区所在的东京都，承担着全国政治、文化、金融、信息枢纽的职能和高新技术研发功能。东京都东侧的千叶县是国际知名的空港、港湾，拥有成田国际机场和千叶港口，同时也是钢铁、石油、机械等工业聚集地。东京都北侧的埼玉县，分担部分首都政府职能，也是东京重要的卧城。神奈川县是重要的工业聚集地，横滨市和川崎市除了是核心工业城市，同时还

---

① 数据来源：日本东京都总务局统计部。

承担部分国际交流和国际商务职能。

表2-3 东京湾区各城市功能定位

地区	功能定位
东京中心区（东京都）	部门：政府、行政、文化机构及服务业、批发业、金融业等 职能：政治行政的国际中枢职能；金融信息、科教文化等中枢职能
多摩区域（东京都）	部门：东京都高科技产业，研究开发机构，商业，大学 职能：接受东京区大学、研发机构和高新产业方面的产业转移
千叶县	部门：化工、电气机械、钢铁等制造业；原料输入、国际商贸 职能：国际空港、港湾，工业集聚地
埼玉县	部门：零售业等商业、政府机构、房地产业等 职能：东京部分政府职能，东京重要卧城；国际交流、国际商务
神奈川县	部门：电气机械、运输机械、化工制造业，国际商务、房地产业等 职能：工业集聚地和国际港湾；商业和国际交流职能

资料来源：一都三县统计局。

结合东京湾区域经济一体化的历史进程，其"雁阵布局"的经验值得我们参考。湾区自形成以来，东京依靠本身的首都优势，聚集强大的人口、资本、生产、信息要素，发展成为全国最大的金融、工业、商业、文化、政治中心，全面承担起东京湾区的"大脑"功能，引领神奈川县和千叶县等周边地区实现制造业的集聚和升级，促进湾区内城市群共同繁荣，最终形成城市群协同发展的格局。东京湾区产业的发展历程，是一个明显的由点（东京市中心）连线（京滨和京叶沿海）带面（向内陆延伸）的过程。依靠东京作为增长极对周边地区的辐射带动作用，东京湾区在工业聚集、服务业聚集及创新资源聚集等不同阶段顺利实现产业优化升级。当然，在聚集发展过程中，东京作为增长极不可避免地面临产业、人口的过度集中所导致的地价上涨、交通拥挤、环境破坏等负面影响。

因此，在利用"雁阵布局"进行区域产业经济布局时，要注重对区域中心城市进行优化提升，并以此作为区域发展的核心引擎，辐射带动周边区域发展。与此同时，也要注重区域中心城市与周边其他城市的协同发展问题，坚持极点带动、轴带支撑、辐射周边的发展布局，推动各个规模城市合理分工、功能互补,进一步保障区域发展协调,促进城市与农村的融合发展,构建集约高效、结构科学的城市群发展格局。

2. 旧金山湾区的"科技支撑"经验

旧金山湾区是加州第二大都会区,占地面积18 040平方千米,人口超过760万,位于美国西海岸加利福尼亚州北部,是世界上最重要的高新技术研发中心之一,也是美国西海岸极为重要的金融中心。2019年旧金山湾区名义GDP为0.8万亿美元,人均GDP达到10.2万美元,高于纽约湾区(8.2万美元),东京湾区(4.2万美元)和美国(6.5万美元)人均GDP,位于全球湾区之首。[①]

旧金山湾区的产业转型升级,同样经历了由工业经济和港口经济向服务经济和创新经济转变的过程。20世纪80年代之前,旧金山是典型的后工业城市,制造业逐步衰退并向湾区的东部和南部转移,保险、金融、房地产和服务业开始处于中心地位。这一时期,湾区东部城市奥克兰的货物运输业蓬勃发展,南部城市圣荷西开始形成高科技产业,吸引了许多重要的军工企业在此集聚。20世纪80年代后,电脑及周边设备制造业成为旧金山湾区经济的主要驱动力。20世纪90年代后期,服务业逐渐成为湾区经济的重心,以高技术服务业、信息服务业与互联网相关服务业为主导的现代高技术服务业比重稳步提高。如今,旧金山湾区以高新技术服务业、信息产业、金融保险业以及旅游相关的住宿、餐饮等为主导产业(图2-14)。

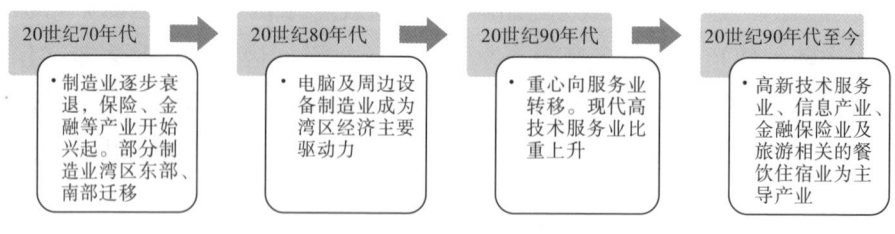

图2-14 旧金山湾区的产业升级与迁移

资料来源:根据文献资料整理。

---

① 数据来源:美国商务部经济分析局网站(U.S. Bureau of Economic Analysis)。

从产业构成来看，旧金山湾区呈现出明显的"科技支撑"的特点。2001—2018年，湾区信息产业规模迅速增加，从231.80亿美元增长到1553.62亿美元，年均增长率达到11.84%，远高于全国5.75%的增速。2018年，湾区信息产业增加值达1553.62亿美元，占加州信息产业增加值的50.67%，占全国的13.43%。2019年，旧金山湾区高新技术服务业、信息产业的从业人员占比达到21.9%。[1]

其中，科技产业对经济的支撑作用以南湾的硅谷地区最为典型。硅谷拥有谷歌、苹果、Facebook、惠普、特斯拉等知名高科技企业，产业涉及互联网、通信、计算机、新能源等，形成高科技产业集群，加速以互联网为核心的信息经济的发展。除此之外，湾区内更有加州大学伯克利分校、斯坦福大学等世界级知名学府和科研机构作为湾区科技创新主体，为湾区内创新型产业的发展提供源源不断的技术人才。《2021年中美两大湾区人才竞争力研究报告》显示，广州虽然有中山大学、华南理工大学、暨南大学等高等院校且人口红利大，但是人才质量远低于旧金山湾区。与此同时，湾区发明专利施引数与发明专利数比值中，广州所在的粤港澳大湾区以0.75位列最末，仅为旧金山湾区的1/4。[2]

3. 纽约湾区的"金融立湾"经验

纽约湾区指纽约大都会区，位于美国东北部大西洋沿岸平原，是以纽约为中心的美国东北部大西洋城市群。湾区占地面积17 405平方千米，总人口约2015.4万人，人口密度达1158人/平方千米，城市化水平达到90%以上。2019年纽约湾区名义GDP为1.7万亿美元，占全美GDP总量的7.9%；人均GDP 8.2万美元，高于东京湾区（4.2万美元）和美国（6.5万美元），仅次于旧金山湾区（10.2万美元）。[3] 纽约湾区凭借其美国第一大港和第一大城市的优势，成为全球经济中心和国际金融中枢，以金融、房地产、交通、教育等第三产业为主导。

纽约湾区的产业演变路径也基本符合从第二产业向第三产业转变的

---

[1]数据来源：美国商务部经济分析局网站（U. S. Bureau of Economic Analysis）。

[2]张振刚、户安涛、叶宝升、邓海欣：《粤港澳大湾区建设国际科技创新中心的思考》，《城市观察》2022年第1期，第18－33，159－160页。

[3]数据来源：美国商务部经济分析局网站（U. S. Bureau of Economic Analysis）。

特点。20世纪50年代后，第二产业逐渐衰落，劳动密集型产业与能源密集型产业被严重挤占。与此同时，金融、服务业等第三产业产值及从业劳动力处于快速增长的态势，所占比重超过所有产业的50%。在区域产业结构调整的背景下，纽约区域规划协会于1968年完成第二次区域规划，通过"再集中"将就业集中于卫星城。规划后，纽约都市圈的空间逐渐扩大，波士顿、纽约、费城、华盛顿和巴尔的摩五大都市群横向发展、相互连接，湾区内的产业结构呈现多元化并具有互补性。20世纪90年代后，纽约完成后工业时代的以信息服务业为主导的产业结构转型，金融、保险等生产性服务业增加值占服务业增加值总量的50%以上，形成以制造业和港口业、金融和保险、生物医药和纳米技术为主体的产业发展格局（图2－15）。

20世纪50年代后	20世纪60—90年代	20世纪90年代后
·制造业等第二产业逐渐衰退 ·金融、服务业等第三产业兴起	·在规划下，形成以纽约、波士顿、华盛顿、费城、巴尔的摩五大城市为核心的城市群，开启区域协同发展	·形成以信息服务业为主导的产业结构 ·国际性金融中心，世界级湾区地位确立

图2－15　纽约湾区的产业升级与迁移

资料来源：根据文献资料整理。

从产业构成来看，纽约湾区是名副其实的"金融湾区"，金融保险业及地产租赁业最为发达，广州金融业体量与之相比存在较大差距。2018年，金融保险业和房地产及租赁业产值规模合计达7 671亿美元，约占行业总产值的40%。2019年《财富》杂志发布的世界500强企业名单中，总部位于纽约的企业就有15家，其中8家属于金融服务业，占总数一半以上。纽约湾区"金融立湾"的典型代表——华尔街拥有纽约证券交易所和纳斯达克证券交易所及美国7家大银行中的6家，此外还有2900多家世界金融、证券、期货及保险和外贸机构在此设立机构。摩根大通、高盛、摩根士丹利、花旗集团等金融机构的集聚，有利于减少机构间的信息不对称，降低交易成本，实现行业的规模经济。

同时，金融巨头的集聚进一步吸引资本、人才、技术、市场信息等要素在湾区内集中，并以纽约为核心向湾区内其他城市及周边区域辐射，带动整个湾区金融产业的发展。由此可见，金融业是纽约湾区产业结构金字塔的塔尖，是湾区经济增长的主引擎。在进行区域产业经济布局时，应充分考虑现代服务业对经济增长的驱动作用，促进金融服务等现代服务业繁荣发展。

（四）国内外现代产业体系发展经验与启示

1. 增强金融服务实体经济能力

从纽约湾区的发展经验来看，金融对实体经济的增长有驱动作用，促进金融服务等现代服务业繁荣发展是发展实体经济的题中应有之义。在疫情常态化的背景下，金融服务实体经济的重要性更为突出，应提升金融服务实体经济的能力，有力引导社会资本有序流向实体经济，从而切实增强产业的竞争力。例如，通过银行信贷部门和投行服务，为符合广州市发展战略、具有发展潜力的经济实体提供资金和资本支持，实现本市经济产业结构升级优化。再比如，支持直接融资，壮大机构投资者队伍，引导理财、信托、保险等为资本市场提供长期稳定资金支持。

2. 营造良好的创新生态

从旧金山湾区的发展经验来看，以科技创新带动产业升级和经济发展势在必行。在当前新的发展形势下，广州市经济结构、产业布局都对科技创新提出了更高要求，提高自主创新能力迫在眉睫。因此，聚集科技创新要素，营造良好的创新环境，加大对自主创新的支持力度势在必行。一是发挥广州当地大学与企业作为创新主体的示范效应，积极培育引进顶尖创新人才，培育建设创新企业与科研机构。二是强化科研基础能力建设，围绕国家重大战略需求，聚焦制造业转型升级，强化大科学装置、国家实验室及基地等科研创新载体建设。三是增强产业链协同创新能力，完善企业、科研机构、高校协同创新机制，实现"产学研"一体化，进一步推动"卡脖子"技术国产化替代。

3. 构建要素、产业、价值集聚高地

在提升产业创新力和竞争力时，打造重点产业载体十分重要。应顺

应发展趋势，高起点建设一批有利于高端生产要素集聚、产业集聚集成、价值链创新创造的产业平台，提升产业生态圈的可持续竞争力。比如，按照集聚、集群、集约发展思路，对标国际水平的产业园区，创新园区的规划、开发、建设、运营模式，打造世界级的创新园区。通过外部招商引资、产业集聚引导等方式，将产业园区打造成重大产业载体，推动其成为城市未来产业创新力和竞争力提升的关键新兴增长点。

4. 推动产业政策从选择性向普惠性、功能性转变

随着我国经济由高速增长转变为高质量发展，产业向中高端方向发展，可对标的产业范围缩小，选择产业和技术路径的难度加大。在此背景下，产业政策原来的功能定位和作用模式往往存在不适用的情况。此外，在经济形势日趋复杂的今天，市场在产业和技术选择方面明显较政府有更多信息和判断优势。因此，产业政策应以市场化为方向，维护"竞争性政策在经济政策体系中的基础性地位"，加快构建"市场友好型"产业政策体系，进一步增强与国际规则的融合性，推动产业政策从选择性向普惠性、功能性转变，更多地让市场选择产业、技术路径和商业模式。

三、广州现代产业体系发展现存问题

（一）产业同质化现象严重，竞争优势不明显

产业园区已成为区域经济发展和产业集聚的重要引擎，产业园区间联动越密切，产业集聚效应越大，产业竞争优势便越明显。目前，广州产业园区布局呈现由点到面的发展趋势，已收录产业园区超2000个，但布局不够紧密，园区间产业协同性较差。其中白云区和番禺区产业园区数量较多，占比均在20%左右。但是，当前产业园区由于产业发展规划不合理而存在较严重的产业同质化竞争问题，比如花都经济开发区、南沙经济技术开发区等园区都是以汽车产业为主导，虽然一定程度上有利于集聚效应和技术创新的扩散，但同质化的产业布局会导致区域内竞争加剧，产业互补性不强，不利于资源的最优配置。

另一方面，随着地区经济发展，产业分工专业化程度不断加深，但是广州与部分相邻地区间还是存在较强的产业同质化现象，其中与广州产业结构相似程度最高的是深圳，其次是东莞和阳江，而后是珠海、湛江等。整体而言，广州与周边部分地区产业结构相似度均在 0.5 以上。①一方面，城市间激烈竞争能够更好地激励广州产业升级创新；但另一方面，严重的产业同质化现象也将导致地区间产业无法进行合作互补，缺乏产业协同性，在与省外其他地区竞争时缺乏优势（图 3-1）。

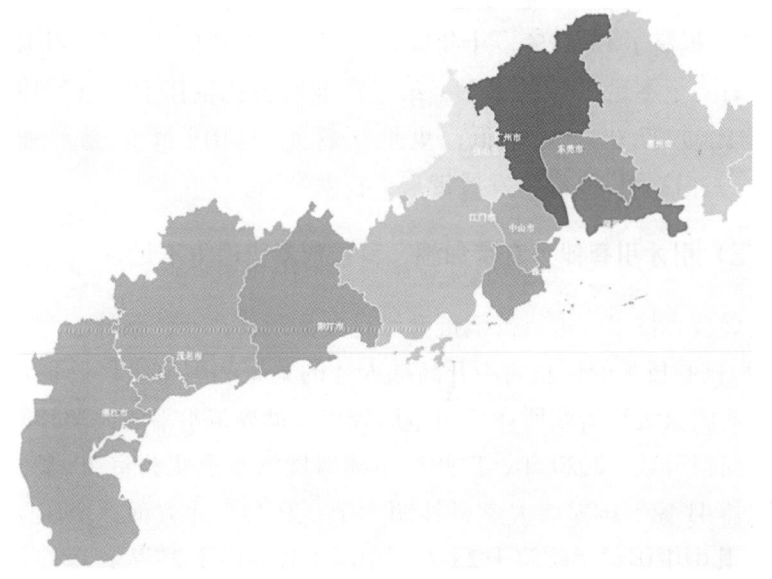

图 3-1　广州与周边部分城市产业结构相似度（颜色越深代表相似度越高）
资料来源：根据文献资料整理。

（二）龙头企业竞争优势欠缺，集群效应有待挖掘

国内外现代产业体系构建的经验表明，创新型企业是关键的主体。②产业发展离不开优质的企业，但广州各行业均面临龙头企业数量不足的

---

①李民梁、张玉强：《广东沿海经济带空间结构与功能作用分析》，《广东开放大学学报》2019 年第 28 卷第 6 期，第 32-38 页。

②盛朝迅：《构建现代产业体系的思路与方略》，《宏观经济管理》2019 年第 1 期，第 37-43 页。

问题。从上市企业数量来看，截至 2020 年底，广州拥有 8 家千亿级上市企业（北京 49 家；深圳 25 家；上海 24 家；杭州 7 家）。①与北京、上海、深圳等其他一线城市相比，数量不算可观。同样从总市值来看，北京总市值 271 790 亿元，位列第一；其后是深圳 163 597 亿元，上海 124 205 亿元，杭州 81 896 亿元；而广州仅为 32 807 亿元，与前者差距甚远。

另外，从产业分类来看，广州产业空心化迹象略显。自 2010 年至 2020 年，广州第三产业在地区生产总值的比重由 60.32% 上升至 72.51%，提高了 12.19%。十年间，广州第二产业的比重逐年下降，由 40% 左右降至不足 30% 的水平，第二产业所占比重比上海（2019 年第二产业比重 27.0%②）略低，更低于深圳（2019 年第二产业比重 39.0%③），这为广州经济发展带来了较大隐患。

（三）引才引智能力有待加强，科技创新驱动力不足

发展核心技术、进行价值链升级是发展现代产业体系核心竞争力的关键。④核心技术的创新离不开高端人才的集聚和国家级科研平台的建设，然而国家级科研院所在广州布局较少，世界级水平的大学和研究机构也是屈指可数。2020 年，广州全市建有国家重点实验室 20 家、国家级孵化器 41 家、国家级大学科技园 3 个。高端人才方面，全职院士有 58 人，其中中国科学院院士 23 人，中国工程院院士 25 人，境外及外籍院士 10 人。与上海相比，国家重点实验室仅为其（44 家）1/2、国家级科技园为其（13 家）1/4。可见，国家及科研平台建设的不足将阻碍广州对高端人才的聚集。

在成果转化方面，2019 年广州专利申请 17.72 万件，其中发明专利申请 4.66 万件，占 35.72%；专利授权 10.48 万件，其中发明专利授

---

①数据来源：中国新闻周刊网（http://news.inewsweek.cn/finance/2021-02-22/11843.shtml），下同。
②数据来源：上海市统计局（http://tjj.sh.gov.cn/index.html）。
③数据来源：深圳市统计局（http://tjj.sz.gov.cn/tjsj/index.html）。
④芮明杰：《构建现代产业体系的战略思路、目标与路径》，《中国工业经济》2018 年第 9 期，第 24-40 页。

权 1.22 万件，占 13.20%。专利数是衡量一座城市创新能力的重要指标。从全国范围来看，广州无论是在专利数还是在发明专利占比都低于北、上、深等其他一线城市，凸显出目前广州科技创新驱动力的不足（图 3-2、图 3-3）。

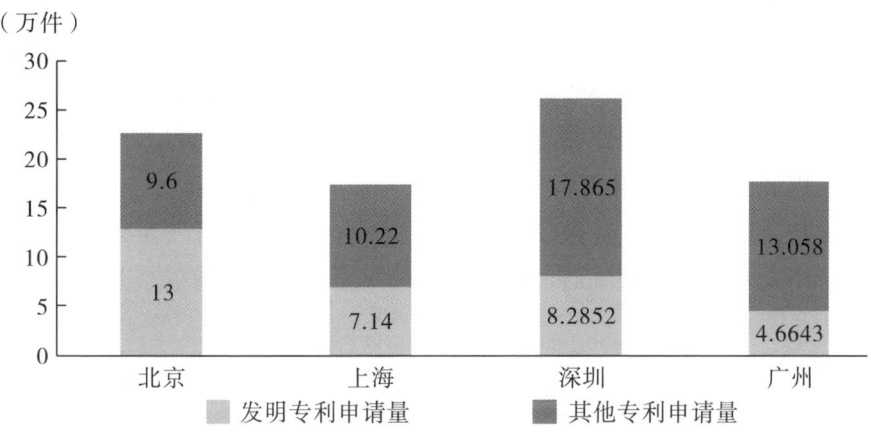

图 3-2　2019 年北、上、广、深专利申请量

数据来源：北京、上海、深圳、广州统计局。

因此，从总体来看，广州拥有较好的创新基础和能力，但在产业应用上还有所不足。专利申请量、有效发明专利等指标增速较快，但总量和授权比重与全国其他一线城市差距仍然较大。

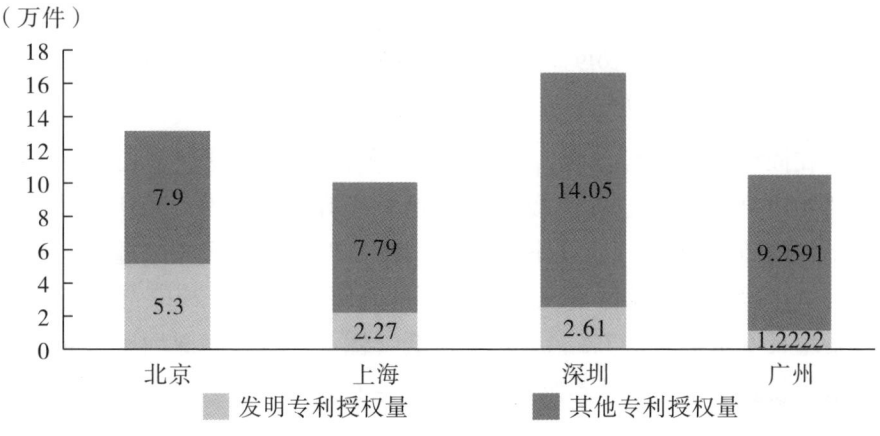

图 3-3　2019 年北、上、广、深专利授权量

数据来源：北京、上海、深圳、广州统计局。

(四) 要素流动机制尚不完善，支撑与协调能力不足

在技术要素方面，广州高新技术产业的总产值总体较高但增加值较低。一方面，广州的 R&D 研发投入比例较低，尽管每年的 R&D 研发投入都在上升，但上升幅度并不大，尤其是与地区生产总值的增长相比，R&D 研发投入占地区生产总值比例的增长幅度就更加有限；另一方面，广州大部分高新技术企业处于产业链的中间环节，产品附加值不高，这导致了全市高新技术产业总产值整体较高但增加值较低的现象（图 3-4）。因此对科技成果使用权、处置权和收益权权责不清，对知识产权保护和运用不足，以及科技企业与高校、科研机构合作不足等，均阻碍了广州人才、技术的流通，使得科研投入无法取得相应的成效。

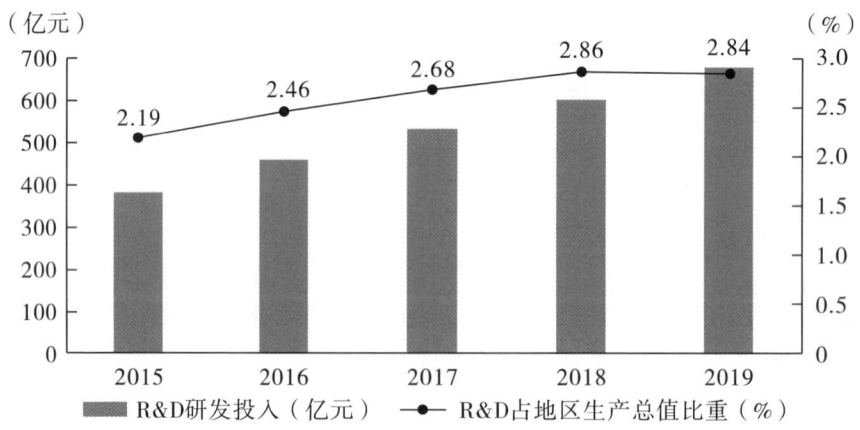

图 3-4　2015—2019 年广州 R&D 研发投入及其占地区生产总值比重
数据来源：广州市统计局网站。

在固定资产要素方面，近五年来广州固定资产投资增长率极不稳定。2019 年广州固定资产投资同比增长率高达 16.5%，创历年新高，但随后的 2020 年出现急剧下降。从 2016—2020 年的数据来看，广州的固定资产投资水平总体呈现 10% 以下的态势，尤其是 2017 年固定资产投资增长率水平为 5.7%，为历年最低（图 3-5）。而深圳市近年的固定资产投资增长速度基本维持在 20%[①]左右的水平，远高于广州。

---

① 深圳市统计局网站（http://tjj.sz.gov.cn/tjsj）。

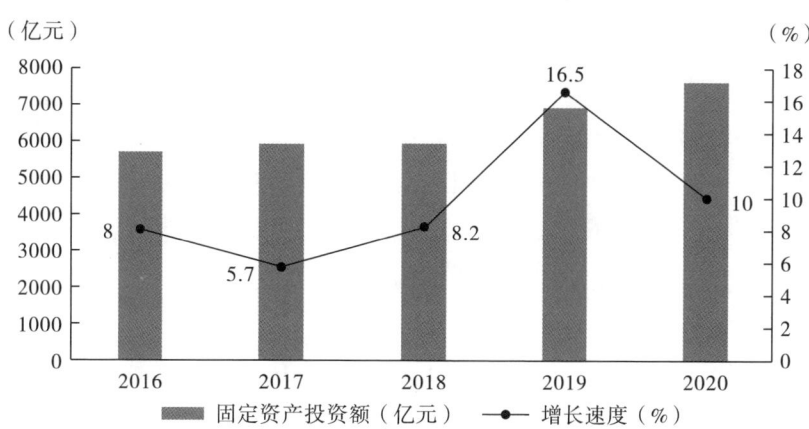

图 3-5　2016—2020 年广州固定资产投资额及其增长速度

数据来源：广州市统计局网站。

四、广州现代产业体系发展战略路径

（一）产业结构升级趋势明显

以技术创新和升级为动力，以市场化为方向，对先进制造业、现代服务业和战略性新兴产业等重点产业进行产业结构的升级，从而提高产业的科技化、数字化和现代化水平，进而适应需求变迁的过程是现代产业体系发展的主要特征。① 构建现代产业体系一般有两种基本模式：一是坚持先进制造业与现代服务业双轮驱动、实现三次产业协调发展的现代产业体系产业结构整体优化模式，二是深化产业加工程度和攀升产业链高端环节、推动产业高加工度化和技术（知识）集约化的现代产业体系产业内部结构优化模式。本研究基于广州现代产业体系发展现状，结合发达国家或地区先进的现代产业体系发展的路径和产业发展经验，归纳得出广州现代产业体系如下发展趋势。

1. 产业结构不断优化

根据配第·克拉克定理，随着经济的发展和人均国民收入的提高，

---

① 芮明杰：《构建现代产业体系的战略思路、目标与路径》，《中国工业经济》2018 年第 9 期，第 24-40 页。

第一产业国民收入和劳动力相对比重逐渐下降，第二产业国民收入和劳动力相对比重上升，当人均国民收入进一步提高时，劳动力加速向第三产业转移，第三产业的国民收入比重随之上升。广州产业结构的发展也验证了这一定理。近年来，广州三次产业规模稳步提高，同时第三产业占比迅速提升，绝对优势明显，形成了以第三和第二产业为主导，第三产业为主力军的产业结构，产业结构不断优化。

2. 工业内部结构趋于合理

伴随着加工深化、技术集约化的趋势，生产性服务业将加速发展，同时支柱产业地位越来越显著，产业体系的内部结构将向着以先进制造业和现代服务业为核心的方向演进。[①]

其中，工业内部结构的发展趋势将向着以重化工业为主导发展，一些资金密集型产业和基础产业，如电力、石化、钢铁等将快速发展。重化工业将沿着深化加工、延长产业链的趋势发展，从一开始的原材料或采掘工业为主向机械或电子等加工工业发展。而随着技术的不断提升，产业附加值也将显著提高。同时随着重化工业和高加工度工业的不断发展，将会出现技术或知识集约化的趋势，此时高新技术产业将成为发展的主力，技术水平较低的传统工业所占比重将越来越低。

2020年，广州先进制造业增加值占规模以上工业增加值的比重达到58.18%。在技术进步、分工深化、产业组织复杂化的同时，工业企业内部的中间服务环节将会逐步分离出来并形成独立的服务部门。比如商务服务业、信息服务业、研发服务业、金融业等服务部门就是从企业内部不同的中间服务环节分离出来的。这个过程可以有效提高企业生产效率，同时也推动了生产性服务业的快速发展。根据发达国家和地区的经验，在工业化高级阶段向发达经济发展的过程中，经济体将不断向外转移非核心的制造环节，仅保留具有高附加值的生产性服务业和关键制造环节。产业体系的内部结构将向着以先进制造业和现代服务业为核心的方向演进。

---

① 赵嘉、唐家龙：《美国产业结构演进与现代产业体系发展及其对中国的启示——基于美国1947—2009年经济数据的考察》，《科学学与科学技术管理》2012年第33卷第1期，第141-147页。

（二）"革旧"：三大产业"再升级"

持续不断地产业升级是推动现代化产业体系建设和发展的源动力。从量的层面考虑，产业在演变发展的过程中需要源源不断地从外界吸收各种要素和资源，为自身的成长进行积累，同时又不断抛弃过时和冗余的资源和要素，从而实现自身的革命和进步。从质的层面考虑，产业的演变发展一方面是沿着自身生命周期不断从新生走向成熟的过程，另一方面是产业不断进行自身革命和进步从而实现升级换代的过程。①

近年来，伴随着经济全球化程度不断加深，广州也致力于通过"革旧"与"立新"推动现代产业体系的发展。其中"革旧"指推动传统优势产业、先进制造业、现代服务业的"再升级"，充分利用现有物质、技术、人才等资源，推动现有产业转型升级。"立新"则指以创新为核心，大量引入高质量人才，积累先进生产要素，孕育创新型未来产业，并推动未来产业的培育与布局。

《广州市国民经济和社会发展第十四个五年规划和2035年远景目标纲要》明确提出，要推动"广州制造"向"广州智造"升级。推动汽车、电子、石化等传统优势产业智能化、高端化、绿色化发展，向智能与新能源汽车、新一代信息技术、新材料与精细化工等战略性新兴产业、高技术制造业迭代升级。通过推动现有的传统优势产业进行自身的不断革命，不断自我优化，逐步剔除过剩的产能和落后的技术；同时不断吸收高水平人才并鼓励高新技术的研发，增添创新要素和高科技资源，从而推动现有产业的"再升级"，使得现有产业能够焕发新生，并成为推动现代产业体系建设和发展的新动能。

1. 重点构建创新型制造体系

虽然广州近年来全面实施制造强市战略，制造业发展质量稳步提升，但仍存在一些需要补足的短板。比如能源资源利用效率不高；制造业增速趋缓，规模总量不占优势；制造业高端化程度不够等。因此广州

---

① 姜泽华、白艳：《产业结构升级的内涵与影响因素分析》，《当代经济研究》2006年第10期，第53-56页。

仍需深入贯彻落实新发展理念，坚持以创新作为动力，促进产业向智能化升级，不断优化产业结构，坚定不移扩大开放，提高资源利用水平，贯彻"绿水青山就是金山银山"的发展理念，全面推进制造业高质量发展，构建新型制造业体系。[1]

一是要把科学技术创新作为制造业发展的第一动力。科学技术方面的创新短板是广州构建新型制造业体系的核心问题，要加大在关键技术研发、工艺流程和设备创新等领域的投入，通过创新推动制造业体系发展，增强制造业的竞争力。

二是重点推动制造业向智能制造方向转型。从国际背景出发，德国工业4.0和美国制造业回流都以智能制造为重点。[2] 智能化、数字化是新型制造体系的内在要求和发展方向，要推动现代产业体系的持续发展，必须加快制造业的智能化和数字化转型。

三是以绿色高效为发展理念，提高资源的利用效率。[3] 通过技术创新和系统优化，以生产过程清洁化、能源利用高效化、产业耦合一体化等为发展方向，调整产业结构、优化能源结构、提高资源利用效率，全面贯彻新发展理念，做好碳达峰碳中和工作，为全球气候治理和构建人类命运共同体提供重要支撑。

2. 大力发展生产性服务业

目前，"服务型制造"已是制造业产业转型升级的主要方向，也是先进制造业发展的重要引擎，生产性服务业成为全球产业竞争的"兵家必争之地"。而生产性服务业由于自身无以替代的特点，自然成为广州发展现代产业体系的突破口。

在技术进步、分工深化、产业组织复杂化的同时，通过将工业企业内部的中间服务环节逐步分离形成独立的服务部门，可以有效提高企业

---

[1] 黄群慧：《浅论建设现代化经济体系》，《经济与管理》2018年第32卷第1期，第1-5页。
[2] 李健旋：《美德中制造业创新发展战略重点及政策分析》，《中国软科学》2016年第9期，第37-44页。
[3] 周晓敏、杨先农：《绿色发展理念：习近平对马克思生态思想的丰富与发展》，《理论与改革》2016年第5期，第50-54页。

生产效率，同时也推动了生产性服务业的快速发展。① 因此要想大力推动广州生产性服务业的发展，推动经济持续快速发展，需要从以下方面进行突破：

一是深化分工和合作。为了扩大广州生产性服务的有效需求和拓展生产性服务的供给市场，应该促进制造业部门服务活动的外部化和市场化，改善制造业部门服务活动内部化的现状。首先，提高社会专业化分工的程度，鼓励制造业企业将生产中属于中间服务功能的部分剥离出来，即将企业核心竞争力之外的附属服务分离出来，将制造业内部活动外部化、服务交易市场化。其次，促进分离出来的中间服务部门发展成独立的第三方服务企业，并培养成现代服务业的龙头企业，为制造业生产研发前端和销售推广后端服务，实现制造业向服务业延伸。

二是加快促进与制造业等产业的融合发展，扩大生产性服务业的资源配置能力。生产性服务业贯穿于生产活动的上、中、下游，为生产的不同阶段提供服务。因此，广州要发展生产性服务业，首先应该夯实制造业的基础，加快促进生产性服务业与制造业的融合，利用先进制造业为生产性服务业的发展壮大提供肥沃的养料。

三是推动生产性服务业的集聚式发展，提高生产性服务业的核心竞争力。根据发达国家生产性服务业的发展经验，以金融保险、房地产业、商业服务业等为主的生产性服务业在中心城市呈现集聚发展的趋势。为了促进生产性服务业内部不同行业之间的有效竞争和互利共生，广州应该推动生产性服务业的集聚式发展，充分利用集聚发展带来的规模效应，提高生产性服务业的核心竞争力。

四是处理好市场主导和政府引导两种关系。政府的过多干预制约着生产性服务业的发展，为了实现生产性服务业的产业升级，需进行深度市场化改革，同时转变政府的发展职能。要促进生产性服务业的发展，首先要加大基础设施的投入，其次设立与生产性服务业发展有关的重点项目和基金，为其提供资金支持。此外，还需通过政策手段引导生产性

---

① 顾乃华、毕斗斗、任旺兵：《生产性服务业与制造业互动发展：文献综述》，《经济学家》2006年第6期，第35-41页。

服务业的投资走向和发展方向，不断提高区域生产性服务业发展的活力。而在市场化改革方面，政府可以适当保留关系国家安全和民生等特殊行业的进入壁垒，降低其余行业的市场准入门槛，并将生产中的服务环节分离出来，通过市场化运作的方式将其推向生产性服务市场，努力实现投资和经营主体的多元化发展。

（三）"立新"：未来产业的培育与布局

以结构优化升级推进制造业高端发展。首先，需要扩大将先进制造业生产规模，提高制造业中先进制造业的比重。其次，通过对传统制造业升级改造，淘汰落后制造行业，在从根本上消除低端制造过剩供给的同时发展高新技术产业，占领制造领域国际制高点。同时根据未来产业发展的全生命周期、全生产要素、全价值链、全产业链的要求，打造广州未来产业发展的新型生态体系。

1. 电子信息产业

电子信息制造业是国民经济的先导型和支柱型产业，是提升国际竞争力的重要支撑。[①] 该行业拥有产业价值高、溢出效应强等显著优势，是创新最活跃、带动性最强、渗透性最广的行业之一。电子信息制造业的进步有利于推动国民经济进一步发展，是抢占国际经济制高点的重要引擎。

一是有效整合资源，打造龙头品牌。首先，围绕新一代信息技术产业重点领域，将资源有效整合，向创新能力强、具备行业竞争力的企业集中，重点培育资源利用率高、科技含量高、经济效益突出的公司。其次，整合利用全球创新资源和市场资源，支持技术创新中心、产业创新中心、企业技术中心等创新研发机构建设，打造多层次、跨领域的政产学研用协同创新体系。另外，依托市区两级财政资金、政府引导基金、政府投资等平台，重点建设在新一代信息技术产业领域的重大项目，采取政府购买服务等方式，在民生等领域示范应用新技术，增加新一代信

---

① 席艳玲、时保国：《中国电子信息制造业集聚发展与空间布局优化——基于省级面板数据的经验证据》，《甘肃行政学院学报》2017年第2期，第99 – 113，126页。

息技术的应用场景。

二是依托平台建设，重点发展数字经济。首先，依托增城新型显示价值创新园、琶洲人工智能与数字经济实验区等平台载体，推动互联网、人工智能、云计算、大数据、区块链等数字产业与实体经济深度融合。同时通过推进产业数字化和数字产业化，加快集聚数字经济龙头企业，引进高端项目，打造从制造到应用的数字化全产业链。其次，以琶洲粤港澳大湾区人工智能和数字经济创新试验区为核心，谋划国家数字经济创新试验区发展，加速形成以区块链为特色的中国软件名城示范区、珠三角国家大数据综合试验区以及大湾区4K/8K超高清视频产业基地和特色小镇。

三是深化产业链环节优势区域合作。[①] 强化产业整体控制力，补足产业发展短板。同时，推动广州与外部优势区域建立联系，以产业空间运营等手段延伸广州产业触角，汇聚穗外创新资源，建立合作通道，通过产业投资、产业组织、企业培育、园区运营等产业服务深度链接优质产业资源与区域，挖掘并培育高价值创新型企业，使之成为新一代信息技术产业创新发展的抓手。

2. 汽车及装备制造产业

2008年金融危机和新冠疫情的全球爆发加速了全球产业链的分化和重构。打造安全、稳定、高效、完整的汽车供应链已经上升到国家战略层面，打破出口限制和突破技术封锁迫在眉睫。[②] 而智能化是加速新能源汽车向高水平发展的必由之路，要推动智能与新能源汽车产业的发展，应将主要精力放在半导体芯片、高精度元器件、高端材料等领域，突破技术封锁，连通产业链断点，补链、强链，构建安全、稳定、高效、完整的汽车产业供应链体系。

一是着力提高企业自主创新能力，突破关键核心技术。"三电"（电池、电机、电控）系统是新能源汽车的核心部件，然而目前我国新

---

① 卢明华、李国平：《全球电子信息产业价值链及对我国的启示》，《北京大学学报（哲学社会科学版）》2004年第4期，第63-69页。

② 高运胜、孙露、张玉连：《新冠疫情全球蔓延对我国汽车产业链的冲击与机遇》，《国际贸易》2020年第11期，第36-44页。

能源汽车该领域还面临着"卡脖子"问题。对于新能源汽车产业企业而言，应该把提高自主创新能力放在第一位，加大对基础材料、基础工艺、基础器件等领域的研发投入力度，力求取得技术突破，掌握核心科技。同时，还应该促进新能源汽车与人工智能、信息通信技术、物联网等产业融合创新发展，利用高端智能科技作为武装，推动新能源汽车的智能化发展。

二是优化产业发展环境。在碳达峰碳中和的目标背景下，针对汽车产业低碳发展制定技术路线图，深化汽车生产领域"放管服"改革，有序放开代工生产，加强产品安全、数据安全、网络安全监管，推动进一步提高产业集中度，严格实施特别公示制度，遏制盲目上马、投资和重复建设等乱象，深化开放合作，坚持全球化发展理念，共同维护汽车供应链各环节稳定和畅通。

三是力促增城建设大型汽车产业集群。进一步推进《广州市汽车零部件产业基地规划（2016—2020年）》对建设广州国际汽车零部件产业基地（增城园区）的发展规划，立足市场需求和产业基础，以招商选资为突破口，以项目建设为支撑，以自主创新为动力，以集聚发展为方向，建立协作配套体系，重点培育优势产业，支持汽车零部件产业发展。

3. 新材料产业

新材料产业具有高技术密集度、高研发投入、高产品附加值、应用范围广等特点，是产业升级和技术创新的前提，同时也是所有战略性新兴产业发展的基础和先导。[①] 广州新材料产业整体产值虽处于全国前列，但大而不强，产业结构有待优化，产业发展后劲有待提高。面对如此巨大的发展空间，广州亟需加快培育新材料产业，进一步提高科研创新能力，增加广州新材料产业的市场竞争力。

一是重点发展新材料，包括先进高分子材料、新型无机非金属材料、稀土功能材料与器件、高端金属结构材料等。首先需要发展深加工

---

① 屠海令、马飞、张世荣、李腾飞、赵鸿滨：《我国新材料产业现状分析与前瞻思考》，《稀有金属》2019年第43卷第11期，第1121-1130页。

的高性能合成材料、特种工程材料、化学纤维、功能涂料、功能橡胶等，将先进石化材料产业链向应用端延伸。其次，加快培育3D打印材料以及石墨烯粉末等前沿新材料，注重基础研究，加强技术积累与突破性创新。同时，积极做好前沿新材料领域知识产权系统布局，围绕相关重点领域开展应用示范，拓展前沿新材料应用领域。

二是推进产学研深度融合。新材料领域的技术门槛较高，而自主创新能力主要来源于核心龙头企业，中小企业缺少技术优势，高校和科研机构集聚一批科技成果，但产学研结合度不高，科技成果落地难。从短期来看，政府需要积极引导企业与广州当地的高校，如中山大学、华南理工大学、暨南大学等高水平院校合作研发。打通人才输送通道，提高人才资源配置效率，同时建立科研孵化平台，促进科技成果转化。长远看，要进一步推动校企合作模式创新，改善高校与企业"点对点"联盟模式的局限性，推动形成"点到面"的新型合作模式。将企业作为实践平台及科技成果转化的载体，提升科技应用能力，从而构建良性循环体系。

三是进一步提高先进装备的研发和制造水平。我国在高端化工新材料产品和化工高端装备及尖端技术方面对国外依存度较高。因此，要重视新型制造工艺及其配套技术的开发，加大针对新材料领域的制造装备的研发投入，支持能够有效提高产品质量、降低制造成本的装备生产。建设材料设计及性能预测等研发平台，形成跟踪新材料全产业链的保障体系。同时，应用数字经济技术，建设新材料相关数据共享平台。

4. 新能源产业

新能源产业是全球战略性先导产业，代表着未来能源结构优化和技术变革创新的方向，尤其是清洁能源技术、新能源技术等相关技术产业。[①] 广州要加快布局新能源产业，重点推动新能源汽车产业的发展，做大做强绿色经济。

一是优先发展海辰、中航锂电等核心龙头企业。首先，加大研发创

---

① 周喜君、郭淑芬：《中国二氧化碳减排过程中的技术偏向研究》，《科研管理》2018年第39卷第5期，第29–37页。

新力度，提高新型动力电池技术水平，为市场提供具有高性价比、充电高效、超长寿命的储能产品及高效、清洁、安全、可持续的能源解决方案和样本，同时提升生物质能、氢能等新能源技术研发及产业化水平，大力培育发展氢能源核心零部件与石墨烯燃料电池，促进新能源材料体系、系统结构、极限制造不断提高和完善。其次，改变新能源储能、新能源汽车和可再生能源电力产业"点状式"分布状况，打造"链条式"分布格局。此外，积极倡导发展智能电网，科学布点充电桩，推广太阳能等新能源产品应用，拓宽储能应用市场，推动储能行业发展。

二是促进绿色低碳产业创新发展。绿色低碳产业发展逻辑将实现从倒逼到引领的转变，新技术的发展可以有效降低可再生能源的使用成本，有利于改善能源供给的集中化模式，逐步向分散化演变。提高能源利用效率、资源的循环利用及污染零排放成为绿色产业体系的核心。壮大环保低碳产业，大力发展氢能产业，同时在产业园区规划布局绿色低碳产业。

三是实施"双轮驱动"战略，推动产业发展驶入"快车道"。大型新能源龙头企业要自主开发建设和兼并收购"双轮驱动"，加速新能源业务规模化发展。在充电桩业务方面，积极推动充电业务上下游产业合作，与多家新能源车企合作建桩，推动充电业务资源共享，提前开发潜在充电客户，进一步扩大业务范围和产业布局。

5. 生物医药产业

生物医药产业是关系国计民生的重要产业，发展生物医药产业对维护国家安全、增强综合国力具有极其深远的战略意义。[①] 广州生物医药健康领域的资源禀赋、产业基础和市场辐射力等方面优势明显，近年来持续保持约 10% 的年均增长速度。而在疫情防控常态化时期，"创新突破"成为生物医药产业的关键词。因此，广州要抓住时机，加快培育生物医药产业。

一是要鼓励发展现代生物技术，主要包括细胞工程、发酵酶工程、

---

① 王欢芳、张幸、宾厚、李密：《战略性新兴产业的集聚测度及结构优化研究——以新能源产业为例》，《经济问题探索》2018 年第 10 期，第 179 - 190 页。

基因工程等。积极采用现代生物技术，推进基因治疗、细胞治疗、免疫治疗等前沿关键技术应用；健全生物技术配套基础设施，加快专用器材的研发生产，推广手术远程终端控制系统、可穿戴健康设备、健康管理系统、高端康养、人工智能辅助医学影像智能健康产品；加大基因工程疫苗、疫情检测试剂、病毒防控疫苗、蛋白和多肽药物、海洋新药、抗体药物、原创化学药等创新型产品的开发和生产，发挥传统中医药优势，力促中医药发展向现代化阶段迈进。

二是在应用转化方面，提升临床试验转化能力，加强科研成果转化应用。具体措施包括加快临床研究型医院、临床医学研究中心和转化医学研究中心建设，推动临床机构与生物医药研发机构、企业联动合作；支持医疗机构开展临床试验，鼓励三级医疗机构设立研究型病床，开展高水平临床医学研究；鼓励生物医药企业与医疗机构合作建设新产品、新技术应用示范基地；鼓励医药研究、生产、流通机构与医疗机构、院校合作建立医药创新中心；鼓励企业充分运用互联网、大数据、区块链等技术，创新营销模式，形成安全、高效的生物医药产品流通体系等。

三是提升创新能力和国际竞争力，打造粤港澳大湾区生物医药健康产业高地。要抓住粤港澳大湾区生物医药健康产业高端集聚的机遇，不断加强和深化各大高校、科研机构、医疗机构、外部互补型企业的合作。实现资源共享和差异化协同发展，促进生物医药创新产业升级，促使生物医药产业创新发展模式向开放式转变，推动生物医药产业创新网络的形成和发展。

6. 人工智能产业

以人工智能为核心的智能技术具有"头雁效应"，具有较高的技术突破率且能够自我迭代更新，溢出效应和带动作用强，将引领本轮科技革命和产业变革。[1]

一是要加快实施"人工智能+"工程。推进智能化技术在农业、交通、家居、安防、健康等领域的应用，打造智能汽车、智能家居等，

---

[1] 江丰光、熊博龙、张超：《我国人工智能如何实现战略突破——基于中美4份人工智能发展报告的比较与解读》，《现代远程教育研究》2020年第32卷第1期，第3-11页。

实现产业化发展。增加在关键技术领域的投入，提升计算机视觉、智能语音处理、生物识别、机器学习等技术水平。深化人工智能与其他行业融合程度，推广网络化协同、流程智能、离散智能等先进制造模式。

二是进一步引进重点项目。组织智能机器人产业的招商引资活动，加强与国内重点城市以及发达国家和地区的合作，引进相关优势项目。以高新区等产业园区为依托，引进并规划布局好先进企业，设立创新研发中心和制造基地，在区内推进型企业的带领和引导下辐射产业上下游，促进其他机器人企业以及相关企业落户，提升机器人产业链布局。

三是利用"互联网+"新思维谋划产业发展。着眼于加强产业链条化、系统化、集群化，突出重点发展区域，打造产业集聚效应。在重点工业领域实现机器人的大规模应用，加快产业转型升级。基于高新区产业发展实际的情况，围绕工业机器人应用领域（汽车、机械及电子等）和服务机器人应用领域（医疗健康、家庭服务等）的需求，研发生产新产品，拓宽机器人的市场应用场景，促进机器人产业发展体系化、标准化、模块化。落实相关配套政策，例如鼓励企业购买机器人"首台套"政策，补贴扶持工业机器人及智能技术在传统装备制造业、劳动密集型企业的运用，不断推进机器替代劳动力和产业转型升级。

五、广州发展现代产业体系的政策建议

（一）推进试点示范及品质化转型

第一，推动落实广东省委、省政府《关于推动制造业高质量发展的意见》提出的建立制造业企业高质量发展综合评价体系，开展制造业企业高质量发展综合评价试点，全面深化传统制造业改造提升，推动广州传统制造业企业逐步实现高质量发展，巩固壮大实体经济的根基。将亩均增加值、亩均产值、亩均税收、单位产值能耗等指标纳入评价体系，充分发挥相关考核指标的"指挥棒"作用和评价结果的"体检表"作用，引导各方面资源要素向优质企业与产业领域集中，更加标准化地评估广州制造业的发展水平，增强广州制造业的竞争力。

第二，深入学习贯彻广州市第十二次党代会精神，重视广州传统制造业科技创新投入，打造科技创新策源地，强化关键核心技术攻关，用先进适用技术改造提升传统制造业，全面增强广州制造业企业核心竞争力。加快实施以自动化、数字化、智能化、信息化、供应链管理为要点的技术改造，加强传统制造业产业创新投入，以及关键技术和先进工艺的高端化改造、结构调整及相关流程、产品、模式创新。积极倡导自主创新与开放创新相结合，关键技术、核心技术与实用技术相结合，产学研用相结合，破解"中低端产品过剩、中高端产品短缺"的结构性矛盾，鼓励支持制造业企业进一步增加产品品质附加值。

第三，加快实施新一轮工业技改，继续推动传统产业"入园""入网"，优化产业布局，结合现代管理模式，以点到面、整体带动实现广州传统制造业整体改造提升。在生产环节，建议增加工业投资并重点加大技术改造投资，极力发挥企业之间的技术溢出、生产关联及示范效应，最大程度上带动各自产业整体的劳动生产率、产品优化率和节能减排率的提升；在中间服务与销售环节，建议加快制造方式数字化提升，加快培育传统优势产业互联网平台和服务商，推动制造业企业"上云上平台"，整合产业上下游采购供应数据，构建全产业链智能化制造、数字化管理新模式，通过数字化转型进一步降本提质增效，推动传统制造业从"拼规模、拼土地"粗放式发展转向"拼效益、拼质量"高质量发展。

第四，完善针对制造业发展的政策体系，改善广州制造业企业营商环境，政策举措向传统制造业企业倾斜，有针对性地减税降费支持民营企业，破除机制体制障碍激发国有企业活力，形成灵活高效的市场经营机制。政策制定充分考虑广州制造业企业的实际情况，严格按照各类标准制定，同时注意政策的落实，加强政策宣传，让政策惠及更多相关企业。

（二）形成战略性新兴产业和现代服务业双驱动格局

第一，进一步推动构建"3+5+X"战略性新兴产业体系，加快培育壮大新动能①，推动战略性新兴产业跨越式发展，成为经济高质量发展的重要支撑。稳步发展新一代信息技术、智能与新能源汽车、生物医药与健康三大新兴支柱产业，全力发展智能装备与机器人、轨道交通、新材料与精细化工、数字创意、新能源与节能环保五大新兴优势产业，前瞻布局区块链、太赫兹、纳米科技、天然气水合物、量子科技等五大未来产业，紧密围绕战略性新兴产业形成"3+5+5"梯次发展格局，推动产业链现代化。充分发挥龙头企业在战略新兴产业发展中的关键带动作用，连接上下游产业，形成包含产业链、供应链、价值链在内的空间集聚，增强产业发展的韧性与安全性。

第二，建立健全战略性新兴产业发展的制度保障，加快建立以政府为引导，以企业为主体、以市场为导向、产学研相结合的科技创新体系②。破除战略性新兴产业发展的体制机制障碍，建立健全战略性新兴产业发展中技术创新和创新成果产业化的政策法规，建立科学的创新考核机制和正确的目标导向。加快推进制定和实施战略性新兴产业激励政策，严格落实国家和广东省内关于发展战略性新兴产业和促进技术创新的各项税收优惠政策。加大财政税收扶持力度，设立新兴产业发展专项资金，支持重大产业科技攻关和产业化项目。同时，打破只注重创新投入和对单个企业一次性补贴交易的传统补贴模式③，建立以创新产出为导向的创新扶持模式，注重具有较好创新外溢效应的产业链补贴，引导和促进各类优质资源和生产要素向战略性新兴产业集中，激励战略性新兴产业快速发展。

第三，建议利用广州现有和潜在的优势，把发展战略性新兴产业和发展现代服务业结合起来，提高"广州制造""广州服务""广州质量""广州品牌"的竞争力和影响力。探索将广州大学城、中山大学、华南理工大学、暨南大学、华南师范大学及南沙周边地区打造成各具特

---

①何立峰：《发展战略性新兴产业 加快培育壮大新动能》，《宏观经济管理》2017年第8期，第4-6、第10页。
②刘洪昌：《战略性新兴产业高端化发展的产业培育模式及路径》，《企业经济》2015年第1期，第140-144页。
③陆国庆、王舟、张春宇：《中国战略性新兴产业政府创新补贴的绩效研究》，《经济研究》2014年第49卷第7期，第44-55页。

色的开放式科技成果转化的"科技创新特区",促进产学研相结合,促进科技与服务经济相结合,促进创新技术与产业发展相结合,通过现代服务产业优化升级,助力新兴产业发展。推动打造面向战略性新兴产业的公共服务平台,提升配套性生产性服务有效供给。进一步落实《关于加快发展生产性服务业的若干意见》,加快形成以公共服务平台为支撑的生产性服务网络,积极落实生产性服务业专项资金及财税、金融、用地等优惠政策,推动研发设计与其他技术服务、商务服务、信息服务、金融服务、生产性租赁服务等高端生产性服务业的优化发展和协同集聚,促进企业服务活动外部化。

第四,围绕转变经济发展方式,积极谋划和推进重大项目建设,推动产业结构优化升级。抓紧推进一批占据先进技术制高点、主导未来市场新增长极的高技术项目和产业链条长、带动力强的高端制造业项目以及支撑中心城市综合服务功能的高端服务业项目建设,推动广州现代产业结构体系整体优化升级。在加快传统制造业转型升级、改造提升的同时,突出发展战略性新兴产业,积极发展现代服务业,培育发展未来产业,加快构建由先进制造业和现代服务业双轮驱动的主体产业簇群,为发展现代产业体系打造新的动力引擎。

(三)促进产业集群化发展

第一,建议进一步落实《广州市战略新兴产业发展"十四五"规划》,建立健全梯度化的企业培育机制,构建多维度、多层次的集群发展命运共同体。认真落实财政部、工业和信息化部《关于支持"专精特新"中小企业高质量发展的通知》等相关工作要求,协同做好国家、省、市级"专精特新"中小企业梯度培育工作。建议优化"专精特新"中小企业培育工作顶层设计,形成梯队培育的格局,全力打造一批世界级行业领军企业,作为培育世界级产业集群的基石。建立健全广州"专精特新"中小企业库,每年择优入库一批极具发展潜力的种子企业,在同等条件下优先遴选"专精特新"扶优计划培育企业申报国家、省级"专精特新"资质评定项目,促进企业不断升级优化。

第二,鼓励头部企业实现核心技术攻关,支持"专精特新"中小企业创新升级，敦促落后企业改革转型升级，全面建成具有国际竞争力的科技创新强市。支持引导头部企业加大创新投入，积极申报各级重点研发计划，加强核心技术攻关，加快技术成果产业化运用，破解"低端锁定"困局。积极指导企业在关键技术领域开展发明专利布局，建立关键核心技术专利池，避免核心技术受制于人。大力支持"专精特新"中小企业积极采用新技术、新工艺提高产品市场竞争力，鼓励"专精特新"中小企业购置先进研发设备、软件，与广州高等院校、科研院所等创新产学研合作方式，在全球范围内引智、引技、引才，全力提升企业在细分领域关键技术的研发能力和创新能力。定期组织召开"专精特新"新品发布会等展览会，鼓励后进企业参加各类国内国际中小企业博览会、APEC 中小企业技术交流会等国内、国际展会，促进企业借鉴"专精特新"企业成功发展经验，加强同行业、同产业链间的信息交流，促进企业转型升级。

第三，坚持筑牢实体经济根基，以实体制造业为重点，打造产业链集群和"链主"企业，重点支持集成能力强、市场占有率高、产业链拉动作用大的"链主"企业和关键领域核心企业，并且以"链主"企业、重大项目为支撑骨架，集聚上下游产业链企业，完善区域产业链链条，全力打造全产业链条，发挥产业链条乘数效应。依托海珠区多元的创新资源，利用番禺区大学城丰富的高校科研和人才资源，借助天河区金融贸易等现代服务业优势，整合全市上下游产业价值链，力争构建以本土企业为核心的完整产业链条，强化各区之间的联系交流，有效整合资源，提高资源利用率，促进产业集群化发展。

（四）以创新增强现代产业链供应链韧性

着力推进高水平科技自立自强，为产业链供应链现代化水平的提升提供重要的要素支撑。加快高层次经营管理人才、高技能人才供给质量，推动新兴产业领域加强制造业重点学科和交叉学科建设。充分利用国内外创新要素，依托"珠江人才计划"等重大人才工程，引进具有重大原始创新能力的科学家、科技领军人物和科研团队，广泛吸引海内外高层次创新人才，逐步健全多层次多结构人才培养布局，注重人才结构与产业结构相结合、相适应。鼓励有实力有资源的企业到海外设立研发中心，建议利用研发中心整合海内外创新资源，加快建立国际合作研发机构，吸引和集聚各领域尖端人才加入，构建具有国际竞争力的创新中心，形成浓厚的研发氛围。盘活人才要素动能，发挥各类人才的创新能力，为产业链供应链自主可控提供源源不断的智力资源。

建议贯彻落实《国务院关于全面加强基础科学研究的若干意见》，强化科技创新引擎机制，充分利用政府引导、税收杠杆等方式，落实研发费用加计扣除等政策，探索共建新型研发机构、慈善捐赠、联合资助等模式，支持引导各级"专精特新"中小企业积极研发创新，推动企业加大基础研究的创新投入。推动建立符合基础研究创新规律和特点的考核评价体系，实行以结果为导向的考核评价标准，激发各创新主体的积极性，加大创新投入，不断推进技术成果产业化运用。

以广州大学城、天河软件园、广州国际生物岛、广州科学城为重要载体，积极打造集教育、培训、研发、产业化于一体的科技创新区，形成广州产业创新要素的集聚地、产业技术引领的示范区，打造产业能级提升的动力源。建议通过产业链整合和联合运营等方式，构建营销及服务体系，加强政策指导和公共服务，支持建设一批创新科技园区，将广州优势产业链牢牢嵌入全球创新和分工体系，以投资、OEM、OBM等多种方式增强全球资源配置能力，稳固广州产业的国际分工地位，不断向国际产业链上游攀升。加强创新驱动以关键技术突破带动上下游集成创新，力争解决一批"卡脖子"问题，推动重要产业的技术与产品的"国产替代"，通过创新驱动不断强链补链，提升产业链供应链现代化水平。

（五）加快新型基础设施建设

第一，充分发挥广州科技力量的强大优势，坚持创新驱动，统筹布局创新基础设施建设，大力推动"新基建"项目建设。推动建设重大创新载体及科技基础设施、产业技术创新基础设施、先进算力基础设施与人工智能、区块链等技术设施。立足广州新型基础设施建设的阶段性特征，以需求为牵引，以市场为主导，着力打造应用场景，建立健全多元化投融资体系，加快建设城乡覆盖的现代信息基础建设，率先推进数字电视网、互联网和电信网三网融合，推动构建无线宽带城市，打造国际枢纽型信息港。

第二，聚焦综合运输大通道、综合交通枢纽和物流网络，优化升级交通、能源、物流等融合基础设施。坚持项目抓手和试点带动，以项目建设为抓手，建立健全项目库、重大项目择优推荐纳入重点建设项目计划、争取各类新型基础设施布局试点，带动全市范围内新型基础设施建设发展。加快推进智慧城市轨道交通和城际高速铁路建设，全力打造粤港澳大湾区数字轨道枢纽城市，为各行各业和人们的生产生活提供"新联通"。

第三，适度加大财政投入、分配资金投向公共服务领域新型基础设施建设，在发展规划、政策、项目和资金方面引导各类主体加大投入，充分发挥市场主体作用。激发各方投资活力，探索国有企业积极吸收非公经济成分参与，通过项目混改、技术入股、知识产权入股等多种方式，激发民营资本投资热情，鼓励各区加快研究出台配套措施，形成市、区政策联动合力。以项目拉投资，以科技增投资，以市场换投资，建立数字新基建项目库。

（六）重点实施数字经济跃升工程

重点实施数字经济跃升工程，全力打造广州人工智能与数字经济试验区。充分发挥番禺、海珠、天河、黄埔四区优势，以广州人工智能与数字经济试验区作为广州数字经济创新发展的核心空间载体，形成协同联动发展空间格局：充分运用番禺区大学城丰富的高校科研资源和充裕的人才资源，加快高端复合型数字经济人才培养，形成数字经济快速发展的雄厚储备力量；重点依托海珠区人工智能与数字经济广东省实验室（广州）等重大创新平台，在新一代信息技术领域形成一批原创性技术成果和应用创新示范；借助天河区金融贸易等现代服务业资源优势，推动数字金融、数字创意及各种消费新业态新模式的发展[①]；加快建设黄埔区以区块链为产业特色的中国软件名城示范区，强化人工智能、云计算、5G、区块链等新技术与实体经济的深度融合。

加快 5G 基站建设，打造全国领先的 5G 网络，为广州创建新时代高质量发展示范区注入新动力，支撑广州打造数字经济创新引领型城市。推动公众移动通信 5G 基站站址布局专项规划修编，建成辐射粤港澳大湾区的全国首批 5G 商用试点城市，实现广州城区 5G 网络连续覆盖。面向人工智能和 5G 应用场景，推动建设区块链算力中心和基于 GPU 的人工智能，大力推进国家超级计算机广州中心等高性能计算中心建设。建设重大创新载体及科技基础设施，推动广州科学城、中新广州知识城高质量发展，建成若干具有世界影响力的高科技园区和一批创新型特色园区。

在医疗、交通、教育、政务、金融等广州优势特色领域遴选一批具有全国影响力的应用示范场景，加快培育数字经济新业态新模式。大力支持企业、研究机构、行业协会等各类社会组织，充分利用大数据、5G、人工智能、区块链等技术开展数据整合与应用，多维释放数据和技术应用场景，发展数字经济新业态新模式。[②] 联动发挥各区域型数字经济集聚区的支撑作用，各采所长、优势互补、协同发展，推进新型数字基础建设和高效共享，有效提升广州数字经济发展能级和创新能力。

（七）提高产业数字化与智能化水平

第一，加快推动互联网、大数据、人工智能等新一代信息技术与各产业深度融合发展，大力推进广州产业数字化转型。加快培育信息技术产业生态，支持网信企业发展壮大，推动数字技术成果转化应用，实现传统制造业重点行业、规模以上企业、产业园区及产业集群的数字化改造提升全覆盖，树立一批机联网、物联网、厂联网示范样板企业。推动

[①] 顾朝林、曹根榕、顾江、高喆、曹祺文、汤晋、易好磊：《中国面向高质量发展的基础设施空间布局研究》，《经济地理》2020 年第 40 卷第 5 期，第 1-9 页。

[②] 向晓梅、吴伟萍：《改革开放 40 年持续性产业升级的动力机制与路径——广东迈向高质量发展之路》，《南方经济》2018 年第 7 期，第 1-18 页。

互联网与传媒、教育、医疗、工业互联网、金融等不断融合,推动各产业不断转型升级,加速开展物联网领域的生态构建与产业布局,围绕集成电路、RFID、传感器、信息服务业等,大力推动车联网、智能硬件、家居、可穿戴设备等产业发展,驱动物联网智能信息技术与各大产业的互联互通,打造具有国际竞争力的数字产业集群。

第二,高度重视大数据在打造数字政府方面的应用,推动数据产业基础环境建设,实现大数据产业与社会治理、智慧城市等方面的深度融合。面向重点行业应用需求,开展大数据产业项目试点示范,重点研发推广一批大数据解决方案及服务,建立健全数据资源标准规范,完善数据公共服务支撑平台、第三方认证平台。优化云计算基础设施布局,大力发展 IaaS、PaaS、SaaS 等云服务,提升云服务能力,扩展专有云服务范畴,实现与各产业深度融合发展。

第三,加快实施"人工智能+"工程,大力支持智能家居、智能汽车、智慧农业、智能安防、智慧健康、智能机器人、智能可穿戴设备等研发和产业化发展,加大对计算机视觉、智能语音处理、生物特征识别、自然语音理解、深度学习、机器学习等关键技术的研发投入,普及流程智能、离散智能、网络化协同等先进制造模式,推动人工智能与各行业深度融合。鼓励支持人工智能在 IT 行业、智能驾驶、网络安全、金融风控、在线教育等多个应用场景开展应用。在工业生产领域,通过人工智能实现智能化生产线、智能工厂,帮助生产企业提高生产效率,减少成本和人工开支。

(八) 构建为实体经济持续"输血"的现代化金融体系

第一,加快构建金融有效服务实体经济的体制机制,推动更高水平金融开放。促进广州经济转型和结构调整,持续优化金融资源配置,增强产业链供应链自主可控能力。强化普惠金融服务[1],加大对绿色发展企业、小微企业、科技创新企业的金融支持力度,鼓励扩大市场需求,

---

[1] 滕磊、马德功:《数字金融能够促进高质量发展吗?》,《统计研究》2020 年第 37 卷第 11 期,第 80 – 92 页。

激发消费潜在活力，增强投资增长后劲。不断推进对"地方政府专项债"发行管理制度的改革，推动债券产品不断创新，充分发挥广州政府的引导力量，在重点领域、重点行业和发展的薄弱环节引入社会资金，有效支撑产业结构的转型升级。

第二，建议适当放松对民营银行股东性质与外资投资入股限制，合理放宽业务限制，形成国有民营外资多层次的银行体系，扩充企业的融资途径与资金来源，有效缓解企业的资金压力。运用大数据信息，建立由广州市政府认可的诚信民营小微企业"名单制"，按照"支持实体，应贷尽贷"的原则，通过提供政策性融资担保、贷款风险损失补偿、财政贴息等方式，鼓励银行机构提供贷款。

第三，建议加大普惠金融支持力度，下沉普惠金融服务重心，加大金融扶贫力度，进一步深化金融供给侧结构性改革[1]，建立健全多层次、广覆盖、差异化金融机构体系。以国民经济和社会发展需求为导向，提升金融供给能力、效率和质量。优化大中小金融机构布局，大力发展专定位于专注微型金融服务的中小金融机构，大力扶持中小银行、民营银行等发展，精准对接小微企业金融需求，解决好对小微企业和民营企业的金融支持，支持符合条件的企业特别是科技创新型企业、中小企业通过资本市场融资。

第四，完善现代金融监管体系，强化反垄断和防止资本无序扩张，提升金融服务实体经济的能力。提高金融法治化水平，对各类金融活动和行为依法实施全面监管，大力发展监管科技，进一步提升监管效能，坚持金融创新必须在审慎监管的前提下进行。以金融服务实体经济，促进经济资源优化配置，引导资本向生产效率更高且效益更好的领域流动，促进广州现代产业的产业链上下游相关产业联合发展，并分散市场风险，优化产业结构，实现"虚""实"结合，良性协同，让经济又好又快地发展。

---

[1] 王勇：《深化金融供给侧改革的着力点》，《中国金融》2021年第5期，第93-94页。

(九) 构建多层次的人才培养体系

第一,建立健全人力资源资本化机制,推进重塑人才培养与发展的良性机制。鼓励广州高水平大学增设一批为高端电子信息、信息技术、智能制造、高端装备制造、生物医药、新材料、新能源等重点领域服务的学科,提前储备产业所需人才。优化人才吸引环境,增进人才福利,充分利用广州高层次人才发展专项基金,同时在户籍、住房、科研、医疗等方面制定相应的配套政策,大力支持广州高层次人才的引进培养、回国留学人员和高校毕业生创办高新技术企业、引进国外专家等,加强高层次人才引进培养。

第二,推进高层次人才梯队工程,大力引进培养现代产业体系的领军人才和创新团队,建设高水平人才高地。加快推进职业教育模式改革[①],加大对基础人才培养力度,充分发挥工程师研修基地、博士后工作站、博士后创新实践基地等作用,加强广州高校、科研机构与企业之间科技人员的流动,为产业发展提供更多优秀的高技能人才。推动提高医疗、住房保障,加强高层次人才的医疗保健,为高层次人才在本市有条件的三级甲等医院办理就医会员卡,提供给高层次人才优质、便捷的就医服务;推动实施"高层次人才住房综合资助计划",通过建设人才公寓出租、购买限价房、发放住房补贴等多种措施,满足引进高层次人才的住房需求,提高人才黏性。

第三,加强国际人才交流与合作,大力推进"万名留学人才引进工程",引进、培养一大批熟悉国际惯例的现代产业领军人才。推动强化市外国专家局、广州留学人员服务管理中心职能,提高服务水平和引智效率。积极开展穗港澳人才服务交流合作,培育壮大广州人才服务业,鼓励支持人才培训、人才测评、人才外包、人才网站、猎头等重点人才服务,重点扶持在行业中起模范带动作用的高端人才服务机构及其团队。推动创新人才服务机制,整合人才服务资源,提高人才中介服务

---

①唐国华、孙华林、张国林、高向辉、刘铸:《关于辽宁高等教育和职业教育助力振兴发展情况的调研报告》,《现代教育管理》2018年第7期,第1-7页。

的专业化程度，实现人才资源市场化配置效率的提高。鼓励支持广州各单位按照现代产业不同人才的不同成长规律，积极探索人才分类服务的方式，推动营造人才发展的良好氛围。推进国际公认的职业资格认证工作，加快各领域人才专业能力水平认证项目的开发和实施，逐步建立符合岗位要求，体现行业特色、职业特点的科学规范的人才评价标准，不断推进高技能人才培养计划的实施，建设与现代产业发展高度匹配的高技能人才培养基地。

（十）构建优势互补、区域联动产业发展格局

第一，加强组织领导和统筹协调，推动建立广州建设现代产业体系领导小组，立足广州现代产业体系发展阶段性特征的实际状况，统筹全市现代化产业体系发展，组织制订现代产业发展规划，科学有序推进现代产业体系建设。明晰责任归属，对规划中提出的发展目标、重点建设项目和重点任务要明确责任部门，相关责任部门要根据实际情况，对规划提出的政策性措施研究制定具体的实施意见并加以落实。建立健全规范的产业规划实施评估机制，完善现代产业体系的统计指标、监测和评价体系，掌握广州现代产业体系发展过程。制订和完善重点产业领域发展规划，并根据广州形势政策变化适时修订规划内容。推进主体功能区规划编制工作，在产业、财政、投资、人口、环境、土地和绩效考核等方面研究出台与主体功能区划分相配套的政策措施。

第二，充分发挥市内高端产业在区域中的带动辐射作用①，择优挑选一批主攻产业集聚区、产业龙头项目列入广州产业示范区建设规划。超前规划和培育城市战略产业，积极研究制定产业发展及布局规划，进一步强化工业领域石化、汽车、电子信息广州三大支柱产业，扶持壮大生物医药和数控机床优势产业，将现代物流、金融保险、信息服务和商务会展等现代服务业逐步培育成为广州未来的支柱产业，实现广州现代产业高效发展。推动建立以低能耗、低污染、高附加值、高科技含量的

---

① 宗刚、方磊：《产业功能区效率与区域公共交通网络演化特征——以北京经济技术开发区为例》，《经济地理》2015 年第 35 卷第 12 期，第 70 - 78 页。

产业群为核心，以资本、技术、人才、信息等高效运转的产业辅助系统为重要支撑，以生态环境优美、社会环境稳定、基础设施完备、社会基本保障有力、市场秩序良好的产业发展环境为依托，具有开放性、融合性、集聚性、创新性和可持续性特征的新型现代产业体系。

第三，积极主动参与粤港澳台深化合作，推进实施区域协调发展。重点加强与港澳在出版、影视、工艺、服装设计等文化创意产业方面的交流与合作；充分利用两岸"大三通"的发展契机，重点吸引台资投向先进制造业和高新技术产业，促进广州与台湾地区产业交流合作。以广州科学城为产业发展核心，以花都区、南沙区、番禺区、从化市、增城市等为产业辐射转移区，重点扶持集成电路设计、制造、封装测试、新型能源、软件服务等高新技术产业，大力推进相关区域产业基地建设，加强在金融、物流等现代服务业领域合作，实现产业集聚发展，充分发挥各产业规模带动效应。

第四，推动制定和完善《广州市重点产业支持目录》，实施"重大工程项目"计划，挑选一批具有高端化、战略化、规模化等特征的重点产业和行业领域，将人才、资金等紧缺资源向重大工程项目倾斜，不断强化产业节水节地节材，促进资源节约。完善产业发展专项资金协调机制，整合梳理广州市财政投入的各类现有产业发展专项资金，集中资源投向汽车、造船、石化等优势产业，对先进制造业中重点行业加大扶持力度。运用研发补助、贷款贴息、租金补贴、税收优惠及引导担保机构进行融资担保等方式，对符合重点产业导向的项目给予大力扶持，对服务业中技术先进的机构加大支持力度。

参考文献

[1] 盛朝迅. 构建现代产业体系的思路与方略 [J]. 宏观经济管理, 2019 (1)：37 – 43.

[2] 芮明杰. 构建现代产业体系的战略思路、目标与路径 [J]. 中国工业经济, 2018 (9)：24 – 40.

[3] 姚星, 倪畅. 构建现代产业发展新体系的战略选择研究 [J]. 中州学刊, 2015 (5)：38 – 41.

[4] 詹懿. 中国现代产业体系:症结及其治理 [J]. 财经问题研究, 2012 (12): 31-36.

[5] 刘生龙, 胡鞍钢. 交通基础设施与经济增长:中国区域差距的视角 [J]. 中国工业经济, 2010 (4): 14-23.

[6] 孙永波, 于清. 现代服务业发展的困境与对策 [J]. 国家行政学院学报, 2009 (2): 77-80.

[7] 赵嘉, 唐家龙. 美国产业结构演进与现代产业体系发展及其对中国的启示:基于美国1947—2009年经济数据的考察 [J]. 科学学与科学技术管理, 2012, 33 (1): 141-147.

[8] 姜泽华, 白艳. 产业结构升级的内涵与影响因素分析 [J]. 当代经济研究, 2006 (10): 53-56.

[9] 黄群慧. 浅论建设现代化经济体系 [J]. 经济与管理, 2018, 32 (1): 1-5.

[10] 李健旋. 美德中制造业创新发展战略重点及政策分析 [J]. 中国软科学, 2016 (9): 37-44.

[11] 周晓敏, 杨先农. 绿色发展理念:习近平对马克思生态思想的丰富与发展 [J]. 理论与改革, 2016 (5): 50-54.

[12] 顾乃华, 毕斗斗, 任旺兵. 生产性服务业与制造业互动发展:文献综述 [J]. 经济学家, 2006 (6): 35-41.

[13] 席艳玲, 时保国. 中国电子信息制造业集聚发展与空间布局优化:基于省级面板数据的经验证据 [J]. 甘肃行政学院学报, 2017 (1): 99-113, 126.

[14] 卢明华, 李国平. 全球电子信息产业价值链及对我国的启示 [J]. 北京大学学报 (哲学社会科学版), 2004 (4): 63-69.

[15] 高运胜, 孙露, 张玉连. 新冠疫情全球蔓延对我国汽车产业链的冲击与机遇 [J]. 国际贸易, 2020 (11): 36-44.

[16] 屠海令, 马飞, 张世荣, 等. 我国新材料产业现状分析与前瞻思考 [J]. 稀有金属, 2019, 43 (11): 1121-1130.

[17] 周喜君, 郭淑芬. 中国二氧化碳减排过程中的技术偏向研究 [J]. 科研管理, 2018, 39 (5): 29-37.

[18] 王欢芳, 张幸, 宾厚, 等. 战略性新兴产业的集聚测度及结构优化研究:以新能源产业为例 [J]. 经济问题探索, 2018 (10): 179-190.

[19] 江丰光, 熊博龙, 张超. 我国人工智能如何实现战略突破:基于中美4份人工智能发展报告的比较与解读 [J]. 现代远程教育研究, 2020, 32 (1): 3-11.

[20] 何立峰. 发展战略性新兴产业 加快培育壮大新动能 [J]. 宏观经济管理, 2017 (8): 4-6, 10.

[21] 刘洪昌. 战略性新兴产业高端化发展的产业培育模式及路径 [J]. 企业经济, 2015 (1): 140-144.

[22] 陆国庆, 王舟, 张春宇. 中国战略性新兴产业政府创新补贴的绩效研究 [J]. 经济研究, 2014, 49 (7): 44-55.

[23] 顾朝林, 曹根榕, 顾江, 等. 中国面向高质量发展的基础设施空间布局研究 [J]. 经济地理, 2020, 40 (5): 1-9.

[24] 向晓梅, 吴伟萍. 改革开放40年持续性产业升级的动力机制与路径: 广东迈向高质量发展之路 [J]. 南方经济, 2018 (7): 1-18.

[25] 滕磊, 马德功. 数字金融能够促进高质量发展吗? [J]. 统计研究, 2020, 37 (11): 80-92.

[26] 王勇. 深化金融供给侧改革的着力点 [J]. 中国金融, 2021 (5): 93-94.

[27] 唐国华, 孙华林, 张国林, 等. 关于辽宁高等教育和职业教育助力振兴发展情况的调研报告 [J]. 现代教育管理, 2018 (7): 1-7.

[28] 宗刚, 方磊. 产业功能区效率与区域公共交通网络演化特征: 以北京经济技术开发区为例 [J]. 经济地理, 2015, 35 (12): 70-78.

广州发展数字贸易新业态的必要性、可行性与对策研究

周骏宇[①]

摘　要：本报告分析了数字贸易的定义、分类与特征。笔者认为，在必要性方面，发展数字贸易有助于广州形成外贸代际新优势，符合广州经济发展战略，是广州应对兄弟城市竞争的需要，为广州提供新的经济增长点。在可行性方面，广州重视发展数字经济，数字科技创新资源集聚、产业数字化基础/外贸基础/网络设施基础雄厚，具有服务业和跨境电商业态发展优势。本文还提出了广州发展数字贸易的有关对策：完善监管模式、推动数据市场化进程、扩大数字基础设施投资、加强财政金融扶助等。

关键词：数字贸易　新业态　广州　数字经济

习近平总书记在党的十九大报告中提出，"拓展对外贸易，培育贸易新业态新模式，推进贸易强国建设"。其在参加全国人大十三届一次会议时也强调："要以更宽广的视野、更高的目标要求、更有力的举措推动全面开放，加快培育贸易新业态新模式"。2019年11月中共中央、国务院发布的《关于推进贸易高质量发展的指导意见》明确指出，促进贸易新业态发展、提升贸易数字化水平。2021年10月，商务部发布的《"十四五"服务贸易发展规划》首次列入数字贸易，明确了未来一

[①] 周骏宇，经济学博士，教授，广东外语外贸大学广州国际商贸中心研究基地研究员，研究方向为国际经济学、演化经济学、制度经济学，代表性成果有《广州建设开放型经济新体制研究》（经济科学出版社2019年版）等。

段时期我国数字贸易发展的重点和路径。2021年11月，商务部等10部门印发《关于支持国家数字服务出口基地创新发展若干措施的通知》，提出了促进数字贸易创新发展，扩大数字服务出口的十二条具体措施。

2020年以来，新冠疫情的全球大流行对世界经济与国际贸易造成巨大冲击。疫情加速了人们生活和工作方式的转变，客观上也推动了经济数字化转型进程的快速发展。在这样的背景下，数字贸易迎来了发展契机，成为新的、非常有活力的贸易形式，对于促进经济和贸易发展有着十分重要的意义。

一、数字贸易的定义与分类

从国际上看，数字贸易还没有形成一个广为大众接受的定义，不同的机构、学者对其有不同的界定。

2013年，USITC（美国国际贸易委员会）在《美国及全球数字贸易》报告中首次提出"数字贸易"概念，指出数字贸易是一种在线交付服务的贸易方式。交易对象包括视频、游戏、音乐、书籍等；社交媒体也被涵盖在内。该概念强调"数字服务贸易"。

2014年，USITC在《美国与全球经济中的数字贸易Ⅱ》对数字贸易的定义进行了拓展，交易对象不仅包括服务，还包括电子商务平台上购买的实体货物、基于数字技术递送的产品等。此一概念强调"数字服务贸易+数字货物贸易"。

2017年USTR（美国贸易代表办公室）在《数字贸易的主要障碍》中，将数据跨境流动也纳入数字贸易类别，如大数据贸易、云计算、搜索引擎等。此一概念强调"数字服务贸易+数字货物贸易+数据本身的跨境流动"。

在我国，根据中国信息通信研究院发布的《数字贸易发展与影响白皮书（2019）》，数字贸易包括基于信息通信技术开展的线上宣传、交易、结算等促成的实物商品贸易，还包括通过信息通信网络传输的数字服务贸易，如数据、数字产品、数字化服务等。

马述忠2020年给数字贸易下的定义，在我国学者中较具代表性。他认为，数字贸易是以数字化平台（现代信息网络）为载体，通过人工智能、大数据和云计算等数字技术的有效使用实现实体货物、数字化产品与服务、数字化知识与信息的精准（高效）交换的新型贸易活动，是传统贸易在数字经济时代的拓展、延伸和迭代。①

对数字贸易的分类如下：

表 1　数字贸易的分类

数字货物贸易	跨境电商	跨境电商 BtoB
		跨境电商 BtoC
数字服务贸易	数字内容贸易	软件贸易、影视作品贸易、数字图书等
	数字方式贸易	社交媒介、在线教育、远程医疗、远程办公、云会展、网络游戏、网络广告、在线电影、在线音乐、移动应用等
	数据贸易	数据存储和数据搜索等：云存储、云计算、搜索引擎、大数据贸易等

数据来源：作者根据文献整理。

其中包括以下新业态：

跨境电商。在当前全球疫情防控常态化的背景下，跨境电商成为驱动国际贸易发展的新动能，规模呈爆炸式增长，5 年增长近 10 倍。2020 年，我国跨境电商进出口额达 1.69 万亿元，增幅为 31.1%。2021 年 1—5 月份，我国跨境电商进出口额超过 7000 亿元，增长 36.9%。现在，全国已有海外仓数量超 1900 个。②

在线教育。当前，各种教育资源通过网络技术突破了空间和距离方面的限制，向更广泛的地区辐射，促进教育资源利用的最大化；在网络普及的前提下，通过虚拟现实教学、全景直播互动教学等手段，理论上使任何人在任何时间、任何地点自主选择课程，能充分满足民众对现代教育的需求。

线上办公。各地抓住疫情防控期间"风口期"，大力发展在线办公

---

①马述忠、潘钢健：《从跨境电子商务到全球数字贸易——新冠肺炎疫情全球大流行下的再审视》，《湖北大学学报（哲学社会科学版）》，2020 年第 9 期。
②罗珊珊：《2020 年我国跨境电商进出口额同比增长超三成》，《人民日报》2021 年 7 月 13 日。

软件等数字化软件产业，鼓励企业开展线上办公业务。

远程医疗。跨境远程医疗可以有效突破地域限制，使患者享受到优质的医疗服务，提高优质医疗资源的可及性，实现医疗资源的全球互动和共享。

二、数字贸易的特征

1. 贸易对象多边化

数字贸易的标的是泛化的。在数字贸易时代，一方面，几乎所有可贸易商品都可以以数字贸易的方式实现跨境交易；另一方面，数字产品及服务成为重要的消费品。第三，数字化知识、信息、数据成为重要生产要素。

电子商务以现代信息网络为载体，而数字贸易以数字化平台为载体。当前，跨境电商平台是双边平台，助力"买全球、卖全球"；未来，全球数字贸易平台是多边平台，助力"全球买、全球卖"。以天猫国际为例，截至2019年6月共引进77个国家和地区4000多个品类2万多个海外品牌进入我国市场。2018年9月，速卖通宣布累计成交用户已突破1.5亿，全球范围内每月访问速卖通的消费者超过2亿。①

2. 依托技术数字化

数字贸易所依赖的人工智能、大数据和云计算等核心技术具有典型的数字化特性。大数据技术通过数据挖掘、深度学习等多种方式为企业提供技术支持。人工智能可以在产品研发、原材料采购、生产制造、市场营销、售后服务等领域帮助企业优化资源配置。移动互联网技术为社会带来了成本更低、接入更为便利的上网方式，帮助企业实现高效率发展。

3. 贸易环节扁平化

全球数字贸易使国际贸易的很多中间环节丧失存在的必要性，其运行模式呈现高度扁平化趋势。第一，平台使生产企业能够兼顾生产和贸

---

① 梁漠凌：《广东省跨境电商发展现状、问题及对策》，《佛山科学技术学院学报（社会科学版）》，2020年第11期。

易。第二，外贸流程更加简化，平台服务生态更加完善。第三，传统贸易的交易过程存在代理商、批发商等诸多中间环节，大多数供需双方并不直接进行交易，而是委托给各自的代理人交易。但在数字贸易中，信息技术使得供需双方的直接交易成为可能，中间环节大幅减少。

4. 交易过程高效化

数字贸易大大降低了不同主体之间的交易成本，提高了交易效率。传统贸易的洽谈、磋商、资金支付等消耗大量时间和精力，而数字贸易模式在很大程度上节约了谈判成本、合同成本、支付成本；传统贸易需要固定的场所，纸质单据等实体材料，而数字贸易可以全程实现电子化。可见，数字技术提升了外贸标准化程度，降低了贸易的交易复杂程度，有效优化了外贸各环节流程；参与主体之间的单次、多次交易都能在数字平台上短时、高效地完成。

5. 贸易主体多元化

在传统贸易中处于弱势地位的主体大都能通过数字贸易共享国际分工带来的福利。例如，在传统贸易中，受贸易成本、信息不对称等多种因素制约，中小企业、个体工商户、普通消费者均很难参与。但在数字贸易时代，很多小企业可能变成了微型跨国公司；个体工商户可以借助数字贸易平台进入国际市场；消费者个人成为贸易需求端的重要力量。

6. 消费需求个性化

传统贸易时代，企业追求提供标准化的商品及服务；但在数字贸易时代，企业能够依托全球商品供应资源，迎合、满足全球不同消费群体的差异化需求。这是因为，企业能够借助数字贸易平台全面掌握消费者的信息，针对消费者个性化需求，生产（提供）更多非标准化的商品及服务。一个典型的案例是，数字贸易时代，长尾产品（个性化、种类多、销量小的产品/服务）销量大幅上升。

三、广州发展数字贸易的必要性

1. 发展数字贸易有助于广州形成外贸代际优势

不同代业态（产业）的代际差距不是功能上的简单拓展，产品上的微小变化,技术上的些许改进,流程上的常规性提高,而是新一代业态相对旧一代业态在多个层面发生了全面的、重大的、根本性的变化。这种代际变化可能来自于应用原理的完全不同——如传统相机与数码相机,前者是依据胶片感光的化学原理,后者是依据电子光学的物理原理;采用技术的重大变化——如模拟手机与数字手机,前者依据模拟技术,后者依据数字技术等。代际竞争的结果,是可想而知的。新一代业态(产业)一般具有绝对优势,旧一代业态(产业)则处于相对劣势。

数字贸易是最新世代信息技术对外贸的赋能与升级,相对于传统外贸来说,会形成巨大的代际优势。例如,数字贸易背景下的跨境电商BtoC,包括VR逛店、虚拟助理、智能试装、隔空感应、语音购物、拍照搜索、无人物流、自助结算等内容。这种代差如同5G业态和4G、3G业态的区别;智能手机产业和模拟电话产业的区别。所以,广州非常有必要抢占战略制高点,凝聚外贸代际新优势。

2. 发展数字贸易符合广州经济发展战略

在2016年G20杭州峰会上,多国领导人共同签署了《二十国集团数字经济发展与合作倡议》。该倡议指出,数字经济是以使用数字化的知识和信息作为关键生产要素、以现代信息网络作为重要载体、以信息通信技术的有效使用作为效率提升和经济结构优化的重要推动力的一系列经济活动。2020年4月,习近平总书记在中央财经委员会第七次会议上强调"加快数字经济、数字社会、数字政府建设,推动各领域数字化优化升级"。中国社会科学院发布的《中国数字经济规模测算与"十四五"展望研究报告》显示,2019年中国数字经济增加值规模为170 293.4亿元,在同期GDP中的占比达17.2%。[①]

广州身处全国数字经济第一梯队,正举全市之力打造人工智能与数字经济试验区,推动数字经济成为广州经济发展新引擎。广州市发布的《加快打造数字经济创新引领型城市若干措施》,提出构建以数据为关键要素的数字经济新生态,在未来发展中,加速将广州打造成为全国数字核心技术策源地、粤港澳数字要素流通试验田、全球数字产业变革新

---

① 徐惠喜:《我国数字经济规模已超过17万亿元》,《经济日报》2020年9月4日。

标杆。而数字贸易是数字经济在外贸领域的体现，大力发展数字贸易符合广州的经济发展战略。

3. 发展数字贸易是广州应对城市竞争的需要

如今，各城市已经围绕数字贸易展开部署，发展数字贸易也是广州应对城市竞争的需要。为了进一步推动上海数字贸易的发展，上海市商委等9部门联合发布《上海市数字贸易发展行动方案（2019—2021年）》，这也是全国首个由省一级政府部门发布的数字贸易发展行动方案。该方案指出，数字贸易是传统国际贸易在数字经济时代的创新和拓展，是外向型数字经济的核心内容和重要载体。从"十四五"来看，数字贸易是非常重要的发展领域。

2019年5月，虹桥商务区全球数字贸易港开港。《虹桥商务区全力推进全球数字贸易港建设三年行动计划（2020—2022年）》也正式对外发布。根据建设全球数字贸易港三年行动计划，虹桥将打造一批估值百亿美元、具有全球影响力、资源配置力和创新驱动力的数字贸易龙头企业，集聚一批数字贸易平台，将虹桥商务区建设成为数字贸易要素流通便利、功能完善的数字贸易集聚区。

与此同时，上海阿里中心智慧产业园、长三角电子商务中心等9个园区作为全球数字贸易港的首批承载平台获得授牌。虹桥商务区将进一步培育新的平台，做出特色，发挥平台集聚和支撑效应。聚焦新经济新业态，抢占全球数字贸易制高点，率先打造全球数字贸易港。计划3年内培育500家规模以上的数字贸易重点企业。

4. 发展数字贸易为广州提供新的经济增长点

就全国来看，新业态新模式已成为推动外贸转型升级和高质量发展的新动能。我国跨境电商和市场采购贸易占外贸的比重由2015年不到1%增长到2021年前5个月的7.4%。海外仓总面积超过1350万平方米，业务范围辐射全球。

对于广州来说，国内外形势严峻复杂叠加新冠疫情全球蔓延，给外贸及经济增长带来了极大的压力：2020年，广州市GDP为25 019.11亿元，比上年仅增长2.7%；全年商品进出口总值9530.06亿元，比上年下降4.8%；其中，进口总值4102.39亿元，下降13.6%。广州迫切需要寻找新的外贸和经济增长点，寻找进一步深化对外开放的着力点和支撑点——而数字贸易具有这样的潜质。

5. 发展数字贸易有助于广州焕发城市新活力

一是契合推动高质量发展的理念。数字贸易以新业态凝聚新优势，以新模式推动新增长，意味着更高效率更少成本，更高增长更多便利，与高质量发展的内涵特征是吻合的。二是有助于广州建设国际消费中心城市。广州近期入选国家建设国际消费中心城市序列，数字贸易与新商贸、新消费有着密不可分的联系。三是有助于广州焕发老城市新活力。广州近年加快老城市新活力、"四个出新出彩"步伐，发展数字贸易焕发外贸新活力是广州焕发老城市新活力的应有之义。四是有助于广州外贸提质增效，转型升级。数字贸易以互联网、云计算、大数据、人工智能、5G等技术为基础，推动生产流程创新、商业模式创新、组织创新，将进一步提升我国外贸运行效率和价值水平。五是有助于广州构建对外开放新格局。数字贸易是对外贸易进入新发展阶段、贯彻新发展理念的创新实践，能够很好激发外贸主体活力，拓展外贸发展空间，对于构建新发展格局具有重要作用。

四、广州发展数字贸易的可能性

1. 政府对数字经济的高度重视

广州力促数字技术与实体经济深度融合，加快数字产业化和产业数字化，打造数产融合标杆城市。2021年7月，广州市通过了《建设国家数字经济创新发展试验区实施方案》。方案明确了试验区目标——力争通过2年左右探索，构建形成与数字经济发展相适应的政策法规体系、技术创新体系、公共服务体系和产业生态体系。建设成为国家数字经济创新发展试验区（广东）核心区，有力支撑粤港澳大湾区建设，引领全国数字经济高质量发展。

2021年上半年，广州数字经济试验区内注册企业超过8万家，同比增加约1.2万家，数字经济核心产业企业1.03万家。近年来，广州将试验区建设《总体方案》《高质量发展的若干意见》等细化分解为七大类、121项改革任务,构建起"1个专项小组、2部建设导则、3项工作制度、4套产业规划,N类支持政策"的落实机制,取得初步成效。①

2. 数字科技创新资源集聚

广州是数字科技创新资源集聚的城市。2020年末,广州全市拥有县级及以上国有研究与开发机构、科技情报和文献机构191家。国家重点实验室21家,省级重点实验室241家(分别占全省70%和61%),市级重点实验室176家。国家级孵化器41家,培育单位45家(含粤港澳单位3家)。全市累计有认定的高新技术企业11 610家,纳入企业研发活动统计的高企增至4592家,比上年增长12.4%。国家级大学科技园2个,省级大学科技园6个。全市在穗院士人数58人,其中中国科学院院士25人,中国工程院院士25人,国外、境外机构获评院士8人。

广州近年数字科技创新投入不断增加。"十三五"期间,广州全社会研发投入年均增长15.6%,占地区生产总值比重由2.1%提高到3%。国家科技型中小企业备案入库数连续三年居全国第1。2020年技术合同成交额突破2000亿元,是2015年的8倍;科学研究和技术服务业增加值增长9.4%。

表2 近年广州市研究与试验发展(R&D)投入情况

年份	R&D经费内部支出(亿元)	R&D人员(万人)	R&D人员折合全时当量(万人年)	研发强度(%)
2010	192.43	9.91	6.6	1.79
2011	238.06	11.58	8.41	1.92
2012	262.87	12.87	9.04	1.94
2013	292.07	14.38	10.02	1.9
2014	334.01	15.34	10.28	2
2015	380.13	16.57	10.96	2.1
2016	457.46	16.27	11.02	2.31
2017	532.41	19.57	11.8	2.48

---

① 黄舒旻:《广州探索构建数字经济新生态》,《南方日报》,2021年7月6日。

续上表

年份	R&D 经费内部支出（亿元）	R&D 人员（万人）	R&D 人员折合全时当量（万人年）	研发强度（%）
2018	600.17	20.36	13.42	2.63
2019	677.74	22.9	15.06	2.87
2020	774.84	23.93	16.04	3.1

资料来源：广州市统计年鉴（2021）。

在科技产出方面。全年专利授权 155 835 件，增长 48.7%；其中发明专利授权 15 077 件，增长 23.4%。2020 年，广州成建制引进中科院系统高水平研究院等 8 家创新机构落户广州。大学城建成 7 家孵化器（3 家国家级、1 家省级）和 7 家众创空间（4 家国家级、1 家省级）。超算中心为国家大数据提供存储服务，谋划建设新的人工智能算力中心。南沙科学城被广东省纳入大湾区综合性国家科学中心主要承载区，加快建设大湾区国家技术创新中心。中新知识城升级为国家级双边合作项目。"十三五"期间共获国家级科技奖励 104 项，颁发人才绿卡 7623 张（见表 3）。

表 3 广州市主要科创产出指标

项　　目	单位	2019 年	2020 年
科学研究和技术服务业新增固定资产占全社会新增固定资产比重	(%)	0.38	0.52
每万人口专利授权量	(件/万人)	111.42	160.75
每万人口发明专利授权量	(件/万人)	12.99	15.55
专业技术人才数	(万人)	186	195
其中：高级职称	(万人)	20.8	22.4
技术市场合同成交金额年增长率	(%)	77.01	77.21

资料来源：广州市统计年鉴（2021）。

3. 数字产业及产业数字化基础雄厚

广州在超高清视频产业、新一代通信及卫星导航产业、智能装备产业、人工智能产业、软件和信息技术服务业、大数据产业、区块链产业、互联网产业、集成电路等多个数字经济细分领域均处在全国第一方阵。广州5G基站建设速度在国内城市当中最快，建设数量最多，5G网络建设和应用发展走在全国前列。

广州的制造业正在向数字化、智能化加速迈进。数字经济底座支撑的人工智能、生物医药与健康、新能源、新材料等产业加快壮大成为新支柱，"5G+北斗"产业竞争力国际领先，战略性新兴产业占GDP比重从2017年不足20%提高至2019年的24%。2020年，广州全市新一代信息技术产业产值增长11.6%；战略性新兴产业增加值占地区生产总值比重30%。先进制造业增加值同比增长6.0%，先进制造业增加值占规模以上工业比重由54.3%提高到59.7%。人工智能与数字经济试验区集聚项目240多个，总投资超5800亿元。按照广州市中小企业智能化数字化赋能三年行动方案的目标，到2022年，培育不少于100家智能化数字化赋能标杆中小企业，示范带动智能化数字化转型（表4）。

表4 广州市与数字经济相关的规模以上先进制造业工业总产值

产业名称	2019年（万元）	2020年（万元）	增幅（%）
高端电子信息制造业	14 169 486	14 548 621	2.68
先进装备制造业	65 424 110	70 922 972	8.40
新材料制造业	6 567 542	6 394 287	-2.64
生物医药及高性能医疗器械制造业	3 258 453	4 120 657	26.46

资料来源：广州市统计年鉴（2021）。

4. 强大的软件业基础

广州是中国软件名城，2016—2020年信息和软件服务业营业收入年均增速超15%。目前，广州拥有5家国家软件百强企业、7家全国互联网百强企业，37家主板和海外上市企业。广州市形成了"2个操作系统+3个主流芯片+4个整机厂商"的自主创新的信创生态；出台了系列发展措施，构建"一区四园"（人工智能与数字经济试验区，天河、黄埔、番禺、白云软件园）产业发展格局，构建多层次、多梯队的"软件区块"体系。

如表5所示，2020年广州互联网、软件和信息技术服务业营业收入增长14.7%。全年完成电信业务收入364.11亿元，增长2.3%。2021年上半年，广州市软件和信息服务业实现营收2889.68亿元，同比增长26.07%。广州正从"信创链""互联网链""游戏电竞链"三链协同推动软件产业发展，并提升制造业数字化竞争力，打造数字经济生态。广州还拓展融合"游戏电竞链"，把发展游戏电竞产业作为信息消费重要引擎，依托黄埔中国游戏谷、天河智谷、白云数字科技城等载体，建设游戏电竞产业园。

表5 广州市2020年信息传输、软件和信息技术服务业经济指标

	企业单位数（个）	营业收入（万元）	营业收入同比增长	营业利润（万元）	平均用工人数（人）
信息传输、软件和信息技术服务业	2130	42 415 296	14.70%	5 652 363	334 439
其中：软件和信息技术服务业	1709	24 378 062	15%	3 298 197	242 839
其中：互联网和相关服务业	346	12 766 498	17.70%	1 228 117	54 154
其中：电信、广播电视和卫星传输服务业	75	5 270 737	6.90%	1 126 049	37 446

资料来源：广州市统计年鉴（2021）。

5. 国内领先的网络设施基础

广州已集聚了一批工业互联网平台，并引进华南地区唯一的工业互联网标识解析国家顶级节点。陆续引进了树根互联根云、阿里云飞龙工业互联网平台、航天云网INDICS等数十家知名工业互联网平台，培育中船互联、致景信息、博依特等多家本地工业互联网平台（表6）。

表6 广州数字基础设施主要指标

项 目	2019年	2020年
通信业务量		
移动电话用户（万户）	3644.56	3377.48
4G移动电话用户（万户）	2671.77	2433.11
5G移动电话用户（万户）	23.11	365.9

续上表

项　目	2019 年	2020 年
固定电话用户（万户）	330.57	288.55
公用电话（万户）	40.59	39.23
互联网宽带接入用户（万户）	565.83	619.78
移动互联网用户（万户）	3108.76	3014.93
电信主要通信能力		
长途电话交换机容量（万路端）	50.2	49.9
电话交换机总容量（万门）	81.17	74.4
局用交换机容量（万门）	39.91	32.72
接入网交换机容量（Gbps）	41.27	41.68
移动电话交换机容量（万户）	4985	4370
移动电话基站数（个）	134 284	143 475
互联网宽带接入端口（个）	13 759 938	13 936 516

资料来源：广州市统计年鉴（2021）。

广州针对纺织服装、美妆日化、箱包皮具、珠宝首饰、食品饮料等五大产业集群，建设行业级工业互联网平台，打通产业链各环节，推出行业级工业互联网平台及集群数字化转型解决方案。如广州花都箱包产业链协同制造平台已进驻 77 家企业，企业降低软件方面成本 80% 以上，节省成本超过 3.5 亿元。

6. 坚实的外贸基础和跨境电商业态发展优势

广州是我国传统的外贸强市，历年进出口额在全国城市排名中居于前 10 位。2015—2020 年广州市商品进出口总值及其增长速度如图 1 所示：

2020 年全年，广州商品进出口总值 9530.06 亿元，比上年下降 4.8%。其中，商品出口总值 5427.67 亿元，增长 3.2%；商品进口总值 4102.39 亿元，下降 13.6%。进出口差额 1325.28 亿元，比上年增加 805.13 亿元（表 7）。

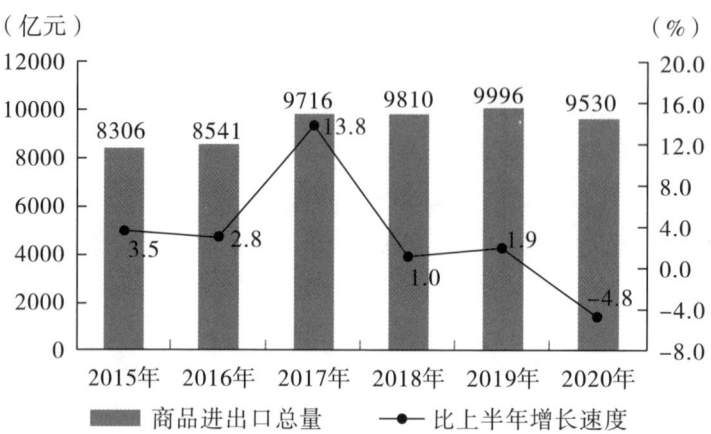

图 1　2015—2020 年广州市商品进出口总值及其增长速度

资料来源：广州市统计公报（2021）。

表 7　2020 年广州市商品进出口总值及其增长速度

指　　标	金额（亿元）	指　　标	金额（亿元）
商品进出口总值	9530.06	—	—
出口值	5427.67	进口值	4102.39
其中：一般贸易	2356.50	其中：一般贸易	2537.22
加工贸易	1156.89	加工贸易	781.93
其中：机电产品	2700.64	其中：机电产品	1740.04
高新技术产品	780.09	高新技术产品	1073.25
进出口差额	1325.28	—	—

资料来源：广州市统计公报（2021）。

当前，广州跨境电商在全国形成了一定的优势。如表 8 所示，2020 年广州市跨境电商进出口商品总值 472 亿元，同比增长 22.31%。其中进口位居全国各城市首位。

表 8　广州跨境电子商务进出口额规模

年份	进出口总额（亿元）	增幅（%）	出口额（亿元）	进口额（亿元）
2015	67.7	—	33.2	360.2
2016	146.8	116.84	60.3	499.6

续上表

年份	进出口总额（亿元）	增幅（%）	出口额（亿元）	进口额（亿元）
2017	227.7	55.11	151.9	896.5
2018	246.8	8.39	198	1347
2019	385.9	56.36	253.2	1862.1
2020	472	22.31	—	—

数据来源：根据国家海关总署有关数据整理。

广州部分区域跨境电商发展颇有特色。2015—2019年，广东自贸区南沙片区跨境电商网购保税进口年均增长1.15倍；跨境电商监管"南沙模式"获评全国自贸试验区最佳实践案例。2021年第一季，广州保税区跨境电商网购保税进口清单184万票，货值3.8亿元，比去年增长2.25倍。

7. 国内领先的服务业和数字服务贸易

2020年，广州市第三产业增加值18 140.64亿元，增长2.3%。第一、二、三次产业增加值的比例为1.15∶26.34∶72.51。第三产业对经济增长的贡献率为57.5%。全年现代服务业增加值11 801.21亿元，增长2.5%。生产性服务业增加值9392.62亿元，增长1.9%。全年规模以上服务业企业实现营业收入13 533.70亿元，同比下降1.4%；利润总额1280.76亿元。批发和零售业增加值比上年增长3.9%。全年交通运输、仓储和邮政业实现增加值1303.65亿元，比上年下降5.8%。全年港口货物吞吐量63 643.22万吨，增长1.5%。全年完成邮电业务收入1109.54亿元，增长6.5%；快递业务收入694.07亿元，增长9.2%。全年城市接待过夜旅游人数4182.59万人次，旅游业总收入2679.07亿元。①

2021年广州数字服务贸易规模达到235.84亿美元，增长42.8%；数字服务出口和服务辐射全球200多个国家和地区；与"一带一路"沿线30多个国家和地区开展业务往来。

---

①广州市统计公报（2021）。

截至2021年，广州市共获评5个国家级特色服务出口基地。广州市天河区获评为首批国家数字服务出口基地、国家文化出口基地，番禺区获评为第二批国家文化出口基地，广东省中医院获评为首批国家中医药服务出口基地，广州经济技术开发区获评为全国首批知识产权服务领域特色服务出口基地。

天河区国家数字服务出口基地拥有数字服务类企业近2万家，汇聚了酷狗音乐、荔支网络、三七互娱等总部企业。汇量科技打造了全国第一、全球前十的移动营销服务平台，推送的广告服务触及全球超过10亿个移动手机用户。荔支旗下产品Tiya在全球约50个国家社交排行榜最高排名前10，美国社交榜最高排名第4，用户遍及全球200多个国家和地区。

番禺国家文化出口基地重点发展珠宝设计生产、动漫游艺、互联网新业态等业态。商用游戏机设计及产品占据全球20%以上的市场份额。虎牙信息游戏直播平台市场占有量全国第一、全球第二，市值超50亿美元。YY直播全球用户达3.5亿，海外业务遍布150多个国家和地区。

一部分服务外包属于数字服务贸易的范畴，例如在线设计、软件外包等。近年来，广州服务外包也取得了不俗的成绩。2021年，广州信息技术外包（ITO）全口径执行额40.49亿美元，同比增长10.45%。业务流程外包（BPO）全口径执行额39.88亿美元，同比增长19.77%。知识流程外包（KP0）全口径执行额33.78亿美元，同比增长27.14%。涌现了一批优质服务外包企业，如树根互联、奥飞数据、品唯科技、滴普科技等。

五、当前广州发展数字贸易存在的不足

1. 监管挑战

数字贸易需要新的监管体系。传统贸易主要关注货物商品的检验检疫、通关、税收等，而到了数字贸易时代，数据、数字化的产品、数字服务都可能成为交易对象，这也给治理带来了新的挑战。例如，如何明确数据的权属，如何确定数据的流通机制、补偿机制，如何加强对敏感

数据的保护，都存在着监管手段滞后于实际发展的问题。

2. 观念挑战

数字贸易是从产品到思维的全方位变革，不是简单地将外贸搬到网上，对企业原有经营体系挑战巨大。在不少原有模式比较成功、企业经营者相对老化的"创一代"企业中，观望情绪仍然存在。大部分企业都认可电子商务及数字贸易是企业发展的必然方向，但是对于如何开展电子商务，通过何种方式切入电子商务，企业认识有所不足。有的认为电商仅仅只是一种渠道。

3. 营销能力和管理能力挑战

与传统贸易相比，数字贸易在缩短贸易交易链条的同时，进一步细化了专业分工，对企业提出了更高的精细化运营要求。例如，在 Amazon、eBay、Wish 等诸多平台上，如何提高营销效率；面对美欧、东南亚、非洲等不同市场，如何研发适合当地的产品并制定相应的客服策略；销售订单、库存数据、客户信息、收款财务等众多数据如何进行处理。

4. 国际壁垒挑战

2019 年，在瑞士达沃斯电子商务非正式部长级会议上，中、美、欧盟等 76 个 WTO 成员签署《关于电子商务的联合声明》，确认有意在 WTO 协定基础上启动与贸易有关的电子商务议题谈判，其中涉及大量数字贸易议题。

2019 年 G20 大阪峰会期间发布的《大阪数字经济宣言》强调，各国将进一步推动数字经济发展，尤其关注数据流动和电子商务国际规则制定。

但是，全球数字贸易规则体系仍然缺乏统一性和普适性。无论是 WTO 框架下、TTIP 框架下、TPP 框架下，或者 TISA 中，有关数字贸易的相关规则均存在较多问题，难以在全球范围内适用。各国数字贸易规则壁垒重重，在数字产品贸易关税、数字贸易数据流动、个人数据流动的政策、限制外商直接投资等方面设置重重壁垒，阻碍了数字贸易的市场化发展进程。①

5. 法律法规挑战

我国数字贸易相关法律法规体系不健全。我国2019年颁布的《中华人民共和国电子商务法》，就电子商务经营者的权利和义务、电子商务合同的订立与履行、电子商务争议解决、电子商务促进和法律责任等方面做出了基础性规定，但是对于具体领域数据的收集、传输、存储、整理、使用以及监管等方面，没有做出详细的规制；在通关、商检、消费者权益等方面的法律分散，没有形成统一的《数字贸易法》，个人信息和知识产权保护法律也不完善。

6. 科技支持挑战

和发达国家相比，我国在信息技术服务、云计算、社交媒体、互联网平台、电子商务应用等领域有一定的优势；但在基础的通信服务、软件服务以及核心云服务等领域，还存在一些差距。

具体到广州而言，数字生态系统还不够完善，数字平台、数字基础设施型企业仍然较少；国际国内具有重大影响力的科学基础设施、技术合作平台、前沿创新团队还不足。

六、广州发展数字贸易新业态的对策

1. 明晰发展定位，探索完善监管模式

将建设"数字贸易之都"列为城市发展目标之一。明确建设"数字贸易之都"目标，有助于广州发力新贸易业态，抢占战略制高点，赢得未来竞争优势；有助于引领广州外贸转型升级、构建对外开放新格局；有助于在外贸领域做出自己的特色，塑造广州城市新品牌。从可行性上来看，在数字货物贸易（跨境电商）和数字服务贸易领域，广州都处于国内第一梯队；其中跨境电商进口额连续7年居国内第一位。数字货物贸易主要面临杭州、深圳的竞争；数字服务贸易主要面临北京、上海的竞争。将二者结合起来，假以时日和政策引导，广州完全有建设

---

①陈维涛、朱柿颖：《数字贸易理论与规则研究进展》，《经济学动态》2019年第9期。

"数字贸易之都"、问鼎国内数字贸易第一城的基础和实力。

完善监管方式。抓紧补上严重缺乏的制度短板，包括个人数据隐私保护、数据分级分类管理、数据跨境流动管理、数字市场准入、数据确权与交易流转、重要数据信息出口管制等制度。强化数字贸易平台主体责任，推进产品质量共治；在多维度监测的同时，建立产品质量溯源机制，将监管部门的监测报告、监管要求、企业注册备案等内容加入到溯源信息中。推动商务、海关、税务、市场监管、邮政等部门间数据对接，在优化服务的同时，加强对逃税、假冒伪劣、虚假交易等方面的监管。

完善法律法规。探索率先建立城市数字领域法律法规，完善数据开放共享、数据交易、知识产权保护、隐私保护、安全保障等法律法规。加快发布、实施《信息技术数据交易服务平台通用功能要求》《信息安全技术数据交易服务安全要求》等国家标准；加快《个人信息保护法》《数据安全法》《互联网信息服务办法》《电子商务法》等法律法规的修订及完善，从法律层面明确规定个人和企业数据跨境流动的方式、范围、相应主体合法权益以及相关领域的技术标准制定。

2. 夯实数字产业基础

加速数字技术与制造业融合。制定数字化转型路线图，引导直接数字企业与间接数字企业之间打通消费与生产、供应与制造、产品与服务间的数据流和业务流。以汽车制造、高端装备、家居、生物医药等行业转型为重点，大力发展芯片设计、封装、制造和高端工业软件，推进智能制造升级。促进制造业与人工智能、虚拟现实、信息材料、生物传感等数字技术加速融合。培育推广个性化定制、网络协同制造、远程运维服务、众创众包等智能制造新模式，推动"工业互联网+供应链"创新发展。聚焦集成电路、基础软件、重大装备等重点领域，增强数字产业链创新能力。

支持数字化服务发展。支持信息技术研发和应用、业务运营服务、设计服务及医药研发、检验检测、节能环保等领域数字服务发展，加快发展众包、云外包、平台分包等新模式和服务型制造等新业态。加速文化旅游、交通出行、商业零售、医疗卫生等场景与区块链等数字技术融合应用。推动交通出行、酒店餐饮娱乐、养老、托育、家政、旅游票务等领域"互联网+"和平台经济发展。发挥"长尾效应",整合碎片化服务业订单,拓宽获取订单渠道。

吸引和集聚一批有竞争力的数字企业。吸引阿里巴巴、亚马逊、eBay、StubHub、Classifieds、Etsy、Steam 等龙头企业在广州设立区域总部,开展业务;支持数字贸易货物贸易与服务贸易融合发展,推动外贸企业积极探寻数字贸易领域市场机遇,推动海外推介、信息共享、项目对接、版权服务、统计研究等数字贸易服务工作。

加快人工智能与数字经济试验区建设。支持国内外知名高校、科研机构、企业在试验区设立研发总部、区域研发中心。高水平建设国家新一代人工智能创新发展试验区、区块链发展先行示范区。

3. 推动数据市场化进程

加速数据要素价值化进程。将数据视为生产要素,这一价值判断是具有划时代意义的。推进数据采集、标注、传输、存储、管理、应用等全生命周期的价值管理,打破数据壁垒,联合其他城市探索建立统一规范的数据管理制度。开展对数据确权、个人数据保护等相关法律法规的预研。加快推进数字经济领域立法工作,建立数据资源全链条制度体系。

建立数据要素高效流通体系。鼓励优势企业、科研机构、产业联盟、行业协会等多方力量,组建数字贸易各个领域科技咨询与评估中心、技术交易市场、科技孵化器、创业服务中心等专业服务平台,形成结构合理、特色突出、功能完备的流通体系。

推动数据资源开发利用。地方政府掌握大量数据,制定数据共享责任清单,加速推进数字市场化开发利用;形成自然人、法人、自然资源与空间地理、社会信用和电子证照等基础数据库。东部地区城市经济规模大、行业分类广、经济主体多,优先推进数据开放共享。

推动建设数字湾区。与粤港澳大湾区兄弟城市协同发展,建立三地数据跨境开放共享及安全管理机制,破除数据流动障碍瓶颈,形成开放有序、高效透明、数据要素充分流动的数字湾区。

4. 扩大数字基础设施投资

建设最新世代网络。加快推进5G部署全覆盖和独立组网,加快互联网协议第六版(IPv6)、窄带物联网络(NB-IoT)规模部署,提升城市基础设施网络化、智能化,建设高速万物智联网络。前瞻布局量子通信网、卫星互联网、6G等未来网络。到2022年,计划建成5G基站达3.89万座,建成高可靠、低时延、广覆盖的5G网络连续覆盖城市。加快工业互联网、车联网等行业应用型数字基础设施建设,推动形成行业公共服务平台。

布局先进数字基础设施。加快国家超级计算广州中心升级改造,打造大湾区超算资源共享圈。开展传统数据中心整合改造提升工程,探索构建基于超导计算、量子计算、类脑计算、生物计算、光计算等新型计算体系的算力基础设施。积极布局建设智能计算中心等新型高性能计算平台,布局建设低时延类小型或边缘数据中心。

构建优质仓储体系。及时披露相关海外物流信息和仓储资源信息,构建起高效率、低成本和抗风险的优质仓储管理体系;探索建设全球中心仓,强化商品全球调配,推进"外仓内移",降低国际贸易形势变化带来的风险;探索利用海外仓数字化物流跟踪技术支撑跨境电子商务实现即时退税、线上收汇、分散退货等,探索开展滞销产品处理、货物退运、售后维修等服务。

发展智慧物流。支持数字贸易平台利用大数据、物联网和区块链技术构建区域性的物流信息平台,并在此基础上通过相互共享标准化和数字化的物流信息。提高物流信息的透明度,建设全球智慧物流网络。推进无人运输机、智能快递柜和城市物流大脑的研发与应用,探索符合海外实际需求的智慧物流配送模式。

5. 加强财政金融扶助

落实财税政策。积极探索实施促进数字贸易发展的税收征管和服务措施,优化相关税收环境。对经认定为高新技术企业的数字贸易企业,可按规定享受高新技术企业所得税优惠政策。引导企业用好跨境电商零售出口增值税、消费税免税政策和所得税核定征收办法。充分发挥外经贸发展专项资金、服务贸易创新发展引导基金作用,引导社会资本以基金方式支持数字贸易发展。

建立金融服务体系。建设科技型外贸企业投资、孵化平台,设立数字贸易企业上市融资绿色通道,开发多种适合发展需求的金融产品,帮助解决中小数字贸易企业融资难问题。支持符合条件的银行开展服务模式创新,面向数字经济企业推出知识产权质押等多种专属信贷产品。充分发挥科技型中小企业信贷风险补偿、普惠贷款风险补偿等中小微企业融资风险补偿机制的作用,加大对初创期数字贸易企业的信贷支持力度。

吸引风险投资。由于新世代技术开发投入大、风险大、耗时长,如果没有勇于冒险的风险资本家,新世代企业根本不可能起步。安德森·霍洛维茨(Andreessen Horowitz)风投公司,曾果断投资了Skype、Twitter、OculusVR等企业,而当时,这些公司还只不过是毫不起眼的、充满不确定的小公司;1976年全球第一家生物科技企业Genetech创建于硅谷,也是因为硅谷有肥沃的风投土壤。支持各类风投创投机构设立数字经济领域投资基金,投向初创期数字贸易企业。支持社会风投机构与政府性引导基金开展合作,依托产业集聚发展,引导社会资本加大投入数字贸易领域。

6. 推动基础和前沿数字技术研究

开展重点领域研发计划,加快数字贸易关键核心应用科技攻关。加快新一代信息技术、人工智能交叉融合。支持"卡脖子"核心技术攻关和研发创新,加快推动5G芯片产业的价值链创新发展。依托天河区、黄埔区数字创意新业态发展基础优势,争创国家级数字创意产业发展示范区。加速VR/AR(虚拟现实/增强现实)、游戏交互引擎、数字特效、全息成像、裸眼3D等关键核心应用技术的集中攻关,持续催生一批数字创意新技术。探索新型显示在车载、医用、工控、穿戴、拼接、透明、镜面等新领域的应用。利用互联网、物联网、区块链、云计算、大数据等技术加强大数据的采集、存储、流通与挖掘,建立大数据中心,支持人工智能、量子计算在大数据分析中的创新应用。提前布局激光显示、3D显示、Micro LED(微型发光二极管)等新型显示技术。

支持数字技术成果转化。发挥广州(国际)科技成果转化天河基地、黄埔区创新成果转化试点工程的辐射带动作用，推动一批短中期见效、有力带动产业结构优化升级的数字经济创新成果转化应用。

7. 加强人才培养和引进工作

加快数字贸易人才梯队培育。依法推动设立数字贸易相关行业组织，出台行业服务规范和自律公约。加强典型案例收集、整理与汇总；动员高等院校和企业界联合编写数字贸易通用教材和各大电商平台实操手册。引导普通高校、职业院校与企业合作，培养符合数字贸易发展需要的管理人才和高素质技术技能人才。鼓励普通高校、职业院校设置相关专业。

积极引进数字贸易人才。吸引全球数字技术、数字产业、数字服务相关领域的人才，支持重点企业参与数字经济相关领域建设。完善"广聚英才计划"，培育引进一批战略科技人才、科技领军人才、青年科技人才和创新领军团队。确保各项人才政策落到实处，吸引数字贸易人才就业创业。加强数字科技人才激励，建立多元化科研人员评价机制。用好大湾区境外高端人才和紧缺人才个人所得税优惠政策。探索开展技术移民，做好外籍高层次人才认定工作。

参考文献

［1］刘媛媛，陶长琪. 中国31省份数字贸易发展水平测算分析：基于RAGA投影寻踪模型［J］. 价格月刊，2021（4）：69-76.

［2］江小涓，靳景. 中国数字经济发展的回顾与展望［J］. 中共中央党校（国家行政学院）学报，2021（12）：69-77.

［3］蓝庆新，窦凯. 美欧日数字贸易的内涵演变、发展趋势及中国策略［J］. 国际贸易，2019（7）：48-54.

［4］李忠民，周维颖，田仲他. 数字贸易：发展态势、影响及对策［J］. 国际经济评论，2014（11）：131-144.

［5］顾春娟. 上海新政力促数字贸易发展［N］. 国际商报，2019-08-28.

［6］广州市人民政府. 加快打造数字经济创新引领型城市若干措施的通知［S］. 广州市人民政府公报，2020-05-10.

［7］国务院办公厅. 关于加快发展外贸新业态新模式的意见［S］. 中国对外经济贸易文告，2021-08-02.

[8] 马述忠,房超,梁银锋. 数字贸易及其时代价值与研究展望 [J]. 国际贸易问题, 2018 (10): 16-30.

[9] 濮方清,马述忠. 数字贸易中的消费者:角色、行为与权益 [J]. 上海商学院学报, 2021 (12): 15-30.

[10] 汤晴. 国际数字贸易监管新发展与新特点 [J]. 国际经济合作, 2019 (1): 74-79.

[11] 夏杰长. 数字贸易的缘起、国际经验与发展策略 [J]. 北京工商大学学报 (社会科学版), 2018 (9): 1-10.

[12] 王盛晓,李燕婷,焦晓松. 中国数字服务贸易的国际对比:基本格局及对策建议 [J]. 商业经济, 2021 (12): 4-6.

[13] 王岚. 数字贸易壁垒的内涵、测度与国际治理 [J]. 国际经贸探索, 2021 (11): 85-100.

[14] 岳云嵩,赵佳涵. 数字服务出口特征与影响因素研究:基于跨国面板数据的分析 [J]. 上海经济研究, 2020 (8): 106.

[15] 赵瑾. 数字贸易壁垒与数字化转型的政策走势:基于欧洲和 OECD 数字贸易限制指数的分析 [J]. 国际贸易, 2021 (2): 72-81.

[16] 赵新泉,张相伟,林志刚. "双循环"新发展格局下我国数字贸易发展机遇、挑战及应对措施 [J]. 经济体制改革, 2021 (4): 22-28.

[17] 郑伟,钊阳. 数字贸易:国际趋势及我国发展路径研究 [J]. 国际贸易, 2020 (4): 56-63.

• 公共政策与社会治理篇 •

导　言

党的二十大报告提出，要以城市群、都市圈为依托构建大中小城市协调发展格局，提高城市规划、建设、治理水平，打造宜居、韧性、智慧城市。粤港澳大湾区建设是习近平总书记亲自谋划、亲自部署、亲自推动的国家重大战略，肩负着打造国际一流湾区和世界级城市群的重大使命，也是我国推动新时代全面开放新格局的前沿阵地及社会发展前沿问题的试验田。做好粤港澳大湾区的公共政策与社会治理实践研究，对引领全国区域协同发展、复杂社会问题治理等具有独特借鉴意义。

本篇的四篇报告聚焦粤港澳大湾区的协调发展问题，展现了粤港澳大湾区推动珠三角九市和香港、澳门两个特别行政区政策协同、规则衔接的大量实践与探索经验。

第一篇报告关注粤港澳大湾区碳达峰与碳中和领域的政策协同经验，从顶层设计、政策制定、机构协同、监督保障等方面，探讨了珠三角和港澳破解政策与法律法规障碍，及在相关框架协议基础上进行的一系列制度创新。报告中归纳的联席会议制度、多机构监测监督保障机制、多元化科创投入协同机制，以及搭建人才交流保障平台、金融与科技深度融合体系等做法，既为碳达峰和碳中和政策协同提供了系统经验，也对区域协同发展中普遍涉及的不同要素统筹和资源优化配置等问题具有一般性启发意义。

第二篇报告同样关注碳达峰与碳中和领域的粤港澳大湾区政策协同议题，但侧重观察粤港澳三地及其政策协同度的实证评估。该研究使用内容分析法，以粤港澳三地长达7年的近百项规划性政策与实施性政策为样本，系统考察了粤港澳三地碳达峰与碳中和政策协同状况，发现三地之间政策目标协同度较高，均遵循国家整体性目标规划，但政策执行内容存在供应量差距较大、协同度较低的问题。在此基础上，作者分析了粤港澳三地碳达峰与碳中和政策协同短板背后的原因，从"纵横向结合、省际+城市间"的"战略+决策+执行"多层次政策协同机制，碳中和绿色技术协同创新机制、绿色认证机制以及碳中和绿色生活方式协同推广机制等方面，探讨了粤港澳三地碳达峰与碳中和政策协同的路线图。相关实证评估过程和行动路线图为全国其他地区比照自身优势与不足提供了镜鉴，也可以作为指导城市协调发展和政策协同实践的方法论。

第三篇报告聚焦粤港澳大湾区一体化发展中面临的规则衔接难题及其破解之道。粤港澳大湾区兼具宏观制度差异与微观市场生态不同，且内部发展差距较大等特点，因而在协同治理和规则衔接上面临极为复杂的挑战。该研究从差异化的社会制度、法律制度和不同关税区的生产要素流动等入手，阐释了粤港澳大湾区协同治理存在的理想与现实之间的多重落差，将相关因素归纳为规则不统一导致事务争议频发、制度差异大导致利益冲突凸显、多方竞争导致孤立思维、价值观差异导致信任感缺失等四个主要类型，进而从重视规范性规则、树立求同存异原则、关注成果共享过程以及塑造柔性认同等方面提出了解决路径，为解决粤港澳大湾区协同治理问题提供了新的认知地图，对于理解区域协同治理中的同质化竞争和资源错配现象同样具有参考价值。

第四篇报告从实践成效层面归纳了当前粤港澳大湾区协同发展取得的进展。围绕粤港澳大湾区协同发展的国家战略目标部署，该研究系统考察了粤港澳大湾区城市间协同发展水平加快提升、产业链供应链合作衔接不断加强、协同创新效能持续增强、民生领域融合逐步深化等四个方面的积极成效，并从进一步跃升的角度，提出了推进政策联动、市场一体化发展、发挥各市比较优势、跨区域民生服务保障政策体系等优化建议。相关发现与观点为明晰粤港澳大湾区协同发展的总体进展、当下定位、有益经验以及未来路径提供了系统参考，其中蕴含的普遍性规律也适用于全国其他地区城市群协调发展实践与研究，为我国持续推进打造世界级城市群提供了可复制、可推广的经验。

整体而言，粤港澳大湾区面临一个国家、两种制度、三种法律体系的协调发展挑战，"二区九市"的复杂性、多元性现实对粤港澳大湾区协同治理提出了巨大挑战，但也因之倒逼出了大量有益经验。持续追踪阐释粤港澳大湾区的政策创新实践与有益治理经验，对紧跟我国社会治理实践的前沿趋势、理顺社会治理的关键环节具有重要意义。相信以公共政策与社会治理篇的四个研究报告为新起点，未来将涌现出越来越多的有益研究成果，在深入贯彻落实党的二十大报告精神的过程中，引领我国构建大中小城市协调发展格局的实践步伐行稳致远，不断推动中国式现代化的公共政策与社会治理创新，增进民生福祉。

大湾区实现碳达峰与碳中和的政策协同机制

覃业霞　付名利　熊训辉[①]

摘　要：全球气候变暖正在对人类社会造成巨大的威胁，人类的生活会受到不可逆转的影响，为了扭转这种局面，推进碳达峰碳中和已经是国际共识。在后疫情时代，让经济实现"绿色复苏"，我国要承担大国责任，粤港澳大湾区在地理位置、气候、人文、前期合作基础等方面都有良好的基础，也是国家建设世界级城市群和参与全球竞争的重要空间载体，非常适合发挥引领作用。在碳达峰碳中和目标下，粤港澳大湾区的建设对深化珠三角和港澳深度交流合作，提升国际竞争力具有很重要作用。粤港澳大湾区抓住机遇，迎接挑战，实现社会经济绿色持续稳定发展，从顶层设计、政策制定、机构协同、监督保障等方面进行深层次探讨协同体制机制，为实现碳达峰碳中和总目标，在相关框架协议基础上，制定联席会议制度、多机构协同制度，构建执行机制、监测监督保障机制、多元化的科创投入协同机制等；搭建人才交流保障平台、科技创新平台、绿色金融体系、金融与科技深度融合体系等。粤港澳大湾区要从思想认知、经济基础、技术保障等方面推进建立清洁、低碳、高效、安全的现代化产业结构体系，实现发展要素和资源的优化配置，构建绿色低碳的能源消费体系，探索可持续、具有较强包容性和韧性的绿色的经济增长模式，率先实现碳达峰碳中和总体目标。

关键词：碳达峰　碳中和　粤港澳大湾区　政策协同

[①]覃业霞，工学博士，华南理工大学环境与能源学院副研究员，研究方向为大气环境治理新材料研究与开发、产业规划。付名利，华南理工大学环境与能源学院教授，博士生导师。熊训辉，华南理工大学环境与能源学院教授，博士生导师。

引言

2021年我国碳排放总量超过103亿吨，约占全球碳排放总量的27%，接近美国、欧盟和日本的总和，是世界上碳排放量发展大国，碳减排会直接影响全球的碳达峰和碳中和。生态系统是一个开放性复杂巨系统，碳达峰碳中和是全人类的共同使命。2020年9月22日国家主席习近平在第75届联合国大会上向全世界做出了承诺"如期实现2030年碳达峰、2060年实现碳中和"的目标，彰显了我国在应对气候变化上的大国担当。碳中和（carbon neutrality）是指当一个组织在一年内的CO_2排放量通过CO_2吸收技术达到平衡，通俗来说就是CO_2的排放量等于其吸收量。一般有两种途径：一是植树造林；二是少排放甚至零排放。由于全球森林资源有限，每年仅能吸收5%～10%的碳排放量。因此，碳中和的本质就是要实现零排放。[1]而碳中和要求未来数十年内大幅削减温室气体排放，对我国经济社会发展、产业转型升级、能源替代、技术创新等带来重大变革。

"十四五"时期，我国建设进入了社会主义现代化建设新时期，我们的建设要贯彻新的发展理念，构建新的发展格局，推动经济实现高质量的发展。我国是一个体量庞大的经济体，要实现碳达峰碳中和在各方面无疑将面临巨大的挑战。探索先局部示范后整体推广应用应是破解实现碳达峰碳中和目标难题的必然选择。粤港澳大湾区的建设是习近平总书记亲自谋划、亲自部署、亲自推动的国家战略，有利于推动形成新时代全面开放的新格局，推动"一国两制"事业发展新高度。探索粤港澳大湾区碳达峰碳中和的政策协同机制，加强粤港澳创新合作，形成开放型区域协同创新共同体，助力大湾区率先实现碳达峰碳中和目标，推动能源、工业、农业等产业转变发展模式，为建设富有活力特别是具有国际竞争力的一流湾区和世界级城市群提供坚强的积极的保障。促进粤港澳大湾区城市功能互补、产业错位布局和特色化发展，推动政策创新、科技创新，形成节约资源和保护环境的空间格局、绿色低碳循环发

---

[1] 王灿、张雅欣：《碳中和愿景的实现路径与政策体系》，《中国环境管理》，2020年第12期，第22-64页。

展的产业结构、生产方式、生活方式，为全国各地区积极推动碳达峰碳中和目标的实现起到积极的示范作用。

碳达峰碳中和目标的提出，在大力推进建设粤港澳大湾区的同时，为经济转变发展模式、发展绿色低碳经济指明了方向，在后疫情时代，我国要承担大国责任，粤港澳大湾区要发挥引领作用，让经济实现"绿色复苏"。在碳达峰碳中和目标下，粤港澳大湾区要率先建立绿色、低碳、可以实现循环发展的经济体系，就要在政策层面探讨协同机制，从经济基础、思想认知、技术保障等方面推进建立清洁、低碳、高效、安全的现代化能源生产结构体系，构建绿色低碳的能源消费体系，探索可持续、具有较强包容性和韧性的绿色的经济增长模式。

一、粤港澳大湾区实现碳达峰碳中和的现状

粤港澳大湾区包括广东珠三角九市和香港、澳门两个特别行政区，在地理位置上来说是一个相对独立的地理区域，地域邻近，历史同源，资源禀赋各具优势，也带有"一国、两制、三种法律体系"的跨制度特质，政策环境逐渐协调，从分头规划到发展共识，开放程度高。通过前期粤港澳的深化合作，大湾区经济实力在不断增强，区域性合作的经验越来越丰富，区域性竞争力显著提升。

（一）粤港澳大湾区实现碳达峰碳中和的现实背景和优势分析

1. 现实背景

从2020年9月开始，党中央召开的党的十九届五中全会、中央财经委员会第九次会议等一系列会议对碳达峰碳中和工作进行了部署，密集出台了一系列政策，明确了实现碳达峰碳中和的基本思路、基本目标并规划各项举措，在理论上和政策上为实现碳达峰碳中和目标提供了强有力的支持。国家对碳达峰碳中和目标的提出，给各个地方经济发展模式，大力推进绿色低碳经济指明了发展方向。

(1) 新的时期有新的要求和新的发展思路。根据国家发改委的指示，未来我国的碳中和将从以下几个方面着手：能源结构调整（能源新旧转换）、加快推进产业结构转型升级、提高能源利用效率、加速低

碳技术研发推广应用、低碳发展体制机制不断完善、加强生态碳汇。随后，各级地方政府也制定了碳减排目标和行动计划。比如广东省将积极发展清洁能源，建设清洁低碳、安全高效、智能创新的现代化能源体系，计划到 2025 年实现新能源发电装机规模 10 250 万千瓦，倡导简约舒适、绿色低碳的生活方式，制定碳达峰行动方案，率先实现碳达峰。"十四五"期间，粤港澳大湾区经济发展的主要任务就是转变经济发展方式，大力发展绿色经济、低碳经济，为实现碳中和奠定良好的基础。

（2）新一轮产业革命和科技革命在不断改变全球的经济格局。新一轮的科技和产业革命为大湾区的发展和创新提供了新的契机。计算机、通信和其他电子设备制造业、汽车制造业、节能建筑等行业及其与基础学科交叉领域的突飞猛进发展，为一些新兴产业领域的发展提供了机遇，新兴产业以及一些颠覆性技术的推广应用，改变了世界的生产格局，推动了生产力的发展，并极大地开拓了新的经济增长点。粤港澳大湾区的电子信息、先进制造、新能源等行业快速增长，可以借助科技创新和革命的机遇而成为世界经济发展潮流的领跑者。

（3）"一带一路"为全球均衡可持续发展增添了新动力，提供了新平台。粤港澳大湾区充分发挥深圳前海、广州南沙、珠海横琴等开放合作自贸区作用，深化与港澳台合作，利用人才汇集、产业基础好的优势，推动区域互动合作和科技创新，推动产业集聚发展。借助"一带一路"的市场和资源，使粤港澳大湾区找到新的发展动力和新引擎，实现互利共赢，为碳达峰碳中和目标的实现寻找新的经济增长点，打下坚实的经济基础。

（4）科学布局，不断优化碳达峰碳中和行动路线图。我国将碳达峰碳中和纳入生态文明建设，制定科学的行动方案，积极转变生产方式和生活方式。这需要"自上而下"的政策引导，更需要"自下而上"的实践探索。粤港澳大湾区产业布局和创新要素相对集中，高校资源主要集中在广州、深圳、香港，国家级各类平台主要集中在广州，在探索推进形成节约资源、保护环境的产业结构，生态优先、绿色低碳高质量发展的道路上具有较好条件。

2. 优势分析

（1）绿色低碳发展试点走在全国前列。一是实施多项低碳综合试点建设。广东和深圳在 2010 年一同入选首批国家低碳省市试点，随后广州和中山分别入选第二批和第三批低碳城市试点，珠三角多个城市、城镇也进入了国家低碳城镇试点和广东省低碳市县试点名单。这些试点城市在优化产业结构、能源结构转型、节能、低碳交通和建筑、碳汇建设、体制机制等方面做出部署，逐步探索适合粤港澳大湾区的低碳政策体系。二是开展碳排放权交易试点。广东省试点重点管控发电、钢铁、水泥等 6 个排放量较大的重化行业，深圳试点把 26 个行业排放门槛低的企业和近 200 座建筑物等城市特征排放源作为管控对象。两个试点各自形成了纳入范围划定、配额总量设定和分配、MRV（监测、报告、核查）方法学、配额交易和履约等一系列较成熟的碳市场制度，为碳排放精细化管理和市场化减排打下了良好的基础。三是进行专门领域的低碳探索。广东省目前已出台林业碳汇、节能电器、分布式光伏、自行车骑行等碳普惠方法学，获认证的减排量可用于碳市场履约，这些政策推动市民和中小企业形成了履行低碳行为从而获得收益的机制。粤港澳大湾区还在碳标签以及 CCUS（碳捕捉、利用、封存）领域率先开展示范，多领域探索把低碳发展向细节和纵深推进。

（2）能源结构和能源效率相对先进。以广东全省计算，2019 年全省单位 GDP 能源消费总量为 0.32 吨标准煤/万元，仅为全国平均水平的 65%。能源结构方面，2019 年全省一次能源消费中，煤炭和一次电力（包括核电、水电、风电、太阳能等非化石能源）比例分别为 34.2% 和 31.2%，而全国分别为 57.7% 和 15.3%；2019 年全省终端能源消费中，煤炭和电力比例分别为 6.4% 和 57.1%，而 2018 年全国分别为 25.9% 和 44.3%。广东一次能源消费结构和终端能源消费结构均优于全国，煤炭消费比例较低，非化石能源比例较高，电气化水平领先，具备良好的能源低碳转型基础。

（二）粤港澳大湾区实现碳达峰碳中和的基础和挑战

1. 基础

粤港澳大湾区资源禀赋各异，但发展优势互补，在前期各发展阶段的市场力量与资本驱动下，以及香港特别行政区和澳门特别行政区回归后的制度引导与政府的促进作用下，国际经济形势发展、外部环境不断变化等持续推进粤港澳大湾区不断向协同度高的融合方向演进。特别是国家层面顶层设计，政府制度导向加强，粤港澳三地的区域整合力量不断壮大，政策规划也逐渐拓展，政府之间的交流沟通与合作更加深入，比如在区域资源再配置、协调多方利益等方面相互协同、相互参与越来越多，特别是在弥补市场失灵方面，三地政府相互之间所扮演的角色越来越重要，碳达峰碳中和这个重大目标的区域共同实现成为可能。

（1）粤港澳大湾区地理区位优势明显。粤港澳大湾区成为连接国内外市场的重要枢纽，也是参与国际合作的桥头堡，是"新时代海上丝绸之路"的重要枢纽，产业、人才、创新、合作等的"虹吸效应"越来越明显。

（2）粤港澳大湾区经济比较活跃。粤港澳大湾区海岸线较长，有三个全球十大集装箱港口、多个世界级的空港群和自由港或自由贸易试验区，高额进出口贸易和多方贸易合作伙伴说明粤港澳大湾区经济很活跃。活跃的经济也推动产业结构不断完善，增强了经济承受能力，提高了人均 GDP。粤港澳大湾区有较强的市场意识和比较完备的市场体系，渐渐形成了与国际接轨的市场制度和营商环境，大湾区的存在也自然而然地形成了对外开放最短路径，产业格局和区位优势也形成了"国际最大吸引力"，吸引了大量全球知名企业的入驻、多元化的金融体系和融资渠道、开放的环境、活跃的市场、外资直接投资等，这样的市场和经济体系不断提升粤港澳大湾区经济的活跃度。

（3）粤港澳大湾区前期的各种合作基础较好。改革开放初期，粤港澳三地民间自发形成了合作关系。香港因其良好的营商以及资本环境，成为内地延伸到世界各地的窗口；珠三角地区优厚的政策、低廉的地价、丰富的劳动力等，吸引了大批从香港转出的制造业，成了"世界工厂"。珠三角与香港之间形成了"前店后厂"的跨境合作模式，这种模式也为后续人才和技术等的进一步交流合作打下了基础。珠三角地区相继出台了一系列政策鼓励粤港澳之间的互动合作，一些创新性政策也在一定程度上突破了制度性障碍造成的合作困难，珠三角地区不断探索实施各种政策，以推进本地区的产业优化转型升级，活跃的实体经济进而又吸引了港澳地区的大批优秀人才。粤港澳三地不断相互促进，为后续协同推进粤港澳大湾区实现碳达峰碳中和打下了良好的基础。

（4）粤港澳大湾区拥有丰富的各级各类人才以及创新平台和载体。2020年粤港澳大湾区的高等院校数量有163所，其中广州的在校大学生数量居全国第一，创新载体众多，仅广州的黄埔开发区就有32个重大创新平台，这些创新载体汇集了大批海内外高端人才，为粤港澳大湾区提供了创新支撑和动力源泉。

（5）粤港澳大湾区经济基础良好，高新技术企业汇集。2020年粤港澳大湾区经济总量已达11.5万亿元，其中珠三角九市8.95万亿元，香港2.41万亿元，澳门0.17万亿元，比2017年增加1.4万亿元，综合实力显著增强。截至2020年底，广东全省共有5.3万家国家级高新技术企业，比2017年增加近2万家，其中超过5万家集中在珠三角九市。

（6）粤港澳大湾区创新活跃。科技创新是"十四五"开局的新亮点，而产业创新能力较强，是广东特别是粤港澳大湾区内地九市的发展"长板"。截至2021年5月21日，粤港澳大湾区A股上市公司全部来自"湾区九市"，共有638家，占全国A股上市公司数的14.8%，其中2020年公司年报公布了研发投入额的共594家，其研发投入总额达1754.5亿元，占全国A股上市公司当年研发投入经费总额的17.1%。

（7）新能源结构比较合理。目前粤港澳大湾区整体无煤炭开采行业，能源对外依赖度较大，非化石能源占比较高，风电、光伏、核电等可再生能源产业在不断增强，新能源生产制造基础比较雄厚，整体上产业结构优化转型比较容易，向低碳经济和产业转型优势明显，电力改革等体制机制也在逐步完善，在实现碳达峰碳中和目标的政策实施上具有开展先行先试的良好基础。

2. 挑战

（1）碳达峰碳中和的实现无法一蹴而就，这个目标的实现涵盖了能源、工业、建筑、交通、生产、消费、基础设施等一切与人类衣、食、住、行、用等活动相关的领域，需要系统性地做好全局统筹、长期科学布局，制定科学的行动方案。从各国实现碳达峰碳中和的经验来看，其整体体系建设和粤港澳三地协同至关重要。粤港澳大湾区要如期或者更早实现碳达峰碳中和，必须要依赖完善的政策体系，但是，粤港澳三地的政府体系、政策目标等方面存在显著差异，推进碳达峰碳中和目标实现的政策出台和实施还存在一些困难。一是政策的主体地位差异性。内地和港澳决策机制不同，香港、澳门特别行政区政府具有相对独立的决策权，大湾区珠三角九市以及广东省其他地方的政府决策权与港澳具有较大差异，这些差异性会给粤港澳大湾区碳达峰碳中和目标的制定和实现以及具有统一性政策的出台带来现实困难。二是政策目标不一致。粤港澳大湾区各地区技术水平、经济发展水平、创新认知、人才资源等存在较大差异，需要综合考虑各地实际情况和现实，提出有针对性的政策方案、行动方案，开展更紧密的深度合作，实现协同发展，争取碳达峰碳中和目标一致，行动一致，结果一致。三是碳达峰碳中和实现战略路径实施机制不一致。粤港澳大湾区内有三个相对独立的政策实施体系，粤港澳三地政府、社会的运行运作体制机制也有较大差异，即便实现碳达峰碳中和目标一致，但对于政策的实施方来说，约束不同就会导致结果不同，甚至可能有较大差异，进一步地，在后续政策的实施程度和实时效果评价等方面也会存在较大不同，甚至会出现不可比性，这样的体系运行结果将可能导致碳达峰碳中和目标实施过程中政策的研讨、评估和方案改进等方面存在一定的困难。

（2）粤港澳大湾区是"一个国家、两种制度、三种货币、三个独立关税区和三种法制制度"的基本架构，三地的生态环境保护政策的协同运行存在不少障碍，如何进行跨境合作和区域协同，特别是粤港澳大湾区，如何在碳达峰碳中和的共同目标下加强政策层面和法律层面的相互协同，统一目标、建立协同执行机制和监督机制，使其服务于粤港澳大湾区建设，面临着不少挑战和困难。香港特别行政区和澳门特别行政区与广东省九个城市的经济、政治、税收等制度不同，法律有差异，有三种货币，分属于三个独立的关税区，这些差异可能会变成实现碳达峰碳中和目标的"门槛"并提高其成本，比如人力资源成本、信息成本、交易成本、效率成本等。法律体系的差异也可能会导致区域间的纠纷，产生矛盾，增加沟通成本，也可能会限制区域之间的贸易交流。

（3）粤港澳大湾区分属不同的法律制度体系，制度多元化导致制度冲突。一是在生态环境保护领域方面，比如环境法的基本原则、基本制度存在差异。珠三角是以保护优先、预防为主、公众参与、环境责任的原则；澳门特别行政区有一般原则和特定原则，一般原则是对环境权的确认，特定原则与珠三角差不多；香港特别行政区注重具体细则。三地的环境标准制度差异有可能会给环境管理带来冲突。二是环境执法体系存在明显差异。环境管理体制的差异会导致环境执法、标准、程序等方面存在差异，执法过程中的处罚方式和标准也会不同，可能对协同带来一定的难度。三是环境司法体系存在较大的差异。在珠三角，环境执法的审判职能较小；香港特别行政区保留了英美法系的特征；澳门特别行政区是以罚款为主。

（4）国际形势越来越复杂，产业竞争越来越激烈。随着开放程度的增加，粤港澳大湾区面临贸易保护主义的压力、科技交流的障碍，国际产业竞争也在不断增大，粤港澳大湾区的产业结构调整和产业转型升级压力也在不断增加。在珠三角地区，随着人口老龄化，人口红利在渐渐消失，位于价值链低端的产业以及传统加工制造业，受到了东南亚等国家的冲击；处于价值链高端的产业，产业链环节发展不平衡。港澳地区服务业发达，制造业所占比重很低，区域产业结构不平衡会导致发展不平衡，粤港澳大湾区平衡稳定的经济发展面临较大挑战。

二、粤港澳大湾区碳达峰碳中和目标协同机制

全球气候变暖正在对人类社会构成巨大的威胁，2020年，全球与能源相关的二氧化碳排放量高达315亿吨，并且还在持续增长，而二氧化碳是一种主要的温室气体，温室气体是全球变暖的主要原因之一，会造成生态环境的破坏等一系列问题，届时人类的一切活动都将受到不可逆转的影响。面对无时无刻不在排放碳、全球变暖进一步加剧的困境，人类必须想办法扭转这一局面，而全球达成的共识就是实现碳"净零排放"，也叫"零碳"生活。我国作为世界第二大经济体、全球最大的发展中国家，正面临巨大的发展挑战——一方面，必须要控制二氧化碳的排放总量；另一方面，还要保持经济的稳步增长。我国想要在第四次绿色工业革命中占据主导地位，在与气候领域相关的国际合作中担任领军者、创新者的角色，首先就要做到在既定时间内利用科技创新来完成碳达峰碳中和的目标。当然，实现碳中和也有助于我国摆脱对外能源依赖，转变政治与外交策略，创造就业机会，形成技术优势。粤港澳大湾

区是国家建设世界级城市群和参与全球竞争的重要空间载体。粤港澳大湾区的建设已提升到国家发展战略层面，推进粤港澳大湾区碳达峰碳中和的目标协同，有利于深化内地和港澳全方位的交流合作，对港澳参与国家发展战略，提升竞争力，保持长期繁荣稳定具有重要意义。

（一）粤港澳大湾区碳达峰碳中和目标协同的必要性

气候变化不是某地、某区、某国面临的问题，全球是一个共同体。粤港澳大湾区首先是一个地理概念，一个相对独立的地理空间，是依赖海运等便利条件形成的相对独特的滨海经济形态。在当今世界经济版图中，旧金山湾区、东京湾区都占据着重要地位，这些湾区具有开放的经济结构、高效的配置能力、便捷的交通系统、超强的创新能力、宜居的生活环境、包容的文化氛围、强大的集聚功能和广泛的外溢效应，其经验可为粤港澳大湾区所借鉴。① 粤港澳大湾区具有"一国、两制、三法系"等方面的特征，如果要实现碳达峰和碳中和，把粤港澳大湾区建设成为美丽湾区，首先在碳达峰碳中和目标协同方面要达成一致。

1. 粤港澳大湾区社会要协同发展，生态环境目标需协同一致

粤港澳三地相对独立的地理自然人文环境，区域性整合资源，发展腹地经济，使碳达峰碳中和目标一致成为必然。碳达峰碳中和目标协同，本身也是一种空间管理思维。香港、澳门与珠三角地区九市地理位置相近，自然地理条件相对呈现了比较独立的地理空间，其区位优势明显，处于我国开放前沿，在"一带一路"的建设中具有重要地位；而且港澳与珠三角九市文化同源、人缘相亲、民俗相近，相互之间认同感较强，经济地理等方面优势互补。粤港澳大湾区自然地理条件以及人文环境，对内相关联的互通性，这些都是社会经济发展的基础。粤港澳大湾区社会经济发展、科技创新、文化建设等需要较高的相互认同的交流和认可，需要相对一致的行动。粤港澳大湾区城市群经过前期的发展与合作，已经具备发展成为世界第四大湾区的初始条件。《粤港澳大湾区发展纲要》明确提出，粤港澳大湾区是我国发展亮点，构建大湾区成

---

① 田栋、王福强：《国际湾区发展比较分析与经验借鉴》，《全球化》2017年第11期，第100-114页。

为区域协同创新共同体,区域目标协同一致将使该区域的资源优势得到进一步利用,各要素合理配置、高效协调进一步促进深化内地与港澳的多相融合,提升区域整体竞争力。粤港澳大湾区建设的协同发展,首先要在碳达峰碳中和目标一致,政策协同大体系的框架下才能实现;而某地、某区的局部性生态环境的改变不足以改变粤港澳大湾区生态环境和绿色发展的状况,如果各自为政、发展方向各异、政策各异,将很难取得成效。

2. 粤港澳大湾区区域绿色经济共同发展的重大机遇必须要有共同的战略目标和路径

为了在2060年实现碳中和目标,我国统筹规划,以"十四五"时期为起点,引导投资转向零碳和负碳领域,以五年为一个周期制定二氧化碳减排目标,并辅之以减排政策。第一阶段的目标是在2030年之前实现碳达峰,这一阶段的主要任务就是提高能源利用效率,在工业产业、电力行业用可再生能源代替传统的煤炭资源,用新能源汽车取代传统的燃油汽车,引导消费者低碳生活,减少二氧化碳排放;① 第二阶段的目标是在2045年之前快速降低碳排放;第三阶段的目标是在2060年之前深度脱碳,实现碳中和。在国家大目标框架下,这些阶段性政策实施的过程中,粤港澳大湾区科技协同创新是关键。而且,粤港澳大湾区经济实力雄厚,产业体系完善,协同创新前期有坚实的经济基础。近年来,粤港澳大湾区合作不断深化,基础设施、贸易、投资、科技教育、科技平台构建、旅游、人才交流与合作等领域的合作成效显著,已经形成了多层次的全方位合作局面。

在全球碳达峰碳中和大背景下,粤港澳大湾区可持续性发展面临重大机遇和挑战,无论是在前期市场导向型合作发展还是后期政府导向型推动协同发展,粤港澳三地都具有较好的合作基础,有可能协同推进碳中和目标高质量实现而成为我国的示范。不过,粤港澳大湾区想要在第四次工业革命中占据一席之地乃至主导地位,协同建成国际科技创新中心,仍然面临巨大压力。而粤港澳大湾区碳达峰碳中和目标实现的最佳途径就是科技创新,科技创新能力的核心要素主要有科技创新环境、投

---

① 袁志刚:《碳达峰碳中和国家战略行动路线图》,中国经济出版社,2021。

入与产出、经济基础、科技创新驱动、丰富的社会资源、科技创新平台与载体集聚。与世界其他三大湾区不同，粤港澳大湾区的每个城市都有各自的发展特性，如何发挥各城优势，改良优化科创"土壤"，是粤港澳大湾区在百年未有之大变局中实现科研创新能力破局提升的关键。

总体来说，粤港澳大湾区环境的承载能力决定着湾区整体的经济发展水平，有些高科技产业、高水平服务业虽然在短期内可以取得客观的经济收入，但就可持续性发展来说，粤港澳大湾区作为一个整体，环境资源的承载力决定着经济社会的持续性发展，超出环境承载力的经济发展注定是短期的，超出环境承载力的经济发展或以牺牲环境资源为代价来支撑短期经济发展也是不可取的，靠掠夺其他地方的资源环境来支持本地经济的发展更是不可取的，因此，粤港澳大湾区各城市之间应该就经济发展和生态环境保护达成一致，在实现碳达峰碳中和目标下的政策制定上也达成一致。

3. 新形势下，粤港澳大湾区区域协同创新进入关键发展阶段

从改革开放伊始，粤港澳大湾区地区之间的合作发展从民间零散的自发式逐步发展为组织化、规模化。改革开放初期、中期阶段，以要素驱动型发展为主，珠三角凭借廉价的土地、丰富的人力资源和毗邻港澳的地理优势、开放的环境、相同的社会人文优势，从 OEM 开始，开启了优势互补的"前店后厂"式的经济发展模式。随着社会经济的不断发展，物质不断丰富，合作不断深入，港澳的大量资金瞄准珠三角实体业的潜力和创新力，不断推动价值链前后两端环节往城市中心集聚，加速珠三角城市化的进程。港澳与珠三角在企业、资源、人文、教育、科技平台等方面不断加强交流与合作，开启创新驱动的模式。目前粤港澳大湾区已经进入到了创新驱动发展的关键阶段，科技创新推动的第四次工业革命将成为粤港澳大湾区参与全球竞争的核心竞争力。而且，科技协同创新推动碳达峰碳中和目标的实现是国家赋予粤港澳大湾区发展的核心任务，也是湾区社会经济持续稳定发展的重大契机。

（二）粤港澳大湾区碳达峰碳中和目标的设定

碳达峰碳中和涉及人类活动的全流程，包括能源供给侧、工业、交通、建筑、农业、消费等方方面面，实现的路径也非常多，涉及面很

广，比如能源替代和储存、节能降耗、回收利用、工艺改进、碳捕集和固定、碳交易等，一场全球性的绿色低碳革命已经成为国际共识。粤港澳大湾区必须致力于实现碳中和，将湾区经济社会发展产生的二氧化碳（除了通过植物吸收的二氧化碳之外），通过一切科技创新手段冲抵碳排放，让二氧化碳无限接近于零。整体上来说，粤港澳大湾区需要致力于提升环境资源承载能力，为社会经济的发展提供支撑。

1. 粤港澳大湾区碳达峰的目标确定及认可

粤港澳大湾区碳减排，要从碳强度指标和碳排放总量两方面结合考虑，采取双控的手段和目标，科学合理地设置碳达峰的峰值目标和年份，制定碳达峰的时间表和路线图。粤港澳大湾区可以按照适度超前、略留余地的方针部署碳达峰行动方案，争取能够提前实现碳达峰。比如2025年前，通过控制碳强度达到碳达峰，而且峰值和强度不能太高。粤港澳大湾区各个城市根据发布的碳达峰目标和实现路径，协同开展碳达峰行动，充分利用这一目标科学有效地推动产业升级、能源供给结构改进和科技创新，湾区各相关部门相互协同，及时有效地对碳减排进行评估，并出台相应的激励奖惩措施，实行绿色发展、绿色工业革命，在全国碳达峰前慢慢控制碳总量，逐步实现社会经济发展与能源碳排放的脱钩。

2. 全成本思维下的碳中和目标的确定

粤港澳大湾区社会经济发展的最基本条件是自然资源，虽然部分资源可以外部输入，但大湾区内各种自然资源的保护目标需要各地认可。如果因为碳达峰的峰值和强度太高，而留给碳中和的时间无法实现，可能出现资源被过度分配到"碳中和"领域的情况，有可能对水和土壤的保护投入产生挤出效应。另外，如果与碳中和密切相关的技术尚不成熟，就盲目追求新技术而"碳中和"，可能会造成更严重的水污染和土地占用等自然资源方面的问题。粤港澳大湾区全区域的生产和生活要有全成本思维，绿色生产和绿色消费理念要成为粤港澳大湾区社会经济发展的基本理念，在发展大湾区经济的同时要维护生态环境，使其处于较好的状态，在全成本思维框架下，协同推动资源的节约利用、环境的不断改善和社会经济的绿色发展。

在碳达峰目标实现后，规划一个时间段，比如2025—2040年（或适当提前），快速降低碳排放。在这一阶段，主要任务是扩大可再生能源的利用规模，大幅提高交通部门电力使用率，同时加大各种负碳排放技术的推广应用，加快推进第一产业的节能减排时间进度。粤港澳大湾区快速降低碳排放后，在2040—2055年（或适当提前），目标是深度脱碳，实现碳中和。在这个时间段内，可再生能源、储能、清洁能源等技术助推各行各业低碳改造，将大幅减少碳排放，无法控制的碳排放就利用碳捕集、利用和封存等技术以及碳汇交易来实现碳中和。

3. 能源结构（能源供给侧）调整，新旧能源的转换和储存

2017年粤港澳大湾区电力碳排放1.55亿吨，占粤港澳大湾区碳排放总量的40%，与全国碳排放结构相似。南方电网能源发展研究院有限责任公司（简称"南网能源院"）发布的《粤港澳大湾区电力发展报告》显示，2020年，粤港澳大湾区全社会用电量5545亿千瓦时，同比增长1.1%，其中珠三角九市同比增长1.6%；清洁能源装机容量5414万千瓦，同比增长11.2%，占总装机容量的63.8%，区内区外清洁能源电力供应占比超过60%，综合能源消费结构持续向清洁化和低碳化迈进。据不同机构预测，粤港澳大湾区2035年的电力需求量将达到0.7亿~1亿千瓦时。在此背景下，粤港澳大湾区必须优化能源发展布局，全域能源结构中煤炭占据主体地位的情况发生改变，煤炭消费出现负增长，化石能源消费趋于峰值。粤港澳大湾区需要做好以下几个方面的工作：一是加强四大基地（电力生产基地、原油加工基地、能源接收和储运基地、能源装备产业基地）的建设。二是优化两大网络（电网、天然气管网），电网方面优化主网、做强配网、提升农网，提高电网输电能力和抗风险能力，加强跨区送电通道建设，提高电网智能化水平；天然气管网方面形成多通道、多主体的供应格局。三是打造沿海清洁能源产业带，推进沿海核电建设，积极发展海上风电，建设沿海LNG接收储运设施，打造形成以核电、风电、天然气为主的沿海清洁能源产业带。粤港澳大湾区要及早谋划和加快构建清洁、低碳、安全、高效的现代电力系统，研究区域内电力系统低碳转型，形成以"可再生能源+储能系统"为主的电力供给体系，助推湾区率先实现碳达峰碳中和目标。

4. 发挥各自优势、资源互补，促进产业结构调整

粤港澳三地在产业结构方面要加强分工与合作，避免过度竞争，在现有产业优势的基础上，以区域产业规划以及互利共赢的原则为规划目标。比如，港澳地区开放度高，自由贸易模式相对比较成熟，可以发挥"超级联系人"的作用，推进各个产业链的技术、研发、制造和物流等环节的优化和创新，让珠三角产业发展尽快融入新环境和新市场，持续培育新型产业体系和共享价值链。在粤港澳大湾区发展大背景下，每个城市发挥各自的比较优势，通过产业转移、转型升级、结构优化等方式，实现各地产业的融合机制。粤港澳大湾区要做好以下几个方面的工作：一是联合打造粤港澳大湾区地区间产业的融合发展试验区，探索产业融合体制机制和创新技术共享；二是粤港澳大湾区依托各自优势产业基础，融合各自各地的资源打造新型的产业发展模式，促进产业转型升级和创新；三是促进相互之间的先进制造业和现代服务业的融合，推进产业结构转变和升级；四是构建粤港澳大湾区绿色金融体系，比如以香港为金融中心，完善深圳、广州等城市的金融服务体系，推动各地金融业转型升级。

5. 科技赋能，推进各行各业制定污染减排目标

基于历史排放情况，结合未来发展需要和环境质量目标，粤港澳大湾区应确定合理的减排目标，并将其分解到各行业加以落实，分阶段地实施，通过科技创新途径保证各行各业如期完成碳减排目标。比如，电力部门前期以提高能效为目标，逐渐转变为保证高比例的非化石能源的安全性和灵活性，后期工作重点转变为可再生能源及核能、碳捕集封存和碳汇技术的推广应用。工业行业在前期尽快实现碳达峰，再逐渐改变"高能耗高污染"的产业结构，后续通过节能技术、工艺革新、原材料替代等实现碳中和。建筑行业可以借鉴欧美等发达国家的做法，采用装配式建筑、被动式建筑、光伏建筑一体化等措施实现"零碳"乃至"负碳"。交通行业要大力发展公共交通，优化运输结构，推进新能源以及高效安全的能源存储技术，其中电气化是一个非常重要的手段。农业方面要以构建绿色农业生态发展体系为目标，比如通过推进智慧农业、数字农业、精准农业、产品深加工、冷链物流等来实现碳减排。

(三) 粤港澳大湾区碳达峰碳中和目标协同机制构成

粤港澳大湾区所处地理位置以及以往合作发展基础，在中国建设科技强国进程中具有不可替代的重要作用。粤港澳大湾区拥有2个特别行政区、2个一线城市、3个自贸区；多元化的体制以及开放合作的文化基础，是活力创新的源泉、优势，这种多元化及其差异性对多元主体的区域性协同也是挑战，在协同跨境生态环境方面、政策协同层面需要克服重重困难和障碍，而重大政策问题还需要在法律框架内做出决策。高效协同的区域创新体系有助于将粤港澳大湾区三地建设成为具有全球影响力的技术发源地和科技创新中心。

1. 制度创新下协商协调碳达峰碳中和目标

城镇化进程中，大规模建设活动会导致一些自然生态空间和功能问题的出现，需要有关部门综合运用政策法规和规划管控手段加以引导规范。粤港澳大湾区在大的框架下对上述问题加以协商规划管控，兼顾健康公平与环境正义，以协调性、多功能、连通性、多尺度规划、多样性和认同感作为基本原则，解决从城市地区到生态廊等多个层面的生态问题。粤港澳三地政府间协商是实现碳达峰碳中和目标的基本保障。粤港澳大湾区遵循《粤港澳大湾区发展规划纲要》《粤港合作框架协议》《粤澳合作框架协议》等基本框架，在制度创新的大框架下，通过规则对接、机制衔接、协同创新，高效协同构建大湾区跨境治理体系，协商达成碳达峰碳中和总体目标。

粤港澳三地成立专门的联席会议制度，协商组建相关机构及部门，制定沟通体制机制，沟通协调粤港澳大湾区碳达峰碳中和目标实现的各类事宜，并形成有效可行的具有约束力的协议或纪要，协商推进粤港澳大湾区碳达峰碳中和目标的达成。首先，粤港澳大湾区通过协商，在大的框架下，充分考虑大湾区整体绿色经济基础，提出合理的碳达峰碳中和的整体目标及总体规划方案；香港、澳门作为特别行政区可以根据情况提出符合本地实际的碳达峰碳中和目标；珠三角九市应该依法确定地方碳达峰碳中和目标，在省级层面进行统一协调、统一规划。其次，根据当地的能源供给和能源消耗产业情况，利用计算工具推算出符合本地实际的碳达峰碳中和具体目标，共同协商，广东省在省级碳达峰碳中和目标下再进行统一协商也是必不可少的。再次，在广东省统一协调下，各级各部门根据各自情况统一制定出碳达峰碳中和目标，汇总后粤港澳大湾区协商提出共同的碳达峰碳中和的整体目标，这是后续实现碳达峰碳中和目标的最基本参照。

粤港澳大湾区协商形成联席会议制度后，相关机构的设立，还需要高一级政府牵头，特别是中央政府的推动和建议，推进组建比如碳达峰碳中和专门协调委员会，该委员会对大湾区所有与碳达峰碳中和目标的实现有关的事宜进行协商统筹安排。在生态区域社会经济共同体的理念下，该机构由广东省政府、香港特别行政区和澳门特别行政区在自愿协商的基础上组建成立，机构成员可以由三地的政府、企业、第三方、行业协会学会、大众等选派代表，并协商形成规范的工作体制机制。机构内部当然也要设立一个有长期固定工作人员的行政协调部门，这个部门可以专门完成各项事务性工作以及后续的协调工作。当然，这样的联席会议是其中的一种有效途径，不过这种模式并不是万能的，不可能解决碳达峰碳中和目标实现的所有相关事宜，况且组建三地的这种跨境机构具有一定的现实的困难。总体来说，粤港澳大湾区在实现碳达峰碳中和目标的过程中，推进工作需要各方的共同努力，更需要政府间经常性的协商和相互配合。

2. 行业专家库形成及定期咨询制度

粤港澳三地的制度差异较大，碳达峰碳中和是一个非常艰巨的、专业性很强的综合性的任务，在不影响经济发展的前提下，实现碳达峰碳中和目标，政府层面协商是基础，专家献计献策也必不可少。首先，将各行各业的专家纳入专门的专家库，形成定期的咨询机制，专家们可以根据各自的专业、领域，充分考虑各行各业的特点并参考他国好的做法，提出科学有效的专业的建议和意见，形成政策性文件或决策咨询报告，便于三地政府参考并协商执行。其次，在碳达峰碳中和目标实施过程中，有关部门依据时间节点，根据不同主题，选取相关行业的专家，专家经过充分探讨如头脑风暴等，形成意见和建议，三地反复研讨协商后，推出相应的政策法规或实施方案并加以实施，从而保障粤港澳大湾区碳达峰碳中和目标能够科学有效地按质按量实现。

粤港澳三地的制度差异较大，而碳达峰碳中和目标是一个综合课题，需要各领域的创新，专家咨询机制可以让不同领域或同领域的专家们拓展创新思路，推进区域内创新合作。当然，制度障碍也是阻碍创新要素自由流动的重要因素，各创新主体间协同交流，跨区域协同创新，粤港澳三地形成科技创新的常态化的合作机制，专家库专家咨询制度常态化，都是有效推进碳达峰碳中和目标实现的积极有效措施。

3. 目标协同回头看机制

粤港澳大湾区对碳达峰碳中和目标及实施规划达成了一致意见后，需要定期或不定期就相关行业的进展情况进行研讨，根据社会经济发展形势，针对目标落实的情况等进行定期的评估或评价，并以此为依据，进行回头看和检视，对既定目标的实施情况和合理性、可行性进行科学的分析和评价，进而纠正不合理的指标或者规划细则，并邀请专家讨论补充或者重新拟定重要的控制指标，提出更加合理的方案，制定出相应的政策和新的细则，不断提升粤港澳大湾区碳达峰碳中和目标实现的合理性和可行性。

粤港澳大湾区各区域对碳达峰碳中和目标达成一致，以建设美丽、绿色可持续发展的社会经济共同体为引领，着力提升科技创新，推动碳达峰碳中和目标的实现。在构建实现目标的协同体系中，粤港澳大湾区要建成一个创新网络群，在各节点城市，通过互通信息，相互协商，根据各地的资源禀赋特色，确定各地的碳达峰碳中和目标任务，协同推进相关工作的落实。

三、粤港澳大湾区碳达峰碳中和执行协同机制

为实现碳达峰碳中和目标，2020年12月21日国务院新闻办公室发布《新时代的中国能源发展》白皮书。白皮书规划了我国在2060年之前实现碳中和的路线，由此可以看出，碳达峰碳中和将重塑未来我国经济格局。目前来看，粤港澳大湾区仅通过能源供给侧结构性改革，减少二氧化碳排放，很难实现碳达峰碳中和目标。而要实现这一目标，就必须要进行科技创新，加强资源配置，创新主体之间协同创新发展，鼓励以企业为主体的碳减排方面的技术创新，政府通过推动产学研合作明确创新技术发展方向，重新规划相关技术布局。粤港澳三地凭各自特色产

业发展及前期合作，为粤港澳大湾区碳达峰碳中和目标的实现奠定了良好的基础。由于我国产业结构中重工业占比较大，碳达峰后，实现碳中和的任务繁重，粤港澳大湾区要做出示范，在现有既定目标下创新执行协同机制。

（一）执行协同方向的明确

1. 科技创新是实现碳中和核心基石

粤港澳大湾区要实现碳达峰碳中和，首先要转变能源结构（能源供给侧），新旧能源要进行转换，用可再生能源替代化石能源；其次，要调整产业结构，传统产业必须进行转型升级，通过创新来进行节能减排技术改革，社会经济才能稳定发展；此外，还要倡导绿色低碳生活，在衣、食、住、行、用等方面倡导循环经济，培养绿色生活方式和绿色消费行为。

无论是短期、中期还是长期来看，科技创新都会直接影响粤港澳大湾区社会经济发展在全球低碳市场上的影响力和竞争力。改革开放40多年，粤港澳大湾区的产业发展主要以引进、模仿创新、迭代跟随为主，欠缺具有原创性、自主性和引领性的核心技术创新能力。缺乏基础性研究、自主创新的核心技术是粤港澳大湾区持续性稳定发展后劲不足的主要因素。当然，粤港澳大湾区前期发展一直采用以企业为主体，市场为导向的活跃市场化、开放式的合作模式，截至目前（2021年），大湾区协同创新的"天花板"尚未突破，这需要政府在创新发展过程中找准自己的定位，突破现有体制机制，加强引导，鼓励基础研究和原始创新，支持企业作为第一主体创新者。粤港澳大湾区作为一个整体，在发展低碳经济、推动传统产业转型升级脱碳的同时，还必须要兼顾经济发展，提前对碳中和实现路径进行部署，做好相关技术研究开发和储备工作。

2. 政策协同手段激励绿色低碳转型

为实现碳达峰碳中和，有关部门要出台如法律、财税、市场、投融资等方面的相关政策鼓励以推进这一进程，这需要各部门相互协助、相互协调。粤港澳大湾区三地的法律、税收、金融、政府等体系不同，更需要好好考虑如何做好以下几个方面的工作，协同推进这些政策的实施。

(1) 碳中和的立法问题：涉及节能、减排，可再生能源、循环经济等方面。

(2) 财税方面：财政税收价格等方面激励低碳产品、绿色建筑、可再生能源及其相关的技术。

(3) 碳市场：完善碳市场交易机制。

(4) 构建绿色金融体系：对产业转型、节能减排、能源供给消耗等方面的技术创新进行资金支持和引导。

3. 粤港澳大湾区探索绿色发展城市

碳中和背景下，制造业在节能减排方面必须完成一些硬指标，粤港澳大湾区要统一绿色发展，协同制定一些绿色发展政策，推进转型升级创新技术突破，建设生态绿色园区，推进高端产品占比，加快跨产业创新平台的构建及其创新技术的推广应用。健全区域发展模式，各地产业合理分工，产业融合发展，科技创新推动全产业链全面发展。

（二）执行协同的基本问题

粤港澳大湾区具备较好的社会经济和低碳发展基础条件，可以突出自身优势，打造有利于碳减排技术发展的创新环境，构建有利于全民实践低碳的社会氛围，形成有利于湾区内部协同减排的政策，在绿色低碳发展方面引领全国。

碳达峰碳中和目标的落实，其政策涉及多个部门多个方面，需要相应的配套实施机制保证执行。粤港澳三地政府的政策运行各有完整的体系，尚需在各自政府运行的行政体系下，细化政策措施，将各项指标分解到各相关部门进行落实。其中，法律实施是一个易被忽视而又不容忽视的问题，从一定程度上来说，法律的实施比制定更难，需要粤港澳三地有相应的配套政策以及实施机制，协同执行。

粤港澳大湾区"一国、两制、三法系"的现状和差异导致其在相应政策及法律法规的协同执行方面存在一定难度，而法治又是粤港澳大湾区协同治理实现碳达峰碳中和目标贯穿始终、不可或缺的基本要素，要打破目前的僵局推动有效合作协同，推进绿色社会发展进程，必须重视其中涉及的如机构对接、程序衔接、标准制定等方面的问题。

1. 各职能权限和程序衔接问题

粤港澳三地的制度法律体系不同，职能部门的设置及其权限也不同。比如，环境方面的政策实施及执法，珠三角九市是地方政府负责，生态环境部门主管，相关特定的领域由相关部门负责，但其决策的权限都很有限；而在香港特别行政区，则由环监局负责监督相关的政策制定和执行；澳门特别行政区，则由环境保护局协助制定本区的环境政策。粤港澳三地在政府职能及政策的制定方面差异性较大，这就意味着碳达峰碳中和目标的落地实施在机构对接和程序衔接上存在着层层困难。

2. 各项标准体系的制定和协调的问题

产业是应对气候变化的主力军。对企业来说，碳中和既是持续稳定发展需要面对的重大挑战，也是产业结构创新绿色转型升级的重要机遇。推进碳达峰碳中和工作，在坚持问题导向的同时，要深入研究重大问题。社会经济持续稳定发展就需要推动产业结构优化、节能降耗、推进新能源结构调整、支持绿色低碳技术研发推广、完善绿色低碳政策体系、健全法律法规和标准体系等，粤港澳大湾区在跨境治理的制度创新、标准体系构建、政策实践等方面都有待发力，进而尽量减少标准不同造成的困难。比如，珠三角经济水平较高，环境保护方面的要求也相应地比较高，但和香港、澳门相比，多数标准还是偏低，在相应的执法过程中，粤港澳三地的执法标准和执法体系各不相同，在跨界执行时就会碰到困难。

（三）碳达峰碳中和执行协同过程中涉及政策内容

粤港澳大湾区在碳达峰碳中和目标实施过程中的执行协同，在国家规划纲要中主要涉及能源供给侧的改变、产业转型升级、节能降耗、科技创新、绿色消费等方面的内容，具体来说，粤港澳大湾区需要通过执行协同达成环境治理、减排降耗、自然资源保护、能源利用效率提升等目标。针对相关行业，广东省政府或有关部门可制定"粤港澳大湾区碳达峰碳中和战略行动路线图"，以此为指引，构建高效完善的执行协同体系，科学有效地推进碳达峰碳中和目标实现。

1. 高质量绿色发展大自然环境的有效协同保护

粤港澳三地在整体上同属一个地理环境，气候条件基本相同，这

11个城市实际上是一个共同体。在大湾区内，空气质量非某一地方或某部分区域关心的局部问题，大气的流动使得粤港澳三地的空气质量高度相关，因此三地在空气治理方面必须达成一致共识，必须形成区域联动，一起制定政策，一起执行，为着共同的目标依托各自的行政执行系统协同执行。有学者研究发现，以区域权威为主要特征的委托授权机制能够在等级制下通过命令控制系统来实现合作。[①]

2. 能源供给侧的能源结构改变及利用效率提高执行协同

经济发展与能源驱动息息相关，目前粤港澳大湾区能源供给结构依然以煤炭等化石能源为主，要推动大湾区经济发展全面低碳转型，首先必须转换能源结构。近两年，在碳达峰碳中和目标的推动下，能源安全问题引起了人们的高度重视，而要实现碳中和战略就需要从根本上解决能源安全问题。粤港澳大湾区，特别是产业结构发展相对完善的珠三角地区，实体业林立，产业链相对完善，如果在能源方面过度依赖他国，能源安全将会威胁经济社会的稳定。保障能源安全对粤港澳大湾区的稳定发展至关重要。粤港澳大湾区需要对能源安全技术开展协同创新，使化石能源逐步退出市场，推动能源的新旧转换，特别是可再生能源的替代，推动提升能源利用效率、储能等相关产业和技术的发展，从根本上改变经济发展动力，为大湾区经济健康、稳定、可持续发展奠定良好的能源基础。

3. 产业结构调整节能降耗的执行协同

目前粤港澳大湾区主要是高碳产业结构，工业化、城镇化还在进行中，从碳达峰到碳中和的时间在大的经济体里是最短的。大湾区要在经济增长与能源消耗，特别是高能耗高排放的工业领域实现碳排放脱钩，就必须向低碳、零碳工业转型。"十四五"是实现碳达峰碳中和目标的关键时期，产业重点要从末端治理转向源头与过程控制，大湾区需要对零碳、脱碳技术进行全面部署，从常规污染物向特殊污染物转移，从单因子控制转向多因子协同控制。这些方面均需要粤港澳三地的协同。确定合理的节能减排降耗目标和方案，三方协同严格执行是碳中和实现的

[①] 蔡岚：《粤港澳大湾区大气污染联动治理机制研究——制度性集体行动理论的视阈》，《学术研究》2019年第1期，第56–65页。

基本要求，在方案的执行过程中，粤港澳三方需要共享信息、科技合作。比如，首先，政府要建立动态化的评估体制机制，将产业发展、规划、产业结构变化、产业转移情况、重大项目合作进展、创新发展等纳入动态化的评估系统，以此为依据对薄弱环节进行动态化的调整，并制定相应的产业发展计划，推进区域间产业协同发展。其次，粤港澳大湾区协同推进建立三地的权威管理机构和技术支撑机构，联合开展跨区域合作，构建科技创新体系，搭建科技创新平台，形成科技创新的体制机制，促进相互之间的交流与合作。粤港澳大湾区共同协同，提前部署科技创新，增强整体实力，从而在国际经济体或在第四次工业革命中占主导地位，这才是大湾区持续稳定发展的最佳发展路径。

4. 其他方面的执行协同

随着经济的不断发展，汽车已经成为家庭的主要交通工具，粤港澳大湾区的交通运输碳排放也在不断增长。交通行业比较特殊，其具有双重特性，既是制造业又是服务业，碳排放与国家的经济、产业、能源等密切相关。绿色交通与环境保护、绿色发展是同一属性，通过借鉴四大国际都市的经验，以最小的社会成本实现最高的交通运输效率，可以推进粤港澳大湾区实现绿色交通。比如，一些交通工具的跨区域行驶使得碳排放的结构非常复杂，碳排放管理难度非常大，粤港澳大湾区需要跨部门协同制定相关治理标准并核定碳排放标准，对其进行有效治理。粤港澳三地也可以共同协商、共同建设公共交通，共同出台相关政策，鼓励绿色出行。另外，发展智能交通、电动汽车、氢燃料汽车等零碳汽车是交通领域技术竞争的高地之一，也是实现碳达峰碳中和的核心举措，粤港澳大湾区也可以通过相关领域的科技创新共同推进实施。

根据联合国环境规划署2020年发布的数据，在全球能源消耗中，建筑行业的能源消耗占比为30%~40%，所产生的温室气体占比超过了30%。为了实现碳中和，建筑行业必须进行深度脱碳，实现二氧化碳近零排放。粤港澳大湾区可以相互协同，借鉴国外做法，采用绿色节能建筑、被动式建筑、光伏建筑一体化等措施来推进建筑行业碳中和目标的实现。

随着粤港澳大湾区工业发展和城镇化进程的推进，产业结构在不断调整，经济基础不断提升，人民生活水平也在不断提高，农业的发展也从"生产导向型"转向了"消费导向型",农业碳排放也开始得到重视,农业环境问题也日益凸显,粤港澳大湾区也要协同推进农业科技创新,实现农业现代化,提高农业的可持续发展和整体的竞争力。

5. 未来零碳技术突破方向的执行协同

近五年是实现碳达峰碳中和目标的关键期,大湾区必须对脱碳、零碳、负碳技术进行全面部署,积极推进零碳、负碳排放技术及工艺的研究。首先,要重点突破零碳电力技术,进而推动工业、交通、建筑等领域尽快实现电气化。其次,尽快推进零碳非电能源技术与工艺的研究开发与应用,比如促使氢能、氨能、生物质能等清洁能源与交通、建筑、工业的深度融合。再者,发展节能节材技术与资源循环利用技术与工艺,比如以二氧化碳为原料的化学品合成技术研究开发与应用。另外,提前部署增汇技术和负碳排放技术与工艺,比如,以 CO_2 地质封存为代表的负碳排放技术,直接空气捕集、生物质能的碳捕集与封存等技术是实现我国碳达峰碳中和战略目标的重要途经。在这些方面,粤港澳大湾区要相互协同创新,共同推动,通过技术创新来实现碳达峰碳中和目标。

(四)构建完善的执行协同体系

粤港澳三地执行协同机制是粤港澳大湾区实现碳达峰碳中和的根本保障,而科技赋能是碳达峰碳中和目标实现的核心基石。

1. 搭建主体协同发展和科技协同创新体系

创新主体之间的协同创新发展,其主要模式是以企业为主体、市场为导向,政府优化资源配置,通过市场化竞争实现资源优化整合,进而推进创新。粤港澳大湾区要突破现有创新合作的"玻璃门"和"天花板",需要深入合作来对接资源,使得"政产学研金用"协同创新发展,为科技创新提供最优化政策和通道,从而科技赋能碳中和实现。粤港澳三地各有所长,香港、澳门属于前端,可以汇集国际创新资源;深圳为主要创新高地;广州在校大学生数量全国第一,汇集了大量人才,高新产业汇集;东莞为生产基地。在以上大背景下,粤港澳三地协同推进搭建"香港—深圳—广州—澳门"节点城市的创新圈,并设立专门的机构来支持这个创新圈的运行,支持香港、澳门和内地共建科研基地、科技园、实验室等创新平台，大学科研院所之间进行合作，联合成立研发团队，解决关键核心技术瓶颈问题，设立专门的基金，支持这些创新团队或者创新平台，在合适的时机将其成果进行转化，比如让企业和创新技术与团队进行"嫁接"。当然，为了消除信息壁垒，相关部门需组织建立粤港澳三地科技部门、高校、科研院所、企业信息共享平台，或鼓励第三方服务机构进行大数据整合，推动科技成果转化。

粤港澳三地发挥各自优势，通过资源优势互补，打破现有体制机制的壁垒，协同推进产业、人才、科技、金融不断融合，实现资源的快速流动汇集。产业、资金、人才、科技之间通过深度融合形成产业圈和人才核心圈，人才、资金、技术等实现自由流动，助推大湾区建成高技术、高科技、多金融体系、高端人才的"新核心区"。

总之，粤港澳三地既要发挥各自优势，做优做强各自特色，同时作为一个整体，又能发挥区域协同创新的引擎作用，强化内部特色分工，搭建各个特色主体之间的创新平台，形成合作交流机制。粤港澳三地各有优势，应该优势互补，在把握各自定位的同时，城市间进行良性分工，相互协同，共同发展，建成一个有各自创新要素的城市网络群。各城市节点根据自身优势，通过信息互通交互，相互关联，协同推进科技创新与进步，共同推进碳达峰碳中和目标实现，推进社会经济稳步增长。

2. 搭建环境信息平台及沟通协调体系

粤港澳大湾区要实现碳中和目标，时间紧、任务重、压力大，加强沟通协调、执行协同机制是按质按量完成任务的根本保障。就行政模式来说，粤港澳三地的行政差异较大：珠三角九市属于控制式行政，香港特别行政区属于控权式行政，澳门特别行政区属于执行式行政，这些差异显然会影响粤港澳三地相互之间的协同。特别是在碳中和阶段，企业主要面临节能降耗、科技创新减排等问题，粤港澳三地对碳排放的认定计算标准、环境行政执法标准都有差异。粤港澳大湾区环境行政执法合作也存在很多薄弱环节，比如环境协议的执行力，存在难以全面执法、执法不连续等问题；环境方面，三地的行政执法手段和执法能力也存在很大差异，执行标准也不统一，这些都会导致行政执法难以执行协同，粤港澳三地可能会出现各自为政的局面。因此，在目前大环境下，在碳中和总体目标下，针对碳排放这一议题，粤港澳大湾区应出台相关政策和执法细则，强化行政执行的合作机制，完善相关法律法规的相互协调机制。

粤港澳大湾区碳达峰碳中和目标实现涉及的内容比较多，范围比较广，与所有人的衣、食、住、行、用紧密相关。由于信息数据来源比较杂，准确而全面的数据信息对粤港澳三地的环境执法来说至关重要，信息准确全面，后续执行才有据可查，有标准可依。最好打造一个共享的相关数据平台，政府和企业不定期将相关数据信息归类到该平台，粤港澳三地的相关人员可以分级分类分权限进行查询。在数据信息及时充分的情况下，粤港澳三地政府可以随时调用相关信息，并依据这些信息随时沟通协调或调整相关方案和思路。准确全面的信息作为执法依据，可以为粤港澳三地的执法机构协同执行相关法律法规条例提供更充分更快捷的数据支撑。

3. 完善执法环节的执法标准体系

粤港澳三地之间在制度、执法机构设置、执行程序等方面有较大差异，碳中和目标实现的过程中涉及的机构比较多，其中最核心的是环境部门，在生态环境执法过程中如果作为依据的标准或者判断衡量的因素不同，可能会导致不同的法律后果。粤港澳三地的执法依据或者判断标准要相对统一，以保证执法结果的社会公平性。因此，粤港澳三地的相关部门或者机构，如联席执法部门或联席办公室需要做好前期的沟通工作，梳理粤港澳三地现有的相关法律法规并加以分类，对相关标准采取保留、修订或重新制定等措施，实现相关法律法规标准化，制定出适合粤港澳三地的实施条例，从而提升后续工作的协调性和效率。

4. 优化环境监测监督体系

碳排放的监测和控制是碳中和目标实现的关键。如何科学有效地评价和监测碳排放，如何确定监测规则和监测标准，如何分配碳排放数据，特别是分行业分领域的细则细化，需要粤港澳协调统一，以保证三地在实现碳中和目标的过程中，能够获得相对一致公平的数据和信息，便于统一执法。如交通领域，燃油车在行驶过程中产生的碳排放以及车辆在生产过程中产生的碳排放，这些碳排放数据如何监测、如何归属、如何计算分配，都需要粤港澳三地相互协调，统一规范，形成统一的标准。

5. 完善环境执法协调体系

行政执法是将法律从应然变成实然的过程，没有良好的执法体制，再好的法律制度也无法发挥其强大的生命力。[①] 在碳中和目标实现过程中，统一的良好的执法体制，可以使粤港澳大湾区环境治理更加高效公平。粤港澳三地的环境执法协调除了常规性的既定动作之外，还有可能发生一些突发情况，这就需要分成细则进行协同讨论。总体来说，香港特别行政区的环境执法程序比较规范，但效率较低；珠三角执法效率高但程序控制较弱；澳门特别行政区兼有二者的优点，但其法理法规的公平性、合理性有待确定。粤港澳三地在环境的行政、执法等方面各有所长，三地在合作过程中可以取长补短，协调执行，兼顾效率、公正、程序等多个方面。如粤港澳三地可以商讨制定环境执法合作计划、协商协调机制制定、执法程序，规划协商执法的目标、时间、地点、分工、职责等，协商制定环境执法的标准、手段、频次等，协商三地职能部门的职责，更好地推动三地联动，一旦出现问题，积极主动沟通协调，实现信息共商共享、齐抓共管。

在实现碳达峰碳中和既定总目标下，粤港澳三地需要制定并协调相应的政策和法律法规及细则，建立三地执行协同机制，这涉及碳中和全碳排放治理过程的方方面面，如碳排放监测数据的采集、计算、分配、治理体制机制，碳排放技术的创新与合作等。

四、粤港澳大湾区碳达峰碳中和政策协同的监督保障机制

在碳中和总体目标下，粤港澳大湾区需搭建共同协商联合体（联席会议制度及其长期稳定的执行机构或部门或环境治理联合体），并在此基础上构建区域环境协同治理政策体系，这是粤港澳大湾区碳达峰碳中和目标实现的前提条件。在政策体系和法律法规执行的过程中，难免出现偏差和问题，监督和保障机制就成为必要。粤港澳"一国两制三法系"的特征也说明跨区域的合作，特别是碳中和这个新事物政策的实施，需要三地协同执行才能得以实现，其中涉及行政执法程序、合作

[①] 曾鹏：《论区域经济一体化下区域行政执法合作》，广东教育出版社，2015年。

创新体制机制，对于碳中和目标实现的质量和时间来说，监督保障机制就显得非常重要和必要。

（一）碳达峰碳中和有效协同的政策监督保障的必要性

粤港澳三地分属不同的制度、不同的法律体系，相互之间不属于互相隶属的关系，在碳达峰碳中和目标体系中，各行各业各阶段具体的碳排放治理规范和标准、治理监督机制和治理效能考核体系、治理激励机制以及利益协调机制等方面的规定都不尽相同，各相关领域的细则也比较抽象模糊，可能导致碳排放的治理的责任界定不清晰。在成立相关组织并协商制定细则之前，政府部门在碳排放治理上可能会缺乏责任意识和机制动力，这样的局面不利于粤港澳大湾区碳达峰碳中和目标的实现。生态环境保护的公共性也要求三地通力合作才能取得实效，因此，首先粤港澳要搭建一个可以进行有效沟通的碳达峰碳中和组织协调机构及相关领域的信息共享平台，从而协调各方关系，制定相关政策、标准，构建相关法律法规体系，规范各方主体的行为方式。

粤港澳大湾区作为相对独立、内部联系又很紧密的地理区域，经济基础较好，三地需要共同努力，实现碳达峰碳中和这一共同的目标。同时，在碳中和进程中，要夯实粤港澳大湾区碳排放协同治理的基础，这需要三地共同努力相互监督，保证实施过程中的执法规范。三地要齐心协力，进行科技创新，共同推进碳排放节点的转型升级、节能降耗等方面的技术研究与推广应用。

为了发展过度开发环境资源，其后果就是成公共自然资源的破坏。碳达峰碳中和目标的提出，将生态环境保护提升到公共属性的高度，粤港澳三地都有义务和责任来推动实现这一目标。从根本上来说，自然环境保护治理将会带来具有公共属性的共同利益，粤港澳三地是碳减排的共同受益者，而在碳中和过程中科技创新将带来社会经济的稳定绿色发展，三地也是碳中和的共同受益者，因此三地只有共同努力才能取得整体效果，从而实现碳达峰碳中和的愿景目标。

（二）粤港澳大湾区碳达峰碳中和政策协同监督机制

粤港澳大湾区碳达峰碳中和目标的实现需要三地共同协同执行。首先，在各环节中，碳排放的监督机制是粤港澳三地协同治理的关键一环，更是规范粤港澳大湾区政策协同实施的重要手段，是高质量完成碳中和目标的保障。在政策协同执行的过程中，除了既有的各自的监督体系外，粤港澳三地还需要建立相互监督体系，主要包括构建完善的信息共享监督（包括其真实性和实时性）、监测及其数据复核监督、行政执法监督、公众参与监督等机制。

1. 信息共享监督体系

碳达峰碳中和目标参数是一个庞大的体系，涉及能源供给侧（能源结构改变）、产业端节能降耗、交通领域碳排放、建筑行业节能等领域，这些领域的原始碳排放以及后续通过科技创新减少的碳排放等海量数据信息，都要做到全面、真实、有效，这些数据信息的有效采集和利用对碳达峰碳中和目标的实现至关重要。搭建信息数据平台及后续数据采集工作，需要粤港澳三地共同协作进行，可以委托有能力有技术的机构进行。粤港澳三地各地方政府要充分认识到及时有效真实的信息的重要性，在碳达峰碳中和目标实现过程中特别是碳中和目标执行过程中，相互之间的信息要互通有无，与"碳"有关的数据信息要建立联合核查机制，监督核查数据的全面有效真实性，防止出现偷排、超排等现象而导致社会不公正。当然，监督核查的方式可以是联防联查，也可以由粤港澳三地成立的专门机构监督核查，还可以委托第三方进行监督核查；可以定期不定期就某领域某产业某方向进行监督核查，也可以定期不定期进行全面监督核查。

2. 监测及其数据复核监督机制

环境监测可以获取第一手环境数据信息，其实时性、可追溯性和不可随意更改性使其具有独立的运行规则。监测及监督本身对碳达峰碳中和目标的实现具有重要的实践意义，其可以防止并及时修正因监测数据不准确或者监测布局不合理等因素造成的不良影响，以免给粤港澳三地联合执法及政策执行带来不必要的障碍。基于合理的监测体系，三地建立相互之间的监督和复核机制，可以确保监测数据的准确、全面、合理。环境监测点的布局也是很重要的，它是确保监测数据科学、有效、合理的基础，监测设备要确保可随时核查及运行数据的有效，避免无效监测，做到监测数据可追溯或可溯源，确保是第一手的原始数据。

3.行政执法监督机制

粤港澳三地政府在前期环境执法合作上已经进行了多年的尝试，也取得了一些不错的进展，但三地"一国、两制、三法系"的背景导致其合作推进存在很多障碍，除了合作机制尚需进一步完善以外，政策、环境法律法规的执行监督机制也需要进一步完善和加强。能否严格执法实际上直接影响到碳中和目标实现的效果，粤港澳大湾区碳达峰碳中和目标的实现也有赖于严格的环境执法及其监督，如果执法不统一，无视标准、规则、条例等，执行不一致，选择性执法、执法裁量权过大或过小，将会严重影响执法环境的公平公正性，甚至影响碳中和目标的如期实现。粤港澳三地之间可以成立专门机构或者请第三方来监督环境执法过程、数据采纳的合理科学性、标准的一致性、裁量的合理性等，从而确保执法的规范合理，保障社会公平。

4.公众参与监督机制

公众积极广泛有效地补位参与监督是促进环境执法的强大助力。如基层群众性自治组织、社会组织、志愿者开展碳排放相关方面的监督，粤港澳三地政府可以公开碳达峰碳中和目标环境保护相关台账，让公众作为参考作出基本评判。粤港澳大湾区可以尝试制定一些公众参与的监督机制，并在实行的过程中不断修正，也可以在某些方面突破传统做一些尝试，允许粤港澳三地的公民跨地区监督政府行为，通过这样的方式可以让公众深入了解碳达峰碳中和并身体力行参与其中，同时规范自身行为方式，做到以身作则，从而让公众更重视环境保护，在参与治理、监督治理方面释放出更大活力。

（三）粤港澳大湾区碳达峰碳中和政策协同保障措施

1.构建相对完善的政策保障体系

顶层设计方面，自香港、澳门回归以来，为促进粤港澳三地的合作，国家陆续发布了一系列针对粤港澳大湾区综合发展的规划和政策性文件，粤港澳大湾区的区域一体化建设取得了很大的成效和进展，这些前期合作和进展都为碳达峰碳中和共同目标的实现奠定了政策基础。为进一步实现目标，粤港澳大湾区应针对碳中和相关领域的环境污染治理、产业转型降耗、技术支撑、人才保障、奖惩制度等问题进行顶层设计和制度保障。就粤港澳三地的前期环保政策保障基础来说，粤港澳大湾区已经逐步形成了从决策到协调再到执行的三级环境合作治理模式，具备相对完整的环境治理政策体系，为碳中和目标的实现协同治理碳排放提供了较好的组织基础和政策保障。碳中和目标是一个综合体系，粤港澳三地政府在前期合作基础上，应抓住机遇，发挥主动性，积极协调相关机构部门构建完善的政策大体系，积极协同合作，既要在中央层面做好顶层设计和政策保障支持，也要有三地协同政策加持、细则支撑，为粤港澳大湾区碳达峰碳中和目标实现提供全方位政策保障。

2. 技术创新支持的保障

"十四五"时期我国的整个社会经济步入了新的发展阶段，科技创新的协同发展将会催生一大批新的经济增长点，构建新的经济发展竞争格局。在碳达峰碳中和目标下，粤港澳大湾区发展潜力巨大，借此机会，三地可以充分优化人、财、物等科技资源的配置，从能源替代、碳减排技术创新等科技层面切入，向价值链高端的产业迈进；共同搭建粤港澳大湾区的国际科技创新中心，进一步提升科技创新协同发展的氛围。持续性的科技创新是经济稳健发展的基础，在碳中和目标下，能源新旧更替、碳排放"净零"技术创新，谁抓住了这一历史机遇，就抓住了科技创新推进社会经济发展的机会，谁就能占领先机增强软实力和硬本领，赢得制胜先机。因此，科技创新应该是粤港澳大湾区碳达峰碳中和目标下最重要的建设内容之一，理应体现在粤港澳三地政府制定的政策协同目标之中。

粤港澳大湾区可以借鉴美国旧金山湾区、纽约湾区和日本东京湾区多元化的发展经验，通过政策引导等多种手段推进科技创新。粤港澳三地也拥有强劲的外向型经济和多元化的人口与文明，具有海洋性、创新性、集聚性、宜居性、高度开放性和国际化创新要素的汇集能力，可出台系列化政策扶持科技创新，以引领能源新旧更替、产业转型升级、节能降耗关键技术的研究开发，助推碳中和高质量实现。在粤港澳三地政策协同的大框架下，科技创新的保障措施可以从以下几个方面着手：

①以解决行业关键技术为目标构建各类科技创新平台，汇集专业性人才，以解决核心问题为引领，有了平台就会汇集各类资源，相互之间可以加强科技交流，为行业提供技术支持；②搭建相关成果转化平台，构建粤港澳大湾区创新产业链，粤港澳三地采取协同措施，为相关科技成果转化提供通道和平台，汇集技术、产业、资金、实验设计、生产转化多个环节，形成一个完整的链条，依托"广州—深圳—香港—澳门"创新走廊，粤港澳大湾区城市间分工合作，各创新功能既有侧重又有交叉融合，构建完整的创新产业链，打造国际创新中心；③搭建基础学科交叉学科创新平台，推进基础研究和交叉学科的不断进步，用基础应用研究推进应用创新，从产业链出发，在对产业链实施强链、补链的过程中发现基础性问题，从而构建一批创新链，共同建设国家基础科学研究中心，夯实粤港澳大湾区的基础工业，布局一批专业性的科研机构、基础应用研究院、创新孵化平台、新型研发机构或龙头企业研发总部，共同推进粤港澳大湾区科技创新片区的建设。

3. 人才保障机制

在百年未有之大变局的时代背景下，粤港澳大湾区要如何实现新兴产业发展的自立自强，才能应对碳达峰碳中和目标背景下的亟待破解的区域发展的重大命题以及全球第四次产业革命的战略问题？不管是推进新兴产业集群的科技创新，培养行业龙头的"独角兽"，还是现有产业的转型升级，都离不开人才。人才交流是粤港澳大湾区交流合作的重要方面，更是推进社会经济绿色稳定发展的基石。粤港澳大湾区协同实现碳达峰碳中和目标，离不开人才交流与合作。人才是打造粤港澳大湾区建设国际科技创新中心的主体和支撑，是聚焦基础研究、攻关核心技术的关键所在，因此，大湾区应协同搭建人才汇集高地，吸引海内外优秀人才汇聚湾区，争取形成粤港澳大湾区"人才池"，搭建人才创新平台，构筑完善的科创人才制度，构建涵盖人才培育、人才引进、留住人才、使用人才的全流程的人才政策体系，营造有利于全球优秀人才培养和汇集的氛围。粤港澳大湾区要有充分的人才政策和相应的激励机制，进而将粤港澳大湾区打造成具有全球影响力和吸引力的优秀人才高地，搭建一流的教育创新集群体系。

粤港澳大湾区政策能够协同实施的保障体系的构建，其中重要的一点是要相互输送可以将三地政策进行融合并有效实施的人才,与此同时,粤港澳大湾区还要注重培养人才,提升粤港澳三地融合机构相关人员的管理水平和科技实力。另外,粤港澳大湾区还要推动形成世界一流的高等教育创新联盟;出台相关措施或成立相关机构协助精准招聘相关产业人才及管理人才;协同出台系列相关政策搭建粤港澳三地人才一体化运行体系,建立团队导向型的科技人才评价体制机制。

4. 绿色金融保障机制

粤港澳大湾区碳达峰碳中和目标协同实现的动力来源于市场与资本,在粤港澳不断推进合作的过程中,绿色发展是社会持续性稳定发展的必要条件,三地的企业与市场一直在积极推动区域协同,进而推动了粤港澳大湾区的金融、企业、社会文化、科技人才等创新资源的发展,三地金融和创新基础雄厚、要素丰富,使得金融与科技的耦合效应得以充分释放。而目前粤港澳大湾区内的金融与科技方面的创新融合仍有不足,绿色稳健的金融体系会给绿色经济持续发展提供源动力,为后续科技创新、新兴产业的发展提供坚实的支撑作用。粤港澳三地应该加强金融合作,积极推进搭建绿色金融体系。

(1) 搭建绿色的完善的专业的投融资体系。以行业龙头科技创新型企业、"独角兽"企业为领头羊,推进风险投资、创业投资来撬动科技创新成果转化、转型升级、节能降耗等,进而推动粤港澳大湾区投资界金融资本体系的健康高效发展。比如,以广州、深圳、珠海等地的自贸区为核心,搭建以碳排放或碳交易为核心的业务平台(如深圳前海股权交易中心),建立粤港澳大湾区统一的、专业的私募股权场外交易市场,并与内地的新三板、创业板、中小板市场以及香港的创业板、主板市场之间的转板关联机制。

(2) 推进银行金融服务体系构建。比如,除了现有各大银行的贷款等体系外,可以尝试邀请商业银行、企业等共同出资设立粤港澳大湾区科技银行,专门服务于碳达峰碳中和目标实现的创新性技术领域或成果的转化,也可以扩大知识产权、科技信贷、成果鉴定等融资贷款的投放力度。

(3) 利用香港、澳门现有的金融体系和优势,尝试在制度规范、法律完善的情况下,在粤港澳大湾区内合理合规引进外资金融体系,投资粤港澳三地约定的某些特定的科技创新领域。

总体来说，粤港澳大湾区应该发挥香港、澳门、广州、深圳等地各自的金融中心优势，出台一系列利好政策，在粤港澳三地加强金融合作，推动社会经济实现绿色持续发展。

5.碳排放考核奖惩制度的保障

粤港澳大湾区要实现碳中和目标任务，时间紧、压力大、任务重，区域内还是高碳能源结构、高碳产业结构，出于碳排放的特殊性，建立碳排放的考核奖惩机制很有必要，如在粤港澳大湾区协同推进的监测数据基础上，针对高排放企业，对低排放企业进行补偿，或由企业自行购买碳排放指标，这样可以有效推进粤港澳大湾区产业转型升级，推动企业自动自发进行科技创新，实现节约能耗、减少排放的目的。

综上，碳达峰碳中和目标的实现，需要粤港澳三地全面加速合作，推进相关政策协同制定并拟定细则，以碳中和国际大形势为契机，共同推进粤港澳大湾区建成开放、融合、可持续的全球创新与产业高地，特别是推进粤港澳大湾区在能源、建筑、节能降耗、交通等领域的科技创新、成果转化和科创投入，推进搭建新兴产业、创新人才、科技金融等方面较为完善的系统。在与碳中和目标相关的科技创新领域方面，突破现有"一国两制三法系"状况，面对新的发展形势和战略需求，粤港澳三地要在国家战略方向上，把握时机，推进政策协同创新，推进碳达峰碳中和目标按质按量完成，推进粤港澳大湾区社会经济持续稳定发展。

参考文献

[1] 陈昭，梁淑贞. 粤港澳大湾区科技创新协同机制研究［J］. 科技管理研究，2021（19）：86-95.

[2] 黄森. 区域环境治理［M］. 北京：中国环境科学出版社，2009.

[3] 聂晶鑫，刘合林. 共享发展下国际湾区的治理经验及启示：以旧金山湾区为例［M］. 北京：中国城市出版社，2018.

[4] 任勇，冯东方，俞海，等. 中国生态补偿理论与政策框架设计［M］. 北京：中国环境科学出版社，2008.

[5] 王迎军，曾志敏，张龙鹏，等. 中长期视角下粤港澳大湾区的全球创新与产业高地战略规划研究［J］. 中国工程科学，2021（6）：108-119.

［6］王振民．中央与特别行政区关系：一种法治结构的解析［J］．北京：清华大学出版社，2002．

［7］周春山，邓鸿鹄，史晨怡．粤港澳大湾区协同发展特征及机制［J］．规划师，2021（4）：5-12．

［8］朱国华．我国环境治理中的政府环境责任研究［M］．北京：中国社会科学出版社，2017．

粤港澳大湾区双碳政策协同度及其提升策略研究

周丽旋[①]　于锡军　朱璐平　张晓君　裴金铃　杨　晓

摘　要：本研究通过梳理 2015 年 1 月 1 日至 2021 年 12 月 1 日粤港澳大湾区实现碳达峰与碳中和政策供给情况，粤港澳三方分别供应 67、23 和 7 项政策。对粤港澳大湾区政策协同度进行分析，笔者发现：粤港澳大湾区降碳目标协同度较高，体现在粤港澳三方均遵循国家整体碳达峰与碳中和目标，并积极推进提前实现目标，但大湾区尚未确立统一的降碳目标。粤港澳规划性政策内容协同度得分仅为 5.83 分，显示三方间政策协同度有待进一步提升；执行性政策内容存在政策供应量差距较大、协同度较低的问题。粤港澳间已有国家政策明确支持或粤港澳已开展碳达峰与碳中和政策协同工作，可成为未来粤港澳大湾区在此领域实现政策协同的连结点。在政策主体—目标—工具维度下，应通过逐步形成"纵横向结合、省际＋城市间"的"战略＋决策＋执行＋技术"多层次的实现粤港澳大湾区碳达峰与碳中和目标的政策协同机制，有效推进大湾区内碳达峰与碳中和政策协同工作，同时进一步建立健全碳中和绿色技术协同创新机制、绿色认证机制和碳中和绿色生活方式协同推广机制等社会协作机制。具体推进应遵循首先确立整体协同降碳目标、其次完善政策协同机制的路线；此外，应基于连结点率先推进绿色金融、产业低碳改造、低碳产品供应、低碳能源和低碳科创等重点领域的政策协作。

关键词：政策协同　协同机制　碳达峰　碳中和　大湾区

[①] 周丽旋，生态环境部华南环境科学研究所大湾区绿色发展研究室副主任，正高级工程师。主要研究领域为生态经济与环境管理等，代表性成果有《生态补偿政策实施动态评估与政策优化》等。

一、研究背景和意义

(一) 研究背景

过去一个阶段，在"共建优质生活圈"目标下，粤港澳大湾区在区域生态环境管理政策上主动衔接，取得一定的进展，例如联合制定并协同实施区域性、约束性大气污染减排对策。2014年9月3日，粤港澳三方共同签署的《粤港澳区域大气污染联防联治合作协议书》正式生效，这标志着粤港澳生态环境保护合作首次从双边走向三边；但在其他生态环境保护合作上，粤港澳三地之间仍以双边合作模式为主。

随着地区间的联系紧密度不断增强，地区与地区之间为了更加有效地解决社会中存在于各方面、各层次的诸多复杂问题，有必要实现地区间政策的协同。粤港澳大湾区国家战略的实施，打破了以往由于"一国两制"所造成的粤港澳间政策相互独立、封闭的壁垒，《粤港澳大湾区发展规划纲要》（以下简称《纲要》）的颁布实施以及粤港澳大湾区建设领导小组机制的建立，为三地间政策协同提供了机制平台和制度基础，但较之长三角、京津冀等国内其他城市群，粤港澳大湾区实现碳达峰与碳中和政策协同仍面临更多的制度壁垒。

大湾区实现碳达峰与碳中和的政策协同存在府际间政策差异巨大、缺乏中央碳减排约束性目标制定机制等特殊性，但也具有粤港澳大湾区国家战略实施的制度创新契机，中央统筹、跨域协调机制、跨界协调机制、具有约束力的规则协议等均在大湾区区域合作中发挥较好效果。因此有必要在全面梳理粤港澳三地碳达峰与碳中和政策现状的基础上，研判其政策协调程度与协调需求，提出政策协同机制对策建议。

(二) 政策协同理论基础

政策协同指在应对跨域性问题时，各类组织通过合作，追求政策的一致性、整合性，并实现共同的目标。政策协同旨在调整某一领域的相关政策并使其相互约束和一致。因此，政策协同存在两层含义：一是区域间的政策协同，在区域间政策协同研究上，重点探讨重大战略区域中省际、市际间协同，大多认为需在尊重府际之间的政策差异，考虑外部保证条件和具体实施机制等两方面的基础上实现区域间政策协同。肖芬蓉等学者在长江经济带生态环境治理政策量化研究中强调通过构建区域政策协同机制来更好地开展生态环境治理。然而，即使是同一制度下的长三角地区也存在区域一体化政策供给主体间协同发文较少的问题，尤其是跨省域。二是政策间的政策协同，目前，在气候变化政策协同研究上，要重点关注其与生态环境政策的政策间协同以及不同节能减排政策措施之间的协同。

各国政府只有加强不同国家间的政策协同才能有效应对全球气候变化等问题，积极应对气候变化和努力实现碳减排已经成为全球共识，中国加入《联合国气候变化框架公约》及《京都议定书》，便是积极参与全球应对气候变化政策协同的表现。粤港澳大湾区作为国家一部分，要率先实现区域整体碳达峰与碳中和，同样需要强化区域碳达峰与碳中和政策协同。粤港澳大湾区实现碳达峰与碳中和的政策协同是指大湾区内粤、港、澳三地政府在实现碳达峰与碳中和政策制定、政策运行和反馈过程中的协作、协商、协议关系。

（三）研究意义

粤港澳大湾区建设是习近平总书记亲自谋划、亲自部署、亲自推动的国家重大发展战略。2019年2月18日，中共中央、国务院印发了《粤港澳大湾区发展规划纲要》（以下简称《纲要》）。《纲要》将"绿色发展，保护生态"作为六项基本原则之一，要求创新绿色低碳发展模式，挖掘温室气体减排潜力，采取积极措施，主动适应气候变化，力争碳排放早日达峰，建设绿色发展示范区。《粤港澳大湾区生态环境保护规划》已经编制完成，即将发布实施，该规划将为粤港澳大湾区碳达峰与碳中和的政策协同提供支持。

目前，香港特区的碳排放量已在2014年达峰，澳门特区已进入碳排放峰值波动区间，广东省计划推进有条件的地区或行业碳排放率先达峰，珠三角九市在碳减排上一直走在全省前列，有条件探索率先达峰。可以说，粤港澳大湾区有能力且有责任探索率先实现碳达峰与碳中和。

从现实层面看，2017年粤港澳大湾区电力碳排放1.55亿吨，占粤港澳大湾区碳排放总量的40%，与全国碳排放结构相似，且据不同机构预测粤港澳大湾区2035年的电力需求量达到0.7亿～1亿千瓦时，因此粤港澳大湾区应及早谋划和加快构建清洁、低碳、安全、高效的现代电力系统。目前，粤港澳大湾区处于碳汇与碳源空间分布不均、整体未达峰的态势，要实现大湾区整体碳达峰与碳中和，必须从大湾区气候变化与生态环境保护相关政策、规划协同融合入手，鼓励大湾区内城市间差异化协同控制，强化温室气体排放技术革新与推广，深化完善碳排放权交易，上述措施的实施均须以粤港澳大湾区政策协同为前提和基础，因此，有必要开展大湾区碳达峰与碳中和的政策协同机制研究，助力大湾区率先实现碳达峰与碳中和目标。

当前，推进生态文明建设既处于关键期、攻坚期，也到了有条件有能力解决生态文明建设根源性问题的窗口期，粤港澳大湾区要深入实施可持续发展战略，完善生态文明领域统筹协调机制，构建生态文明体系。粤港澳大湾区必须坚持全球视野，创新区域治理体系，提升区域治理现代化水平，不断提升湾区整体治理能力，为粤港澳大湾区高质量发展提供强大治理能力支撑。

我国"2030年前实现碳达峰、2060年前实现碳中和"重大战略决策是着力解决资源环境约束突出问题、实现中华民族永续发展的科学探索，粤港澳大湾区作为全国经济实力、区域竞争力的领跑区，作为我国高质量绿色发展示范区、生态文明发展示范区，在建设世界级一流城市群进程中，积极主动对标国际先进地区，深化区域统筹协调机制，推动粤港澳大湾区率先实现碳达峰与碳中和，实现"双碳"目标。其创建的政策协同机制产生的可复制可推广经验，对于我国其他城市群和地区协同推进实现碳达峰和碳中和目标具有重要借鉴意义。

二、粤港澳大湾区碳达峰与碳中和政策现状整理分析

（一）促进粤港澳大湾区碳达峰与碳中和协同的国家政策支持

中国是《联合国气候变化框架公约》及《京都议定书》的缔约方。2003年5月起，中央人民政府把《联合国气候变化框架公约》和《京都议定书》延伸至适用于香港；2008年1月起，延伸至适用于澳门。2015年12月通过的《巴黎协定》承接将在2020年届满的《京都议定书》。中国在2016年4月22日正式签署《巴黎协定》，并于2016年9月3日予以批准。因此，港澳均适用《联合国气候变化框架公约》及《巴黎协定》，可以说港澳的碳减排目标与内地一致。港澳政府定期提交区域气候变化状况、应对策略及温室气体排放等资料，与国家发改委合作编写"气候变化国家信息通报"香港部分和澳门部分。2019年，为加强内地与港澳的科技交流合作，支持港澳融入国家发展大局，《第四次气候变化国家评估报告》增设"港澳特别报告"。可见，港澳单独核算区域碳排放并开展评估。

我国2015年6月提交的《强化应对气候变化行动——中国国家自主贡献》中确定了我国2030年左右碳达峰并争取尽快达峰、单位GDP二氧化碳排放比2005年下降60%~65%的国家自主贡献目标。2020年9月，国家主席习近平在第七十五届联合国大会一般性辩论上郑重做出国家"双碳"目标承诺，提出"中国将提高国家自主贡献力度，采取更加有力的政策和措施，二氧化碳排放力争于2030年前达到峰值，努力争取2060年前实现碳中和"。2021年1月，生态环境部发布《关于统筹和加强应对气候变化与生态环境保护相关工作的指导意见》，提出把应对气候变化作为生态环境保护法治建设的重点领域，同时还将推动碳排放权交易管理条例的出台与实施。

《"十三五"控制温室气体排放工作》（国发〔2016〕61号）明确支持优化开发区率先实现碳排放峰值，而珠三角九市属于国家主体功能区规划中的三大优化开发区之一。《中共中央 国务院关于完整准确全面贯彻新发展理念做好碳达峰碳中和工作的意见》《国务院关于印发

2030年前碳达峰行动方案的通知》等一系列国家碳达峰与碳中和纲领性文件均明确提出，我国碳达峰与碳中和工作要遵循"系统推进、重点突破"原则，即在全面实现碳达峰与碳中和之前，"支持有条件的地方和重点行业、重点企业率先实现碳达峰"。《国务院关于印发2030年前碳达峰行动方案的通知》（国发〔2021〕23号）提出，"粤港澳大湾区等区域要发挥高质量发展动力源和增长极作用，率先推动经济社会发展全面绿色转型"。《"十四五"工业绿色发展规划》就粤港澳大湾区绿色转型提出了具体要求，即推动炼化、造纸、建材等传统行业绿色改造，实施大湾区"清洁生产伙伴计划"，加大再生资源回收利用，推动建设绿色发展示范区，开展绿色低碳发展评价，加强绿色低碳技术交流。

《纲要》中确立了"绿色发展，保护生态"的基本原则，提出粤港澳大湾区创新绿色低碳发展模式，"加快制造业绿色改造升级，重点推进传统制造业绿色改造、开发绿色产品，打造低碳节能供应链"的重要策略，要求大湾区加强低碳发展及节能环保技术的交流合作，推进低碳试点示范，推动开展绿色低碳发展评价、推动制造业智能化绿色化发展、推动构建清洁低碳、安全高效的能源体系，推动生产企业切实落实废弃产品回收责任，培育发展新型服务业态，推动形成绿色低碳生活方式，推动粤港澳碳标签互认机制研究与应用示范等，指明了粤港澳大湾区推进碳达峰与碳中和的工作方向、工作重点。《粤港澳大湾区生态环境保护规划（编制中）》提出粤港澳大湾区内先进城市、珠三角九市整体碳达峰目标，并要求粤港澳大湾区应对气候变化与生态环境保护相关政策、规划协同融合。

推动绿色金融合作一直是粤港澳大湾区建设的重点工作之一，《中国人民银行　中国银行　保险监督管理委员会　中国证券监督管理委员会　国家外汇管理局关于金融支持粤港澳大湾区建设的意见》（银发〔2020〕95号）明确要大力推动粤港澳大湾区绿色金融合作，并提出搭建粤港澳大湾区环境权益交易与金融服务平台、开展碳排放交易外汇试点、鼓励利用港澳平台融资支持粤港澳大湾区绿色企业、项目等措施。

（二）粤港澳大湾区碳达峰与碳中和政策供给现状

遵循公开和权威的原则，本研究主要依靠国务院政策文件库、粤港澳政府部门门户网站、北大法律信息网，利用"碳减排""节能""低碳""碳达峰""碳中和""温室气体""气候变化""减排交易""降碳"等关键词，并通过回溯、关联检索等方法，全面梳理和筛选国家、粤港澳各级政府在碳达峰与碳中和领域的政策供给现状。

1. 粤方碳达峰与碳中和政策供给情况

珠三角九市碳达峰与碳中和政策供给主体包括国家、广东省政府和市政府。在国家的统一安排下，2015—2021年广东省持续供给一系列碳达峰与碳中和政策，"十三五"期间，利用《广东省节能减排"十三五"规划》《广东省应对气候变化"十三五"规划》《广东省"十三五"控制温室气体排放工作实施方案》综合统筹全省二氧化碳减排工作，围绕全省"2020年单位GDP二氧化碳排放比2015年下降20.5%、碳排放总量得到有效控制"的目标，分类提出地级市碳排放控制目标，即珠三角地区的广州、深圳、佛山、东莞、中山的碳排放强度分别下降23.0%，珠海、惠州、江门、肇庆的碳排放强度分别下降20.5%，制定了包括加快建设低碳能源体系、着力打造低碳产业体系、推动城镇化低碳发展、加快区域低碳发展、健全碳排放权交易机制、深化低碳试点示范、加强低碳科技创新等措施。随后，广东省重点在低碳能源体系建设、低碳产业体系建设、碳排放交易试点、城镇化与区域低碳发展等领域提供一系列政策，促进上述领域工作的不断推进。至2020年，广东省单位生产总值能源消耗降低和非化石能源占一次能源消费比重均完成"十三五"规划目标。

广东省积极谋划"十四五"低碳发展工作，在《广东省生态文明建设"十四五"规划》《广东省培育新能源战略性新兴产业集群行动计划（2021—2025年）》《广东省绿色建筑创建行动实施方案（2021—2023）》等规划方案中分别明确未来一阶段实施低碳发展策略。在低碳能源体系建设方面，方案提出到2025年，全省非化石能源消费约占全省能源消费总量的30%，新能源发电装机规模约10 250万千瓦（包括核电、气电、风电、光伏、生物质发电），天然气供应能力超过700亿立方米，制氢规模约8万吨，氢燃料电池约500万千瓦，储能规模约200万千瓦；在低碳交通体系方面，提出到2025年，全省城镇新建建筑中绿色建筑面积占比达到100%，珠三角地区公共交通占机动化出行比例总体达到50%左右；在绿色建筑推进方面，提出到2023年，珠三角地区按一星级及以上标准建设的绿色建筑占新建民用建筑比例达到35%。

2021年以来，国家先后发布《中共中央、国务院关于完整准确全面贯彻新发展理念做好碳达峰碳中和工作的意见》《国务院关于印发2030年前碳达峰行动方案的通知》《国务院关于加快建立健全绿色低碳循环发展经济体系的指导意见》《关于统筹和加强应对气候变化与生态环境保护相关工作的指导意见》等文件，明确"十四五"期间碳达峰与碳中和的阶段性工作目标，并提出"碳达峰十大行动"，广东省及各地市碳达峰行动方案与专项方案均在制定中，相信未来一段时间将出现省政府及珠三角九市政府碳达峰与碳中和相关政策大量供给的现象。

2. 香港碳达峰与碳中和政策供给情况

为回应《巴黎协定》，香港特区政府2017年公布《香港气候行动蓝图2030＋》，提出在2030年将香港碳强度由2005年的水平降低65%至70%的减碳目标，相等于碳排放总量减低26%至36%。随着各项减缓措施的相继落实，香港的碳排放总量自2014年起呈下降趋势。2019年，香港的碳强度已较2005年下降约35%。2021年10月8日，香港特区政府公布《香港气候行动蓝图2050》，确定"零碳排放·绿色宜居·持续发展"愿景，提出香港应对气候变化和实现碳中和的策略和目标。《香港气候行动蓝图2050》基于香港2019年的三大碳排放源分别为发电（66%）、交通运输（18%）和废弃物（7%）的现状，提出包括净零发电、节能绿建、绿色运输和全民减废四大减碳策略和措施。

香港主要通过推广能源效益及建筑物碳审计，持续提升新建建筑的节能水平和既有建筑及公共基础建设的能源效益，实现建筑物和基础建设碳排放降低。2010年颁布实施的香港《建筑物能源效益条例》（第610章）要求，新建建筑物和实施主要装修工程的现有建筑物的主要房屋装备装置（包括空调装置、电力装置、升降机及自动梯装置以及照明装置），必须符合能源效益标准。2018 年香港机电工程署与广东、澳门的工程机构及大学签订合作备忘录，在大湾区内加强推动其建筑主要用电设备能源效益重新校验（RCx）做法。

针对现有建筑节能，香港特区政府于 2008 年推出建筑物碳审计指引，指导建筑物的使用者及管理人员开展建筑物的碳排放量评估并制定碳减排措施。同时，政府通过"4T"框架对现有建筑物的持份者建立沟通机制，对现有建筑物开展能源效益重新校验，识别并实施建筑物节能改造，不断提高现有建筑物能源效益。从 2017 年开始，香港特区政府带头对政府建筑物和公共设施定期实施碳审计，并主动披露碳审计结果。针对建筑物内主要用电设施，香港特区政府于 2008 年通过实施《能源效益（产品标签）条例》推行"强制性能源效益标签计划"，2018 年 6 月起该计划第三阶段生效，要求供应香港的空调、电视、储水式电热水器、电磁炉、冷冻器具、荧光灯、洗衣机（洗衣量不超过 10 公斤）和抽湿机，均须贴上能源标签，以确保居民能够选择节能电器。2013 年，香港特区政府在启德发展区建设的区域供冷系统分阶段开始运作，该区域供冷系统较之传统气冷式空调系统和独立使用冷却塔的水冷式空调系统可分别节省约 35% 和 20% 的用电量。未来，香港特区政府将从财务、供冷需求和环境影响等方面评估在新发展区推广该试点经验的可行性。

针对电力生产环节碳减排，香港已推动两家电力公司主动减少发电燃料中煤的占比，并持续推进以燃气机组取代燃煤机组。此外，香港特区政府主动带头使用可再生能源，在现有政府建筑物、场地及设施设置小型可再生能源装置，包括小蚝湾污水处理厂建设太阳能发电厂、屯门 T·PART 污泥处理设施加装热能发电装置等。同时，政府推出一系列鼓励公众参与发展可再生能源的措施，包括放宽村屋天台安装光伏系统的限制、引入"采电学社"为合资格学校和非政府福利机构安装小型再生能源系统。

在交通运输碳减排方面，香港特区政府重点扩展和提升以铁路为骨干的公共运输基础设施，以提供安全、高效、可靠及低碳的运输系统。

同时，香港特区政府积极推动使用电动商用车辆，包括在 2011 年成立绿色运输试验基金，以鼓励公共运输业界、货车营运人士和慈善/非营利机构试验绿色创新运输技术。香港特区政府资助专营巴士公司购买电动巴士开展运营试点。

在绿色金融方面，2018 年起，香港特区政府成立绿债计划，为政府绿色项目提供资金，未来，香港特区政府计划提高借款上限和资助范围至非政府公务项目。香港特区政府计划尝试扩大绿色债券发行的币种、项目的种类和发行渠道，计划发行绿色零售债券。2020 年，香港成立"绿色和可持续金融跨机构督导小组"，该小组由香港金融管理局和证券及期货事务监察委员会共同领导。2021 年，在该小组下成立碳市场专责团队，开展基于广东省现有的碳交易试点建立大湾区统一碳市场和香港发展成为区域碳交易中心可能性评估，同时还探索国内外的碳排放配额市场及自愿性碳交易市场给香港带来的机遇。2021 年 8 月，香港交易所与广州期货交易所签署谅解备忘录，共同研究在境内外市场进行产品合作的可能性，推动在交易所清算、技术等领域的交流合作。

在绿色产业方面，香港特区政府于 2014 年 12 月推出香港上市公司足迹资料库网站，鼓励香港上市公司主动公开碳足迹资料。截至 2021 年 1 月，超过 80 家上市公司在网站上公开有关碳管理资料。

为推进"碳中和"目标实现，香港特区政府进一步完善工作机制，成立了气候变化及碳中和督导委员会，并将成立气候变化及碳中和办公室，加强统筹和推动减碳工作；成立专责咨询委员会，鼓励公众参与。

区域合作方面，香港提出以区域合作为抓手，以科技创新为核心，协同推进区域碳中和，考虑与大湾区城市在发展低碳社区、开发减碳技术、推广低碳产品和人才培训等不同范畴加强交流合作；与邻近的大湾区城市协同发展，打造贯通上、中、下游的创科产业链；与邻近地区合作发展零碳能源等。

表 2-1 2015—2021 年香港"碳中和"政策供给情况一览表

领域	碳排放占比[a]	政策	策略	对策	具体措施
发电	66%	《香港气候行动蓝图2030+》《香港气候行动蓝图2050》	净零发电	发电界别达至碳中和	通过发展可再生能源，探索新能源发电和社区合作，专家零碳电力供应
				减少燃煤	两家电力公司采取燃气替代燃煤，2035年或之前煤只保留作为后备发电
				发展可再生能源	2018年电力公司推出上网电价计划，以比一般电费高的价格购买私人发展的可再生能源
				发展可再生能源	政府采电学社计划，为学校和社服机构免费安装太阳能发电系统
				发展可再生能源	政府投资在政府处所加装小型可再生能源发电系统
				发展可再生能源	评估两电兴建风力发电厂计划
				零碳能源发电	探索并择机引进零碳能源发电技术
				转废为能	政府开展污泥发电试点
				区内合作增加可再生能源发电	与周边地区探索更多零碳能源供应，参与和运营邻近香港的零碳能源项目
建筑节能	59%[b]	《香港都市节能蓝图》	节能绿建	提升建筑物能源效益	每3年检讨一次主要屋宇装备装置的能源效益标准，利用能源效益标准重新校验(RCx)即定时检查建筑物的能源表现，找出可节能的运作范畴，并通过调节楼宇系统和设备，实现节能减碳
				改善商业和住宅楼宇的能源效益	阶段性开展法例检讨以提高总传送热值的法定标准
				"碳中和"伙伴计划	升级为"碳中和"伙伴计划支持碳中和
				强制性能源效益标签计划	2009年起实施，至今涵盖空调机、电视机等8类电器产品，未来会研究将计划扩展至非住宅或商用器具
				政府节能目标相关措施	带头对政府建筑物和公共设施实施碳审计，并主动披露碳审计结果
				区域供冷系统试点	已开展启德发展区、东涌新市镇扩展(东)、古洞北新发展区域供冷系统
				协助各界节能减碳	"绿色校园2.0—智能省电"计划，"绿色社福机构"计划，为中小学、社福机构所进行的能源审计及安装节能装置等
				协助各界节能减碳	与两家电力公司订立《管制计划协议》，促其设立能源效益基金，资助各类楼宇节能改善工程

续上表

领域	碳排放占比[a]	政策	策略	对策	具体措施
运输	约18%	《香港电动车普及化路线图》		电动车普及化	电动商用车首次登记税宽减政策，"一换一"计划鼓励置换为电动车；电动私家车拍照费降低
					环保署在2020.10推出20亿元的"EV屋苑充电易资助计划"，资助现有私人住宅楼宇停车场安装电动车充电基础设施
		《香港清新空气蓝图2035》	绿色运输	实验和应用新能源运输工具	"新能源运输基金"资助运输业界实验和应用绿色运输技术；"电动的士试验计划"、"电动公共小型巴士试验计划"；"电动的士试验计划"与专营巴士公司及其持份者合作试行氢燃料电池驱动的巴士和重型车辆
				延续以铁路为骨干的公共交通系统	推进"挤塞征费"，适度调节交通流量计舒缓交通堵塞
					完善行人网络，实施"人人畅道通行"计划；未来计划收费以调节交通流量计舒缓交通堵塞海滨长廊，促进私营机构提供行人连接
					东涌线延线、屯门南延线、北环线、集水桥站项目等开展详细规划及设计
废弃物	约7%[c]	《香港资源循环蓝图2035》	全民减废	废物处理实现碳中和	发展转废为能设施，推动减少堆填，大幅减少推填区的碳排放
				推动全民减废回收	开展都市固体废物收费及其他减废措施，推动全民减废和分类回收，例如推行"智能回收系统先导计划"等
其他燃料耗用	约5%			支援回收业界低碳转型	支援回收业应用科技转向更高增值的产品和实现再工业化及循环经济
工业过程及产品使用	约4%			发展转废为能设施	建设有机资源回收中心第一期（2018年运营）、有机资源回收中心第二期（建设中，拟2023年投入运作）综合废物管理设施第一期（将于2025年投入运作）等转废为能的废物管理基础设施
				管制一次性塑料产品	扩大废塑料回收配套，鼓励减少一次性塑料产品使用等措施

注：a. 本表所示碳排放占比为2019年水平；b. 建筑物占香港用电量约90%；c. 废弃物环节产生的碳排放主要来自堆填区。本表内容由笔者根据香港特区政府网站政策文件内容整理而得。

3. 澳门碳达峰与碳中和政策供给情况

澳门特区政府尚未制定碳达峰与碳中和工作方案。不过，一直以来，澳门特区政府高度重视节能工作，并开展了一系列有利于减少碳排放的措施，并取得了一定的成效。澳门已完成 2011 年提出的 "2020 年碳排放率较 2005 年下降 40%～45%" 的目标。然而，《澳门环境保护规划（2012—2020）》所提出的 "澳门单位 GDP 能耗" 和 "清洁能源使用率" 两个能源利用水平规划指标均未达标。其中，单位 GDP 能耗指标达到 2015 年目标，未达 2020 年目标；清洁能源使用率指标 2015 年和 2020 年均未达标。主要原因在于澳门的清洁能源主要来自外购天然气，而购买协议到期等因素带来的天然气供应不足直接导致清洁能源使用率的下跌。

2021 年发布实施的《澳门特别行政区经济和社会发展第二个五年规划（2021—2025 年）》提出，澳门 2025 年二氧化碳排放率比 2005 年下降 >55%，争取在 2030 年或之前实现碳达峰的规划目标。该规划同时明确逐步实现清洁能源替代，2025 年澳门天然气用户超过 18 000 户；减少交通工具产生的碳排放，淘汰 "欧四" 环保标准的中型客运车辆，新建政府办公楼、私人及商业楼宇停车位预留充电基础设施，政府各部门从 2022 年起必须购置电动车等，2025 年全澳公共巴士使用新能源车辆比例超过 90%。

澳门特区政府 2011 年设立环保与节能基金，该基金先后推出《环保、节能产品和设备资助计划》《淘汰重型及轻型二冲程摩托车资助计划》和《回收业设备及车辆资助计划》，向不同资助对象提供资助，以促进节能减排、节约水资源和推动澳门本地环保产业发展。

在推动能源减碳方面，澳门《太阳能光伏并网安全和安装规章》2015 年 1 月生效，指导安装光伏系统。同时，澳门特区政府通过高于普通电价的上网电价等鼓励措施，鼓励投资光伏发电。

在推动交通减碳方面，澳门特区政府于 2015 年底制定《电动车辆充电设施安全技术指引》，截至 2021 年 11 月 30 日，澳门共有电动车 2300 辆，其中轻型汽车 1728 辆，重型汽车 258 辆，重型摩托车 256 辆，轻型摩托车 58 辆，共设置 200 个轻型汽车充电位，2 个电单车充电位。

表2-2 2015—2021年澳门碳达峰与碳中和政策供给情况一览表

实施碳减排的领域	策略	行动计划	出台政策与指引	已开展工作
能源	增加清洁能源使用高比例	推广及鼓励可再生能源的开发与应用	《澳门太阳能热水应用实务指南》《大阳能光伏并网安装及安全规章》	截至2020年,已有4个案并网售电
		开展公共建筑太阳能示范工程		2014年完成"太阳能热水系统试验工程"及"太阳能光伏并网安装及安全规章",总结后推出《太阳能光伏并网安装及安全规章》
		开展能源审计与评估制度推广	"公共部门及机构能源效益评估计划"	从2011年起,展开了公共部门及机构实施能源管理;2016年起,实施公共部门及机构能源效益评估计划;制定能耗限额标准,推进各部门持续改善和优化能源管理工作;举办关于能源审计、节能管理等能源管理培训
		制定并逐步实施电力企业的油改气发电计划,进一步提高天然气发电的比率	—	—
		建设和完善智慧电网和智能水网	—	—

续上表

实施碳减排的领域	策略	行动计划	出台政策与指引	已开展工作
建筑	推动建筑节能	全面在私人建筑工程中推广应用有关环保建筑指引	桩基（环保）计划、《桩基（环保）计划编制指引》	2013年起，实施桩基（环保）计划；2011年起，在招标文件中加入"环境指引"
建筑	推动建筑节能	在新城区规划设计及旧区重整中引入环保建筑指引	《澳门建筑物能耗优化技术指引》、《澳门公共户外照明设计指引》	2009年推出了《建筑物能耗优化技术指引》，为建筑业界在节约能源方面提供具体的技术指引，供业界在设计及建造新的建筑物时作参考；公共建筑建设时优先选择环保物料和节能设备，并尽可能采用天面绿化、自然采光等环保元素
建筑	推动交通节能	发展新能源汽车	《澳门引入及推广环保车辆的短、中、长期规划》《电动车辆充电设施安全技术指引》《公共部门环保车辆管理指引》	持续推动天然气巴士、电动巴士等新能源汽车的投入使用，在公共停车场和公共道路周边留设充电车、安装充电设施
社会生活	引领全社会节能	进一步促进企业在营运中节约能源	《公共部门及机构节约能源承诺与内部指引制作建议》、《公共部门环境管理指南》、"澳门酒店企业碳审计划"、"澳门环保酒店奖"、"美食节减废计划"、"环保超市嘉许计划"	完成并推广"澳门综合酒店娱乐场实环保企业碳审施工作指南"；建立"澳门综合酒店企业碳审施工作小组"工作机制，推动综合酒店娱乐场企业实践更多节能减排、减废回收等环保措施；举行"澳门环保酒店奖"颁奖活动，持续提升碳审计划；开展"美食节减废计划"，推出"环保超市嘉许计划"有关要求，节能、节水、节能、环保车辆和碳审计有关要求；开展"美食节减废计划"；推出"环保超市嘉许计划"，"节能"为主要指标，推动商户减少过度包装，回收及重用日常用电，实践环境管理
社会生活	构建低碳消费体系		"减塑有着数""走塑好Easy""食肆厨余回收先导计划"	开展"减塑有着数"和"走塑好Easy"活动；开展"食肆厨余回收先导计划"，对不具备条件自设厨余处理设备的餐厅所产生的部分厨余进行回收处理

注：本表内容由笔者根据香港特区政府网站政策文件内容整理而得。

4. 小结

本研究的政策文件发布的时间范围为 2015 年 1 月 1 日至 2021 年 12 月 1 日。政策文本的来源主要是党中央、国务院及其办公厅，党中央、国务院的组成机构，广东省党委和政府、香港特别行政区政府和澳门特别行政区政府出台的有关开放政府数据政策。

在政策整理中，笔者剔除了与本研究在区域上、主题上无关的政策文件、已出现新版本政策文件，例如《广东省生态环境厅关于推进粤东西北地区燃煤锅炉淘汰工作的函》《广东省企业碳排放核查规范（2014 版）》等，整理后获得粤港澳碳达峰与碳中和政策供给整体情况如表 2-3 所示。

表 2-3 2015—2021 年粤港澳碳达峰与碳中和政策供给情况一览表

主体	政策数量			
	规划性	实施性	标准指引性	合计
国家	9	53	10	72
广东省	15	30	22	67
广州市	7	12	2	21
深圳市	2	14	6	22
香港特别行政区	6	6	11	23
澳门特别行政区	2	3	2	7

注：本表由笔者整理国家、粤港澳大湾区地方政府在 2015 年 1 月 1 日至 2021 年 12 月 1 日发布的政策文本所得。

从 2015 年至 2021 年粤港澳大湾区不同区域碳达峰与碳中和政策供给的整体情况来看，珠三角地区的政策供给数量大大高于港澳，这是由于珠三角地区的政策来源包括国家、省级和地市等层级政府，存在同一主题的政策经由"国家—省—地市"不断细化的过程，而港澳的政策供给主体分别为香港特区政府和澳门特区政府。

从政策供给的时间维度看，粤港澳三方碳达峰与碳中和政策供给存在年际间波动，其中 2019 年最少，仅供给 5 份政策；2017 年和 2021 年出现政策供给高峰，分别供给 22 份和 28 份。国家在 2021 年碳达峰与碳中和政策供给急剧增加，当年政策供给量增加 2 倍。国家陆续发布

《中共中央 国务院关于完整准确全面贯彻新发展理念做好碳达峰碳中和工作的意见》《国务院关于印发 2030 年前碳达峰行动方案的通知》和《国务院关于加快建立健全绿色低碳循环发展经济体系的指导意见》等"十四五"碳达峰工作总体安排，近期广东省和珠三角九市将随着该安排制定相应的碳达峰方案及各领域工作措施。此外，澳门尚未出台专门的应对气候变化或碳达峰方案，随着澳门能源业发展办公室并入澳门环境保护局，其节能降碳与污染治理的协同治理将进一步加强。综上所述，预计未来几年，粤港澳大湾区将大量供给碳达峰与碳中和政策。

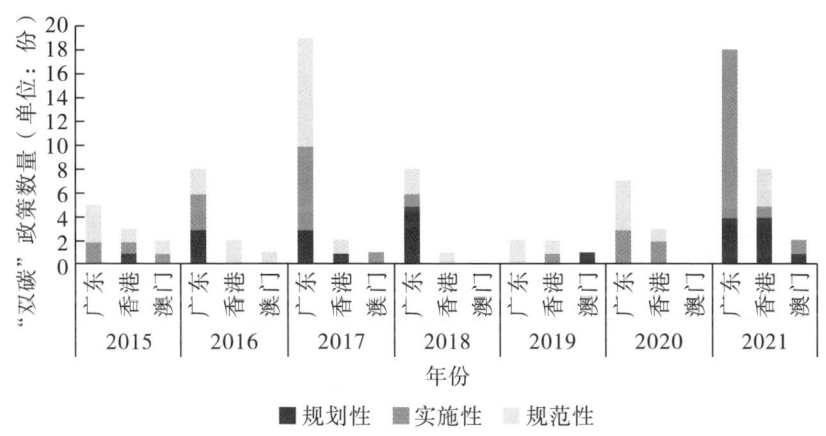

图 2-1 2015—2021 年粤港澳碳达峰与碳中和政策供给趋势变化图

从政策供给的主体看，珠三角地区碳达峰与碳中和政策的发文主体呈现总量与分量双递增的现象。2015 年的政策供给主体仅有广东省发展和改革委员会，2019 年有广东省人民政府和广东省住房和城乡建设厅两个主体，而 2016 年和 2018 年均有 4 个政策供给主体，在 2020 年、2021 年两年政策供给主体分别增长至 10 个和 18 个。可见，粤方碳达峰与碳中和工作呈现多部门联合协同推进的态势。为推进建筑减碳，2020 年广东省出台《广东省绿色建筑条例》，2021 年 4 份政策的供给主体为广东省政府，意味着广东省政府逐步重视碳达峰与碳中和政策。此外，因机构改革，从 2019 年起应对气候变化职能从发改部门移交至生态环境部门，由此，从 2020 年起，广东省生态环境厅逐步成为碳达峰与碳中和政策供给主体。香港特别行政区的碳达峰与碳中和政策供给主要包括香港环境局和香港机电工程署,前者主要负责碳达峰与碳中和工作整体谋划和废弃物处置碳排放降低,后者则重点负责能源和建筑降碳。澳门特别行政区现行有助于降碳的计划与指引主要由澳门环境保护局供给。粤港澳之间尚未联合开展碳达峰与碳中和政策制定。

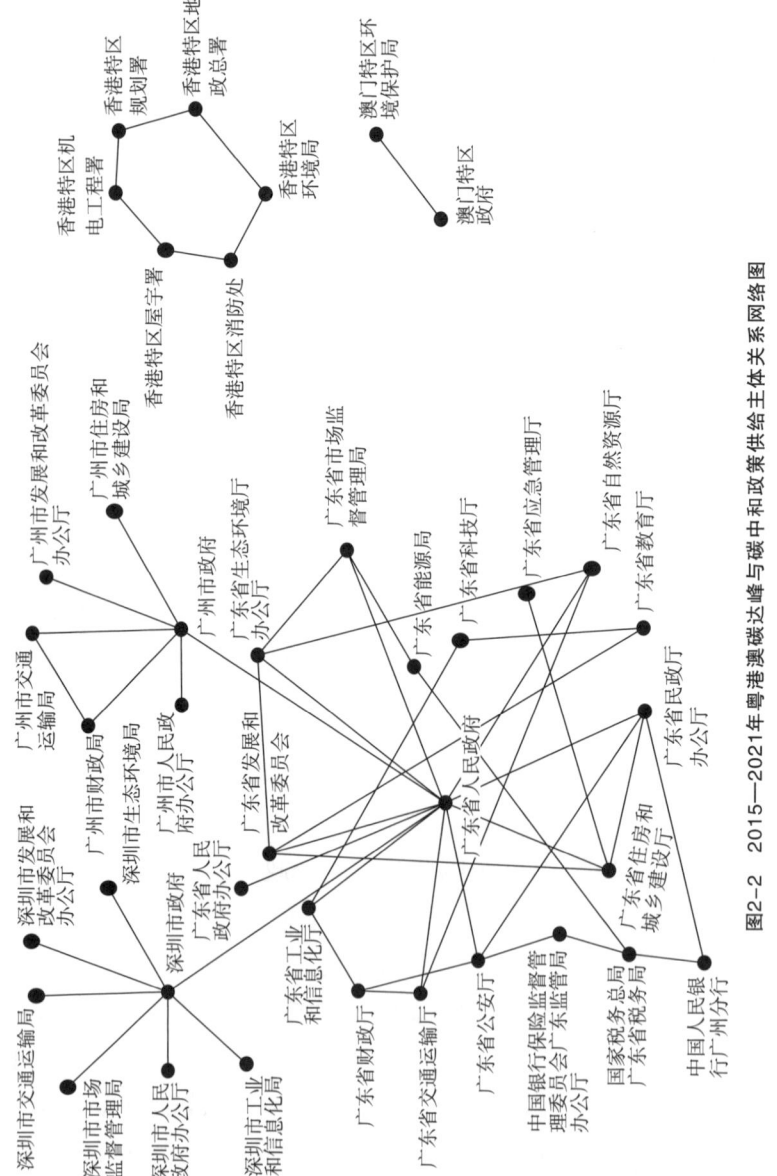

图2-2 2015—2021年粤港澳碳达峰与碳中和政策供给主体关系网络图

三、粤港澳大湾区碳达峰与碳中和政策协同度分析

笔者基于协同理论指导,利用内容分析法,以三地规划性政策与实施性政策为子系统分析并求得政策协同度,分析粤港澳大湾区碳达峰与碳中和政策协同状况以及其背后的原因,识别粤港澳三地碳达峰与碳中和政策协同的短板与关键点。

(一) 粤港澳大湾区碳达峰与碳中和政策目标协同度分析

2019年7月,国家发展改革委与粤港澳三地政府共同签署《深化粤港澳合作推进大湾区建设框架协议》。协议将"生态优先,绿色发展"作为粤港澳的合作原则,并提出建设绿色低碳湾区和构建高端引领、协同发展、特色突出、绿色低碳的开放性、创新型产业体系。可见,粤港澳大湾区建设过程中,粤港澳在产业和生态环境保护等领域协同推进绿色低碳湾区是一个重要内容。

香港特别行政区和澳门特别行政区作为中国的一部分,同时有责任且有义务实现国家所做出的碳减排目标承诺,因此,粤港澳具有一致的碳减排目标。同时,粤港澳大湾区作为国家战略,应主动探索通过绿色转型、高质量发展,率先实现碳达峰与碳中和,这就要求粤港澳大湾区整体率先实现碳达峰。由此可见,粤港澳大湾区遵循统一的碳减排目标,这是粤港澳三地开展碳达峰与碳中和政策协同的根本前提和基础。

广东省在《"十三五"控制温室气体排放工作方案》中提出,到2030年前碳排放率先达峰,虽没有明确具体年份,但对广州、深圳等经济发达城市提出了争取在2020年左右达峰的要求。低碳试点城市广州、深圳、中山分别提出了2020年、2020—2022年、2023—2025年达到碳排放峰值的目标。广东省以及珠三角九市的"十四五"规划均未明确具体碳达峰时间,仅提出全省在2035年前"碳排放率先达峰后稳中有降",珠三角地区率先实现碳达峰。香港特区已于2014年率先实现碳达峰,并已提出2050年前实现碳中和的目标。澳门特区也已确定2030年或之前实现碳达峰的目标。广东省和珠三角九市的碳排放强度指标目标需待国家下达后确定,初步判断应高于全国的"十四五"期

间碳排放强度下降18%和2030年碳排放强度比2005年下降65%以上的要求，与香港的2030年碳排放强度比2005年水平降低65%至70%，基本持平；澳门提出2025年碳排放强度比2005年下降55%以上，未明确2030年碳排放强度。综上所述，粤港澳均遵循国家整体碳达峰与碳中和目标，并积极推进提前实现目标，但大湾区尚未确立统一的降碳目标。

表3-1 粤港澳碳达峰与碳中和相关目标一览表

政府主体	年份	目标		文件来源
国家	2025年	单位国内生产总值能耗比2020年下降13.5%；单位国内生产总值二氧化碳排放比2020年下降18%；非化石能源消费比重达到20%左右		《意见》[1]《行动方案》[2]
	2030年	达峰时间	二氧化碳排放2030年左右达到峰值并争取尽早达峰	《强化行动》[3]
			2030年前，二氧化碳排放量达到峰值并实现稳中有降	《意见》《行动方案》
		单位国内生产总值二氧化碳排放	比2005年下降60%~65%	《强化行动》
			比2005年下降65%以上	《意见》《行动方案》
		非化石能源占一次能源消费比重	达到20%左右	《强化行动》
			达到25%左右	《意见》《行动方案》
	2060年	能源利用效率达到国际先进水平，非化石能源消费比重达到80%以上，碳中和目标顺利实现		《意见》
广东省	2025年	全省煤炭消费占一次能源消费比重控制在31%以下，珠三角实现煤炭消费总量负增长；天然气占一次能源消费比重达到14%		《省"十四五"规划纲要》[4]《省环保"十四五"规划》[5]
		全省非化石能源占一次能源消费比重	达到29%以上	《省"十四五"规划纲要》《省环保"十四五"规划》《省生态文明规划》[6]
		单位地区生产总值能源消耗降低	五年累计达到14.5	《省生态文明规划》
		单位地区生产总值二氧化碳排放降低	按国家核定目标执行	《省"十四五"规划纲要》《省环保"十四五"规划》《省生态文明规划》

续上表

政府主体	年份	目标		文件来源
广东省	2025年	绿色建筑占城镇新建建筑比例	100%	《省生态文明规划》
	2035年	碳排放率先达峰后稳中有降，能源利用效率力争达到世界先进水平		《省"十四五"规划纲要》《省环保"十四五"规划》
		碳排放控制走在全国前列，有条件的地区或行业碳排放率先达峰		
香港特别行政区	2025年	把能源强度由2005年水平减少40%		《香港都市节能蓝图2015—2025+》
	2030年	碳排放强度由2005年水平降低65%至70%		《香港气候行动蓝图2030+》
	2035年	碳排放总量由2005年水平减少50%		《香港气候行动蓝图2050》
		商业楼宇用电量减15%至20%，住宅楼宇用电量减10%至15%		《香港气候行动蓝图2050》
	2050年	2050年前实现碳中和		《2020年施政报告》《香港气候行动蓝图2050》
		商业楼宇用电量减30%至40%，住宅楼宇用电量减20%至30%		《香港气候行动蓝图2050》
		车辆和运输界别达至零碳排放		《香港气候行动蓝图2050》
澳门特别行政区	2025	二氧化碳排放率比2005年下降超过55%		《澳门第二个五年规划》
		二氧化碳排放率低于8.5吨二氧化碳当量/百万澳门元		《澳门环境保护规划（2021—2025）》
		公共巴士使用新能源车辆比例超过90%		《澳门环境保护规划（2021—2025）》
		新登记轻型汽车的电动车比例为15%～20%		《澳门环境保护规划（2021—2025）》
	2030年	2030年或之前实现碳达峰		《澳门第二个五年规划》

注：1.《意见》为《中共中央 国务院关于完整准确全面贯彻新发展理念做好碳达峰碳中和工作的意见》；2.《行动方案》为《国务院关于印发2030年前碳达峰行动方案的通知》（国发〔2021〕23号）；3.《强化行动》为《强化应对气候变化行动——中国国家自主贡献》；4.《省"十四五"规划纲要》为《广东省国民经济和社会发展第十四个五年规划和2035年远景目标纲要》；5.《省环保"十四五"规划》为《广东省生态环境保护"十四五"规划》；6.《省生态文明规划》为《广东省生态文明建设"十四五"规划》；7.《澳门第二个五年规划》为《澳门特别行政区经济和社会发展第二个五年规划（2021—2025年）》。本表内容由笔者根据粤港澳碳达峰与碳中和相关政策文件内容整理而得。

(二) 粤港澳大湾区碳达峰与碳中和规划性政策内容协同度分析

从粤港澳三方碳达峰与碳中和规划性政策内容看，珠三角九市、港、澳碳排放结构、碳中和目标进度差异对三方的碳达峰与碳中和政策内容具有一定的影响（表3-2）。

表3-2　2015—2021年粤港澳碳达峰与碳中和规划性政策一览表

供应主体	政策名称
广东	1.《广东省国民经济和社会发展第十四个五年规划和2035年远景目标纲要》
	2.《广东省生态文明建设"十四五"规划》
	3.广东省生态环境保护"十四五"规划的通知
	4.《广东省国民经济和社会发展第十三个五年规划纲要》
	5.《广东省节能减排"十三五"规划》
	6.《广东省应对气候变化"十三五"规划》
	7.《广东省制造业高质量发展"十四五"规划》
	8.《广东省先进制造业发展"十三五"规划》
	9.《广东省能源发展"十三五"规划》
	10.《广东省"十三五"能源结构调整实施方案》
	11.广东省发展改革委　广东省经济和信息化委　广东省环境保护厅　广东省统计局关于调整珠三角地区煤炭消费减量控制目标的通知
	12.《广东省陆上风电发展规划（2016—2030年）》
	13.《广东省绿色建筑量质齐升三年行动方案（2018—2020年）》
	14.《广东省发展改革委关于印发《广东省电动汽车充电基础设施规划（2016—2020年）》的通知
	15.《广东省交通运输节能减排"十三五"发展规划》
香港	1.《香港气候行动蓝图2030+》
	2.《香港气候行动蓝图2050》
	3.《香港清新空气蓝图2035》
	4.《香港都市节能蓝图2015—2025+》
	5.《香港资源循环蓝图2035》
	6.《香港电动车普及化路线图》
澳门	1.《澳门特别行政区经济和社会发展第二个五年规划（2021—2025年）》
	2.《环保超市嘉奖计划》

由于粤港澳大湾区内城市均未实现碳中和，因此，粤港澳碳达峰与碳中和政策内容均集中在持续减少二氧化碳排放上，以支撑其碳达峰与碳中和目标的实现。综上所述，粤港澳三方碳达峰与碳中和政策内容均聚焦持续减少碳排放，政策内容整体一致。

由于粤港澳二氧化碳排放及降碳领域的差异，珠三角地区、香港、澳门三地碳达峰与碳中和政策内容上存在一定的差异。其中，珠三角地区实现碳达峰与碳中和的政策内容重点包括制定行动方案、优化能源结构、优化产业结构、推广低碳建筑、优化交通结构、推进低碳试点、推动低碳技术、发展绿色金融和建立低碳发展评价体系等九大方面。而香港特别行政区和澳门特别行政区实现碳达峰与碳中和政策内容均仅包括制定行动方案、优化能源结构、推广低碳建筑、优化交通结构、推进低碳试点、推动低碳技术、发展绿色金融等七大方面，缺少"优化产业结构"和"建立低碳发展评价体系"两个政策内容。其中，因香港和澳门的经济体系均以第三产业为主导，没有很多耗用大量能源的工业，故未将优化产业结构作为主要降碳策略；香港和澳门已单独开展区域碳排放评估，且由于地域较小、行政层级较少，因此均无推行区域低碳发展评价体系的工作计划。

在制定行动方案方面，香港已制定并发布《香港气候行动蓝图2050》，珠三角地区和澳门特别行政区虽未发布，但均提出在"十四五"期间制定应对气候变化行动方案。

在优化能源结构方面，粤港澳之间政策协同度较高，三方均提出提高清洁低碳能源比例；此外，粤港均提出淘汰煤电政策，粤澳均提出增加天然气供应政策。

在推广低碳建筑方面，三地均提出现有建筑优化节能措施，粤港均提出现有建筑节能监测与审核等节能管理，粤澳均提出应用可再生能源产品或设备和可再生能源利用等新建建筑的节能设计。

在优化交通结构方面，粤港澳均提出运输车辆使用清洁能源或电动化和提升公交出行与非机动出行比例，粤港同时提出提升道路通行效率，粤方针对货运减排提出了货运结构调整和推动联运通道化发展，香港提出淘汰燃油车辆。

在推进低碳试点方面,粤港澳三方均倡导居民绿色低碳生活、推动减废回收和管制一次性塑料制品,粤澳同时提出开展各类低碳绿色试点,粤方还提出推进政府绿色采购。

在推动低碳技术方面,粤港澳三方均计划资助发展低碳技术,且香港提出与大湾区其他城市协同发展低碳科创产业的区域合作计划。

在发展绿色金融方面,粤港澳均计划发展绿色金融,粤港均计划推动形成大湾区碳市场,同时,粤方提出粤港澳碳标签互认的区域合作计划和拓展碳普惠并建立联盟措施。

在建立低碳发展评价体系方面,粤方计划推动粤港澳大湾区制定绿色低碳发展评价指标体系并定期评价。

基于以上分析,笔者对粤港澳三方在实现碳达峰与碳中和的九大方面的政策内容进行协同度的打分,按照满分为 10 分,某一具体政策内容均三方一致的,得 10 分;某一具体政策内容两方一致的,得 5 分;某一具体政策内容仅一方供应但属于区域合作的,得 5 分;某一具体政策内容仅一方单独供应的,得 0 分。粤港澳三方在实现碳达峰与碳中和的九大方面政策内容协同度为其具体政策内容协同度得分均值(如式 3 - 1 所示),根据具体政策内容分协同度计算获得的九大方面政策内容协同度得分见表 3 - 3。

$$S_i = \frac{\sum_{j=1}^{m} S_j}{m} \quad (式 3-1)$$

式 3 - 1 中:S_i 为粤港澳三方某一政策方面的政策协同度的分值;
S_j 为粤港澳三方某一具体政策方面的政策协同度的分值;
m 为某一政策方面粤港澳三方合计供应的具体政策数量。

粤港澳大湾区实现碳达峰与碳中和的政策内容协同度得分为其九大方面政策内容协同度得分均值(如式 3 - 2 所示)。

$$S = \frac{\sum_{i=1}^{9} S_i}{9} \quad (式 3-2)$$

根据粤港澳大湾区实现碳达峰与碳中和的九大方面政策内容协同度

得分计算粤港澳大湾区整体政策内容协同度得分为 5.83。这一结果显示目前粤港澳大湾区规划性政策协同度有待进一步提升，体现在：粤港澳大湾区 25 项具体政策中，三方协同的 10 项，粤港协同的 4 项，粤澳协同的 4 项，单方提出区域合作的 2 项；粤港澳三方九个政策方面中，完全协同与完全不协同的分别各一个。

表 3-3　粤港澳实现碳达峰与碳中和的规划性政策内容协同度得分表

政策方面	具体政策内容及其协同情况描述	打分
制定行动方案	计划或已制定行动方案（粤港澳）	10
优化能源结构	1. 发展清洁低碳能源（粤港澳）；2. 淘汰燃煤发电（粤港）；3. 提升天然气供应（粤澳）	6.7
优化产业结构	仅广东提出	0
推广低碳建筑	1. 优化低碳建筑设计（粤澳）；2. 建筑利用可再生能源及余热等（粤澳）；3. 现有建筑优化节能（粤港澳）；4. 现有建筑能耗监测与管理（粤港）	6.3
优化交通结构	1. 货运结构调整（仅粤）；2. 推动联运通道化发展（仅粤）；3. 运输车辆使用清洁能源或电动化（粤港澳）；4. 提升公交出行、非机动出行比例（粤港澳）；5. 提升道路通行效率（粤港）；淘汰燃油车辆（仅港）	5
推进低碳试点	1. 开展各类低碳绿色试点（粤澳）；2. 倡导居民绿色低碳生活（粤港澳）；3. 政府绿色采购（仅粤）；4. 推动减废回收（粤港澳）；5. 管制一次性塑料制品（粤港澳＊）	7
推动低碳技术	1. 资助发展低碳技术（粤港澳）；2. 协同发展低碳科创产业（香港提出合作）	7.5
发展绿色金融	1. 发展绿色金融（粤港澳）；2. 推动形成大湾区碳市场（粤港）；3. 拓展碳普惠并建立联盟（仅粤）；4. 粤港澳碳标签互认（粤提出合作）	5
建立低碳发展评价体系	推动粤港澳大湾区制定绿色低碳发展评价指标体系并定期评价（粤提出合作）	5
整体得分	/	5.83

注：本次研究中粤澳碳达峰与碳中和专项规划性政策中虽未列明，但两地均已出台管制一次性塑料制品政策，因此本项政策视为三方协同。

（三）粤港澳大湾区碳达峰与碳中和执行性政策内容协同度分析

粤港澳三方实现碳达峰与碳中和的执行性政策数量差距较大，分别为 30 份、6 份和 2 份。在政策内容上，也存在较大差距，粤方执行性政策包括了综合型政策、低碳能源、低碳产业、低碳建筑、低碳交通、低碳试点和绿色金融（碳排放交易）等方面，香港特别行政区供应的执行性政策主要聚焦低碳建筑，而澳门特别行政区供应的执行性政策则涉及低碳交通和低碳技术。同时，粤港澳三方尚未就实现碳达峰与碳中和联合发布执行性政策。综上所述，目前粤港澳大湾区执行性政策协同度较低。

表 3-4　2015—2021 年粤港澳大湾区碳达峰与碳中和执行性政策一览表

供应主体	政策名称
广东	1.《广东省人民政府关于加快建立健全绿色低碳循环发展经济体系的实施意见》
	2.《广东省推进"无废城市"建设试点工作方案》
	3.《广东省"十三五"控制温室气体排放工作实施方案》
	4.《2017 年广东国家低碳省试点工作要点》
	5.《广东省坚决遏制"两高"项目盲目发展的实施方案》
	6.《关于开展石化行业建设项目碳排放环境影响评价试点工作的通知》
	7. 关于贯彻落实生态环境部《关于加强高耗能、高排放建设项目生态环境源头防控的指导意见》的通知
	8.《广东省工业和信息化厅　广东省财政厅关于印发先进制造业发展专项资金（企业技术改造）管理实施细则的通知》
	9.《广东省加快氢燃料电池汽车产业发展实施方案》
	10.《广东省人民政府关于加快新能源汽车产业创新发展的意见》
	11. 广东省经济和信息化委关于印发广东省循环经济工业园认定管理办法（修订）的通知
	12.《广东省人民政府办公厅关于印发促进海上风电有序开发和相关产业可持续发展实施方案的通知》
	13.《广东省发展改革委关于我省可再生能源电力消纳保障的实施方案（试行）》
	14.《广东省培育新能源战略性新兴产业集群行动计划（2021—2025 年）》

续上表

供应主体	政策名称
广东	15.《广东省能源消费总量控制工作方案》
	16.《广东省发展改革委关于印发 2017 年广东省陆上风电开发建设方案的通知》
	17.《广东省发展改革委关于促进我省天然气热电项目有序发展的指导意见》
	18.《广东省发展改革委关于落实国家能源局国能新能〔2016〕383 号文做好我省 2016 年普通光伏电站建设指标配置工作的通知》
	19.《广东省 2015 年光伏发电建设计划》
	20.《广东省绿色建筑创建行动实施方案（2021—2023）》
	21.《广东省促进建筑业高质量发展的若干措施》
	22.《广东省绿色建筑条例》
	23.《广东省住房和城乡建设厅关于建筑工程绿色施工的管理办法（暂行）》
	24.《广东省 2021 年度碳排放配额分配实施方案》
	25.《广东省碳普惠制试点工作实施方案》
	26.《广东省绿色社区创建行动实施方案》
	27.《广东省近零碳排放区示范工程实施方案》
	28.《2017 年广东国家低碳省试点工作要点》
	29.《广东省交通运输厅关于 LNG 动力船舶优先过闸的指导意见》
	30.《广东省内河航运绿色发展示范工程船舶 LNG 动力改造补贴实施方案》
香港	1.《节能约章 2020》
	2.《绿色校园 2.0——智能悭电》
	3.《区域供冷服务条例（第 624 章）》
	4.《能源效益（产品标签）条例》
	5.《建筑物能源效益条例》
	6.《香港建筑物能源效益注册计划》（注册计划）》
澳门	1.《淘汰重型及轻型二冲程摩托车资助计划》
	2.《修改第 21/2011 号行政法规〈环保与节能基金〉》

(四) 粤港澳大湾区碳达峰与碳中和政策协同连结点分析

目前,已有国家政策明确支持的或粤港澳已开展碳达峰与碳中和政策协同的工作,可以成为未来粤港澳大湾区在该领域实现政策协同的连结点。

粤港清洁生产伙伴计划,为在粤港资企业践行清洁生产、节能减排提供技术、资金等支持,可作为粤港澳大湾区进一步协同推进产业低碳改造的连结点。从2007年8月起,粤港两地政府先后签订了《关于推动粤港两地企业开展节能清洁生产及资源综合利用工作的合作协议》《粤港清洁生产合作协议》等合作协议,从2008年4月起开展的"清洁生产伙伴计划",经过香港特区政府三次追加投入,该计划地域范围从珠三角地区扩展至全广东省,从首期的5年期延长至2025年。通过实施粤港清洁生产伙伴计划,粤港之间建立了粤港协同推进在粤港资企业绿色低碳生产的工作机制,参与该计划的在粤港资企业清洁生产水平、低碳生产水平均有明显的提升,引领包括珠三角地区在内的广东省企业低碳绿色发展。未来,粤港澳协同推进产业低碳发展可充分借鉴粤港清洁生产伙伴计划协作经验,优化升级粤港清洁生产合作专责小组等工作机制。

基于内地向港澳提供电力供应的大湾区能源结构现状,电力生产低碳化可作为推进粤港澳大湾区低碳能源协作的连结点。从粤港澳大湾区的能源消耗情况看,大湾区呈现以电力为主的能源消耗结构。而长期以来,香港和澳门从内地进口能源,2020年,澳门89.6%的电力来自内地进口,香港100%的天然气、99.9%的石油气和26.6%的电力均来自内地,其中,内地低碳核电的供应为港澳发展低碳能源帮助巨大。电力行业是澳门温室气体排放的最大贡献源,澳门温室气体排放特征深受毗邻的内地能源供给侧结构的影响。可以说港澳社会能源消耗环节的碳减排潜力及其实现与珠三角地区城市具有强烈的协同性。未来,受地理因素限制,港澳发展较具规模和效益的零碳能源同样必需通过区域合作实现。因此,通过区域协作,统筹粤港澳大湾区零碳能源发展和电力生产低碳化,是实现大湾区共同低碳能源目标的有效途径。

基于粤港澳大湾区科创产业链条完整且具有一定比较优势,以绿色低碳科技创新协同为连结点，强化大湾区实现碳达峰与碳中和技术创新支撑。粤港澳大湾区在应对气候变化方面，具有一定的科技创新、产业技术优势，作为国家生态文明建设先行先试区、高质量绿色发展示范区，粤港澳大湾区有责任也有能力重点加强科技创新、产业升级，探索绿色低碳循环发展经济体系实现碳达峰与碳中和目标。粤港、粤澳间已开展包括以绿色科技为主题的研发资助计划和示范项目等科创合作，培育了香港科技大学霍英东研究院等粤港澳大湾区绿色低碳科技创新基地，下一步应强化协作，优势互补，打造贯通上、中、下游的创科产业链，为粤港澳大湾区迈向碳中和提供强劲科技动力。

基于碳标签互认可行研究工作基础，以建立碳标签互认机制为连结点，推进粤港澳大湾区绿色低碳产品供应链协作。"十三五"期间，粤港两地认证机构已就碳标签互认开展可行性研究合作。广东省作为国家低碳产品认证试点，已开展部分低碳产品认证示范；香港特别行政区已开展强制性能源效益标签计划，同时，粤港澳大湾区存在密切的区域往来贸易，推动粤港澳大湾区开展碳标签互认机制研究与应用示范，进一步推动建立大湾区产品碳足迹与绿色低碳产品认证制度，将引导粤港澳大湾区企业实现低碳转型升级，促进大湾区绿色贸易发展。

依托现有穗深碳排放权交易平台，以粤港澳大湾区碳市场建设为连结点，推进粤港澳大湾区绿色金融协作。2020年，《中国人民银行　中国银行　保险监督管理委员会　中国证券监督管理委员会　国家外汇管理局关于金融支持粤港澳大湾区建设的意见》（银发〔2020〕95号）提出推动粤港澳大湾区绿色金融合作。目前，粤港澳大湾区内已有广州碳排放权交易中心、深圳碳排放权交易中心两个碳交易平台，国家鼓励粤港澳大湾区进行绿色金融创新，粤港均明确提出"积极推动形成粤港澳大湾区碳市场"[①]。以广东省、深圳市碳排放权交易试点为基础，

---

①《广东省国民经济和社会发展第十四个五年规划和2035年远景目标纲要》提出，"深化碳交易试点，积极推动形成粤港澳大湾区碳市场"；《广东省生态文明建设"十四五"规划》提出，"开展粤港澳大湾区碳市场体系建设可行性研究，推动粤港澳大湾区碳市场建设"；《广东省人民政府关于加快建立健全绿色低碳循环发展经济体系的实施意见》（粤府〔2021〕81号）提出，"研究建设粤港澳大湾区碳排放权交易市场，推动碳排放交易外汇试点，支持符合条件的境外投资者参与广东碳排放权交易"。

依托香港国际金融中心优势,加强粤港澳碳市场相关交流合作,逐步建立粤港澳大湾区碳市场,推进大湾区碳排放权交易外汇试点,允许合格的境外投资者以外汇或人民币参与内地碳排放权交易。理顺粤港澳三方碳交易、绿色金融标准,形成联通国际的、有利于提升绿色资金畅顺流动的粤港澳大湾区绿色金融标准体系,促进粤港澳大湾区碳交易市场、绿色基金、绿色保险等绿色金融体系的建立健全。

四、粤港澳大湾区碳达峰与碳中和政策协同机制研究

(一)粤港澳推进碳达峰与碳中和的区域间合作机制现状

事实上,粤港澳三方政府之间长期以来持续开展区域间应对气候变化合作,粤港澳气候变化合作机制随着国家机构改革、粤港澳大湾区国家战略提出等环境而不断调整和演变,以期达到最大的区域合作成效。

2011年8月,粤港双方签署《粤港应对气候变化合作协议》,随后双方在联席会议下成立"粤港应对气候变化联络协调小组"(以下简称为"气候小组"),主要负责就粤港应对气候变化合作进行磋商,协调粤港应对气候变化的活动和措施,推进相关的科研和技术开发。在"气候小组"下设立两个专责工作小组,分别负责推动适应及减缓气候变化的交流合作。2019年11月,"气候小组"与"粤港持续发展与环保合作小组"合并组成"粤港持续发展与环保合作小组",该小组承接原"气候小组"的职能。

粤澳环保合作始于20世纪90年代初,2002年5月成立了"粤澳环保合作专责小组"。近年来,在粤澳合作联席会议框架下,双方在环境宣传教育、环保产业、空气监测、固体废物处理、水葫芦治理等方面开展了交流合作,取得了明显成效。2021年2月,原澳门能源业发展办公室并入澳门环境保护局,"粤澳环保合作专责小组"增加气候变化交流合作内容。在"一国两制"框架下,粤澳合作体现创新精神,追求制度互补的收益最大化,并争取将制度摩擦导致的成本最小化。

此外,2015年,珠三角地区九市联合发表《珠三角城市群绿色低碳发展深圳宣言》,实施珠三角城市群绿色低碳发展行动方案,建设绿

色低碳产业体系和低碳城市基础设施,力争珠三角城市群碳排放在全国、全省率先达峰,广州、深圳等发达城市争取在2020年左右达峰。不过,珠三角城市群尚未进一步建立相关低碳发展协作工作机制。

自2008年开始,港澳建立年度港澳环保合作会议机制,在年度港澳环保合作会议的督导下,港澳在空气污染防治、环境影响评估、废物管理、污水管理、环境监测与研究、环保宣传教育、环保培训与交流、重大跨境环境突发事故通报以及环保产业合作等多个范畴开展交流与合作。

2012年6月,首份由粤港澳三地政府共同编制的区域性专项规划《共建优质生活圈专项规划》发布,该规划提出了共建优质生活圈的区域发展愿景,从环境生态、低碳发展、文化民生、空间组织、交通组织等五个领域提出合作建议。该规划明确了为共同促进低碳发展,粤港澳应建立区域低碳发展合作机制、深入开展区域清洁生产合作、加强区域环保产业合作、新能源与可再生能源研发及应用合作和清洁能源供应与基建合作等。粤港澳三地政府利用现有的粤港、粤澳合作联席会议机制及港澳高层会议机制,将相关合作建议纳入相关专责小组的议事日程,以推进该规划的措施和项目。

综上所述,粤港澳之间的碳达峰与碳中和交流合作机制以粤港、粤澳和港澳之间的双边合作为主,尚未形成粤港澳的三边协作机制。

(二)粤港澳政策协同典型做法借鉴

粤港澳大湾区在生态环境保护和绿色发展政策协同做了大量的探索,在一些领域形成了较好的政策系统做法与经验,可供粤港澳大湾区"碳达峰"和"碳中和"政策协同参考借鉴。

1. 大气污染控制政策协同机制

目前,粤港澳环境保护合作主要以双边合作为主,三方合作主要依托泛珠三角区域环保合作平台开展,并逐步在区域大气污染联防联治等具体的领域开展三方合作。

由于珠三角区域空气质量不断恶化,从1998年开始,粤港政府联合开展对珠江三角洲地区空气质量的研究。2002年,完成的《珠江三角洲空气质素研究》建议粤港两地政府合作实施区域空气质素管理计划。2002年4月,粤港政府签署了《关于改善珠江三角洲空气质素的联合声明(2002—2010年)》(以下简称《联合声明》),确定粤港实施主要污染物排放总量协同控制,并提出协同减排目标,其中2010年珠江三角洲二氧化硫(SO_2)、氮氧化物(NO_X)、可吸入颗粒物(PM_{10})和挥发性有机化合物(VOC)的排放总量比1997年分别减少40%、20%、55%和55%。

2002年,粤港政府签署了《关于改善珠江三角洲空气素质的联合声明(2002—2010年)》,提出"力争到2010年实现珠江三角洲二氧化硫、氮氧化物、可吸入颗粒物和挥发性有机化合物的排放总量比1997年分别减少40%、20%、55%和55%"的共同的、可考核的大气污染减排目标。为实现该目标,粤港首次联合制定区域性环保策略——《珠江三角洲地区空气质素管理计划(2002—2010年)》(以下简称《管理计划(2002—2010)》)。《管理计划(2002—2010)》提出共建区域性空气质素监测网络、编制珠江三角洲地区空气污染物排放清单、排污交易试验计划等一系列的措施。此外,粤港联合制定了《珠江三角洲地区空气污染物排放清单编制手册》等技术文件,逐步形成统一的大气污染物核算技术体系,实现粤港间大气污染物估算方法与结果的衔接与可比性。在粤港持续发展与环保合作小组之下成立了珠江三角洲空气质素管理及监察专责小组,具体职责为向粤港持续发展与环保合作小组提交改善区域空气质量的建议与措施、监察区内空气质量变化、分析防治措施成效、开展人员培训、进行技术交流和探讨将新技术和新措施引入区内使用的可行性等。2012年,粤港联合完成《珠江三角洲地区空气质素管理计划(2002—2010年)评估报告》,实现了对区域共同策略的联合督导与评估,并滚动实施《珠江三角洲区域空气质素管理计划(2011—2020年)》。

为了达到《管理计划(2002—2010年)》的减排目标,粤港双方分别推行多项大气污染物减排措施。香港特别行政区主要收紧发电厂的排放总量上限,要求发电厂安装脱硫及脱硝设施,收紧新登记车辆废气排放标准至欧盟Ⅳ期,全面提供欧盟Ⅴ期的车用柴油和汽油,资助旧柴油车转换为符合欧盟 IV 期排放标准的新车，收紧工业柴油的含硫量至 0.005%，完成所有加油站油气回收系统安装和立法限制产品的 VOC 含量和印刷工序的 VOC 排放。珠三角地区先后颁布和实施《珠江三角洲环境保护规划（2004—2020）》《广东省珠江三角洲大气污染防治办法》《广东省机动车排气污染防治条例》《广东省珠江三角洲清洁空气行动计划》等政策，建立珠三角大气污染防治联席会议制度，通过"双转移"促进产业转型升级，调整能源结构和能源布局，淘汰水泥、钢铁、造纸等重点行业落后产能，淘汰、治理中小燃煤燃油锅炉，实施火电厂脱硫脱硝；开展珠三角地区内加油站、油库和所有油罐车油气回收改造；珠三角地区新车提前执行机动车排放"国Ⅳ"标准，逐步供应"国Ⅳ"车用汽油，广州、深圳等 6 个珠三角城市实施禁摩；实施新的锅炉、水泥、家具、印刷、制鞋及表面涂装（汽车制造）行业大气污染物排放标准等。

2009 年 8 月，粤港共同签署《粤港环保合作协议》，随后成立科研小组，联合开展《管理计划（2002—2010 年）》终期评估。评估结果显示，香港特别行政区全部达到了 2010 年的减排目标。珠三角地区 SO_2、NO_x、PM_{10} 这三项主要污染物排放总量完成了减排目标，VOC 排放总量较 1997 年削减 26.2%，但未达到既定目标[55]。科研小组建议继续开展粤港珠江三角洲区域空气质量监控网络优化、粤港澳空气质量监测联网、区域大气污染物排放源清单手册更新、大气超级站监测技术等研究工作。

表 4-1　《管理计划（2002—2010 年）》减排目标完成情况

污染物	地区	1997 年排放量（千吨）	2010 年排放量（千吨）	2010 年排放量削减率	减排目标（%）
SO_2	香港特区	82	35.5	-56.70%	40%
	珠江三角洲经济区	921	507	-45.00%	
	珠江三角洲地区	1003	542.5	-45.90%	
NO_X	香港特区	154	108.6	-29.50%	20%
	珠江三角洲经济区	1114	889	-20.20%	
	珠江三角洲地区	1268	997.6	-21.30%	

续上表

污染物	地区	1997年排放量（千吨）	2010年排放量（千吨）	2010年排放量削减率	减排目标（%）
PM_{10}	香港特区	15.5	6.3	-59.00%	55%
	珠江三角洲经济区	1544	637	-58.70%	
	珠江三角洲地区	1559.5	643.3	-58.70%	
VOC	香港特区	81.7	33.7	-58.80%	55%
	珠江三角洲经济区	1224	903	-26.20%	
	珠江三角洲地区	1305.7	936.7	-28.30%	

为进一步改善两地空气环境质量，粤港双方拟定《珠江三角洲地区空气质素管理计划（2011—2020年）》并提出了2015年的联合减排目标，即2015年，香港SO_2、NO_x、PM_{10}及VOC分别较之2010年减排25%、10%、10%、5%，珠三角地区分别减排16%、18%、10%、10%。2017年，完成中期回顾研究后，提出2020年的减排目标。为完成各自减排目标，香港于2013年启动实施《香港清新空气蓝图》，广东省也在2014年启动实施《广东省大气污染防治行动方案（2014—2017年）》，双方分别从工业源、海陆交通、发电和非道路流动机械等环节开展空气污染治理。

在船舶废气污染协同控制方面，2015年12月国家提出2017年1月1日起珠三角水域船舶排放控制区逐步实施燃油硫含量管控政策。随后香港和深圳先后实施靠泊转用低硫燃油政策。在2016年12月，交通运输部海事局与香港特别行政区环境局签订《内地与香港船舶大气污染防治合作协议》，加强双方在控制船舶大气污染方面的交流与合作。香港特区环保署、香港特区海事处、广东及深圳海事局成立了"内地与香港船舶排放控制区协同管理工作组"，并研究制订了《内地与香港船舶排放控制区协同管理工作组职责及运行机制》，推进内地与香港船舶排放控制区政策协同。

2. 粤港"清洁生产伙伴计划"政策协同机制

为了协调和推进香港及内地的环保技术企业向珠三角地区的港资企

业提供专业技术支援，扶持和帮助珠三角地区的港资企业通过采用清洁生产技术及工艺，实现节能减排、降耗增效。2007年8月，粤港两地政府签订了《关于推动粤港两地企业开展节能清洁生产及资源综合利用工作的合作协议》。2008年4月，香港特别行政区政府环境署联合原广东经济和信息化委员会开展为期5年的"清洁生产伙伴计划"，港方出资9300万港元帮助位于珠三角地区的港资企业开展节能减排工作。随后，香港特区政府追加5000万港元投资，并将计划延至2015年3月31日，扩展至全广东省。截至2014年12月底，"清洁生产伙伴计划"共批出超过2400个项目，有关项目可每年减少近2.8万吨的空气污染物排放（包括1.13万吨挥发性有机化合物、5100吨二氧化硫、1.18万吨氮氧化物及近1800万吨污水）、约1.1万太焦耳的能源消耗及约17亿港元生产成本。

2014年11月，原广东省经济和信息化委员会和香港特区政府环境局签署《粤港清洁生产合作协议》，在联席会议下成立专责小组，负责就粤港推动清洁生产加强交流合作。2015年，香港特区政府再追加投资1.5亿港元，将"清洁生产伙伴计划"延长至2020年。自2015年起，广东省节能降耗专项资金对获制造业标志的企业给予一次性5万元人民币奖励。"清洁生产伙伴计划"促进港资企业提高清洁生产水平，减少污染排放，同时带动本地企业开展清洁生产，对于提高广东省经济发展清洁生产水平具有一定的积极作用。

3. 粤港澳间再生资源回收利用协作机制

2009年国务院公布的《珠江三角洲地区改革发展规划纲要（2008—2020年）》，提出鼓励粤港澳开展物料回收、循环再用、转废为能的合作，研究废物管理合作模式。2004年2月，国务院批准了香港惰性拆建物料在内地海域处置的请求。同年3月，原国家海洋局和香港特区环境运输及工务局签订了《香港废弃物跨区倾倒管理工作合作安排》，明确香港废弃物跨区倾倒和惰性拆建物料跨区处置的申报程序、监管与执法、信息交换与合作机制等安排。2005年，国家海洋局南海分局与香港环境运输及工务局、土木工程拓展署签署《香港废弃物跨区倾倒管理实施方案》及《香港惰性拆建物料在内地海域处置管理实施方案》，确定疏浚物跨区倾倒和香港惰性拆建物料跨区处置的技术细节。原国家海洋局南海分局、海关、检验检疫、边检、海事等监管单位以及台山市后勤保障单位均进驻现场，落实处置区采取物料不落地、承运船舶人员不登陆，物料不报关、不报检、不转运的封闭式集中处置运作模式。

2004 年，国家海洋局与澳门特区政府港务局签订了《国家海洋局与澳门特别行政区政府港务局关于澳门废弃物在珠江口海域倾倒管理工作合作协议》。澳门惰性拆建物料内地海域处置项目、废旧汽车拆解项目由广东南粤生态环境科技有限公司负责实施。为指导澳门惰性拆建物料及废旧车辆转移至广东再利用，原广东省环境保护厅出台关于《澳门废旧车辆转移到广东处理监管方案》，明确通关、检验检疫、运输、防止非法流入市场、环保等监管职责。

（三）粤港澳碳达峰与碳中和政策协同机制

基于现有粤港澳大湾区合作机制、粤港澳生态环境管理协作机制、粤港澳制度衔接先进经验等，在政策主体—目标—工具维度下，可重点从以下几个方面完善粤港澳碳达峰与碳中和政策协同机制。

1. 粤港澳大湾区实现碳达峰与碳中和的政策协同主体

粤港澳大湾区碳达峰与碳中和政策协同主体应包括国家、广东省、澳门特别行政区、香港特别行政区和广州、深圳、珠海、佛山、中山、东莞、惠州、江门和肇庆等珠三角九个城市。其中，国家整体目标和相关政策供给为大湾区碳达峰与碳中和政策协同提供基础，生态环境部等相关部委为粤港澳大湾区率先实现整体碳达峰提供技术指导，粤港澳政府是大湾区碳达峰与碳中和政策协同的核心主体，三方在《粤港澳大湾区生态环境保护规划》中确定的粤港澳大湾区共同的碳达峰与碳中和目标或湾区内城市二氧化碳排放达峰时序表的指导下协作推进区域降碳工作。

同时，进一步发挥粤港澳大湾区内城市低碳发展的主体积极性。率先在珠三角九市探索二氧化碳总量管理制度，推进珠三角九市整体达峰。珠三角九市应积极实施低碳绿色发展战略，制定城市和重点行业碳达峰目标和达标方案，积极争取率先达峰。因此，珠三角九市应在《珠三角城市群绿色低碳发展深圳宣言》的基础上，建立珠三角城市群低碳发展合作机制，加强珠三角九市在碳达峰与碳中和战略、政策和措施上的协同。

2. 粤港澳大湾区实现碳达峰与碳中和的政策协同推进机制

在战略层，在粤港澳大湾区建设领导小组下由国家相关部委、广东省、澳门特别行政区和香港特别行政区共同组成了大湾区碳中和协同推进专责小组。该专责小组在生态环境部的统筹与技术指导下，利用《粤港澳大湾区生态环境保护规划》中确定的粤港澳大湾区共同的碳达峰与碳中和目标或湾区内城市二氧化碳排放达峰时序表，确定大湾区协同降碳目标和协同降碳战略。

在决策层，在粤港澳大湾区碳中和协同推进专责小组的统筹下，利用现有粤港合作联席会议下的粤港持续发展与环保合作小组、粤澳合作联席会议下的粤澳环保合作专责小组和粤澳合作高层会议下的年度港澳环保合作会议机制等粤港澳之间双边合作机制，进行粤港澳大湾区降碳目标与责任的分解、区域合作事项的确定等，确定粤港澳协同降碳目标，明确协同降碳合作内容，推进粤港澳大湾区碳达峰与碳中和合作进入实质性执行。

在执行层，强化粤港澳大湾区协同降碳机制与粤港清洁生产合作专责小组、粤港高新技术合作专责小组等相关机制的横向衔接，形成协同降碳合理。粤港澳大湾区率先实现整体碳达峰与碳中和的过程中，将面临一系列区域性的、复合型的、创新性的科学技术难题和实施问题，参考粤港澳大湾区大气污染控制政策协同经验，有必要建立有利于政策协同制定、落实的科研保障机制、评估与监督机制等，确保粤港澳大湾区协同降碳合作事项有序推进，降碳目标如期实现。同时，考虑粤港澳大湾区内部城市间碳达峰与碳中和目标实现进展、降碳重点、工作基础等方面存在一定的差异与协同，鼓励粤港澳大湾区内城市间充分利用深港环保合作交流会机制、珠澳合作专责小组和珠三角九市大气污染联防联治等现有双边合作机制，进一步加强大湾区内城市间碳达峰与碳中和横向合作与政策协同。加快粤港澳在绿色金融、碳标签互认、粤港清洁生产伙伴计划、低碳电力生产、绿色科创等领域的合作，形成区域协同降碳合作。

在技术层，提高技术支持，进一步强化粤港澳大湾区碳达峰和碳中和政策协同技术支持机制，充分运用大数据、智能化手段，进一步提升粤港澳大湾区"碳数据"收集、管理、分析、使用效率，集合物联网、遥感卫星、空间与定位数据等时空大数据技术，构建粤港澳大湾区碳排放监测、溯源和改进全过程量化监管系统，提升粤港澳大湾区降碳协同机制的高质量运作。

综上，通过逐步形成"纵横向结合、省际＋城市间"的"战略＋决策＋执行＋技术"多层次的粤港澳实现大湾区碳达峰与碳中和政策协同机制，有效推进粤港澳大湾区内碳达峰与碳中和政策协同工作。

（四）大湾区实现碳达峰与碳中和政策协同的社会协作机制

从粤港澳大湾区生态环境保护等领域的区域协作经验看，粤港澳大湾区实现碳达峰与碳中和政策协同，不仅需要完善相应的政府间协调机制，还需要配套一定的社会协作机制，具体如下。

建立有利于促进粤港澳大湾区降碳技术交流与发展的碳中和绿色技术协同创新机制。依托广深港澳科技创新走廊，搭建粤港澳大湾区环保低碳科技协同创新平台，加快推进环保低碳智库基地建设。建立强化企业主体、市场导向、"产业研金介"深度融合的绿色低碳技术创新联合体和绿色低碳技术转移转化市场交易体系，建设粤港澳大湾区绿色技术银行，加快粤港澳大湾区绿色低碳技术通过市场交易机制实现转移转化。成立粤港澳大湾区碳中和绿色技术协同创新联盟，由生态环境部直属单位生态环境部华南环境科学研究所牵头，香港大学、澳门科技大学、广东省环境科学研究院等粤港澳大湾区碳中和相关科研单位组成，为粤港澳大湾区提供丰富的先进降碳技术支撑。研究建立重点行业清洁生产技术联盟，优先攻克重点行业低碳发展技术瓶颈，服务大湾区重点行业率先实现碳达峰技术需求。利用现有香港国际环保博览会及绿色科创日、澳门国际环保合作发展论坛及展览、中国环境上市公司峰会（肇庆）、中国环博会广州国际环保展等大湾区绿色低碳技术交流平台，通过交流促进大湾区低碳技术合作与进步（图4-1）。

粤港澳大湾区双碳政策协同度及其提升策略研究 | 249

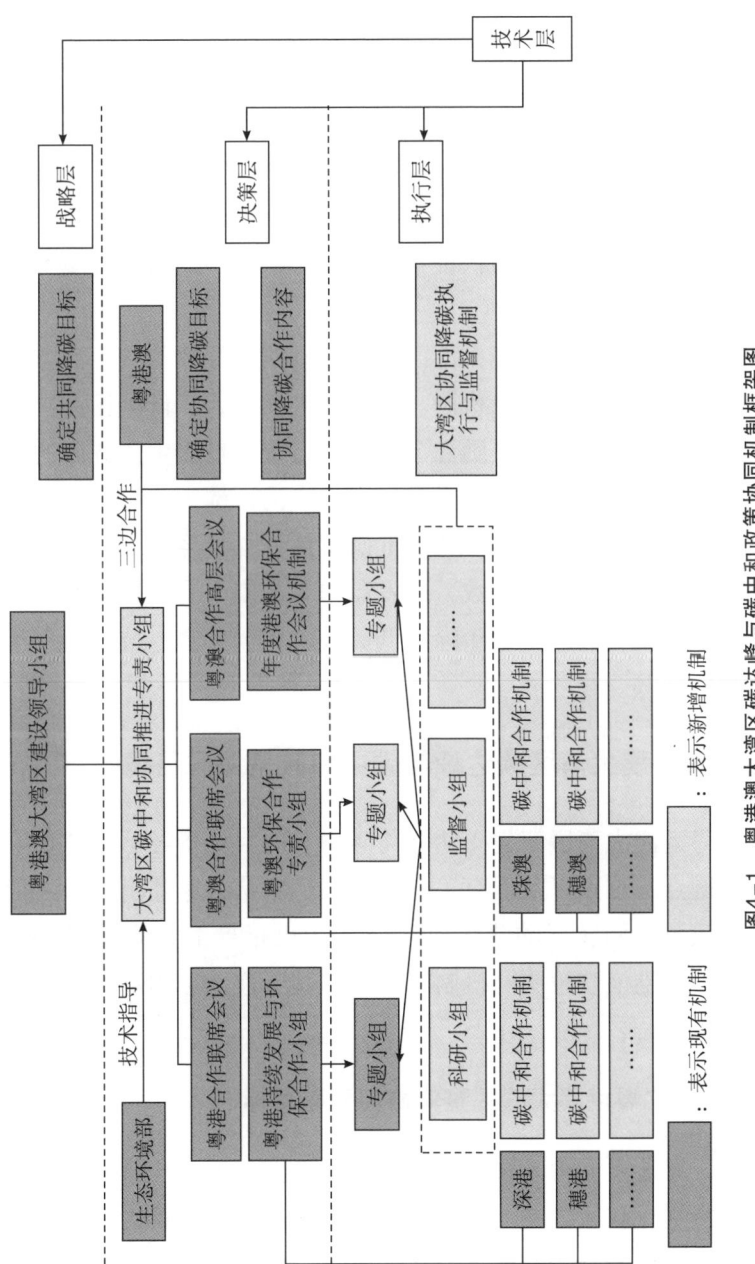

图4-1 粤港澳大湾区碳达峰与碳中和政策协同机制框架图

建立有利于指导粤港澳大湾区绿色低碳产业发展的绿色产品标准、标识和认证制度等绿色认证机制。以港澳开展碳标签互认机制为试点，逐步推进形成统一的粤港澳大湾区碳标签标准与认证机制，依托粤港澳大湾区在国际上的绿色产业发展优势，逐步提升粤港澳大湾区绿色产品标准、标识和认证的国际影响力，助力粤港澳大湾区绿色产业与绿色贸易发展。支持粤港澳大湾区企业共享检验检测认证等服务，不断提升粤港澳大湾区绿色检验检测与认证水平及其影响力，助力粤港澳大湾区绿色低碳产业发展。

建立有利于鼓励粤港澳大湾区居民主动践行绿色低碳生活方式的碳中和绿色生活方式协同推广机制。鼓励粤港澳环保、低碳相关社会组织加强交流与合作，确保在鼓励社会参与践行绿色低碳生活方面的宣传教育活动设计、组织工作，不断提升粤港澳大湾区碳中和绿色生活方式推广的社会组织模式。包括推广香港低碳生活计算机经验，确定粤港澳大湾区不同城市生活碳排放参数，研发制作粤港澳大湾区低碳生活计算机等；开展粤港澳大湾区青少年绿色低碳技术科创大赛，鼓励青少年进行低碳技术创新等。

五、粤港澳大湾区碳达峰与碳中和政策协同路线图

基于粤港澳大湾区率先碳达峰与碳中和的目标指导下实现政策协同需求、关键点与难点以及现有工作基础，笔者认为粤港澳大湾区碳达峰与碳中和政策协同实现的路线应遵循"中央指导下共同、可考核目标的确定——粤港澳政策协同机制完善——基于连结点的重点合作领域工作推进"的流程。

（一）确立粤港澳大湾区整体协同降碳目标

目前，粤港澳大湾区缺乏统一的协同降碳目标，且除了已实现碳达峰的香港特别行政区之外，其他地区均未明确具体的碳达峰路线图。笔者建议在生态环境部正在牵头编制的《粤港澳大湾区生态环境保护专项规划》中明确粤港澳大湾区城市碳达峰时序与整体碳达峰时间，作为粤港澳大湾区开展实现碳达峰与碳中和政策协同的整体目标。在整体

目标下，在生态环境部技术指导下，粤港澳通过协商确定相互间可考核的协同降碳目标，作为粤港澳协同降碳合作的基础。

（二）完善粤港澳大湾区政策协同机制

依托现有粤港澳大湾区生态环境与绿色发展政策协同机制，建立与完善粤港澳大湾区实现碳达峰与碳中和的政策协同机制。

首先，构建国家、省（特区）和城市等层级，政府、业界、社会等界别的多主体协同体系。即在国家的综合协调下，通过粤港澳三边协作、大湾区内城市间双边协作、珠三角九市协作，政府间合作、产业协作、技术转移、民间交流合作等多界别协作等方式，尽可能吸纳粤港澳大湾区内不同降碳主体参与大湾区实现碳达峰与碳中和的政策协同。

其次，完善大湾区实现碳达峰与碳中和的政策协同推进机制。在战略层，在粤港澳大湾区建设领导小组下设立大湾区碳中和协同推进专责小组。该专责小组基于大湾区共同的碳达峰与碳中和目标或湾区内城市二氧化碳排放达峰时序表，确定大湾区协同降碳目标和协同降碳战略。在决策层，利用现有粤港、粤澳和粤澳双边合作机制，确定粤港澳协同降碳目标，明确协同降碳合作内容，推进大湾区碳达峰与碳中和合作进入实质性执行。在执行层，建立有利于政策协同制定、落实的科研保障机制、评估与监督机制等，确保大湾区协同降碳合作事项有序推进，降碳目标如期实现。通过逐步形成"纵横向结合、省际+城市间"的、"战略+决策+执行"多层次的粤港澳实现大湾区碳达峰与碳中和政策协同机制，有效推进大湾区内碳达峰与碳中和政策协同工作。

最后，完善粤港澳大湾区实现碳达峰与碳中和政策协同的社会协作机制。一是建立有利于促进大湾区降碳技术交流与发展的绿色技术协同创新机制，包括建立强化企业主体、市场导向、"产业研金介"深度融合的粤港澳大湾区碳中和绿色低碳技术创新联合体和绿色低碳技术转移转化市场交易体系，加快粤港澳大湾区绿色低碳技术通过市场交易机制实现转移转化；成立粤港澳大湾区碳中和绿色技术协同创新联盟，为粤港澳大湾区提供丰富的先进降碳技术支撑；研究建立重点行业清洁生产技术联盟，服务粤港澳大湾区重点行业率先实现碳达峰技术需求；利用现有粤港澳大湾区绿色低碳技术交流平台，通过交流促进粤港澳大湾区低碳技术合作与进步。二是建立有利于指导粤港澳大湾区绿色低碳产业发展的绿色产品标准、标识和认证制度等绿色认证机制。三是建立有利于鼓励粤港澳大湾区居民主动践行绿色低碳生活方式的碳中和绿色生活方式协同推广机制。

（三）基于连结点，推进重点领域协作

以粤港澳大湾区碳市场建设为连结点，推进粤港澳大湾区绿色金融协作，为大湾区实现碳达峰与碳中和提供绿色金融动力。以广东省、深圳市碳排放权交易试点为基础，依托香港国际金融中心优势，加强粤港澳碳市场相关交流合作，逐步建立统一的湾区碳市场，推进大湾区碳排放权交易外汇试点，允许合格境外投资者以外汇或人民币参与内地碳排放权交易。探索建立包括绿色基金、绿色保险等的粤港澳大湾区绿色金融体系，为粤港澳大湾区发展绿色低碳产业提供金融保障。鼓励更多粤港澳大湾区企业利用港澳平台为绿色项目融资及认证，支持广东地方法人金融机构在香港、澳门发行绿色金融债券及其他绿色金融产品，募集资金用于支持粤港澳大湾区绿色企业、项目。支持香港打造粤港澳大湾区绿色金融中心，建设国际认可的绿色债券认证机构。

以持续推进粤港清洁生产伙伴计划为连结点，推进粤港澳大湾区产业低碳改造协作，为大湾区实现碳达峰与碳中和提供绿色技术动力。依托粤港清洁生产伙伴计划，建立重点行业清洁生产技术联盟，建立粤港澳清洁生产试验区和清洁生产技术研发体系、推广体系和清洁生产融资体系。进一步提升清洁生产对粤港澳大湾区内工业、农业和服务业节能降碳技术改造的作用，不断提升粤港澳大湾区产业清洁生产水平。

以碳标签互认机制为连结点，推进粤港澳大湾区低碳产品供应链协作，为大湾区实现碳达峰与碳中和提供绿色产业动能。全面梳理与衔接香港强制性能源效益标签计划、广东省低碳产品认证等粤港澳三地现有低碳产品标准要求，开展绿色标准体系建设，推动绿色产品评价标准研制与实施，推动研制粤港澳大湾区绿色低碳标准，建立粤港澳大湾区绿色低碳产品认证制度。

以电力生产低碳化为连结点，推进粤港澳大湾区低碳能源协作，大湾区实现碳达峰与碳中和提供绿色能源供应。统筹开展粤港澳大湾区低碳能源策略研究，编制粤港澳大湾区低碳能源发展规划，有序关停服役期满老旧煤电机组，推进煤电灵活性改造，进一步压减煤电装机占比；加快发展氢能源、生物质能、光伏、风电等项目，提高非化石能源占比。

以科技创新为连结点，协同贯通粤港澳大湾区科创产业链条，为大湾区实现碳达峰与碳中和提供绿色科创动力。以粤港澳大湾区创建综合性国家科学中心为抓手，将持续推进粤港澳绿色低碳科技研发资助和示范等科创合作，加快构建市场导向、要素完备、运行有效的大湾区绿色技术创新体系，打造覆盖粤港澳大湾区全域的贯通上、中、下游的低碳创科产业链，进一步强化粤港澳大湾区绿色低碳科技创新、产业技术优势，及时满足粤港澳大湾区绿色低碳转型的科技创新需求。

附表

粤港澳实现碳达峰与碳中和的规划性政策内容一览表

序号	政策领域	广东省	香港	澳门
1	制定行动方案	制定实施碳排放达峰行动方案	已制定《香港气候行动蓝图2050》，指导碳中和行动	2025年前，订立澳门应对气候变化的目标和策略
2	优化能源结构	1.发展核电、海上风电、陆上风电，提高天然气利用水平，大力推进太阳能发电和集热，加快培育氢能、储能、智慧能源等，建立清洁低碳能源体系；2.除煤电等重点领域外其他领域新建耗煤项目实行煤炭减量替代；珠三角禁止新建、扩建燃煤燃油火电机组和企业燃煤燃油自备电站，推进老旧燃煤机组和企业自备电站有序退出，原则上不再新建燃煤锅炉，逐步淘汰生物质锅炉、集中供热管网覆盖区域内的分散供热锅炉；3.加快推进天然气产供储销体系建设，全面实施工业园区集中供热	1.淘汰燃煤发电；2.发展可再生能源，包括加装可再生能源系统、建设转废为能设施、鼓励私营界别发展可再生能源、审视兴建离岸风力发电场计划；探索和试验零碳能源发电	1.提高清洁能源使用比例；2.完善澳门于氹仔之间的天然气供气管道，在具条件的公共项目优先使用天然气
3	优化产业结构	1.推进十大战略性支柱产业集群转型升级，加快推进十大战略新兴产业集群规模化、集约化发展，全面提升产业集群绿色低碳发展水平；2.通过完善行业准入条件，持续降低高耗能行业在总体制造业中的比重；3.珠三角地区禁止新建、扩建时水泥、平板玻璃、化学制浆、生皮制革和国家规划外的钢铁、原油加工等项目；4.通过定期开展"散乱污"的"回头看"，落实长效监管	—	—
4	推广低碳建筑	1.推进建筑、结构、机电、装修集成设计，探索设计、生产、采购、施工协同设计，引导装配式建筑标准化设计；2.根据建筑规模、用途等条件，合理利用可再生能源及余热资源；3.通过优化布局，充分发掘场地空间、建筑主体与设备的节能潜力；4.积极发展被动式超低能耗建筑，继续推动建筑节能，强化商业及公共建筑能源消费监测及精细管理	1.推进更频密的建筑物能源审核；2.实施建筑物能源管理；3.加强推动重新校验；4.持续实施建筑物能效益注册计划；5.因地制宜，建设区域供冷系统建造工程；6.实施强制性能源效益标签计划	1.积极推动绿色建筑；2.鼓励在建筑设计中应用可再生能源产品或设备，降低能耗；3.新建公共房屋天台的光伏发电系统或植被面积不少于露天面积的30%

续上表

序号	政策领域	广东省	香港	澳门
5	优化交通结构	1.实施交通运输结构性节能减排，积极引导大宗货物运输"公转铁""公转水"；2.完善铁水、公铁、水水等联运设施，推动多式联运通道化发展；3.积极推动公路、水路等交通运输燃料清洁化；4.推动长途重载运输卡车使用清洁能源，加快推进出租车、网约车、泥头车等电动化；5.大力推进绿色航运基础设施建设和航运清洁化试点；6.继续推进广州、深圳、珠海、佛山等城市绿色货运配送示范工程建设；7.完善公交、城轨、地铁等站点布局，提升公交出行、共享出行和非机动化出行的比重；8.推进城市交通路网差异化管理，提高道路通行效率	1.逐步淘汰燃油车辆；2.试验和引用电动机其他新能源交通工具，包括氢能源巴士和重型车辆、电动轮渡和混合动力轮渡等；3.延续以铁路为骨干的公共交通系统；4.采取不同的新技术及交通管理措施；5.积极推展"挤塞征费"，提高交通效率	1.公共巴士、酒店穿梭巴士、公务车辆中推广电动车；2.完善充电基础设施配套；3.完善步行网络，鼓励绿色出行
6	推进低碳试点	1.探索建立碳中和示范区，在城市、城镇、园区、社区和企业等层面等开展低碳建设试点示范，开展节约型机关、绿色家庭、绿色学校、绿色社区、绿色商场、绿色建筑等创建活动；2.鼓励居民践行低碳，倡导使用节能低碳节水产品及绿色低碳出行，鼓励社区探索低碳化运营管理；3.强化政府绿色采购制度；4.引导居民自觉实施生活垃圾分类，实现生活垃圾减量化、资源化、无害化	1.全力推动全民减废、分类回收；2.管制一次性塑料产品	1.持续在社区、学校和团体开展各类"绿色生活"主题教育及实践活动；2.提倡绿色出行、绿色消费；3.强化推广"源头减废、资源回收"及5R理念的宣教，促进全民参与低碳节能
7	推动低碳技术	推动具有前瞻性、引领性的低碳科技应用项目示范，加强绿色低碳技术成果转化应用	1.成立政府低碳绿色科研基金，资助减碳和加强环保科研项目；2.与邻近的大湾区城市协同发展，打造贯通上、中、下游的创科产业链	1.利用环保与节能基金支援环保产业发展，鼓励企业使用环保和节能技术；2.推动企业使用环保节能技术、产品
8	发展绿色金融	1.发展绿色金融；2.继续推动碳排放权交易市场健康平稳运行，适时扩大控排行业范围，积极推动形成粤港澳大湾区碳市场体系；3.积极拓展碳普惠区域、领域覆盖范围，扩大碳普惠影响力，探索建立碳普惠联盟；4.联合港澳开展碳标签互认机制研究与应用示范	1.推行绿债计划；2.开展香港碳市场专项评估，评估香港发展区域碳交易中心，建立粤港澳大湾区统一碳市场的可行性	鼓励金融机构开展绿色金融业务

续上表

序号	政策领域	广东省	香港	澳门
9	建立低碳发展评价体系	推动粤港澳大湾区制定绿色低碳发展评价指标体系并定期评价	—	—

注：由于广东省尚未出台"十四五"阶段碳达峰与碳中和工作相关专项规划或实施方案，表中广东省碳达峰与碳中和政策内容主要整理自《广东省国民经济和社会发展第十四个五年规划和2035年远景目标纲要》《广东省生态环境保护"十四五"规划》等规划文件中低碳相关内容；由于澳门特别行政区尚未出台"十四五"阶段碳达峰与碳中和工作相关专项规划或实施方案，表中澳门碳达峰与碳中和政策内容主要整理自《澳门环境保护规划（2021—2025）》和《澳门特别行政区经济和社会发展第二个五年规划（2021—2025年）》咨询文本。

参考文献

［1］ CHALLIS L, FULLER S, HENWOOD M, et al. Joint Approaches to Social Policy: Whatever Happened to JASP? ［M］. Cambridge: CUP, 1988.

［2］ FINUS M, KOTSOGIANNIS C, M CC ORRISTON S. International Coordination climate policies ［J］. Journal of Environmental Economics and Management, 2013, 66（2）: 159 – 165.

［3］ LI J S, CHEN G Q, LAI T M, et al. Embodied Greenhouse Gas Emission by Macao ［J］. Energy Polic, 2013（59）: 819 – 833.

［4］ LI J S, CHEN G Q, WU X F, et al. Embodied Energy Assessment for Macao's External Trade ［J］. Renewable and sustainable energy reviews, 2014（34）: 642 – 653.

［5］ 澳门特别行政区政府. 澳门特别行政区五年发展规划（2016—2020年）执行情况总结报告［R/OL］. https://www.dsepdr.gov.mo/uploads/attachment/2021 – 09/20162020_CN_final.pdf.

［6］ 卞勇. 粤港澳大湾区率先实现碳中和方略［J］. 开放导报, 2021（3）: 105 – 112.

［7］ 初钊鹏, 刘昌新, 朱婧. 基于集体行动逻辑的京津冀雾霾合作治理演化博弈分析［J］. 中国人口·资源与环境, 2017, 27（9）: 56 – 65.

［8］ 董战峰, 周佳, 毕粉粉, 等. 应对气候变化与生态环境保护协同政策研究［J］. 中国环境管理, 2021, 13（1）: 25 – 34.

［9］ 广东省环境监测中心. 珠江三角洲地区空气质素管理计划（2002—2010年）评估报告［R/OL］. http://gdee.gd.gov.cn/xwfb4199/content/post_2288094.html.

[10] 韩莹莹，李宁宁，朱酥利. 粤港澳大湾区合作机制的分析框架与实现要素：以港珠澳大桥的建设为考察对象［J］. 城市观察，2021（3）：16-27.

[11] 马仁锋. 长江三角洲区域一体化政策供给及反思［J］. 学术论坛，2019，42（5）：114-123.

[12] 任爱华，李鹏燕，王晓伟. 正和博弈视角下助推雄安新区产业聚集的政策协同机制研究［J］. 河北企业，2019（3）：78-79.

[13] 盛力. 粤澳合作中的跨域协同治理研究［J］. 国家治理，2021（Z4）：60-64.

[14] 宋庆彬，汪中才. 澳门温室气体排放特征与减排策略研究［J］. 中国人口·资源与环境，2020，30（7）：18-26.

[15] 吴月，冯静芹. 超大城市群环境治理合作网络：结构、特征与演进：以粤港澳大湾区为例［J］. 经济体制改革，2021（4）：80-87.

[16] 吴磊，郑君瑜. 粤港区域大气环境管理创新机制研究［J］. 资源开发与市场，2016，32（10）：1172-1177.

[17] 张焰焜. "目标与工具"：粤港澳大湾区协同发展政策评价与优化路径［D］. 顺德职业技术学院学报，2021，19（3）：83-90.

[18] 许鸿伟，汪鹏，任松彦，等. "双碳"目标下电力系统转型对产业部门影响评估：以粤港澳大湾区为例［J］. 中国环境科学，2022，42（3）：1435-1445.

[19] 肖芬蓉. 政策协同研究的特征分析与未来展望：基于CSSCI文献的计量分析［J］. 兰州大学学报（社会科学版），2021，49（5）：153-160.

[20] 香港特区环境局. 香港都市节能蓝图［EB/OL］. http://www.enb.gov.hk/sites/default/files/pdf/EnergySavingPlanTc.pdf。

[21] 印田彬，陈晓黎，魏嫚. 粤港澳大湾区居家养老服务政策研究［J］. 合作经济与科技，2021（15）：171-173.

[22] 张国兴，高秀林，汪应洛，等. 我国节能减排政策协同的有效性研究：1997—2011［J］. 管理评论，2015，27（12）：3-17.

粤港澳大湾区协同治理与规则衔接机制研究

文　宏　李贺楼①

摘　要：在"一国两制"框架下，粤港澳大湾区存在差异化的社会制度、法律制度和不同关税区，在市场互联互通和生产要素便捷流动等方面面临较大挑战。同时，粤港澳大湾区内部发展差距依然较大，协同性、包容性有待加强，部分地区和领域还存在较强的同质化竞争和资源错配问题。因此，构建完善适应区域发展实际的协同治理与规则衔接机制成为粤港澳大湾区一体化发展面对的现实议题。笔者认为，粤港澳大湾区的规则衔接具有实现对复杂问题的柔性治理，为全球区域协同提供经验借鉴，以及有力落实并形成国家战略方针的深远意义。近年来，粤港澳大湾区协同治理与规则衔接取得了初步进展，但仍然存在理想愿景与现实水平之间的多重落差，内含四大制约因素：规则不统一导致事务争议频发，治理权威性不强；制度差异大导致利益冲突凸显，治理协同性不足；多方面竞争导致孤立思维模式定型，一体化理念较弱；价值观差异导致信任感缺失，成本与风险过大。对此，文章提出了五项对策建议：一是重视规则，以规范化机制筑牢协同根基；二是树立原则，以求同存异化解内部分歧；三是关注过程，以成果共享推进共同发展；四是解决难点，以试点共创解决棘手难题；五是塑造认同，以柔性协同提升合作成效。

关键词：粤港澳大湾区　协同治理　规则衔接　一体化发展

---

① 文宏，华南理工大学公共管理学院教授、博士生导师，华南理工大学社会治理研究中心主任；主要研究领域为社会风险与政府治理、城市发展与公共政策等。李贺楼，华南理工大学公共管理学院副教授、硕士生导师，广州城市风险治理与应急管理研究中心副主任；主要研究领域为基层治理、应急管理与风险治理等。

一、粤港澳大湾区协同治理与规则衔接的理论意蕴

粤港澳大湾区协同治理是指粤港澳三地政府对辖区内管理事项的协调、同步治理，涉及政府职能协调、公共服务供给与社会公共事务治理等诸多方面。推进粤港澳大湾区的协同治理，就是促进粤港澳从"圈层阻隔"向"区域融通"发展，关键是通过规则衔接消弭粤港澳三地政府治理逻辑的差异。

规则衔接是体系内部"自上而下"的指导与"自下而上"的认同的统一。规则衔接的前提是承认并尊重各方的立场与差异，核心是在认同的基础上，促进各方优势赋能，共同协商、共同制定、利益共享。通过规则衔接，有效实现粤港澳大湾区域内要素的顺畅流通，提升粤港澳大湾区整体竞争力。

（一）粤港澳大湾区实现协同治理的功能定位

1. 破除障碍，实现区域深度协同发展

粤港澳大湾区实现协同治理，是推动粤港澳区域合作的重大命题。粤港澳大湾区区域合作的过程中面临诸多难题，现有行政空间下两制三区、多重边界、差序格局、尺度政治等带来的跨境交通物流、跨境人员交流、跨境信息交流以及跨境产业合作等问题突出。对此，如何在区域内突破行政、制度边界的束缚，促进人流、物流、资金流、信息流高效便捷流动，提升市场一体化水平等成为重要的现实命题。

随着粤港澳大湾区协同治理的不断深入，合作领域的逐步扩展，合作程度的不断加深及层次的不断提升，合作项目从最初的几十个发展到现在的近千个，在基础设施建设、社会民生等领域的合作取得显著成效。粤港澳协同治理既有具体的合作项目作为支撑，也有明确的、具体的实施方案。通过不断优化、有序化协同治理，使区域内的城市得以结合自身实际情况实现优势互补，从而推动区域内城市的发展，带动周边城市经济的发展，实现区域经济社会一体化发展。

2. 示范效应，确保"一国两制"行稳致远

粤港澳大湾区协同治理实际上是"一国两制"下的区域治理问题，"一国两制"作为新生事物，需要在实践中不断探索、开拓创新，而粤

港澳协同治理作为一项具体的、可实施的实践目标,解决其中的难题,有助于彰显"一国两制"下区域协同治理的优越性,既符合中华民族根本利益,也有助于保持社会长久繁荣稳定、有利于继续推动"一国两制"实践沿着正确的轨道向前发展。

粤港澳大湾区协同治理目标的实现,有助于在制度多元化情境性下,促进粤港澳三地参与政府、社会组织等制定或执行政策过程,推动形成合作观念,达成合作方式,实现大湾区内的港澳两地与其他城市在法律和政治制度上区域协同,有利于体现"一国两制"的制度优越性。粤港澳大湾区实现区域协同治理能够有效地解决由制度差异带来的合作难题,为全世界不同制度下的区域合作作出示范效应。

3. 试点标杆,解决复杂性协同治理难题

粤港澳大湾区实现协同治理,有利于为复杂性问题协同治理提供标杆。粤港澳三地在"新尝试""新实践"中实现协同治理,这个过程中,面临着诸多复杂性协同治理难题。2019年2月18日党中央和国务院颁布《粤港澳大湾区发展规划纲要》(以下简称《纲要》)明确指出加快推进深圳前海、广州南沙、珠海横琴等重大平台试点开发建设,充分发挥其在进一步深化改革、扩大开放、促进合作中的试验示范作用,有效解决复杂性协同治理难题,拓宽港澳发展空间,实现粤港澳大湾区的协同治理目标。各合作发展平台由于区位优势、现实条件等不同,解决的问题类型也不同。

(1)深圳前海。

前海作为粤港澳大湾区的核心区域,在实现粤港澳三地协同治理的过程中,要求优化和提升前海深港现代服务业合作区功能,包括强化前海合作发展的引擎作用、加快法律事务合作、建设国际化城市新中心三个方面的内容。强化前海合作发展的引擎作用,有助于探索服务实体经济的新模式,解决境内外客户的大宗商品现货交易难题;有助于企业走出去开拓国际市场,解决企业跨境经贸合作的市场困境;有助于建设离岸创新创业平台,解决科技企业区内注册、经营难题。加强法律事务合作,有助于加快法律服务业的发展,强化知识产权行政保护的作用,深化粤港澳合伙联营律师事务所试点,联动香港打造国际法律服务中心和国际商事争议解决中心,有效解决粤港澳大湾区协同治理中多元化的争议问题。建设国际化城市新中心，有助于加强与香港基础设施高效联通，推动粤港澳协同发展中实现教育、医疗资源互享。

（2）广州南沙。

打造广州南沙粤港澳全面合作示范区，包括建设粤港澳高水平的对外开放门户、创新发展示范区和金融服务重要平台以及优质生活圈。充分发挥国家级新区和自贸试验区优势，建设我国高水平的对外开放窗口，有助于实现粤港澳协同治理过程中企业走出去，国家间进一步交流。建设创新发展示范区，有助于将广州南沙打造成为华南科技创新成果转化地，积极推动前沿科技领域发展。建设金融服务平台，在跨境资金管理、人民币跨境使用、资本项目可兑换等方面先行先试，有助于促进跨境贸易、投融资结算便利化。打造优质生活圈，有助于提升社会服务水平，为区域内居民提供更为便利的生活条件。

（3）珠海横琴。

推进珠海横琴粤港澳深度合作示范，包括加强民生合作、对外开放合作。建设粤港澳深度合作示范区，有利于协同澳门建设世界旅游休闲中心、经济合作产业园、医药科技产业园，有效发挥澳门自身区域优势，实现粤澳经济一体化。加强民生合作，开展建设养老、居住、教育、医疗等综合民生项目，依法为澳门居民设立医疗保障基金，解决粤港澳大湾区协同治理中的民生问题。加强对外开放合作，有助于推动跨境交付、跨境消费，使葡语国家产品经澳门更加便捷地进入内地市场。

（二）粤港澳大湾区实现规则衔接的深远价值

1. 实现对复杂问题的柔性治理

根据《纲要》的内容，对大湾区建设的目标：将粤港澳大湾区建成世界新兴产业、先进制造业和现代服务业基地、建设世界级城市群。但受历史因素的影响，粤港澳大湾区形成了世界上最复杂的城市群——存在两种政治体制、三种法律制度、三个关税区、三种货币体系，使得粤港澳大湾区在发展的过程中面临着诸多阻碍，阻碍目标的实现。要符合"两制之异"，发挥"两制之利"，要求粤港澳大湾区在规则衔接上"下功夫"。

粤港澳大湾区实现规则衔接有助于推动和支持香港和澳门融入国家

发展大局，为香港和澳门工商界探索发展新路向、寻找发展新动力、开拓发展新空间提供了机遇，也为港澳居民到内地发展创造了更为便利化的条件。在这个过程中，逐步探索如何对复杂问题形成柔性治理，如两种制度差异带来的协同问题，由"三个关税区"引发的贸易摩擦问题，由"三种法律体系"带来的仲裁、调解问题，由"三种货币体系"带来的跨境流动问题。实现对复杂问题的柔性治理，不仅有利于粤港澳大湾区进一步加强规则衔接，实现湾区的深度协同发展，还能为全球范围内解决区域治理难题提供经验借鉴。

在历史的发展进程中，粤港澳在全国的发展格局中始终处在重要的地位，担当着特殊的角色。自1978年实行改革开放，可以看到中国在发生着巨大的变化，也可看到中国正满怀信心地走向世界，更能体验到世界越来越离不开中国，中国在改变世界的过程中发挥着重要作用。粤港澳作为国家对外开放的窗口、连接世界的枢纽，使中国规则得到世界人民的认可。展望未来，粤港澳要在国家以"一带一路"倡议为核心的全球战略中明确使命、勇于担当，携手推进与"一带一路"沿线国家和地区的互联互通和便利往来，推动资源整合、开放优势互补，强化国家性战略通道和国家门户功能，打造中国引领新一轮经济全球化的重要空间载体。大湾区内的规则衔接，对全球市场释放了积极的外溢效应，为全球范围内实现对复杂问题的治理提供了借鉴意义。

2. 为全球区域协同提供新经验

粤港澳大湾区是在"一个国、两种制度、三个关税区、三种法律体系及货币体系"的多元情形下，实现湾区深度合作，这是国际上没有先例的开创性、探索性事业。粤港澳大湾区的规则衔接探索与实践，为全球不同社会制度、不同法律体系、不同市场机制之间的衔接和融通提供了经验和参考。粤港澳大湾区是世界上现存两大制度相互交融的"反应池"，其中珠三角九个城市实行的是中国特色社会主义制度，香港、澳门特别行政区实行的则是资本主义制度。实现粤港澳大湾区的规则衔接要求要处理好在这两种不同的制度下，实现政治、经济、文化等方面的协同发展，化"制度之异"为"制度之利"。

从2017年7月1日签署《深化粤港澳合作推进大湾区建设框架协议》，能否真正打破制度壁垒、实现规则衔接，化"制度之异"为"制度之利"，成为粤港澳大湾区最亟需解决的问题。实践证明，在中央的谋划、部署和推动下，推动国家战略和国家大事取得了新成效。在法律上，2021年5月最高人民法院与香港特别行政区政府律政司签署了《关于内地与香港特别行政区法院相互认可和协助破产程序的会谈纪要》，创建了内地与香港司法协助新模式，以先行先试的方式建立跨境破产合作新机制，有利于推进大湾区法治建设的新路径。在经济上，2019年7月广州、珠海等9个湾区城市的金融纠纷调解机构与澳门世界贸易中心仲裁中心共同签署《粤澳地区金融纠纷调解合作框架协议》，创建了金融纠纷调解合作机制，完善湾区金融调解服务。2020年8月交通运输部海事局、香港海事处、澳门海事及水务局共同签署《粤港澳大湾区海事合作协议》，创新监管服务模式，打造国际先进的海事管理示范区。在民生上，2018年9月广深港高速铁路开通运行，同年10月港珠澳大桥的正式通车，有利于实现粤港澳大湾区的"硬联通"，加强了三地的协同交流。2021年2月深圳市推进中国特色社会主义先行示范区建设领导小组会议上通过了《关于加快推进医疗服务跨境衔接的若干措施》，在指定的医疗机构先行先试国际前沿医疗技术，创新医疗卫生资源供给方式。从法律完善到经济发展再到民生保障方面的深入合作，展现了粤港澳大湾区规则衔接在不同制度下新尝试、新举措带来的成果，这不仅为香港、澳门融入国家发展大局开辟了一条新路，也在全球范围内谱写了区域合作的崭新篇章。

3. 实现对国家战略的有力落实

粤港澳大湾区由初始地方性的区域合作规划上升为国家战略，推动粤港澳大湾区协同治理和规则衔接，有助于从关键问题上落实国家战略的建设。国家战略是国家主导的战略性改革，目的是通过区域性试验形成初步政策，积累经验，从而有助于棘手问题的解决。粤港澳大湾区建设中体现的"国家战略嵌入"模式是粤港澳三地政府在没有统一政策目标的情况下，展开的地方实践探索，是中国治理实践中特有的一种创新模式。在粤港澳大湾区的建设过程中，一方面要实现基于一个中国原则下完成自上而下的任务安排，这主要体现在国家战略目标的实现上，另一方面还要实现三地各自的区域发展目标。在这个过程中，协同治理体现在粤港澳三地有关事务合作中，只有依托行政力量将外部制度安排或规则迅速嵌入到新的社会环境当中,国家战略才能更好地助推地方发展。如此一来,规则衔接起到了至关重要的作用。

推进湾区建设将国家战略转化为具有实践性的政策方案,中央政府在地方政府合作中扮演着三种角色,即规则的制定者、规则执行的监督者和合作争议的裁决者。规则的作用是建立具有绝对或者相对的约束力,从而建立相对稳定关系结构,推进湾区建设将国家战略转化为具有实践性的政策方案。如《纲要》给地方政府提供了自主发展的目标方向,将区域发展的政策目标明确为"实现更加协调、分工合理、功能互补、错位发展的城市群发展格局,优化协同创新环境";实现"共建粤港澳合作发展平台"目标,发挥深圳前海、广州南沙以及珠海横琴等重大合作平台的作用。这些都离不开统一的规则,只有在规则统一的前提下,才能促进粤港澳三地人员、货物、资金等要素高效便捷流动。在粤港澳大湾区依靠规则衔接手段,实现区域协同治理目标的过程中,充分体现了国家战略的有力落实。可见,实现粤港澳大湾区的协同发展,有力落实国家战略,都离不开规则的衔接,粤港澳大湾区协同治理与规则衔接所发挥的重要意义不言而喻。

(三) 粤港澳大湾区协同治理的规则衔接需求

粤港澳大湾区实现协同治理目标,要求发挥规则的认同、指引作用。实现粤港澳大湾区规则衔接实质上是在粤港澳三地协同治理中形成"自上而下"的指导、"自下而上"的认同,吸取各自优势,尊重各方差异,实现实质性的协同发展。规则衔接不仅仅是指粤港澳大湾区各城市在发挥自身特色优势的基础上,通过协同治理实现优势互补,解决各地发展过程中出现的瓶颈问题,促进各地产业结构的转型升级,更是促进各地之间实现更紧密的连接与协同,在功能、政策等方面进行有效组织,从而形成"1+1>2"的整体效应,以应对一些仅依靠各地自身无法独立解决或者解决水平不高的问题。概言之,随着粤港澳大湾区协同治理的深度发展,规则衔接的需求日益强烈,主要体现在政治层面切实推进"一国两制"基本国策的需求、经济层面解决"三个关税区、三种法律及货币体系"、事务层面搭建区域性公共事务协作治理框架的需求。

1. 政治层面：推进基本国策的根本需求

为推进港澳地区发挥"两制之利"、落实"一国两制"的基本国策，需要实现粤港澳大湾区的规则衔接。粤港澳大湾区在实现协同治理目标的过程中，面临的首要问题是如何依靠规则衔接，化解"一个国家、两种制度"所带来的合作障碍。粤港澳大湾区的协同治理涉及一个国家之内特别行政区与行政省之间的合作，兼具着一般国家内区域合作的特征以及不同国家制度间融通的特点，其复杂程度显著高于世界其他湾区以及国内其他城市群建设。由制度差异导致粤港澳三地在合作中很多方面难达共识，而加快推进粤港澳三地的规则衔接，有利于推进共识的形成、观念的形成、制度的优化、运行机制的形成等，实现大湾区深度协同发展，推进落实"一国两制"的基本国策。"一国两制"是粤港澳大湾区规则衔接的法律边界，规则衔接不是要改变或抹平三地的法律差异，而是要"坚持一国之本，善用两制之利"，实现"国家所需，港澳所长"的有机结合，实现合作共赢的发展目标，彰显出制度本身的优越性，推动港澳长期繁荣稳定。因此，粤港澳大湾区实现协同治理需要在政治层面切实推进"一国两制"基本国策，当中面临着规则衔接的迫切需求。

2. 经济层面：促进要素流动的社会需求

解决由于"三个关税区、三种法律及货币体系"差异带来经济层面的问题，需要实现粤港澳大湾区规则衔接，促进湾区内各类要素高效便捷流动。受港澳主权在20世纪90年代前被英国及葡萄牙殖民长期占领的历史因素的影响，港澳享受国家特别行政区高度自治的权利，使得其具有一般地方政府所不具备的独立法律体系、货币制度、单独关税区以及边境管辖和处理对外事务等权限，由这种制度上带来的差异导致粤港澳三地在经济合作过程中，各类生产要素难以实现跨境顺畅流动，导致合作中成本费用、风险增加等。

规则衔接是改善和提升区域间要素流动的重要手段，对于区域合作、区域协同发展具有重要意义。在改革开放初期，港英、澳葡政府推行自由主义经济政策，经过四十多年的发展已经形成我国规模最大的口岸群。而粤港和粤澳之间的口岸管理仍然延续"在各自境内处理各自出入境程序"。不同的关税区带来不同的制度，使得在出入境的过程中人员、货物均需办理通关手续，市场互联互通的局面尚未形成，造成粤港澳三地之间的要素流动成本增加，影响区域之间的高效合作。习近平总书记在深圳经济特区建立40周年庆祝大会上指出，"抓住粤港澳大湾区建设重大历史机遇，推动三地经济运行的规则衔接、机制对接，加快粤港澳大湾区城际铁路建设，促进人员、货物等各类要素高效便捷流动，提升市场一体化水平"。强调大湾区要发展，必须先衔接内部规则，这种规则包含技术、社会、投资、贸易等方面的规则。在区域经济合作中，规则不统一会带来不同程度的负面影响，增加市场活动不确定性的风险、衍生费用等，阻碍市场要素顺畅流动。

除此之外，湾区在实现规则衔接的过程中也引发了诸多资源的交流协同。粤港澳三地在发挥区域内的特色优势来增强本区域经济实力的同时，也将发挥区域辐射带动作用，促进周边区域经济的发展，激发湾区的经济活力，加速各类资源的交流整合，进而推动实现粤港澳大湾区更深层次的协同发展。在推动粤港澳三地规则衔接的过程中，前海在尊重"三个关税区、三种法律及货币体系"差异的基础上，成功形成涉外涉港澳台商事案件合议庭、港籍陪审员制度下的评判机制等，专门应对形势变化带来的具体问题，促进纠纷、矛盾更加合理有效地化解。可见，落实粤港澳大湾区国家战略需要在经济层面解决关税区、法律体系和货币体系的协同问题，实现各类要素在区域内顺畅流动，必然也面临着诸多规则协同衔接的需求。

3. 事务层面：搭建协作框架的治理需求

搭建区域性公共事务协作治理的框架，需要实现粤港澳大湾区规则衔接。实现大湾区协同治理过程中，粤港澳三地在遵循互利互惠、共同发展、优势互补的原则上构建区域协作治理的框架，事务上的协作治理框架有效地避免了三地合作过程中产生的矛盾冲突，或是防止了矛盾进一步升级，推动区域的协同治理目标实现。但搭建区域协作治理框架需要有统一的规则作为指导，在规则的范围内形成统一的共识、理念、运行的机制等，实现粤港澳三地的深度协同发展。实现粤港澳大湾区协同治理的规则衔接，不仅减轻了政府负担，还调动了社会力量的积极性，使人民、社会组织参与到公共事务管理当中，提高了公共服务的质量和效率。

现有粤港澳大湾区合作已经从个别项目合作发展到全方位合作，从制造业合作逐步转向服务业合作，由经济领域向社会民生领域扩展，从民间合作向政府合作提升，由市场层面向行政层面拓展，区域一体化的步伐不断加快。但在实现区域一体化的过程中也暴露出诸多问题，如现有的合作制度内部运行机制是一种"自下而上"的运作，即三地具体工作部门提出合作事项，交由粤港澳高层面确认后返回工作层执行。此外，现有的合作组织架构主要是政府部门之间的体内循环，这些合作中涉及决策、执行、咨询和监督的规则没有明确界定和区分，这些都影响着粤港澳全面深化合作。随着合作的不断深化，由于缺乏统一的规则，导致暴露在组织层面、区域机构层面、事务上问题越来越多，这就必然要求粤港澳大湾区合作规则根据现实和未来的发展需要实现由小到大、由下到上，由执行到战略的根本性转变。可见，落实粤港澳大湾区国家战略需要在事务层面搭建区域性公共事务协作治理框架，也必然面临着规则协同衔接的迫切需求。

（四）以规则衔接促进粤港澳大湾区协同治理的应然愿景

随着经济全球化、区域一体化的推进，国家之间、地区之间的联系愈发紧密，跨行政区的经济合作和公务事务治理需求越发强烈。从规则的角度上思考粤港澳大湾区的发展问题，实质上是一种协同发展或是地位实现的过程。粤港澳大湾区的协同发展就是推动区域内人流、物流、资金流、信息流高效便捷流动，实现跨地区互补与合作的过程，协同发展目标的实现离不开区域合作平台的构建，稳定发展的合作平台需要有统一的规则来维持，协调利益、消除差别、凝聚共识成为了实现规则衔接并促进粤港澳大湾区协同治理的三个重要着力点。

1. 协调利益

粤港澳大湾区的规则衔接，能够从协调利益的角度促进粤港澳三地的协同治理。粤港澳大湾区的社会制度不同、法律制度不同、关税区也不同，受这种历史因素的影响，粤港澳三地在构建区域协同治理模式的过程中面临挑战。同时，湾区内各城市之间的发展水平不一，每个城市内部的经济、政治、文化等发展程度高低不等，使其难以实现协同治理的目标。2019年2月《纲要》指出"市场互联互通水平有待进一步提升,生产要素高效便捷流动的良好局面尚未形成。大湾区内部发展差距依然较大,协同性、包容性有待加强,部分地区和领域还存在同质化竞争和资源错配现象"。要求湾区建设要协调利益问题,避免重复建设。

《广东省国民经济和社会发展第十三个五年规划纲要》结合了粤港澳大湾区各城市的具体实际情况,提出了在功能定位上各有分工、各有侧重的协调发展目标。其中,香港、澳门、广州、深圳作为粤港澳大湾区城市群体中的中心城市,能够发挥辐射带动周边地区的引擎作用,促进港澳融入国家发展大局。此外,建设重要节点城市,支持珠海、佛山、惠州、东莞、中山、江门、肇庆等城市结合自身优势,改革创新,增强城市综合实力与竞争力。发挥各个城市的优势,强化互动合作、共享合作,以实现带动周边特色城镇的发展,共同提升城市群发展质量的目标。同样地,《广东省国民经济和社会发展第十四个五年规划和2035年远景目标纲要》针对粤港澳协同发展问题,提出了完善三地政府推进大湾区建设沟通协调机制,构建高标准市场规则体系,以及推动建设粤港澳大湾区国际仲裁中心,积极发展国际仲裁和调解等目标。概言之,粤港澳三地及时加强彼此之间的沟通协作,共同制定统一的规则,形成可行的湾区发展方案,能够从规则上明确各自的利益立场,在规则制定过程中形成共识理念,减少在治理事务中的利益摩擦。

2. 消除分歧

粤港澳大湾区的规则衔接,能够从消减分歧的角度促进粤港澳三地的协同治理。一方面,由于粤港澳合作是基于"一个国家、两种制度、三个关税区、三种法律及货币体系"多元化情境下的合作,港澳特区通过国家授权享有高度自治权力,有权处理除外交和国防以外的事务,这种高度自治权是广东以及内地其他行政省区市所不具备的。此外,港澳特区是国际自由港和独立的高关税区,具有独立的司法体系,使得粤港澳合作具有与其他区域合作完全不同的国际性和独特性。制度差异导致规则衔接上必然会出现落差,这种落差存在于粤港澳大湾区的合作发展的过程中。另一方面,面对新局势的变化,粤港澳原有的合作模式已无法适应时代发展要求,必须在落实战略规划时及时调整战略定位,从国家战略的高度层面衔接三地规则,优化目标实现。因此,应缩小粤港澳三地的规则差别,从具体领域和事项当中逐步加快粤港澳大湾区协同治理的步伐，使"一国两制"的制度优势得到充分发挥。

3. 凝聚共识

粤港澳大湾区的规则衔接，能够从凝聚共识的角度促进粤港澳三地的协同治理。实现粤港澳规则衔接不仅能发挥区域自身特色优势，发展本地的经济，更能促进粤港澳三者更紧密地连接与协同，在功能、机会、政策等方面协同组织起来，从而形成或创造协同治理的效应。2012年习近平总书记在广东考察时强调"现在我国改革已经进入攻坚期和深水区，我们必须以更大的政治勇气和智慧，不失时机深化重要领域改革。深化改革开放，要坚定信心、凝聚共识、统筹谋划、协同推进"。凝聚共识是前进道路中必不可少的基础条件。随着合作的不断深化，统一规则的缺乏导致在组织层面、区域机构层面、事务上问题暴露越来越多，而各级政府之间、政府部门之间以及政府与其他组织之间信任的建构是突破集体行动困境的关键。通过建立跨境府际协作信任机制，完善跨境信息共享和协商制度，构建跨境府际多元协作治理模式，结合粤港澳大湾区合作规则的现实和未来发展的需要，实现由小到大、由下到上地增强区域政府之间、政府部门之间以及政府与其他组织之间的信任水平，完善信息共享和协商制度，凝聚区域合作共识。

二、粤港澳大湾区协同治理与规则衔接的现实落差

纵观世界版图，早在20世纪初，湾区经济的旋风就已陆续刮过美国纽约湾区、美国旧金山湾区和日本东京湾区，使其成为现今为止经济体量规模巨大、技术合作深度协同、开放水平高度发达的世界三大湾区。相比之下，粤港澳大湾区如何发展成为兼具世界水平和中国特色的深度协同地带，成为当前中国智慧面临的重要考验。粤港澳大湾区在国家发展大局中具有非常重要的战略意义，它不仅是地方社会经济发展、资源有效联动的内在需要，还是国家区域发展战略、双循环发展格局的动力引擎，更是世界经济增长、重塑国际格局的重要增长极。然而在"一个国家、两种政治制度、三个独立关税区、三种法律体系、四个核心城市"的发展格局下，粤港澳大湾区的深度合作仍然面临诸多挑战，尤其在协同治理与规则衔接方面存在多重现实落差有待弥合。

(一）合作愿景与规则衔接之间存在落差

粤港澳大湾区的协同治理需要坚持共商共建共管共享的原则，然而内部异质性使得各方的参与目标不同，合作愿景与规则衔接之间存在落差，区域经济发展无法发挥出应有的动能。其中，规则机制的无感衔接是实现大湾区一体化建设的战术核心。

1. 合作缺乏整体愿景目标，规则边界难以跨越

粤港澳大湾区具有与同一制度体系下的国际湾区和国内众多新区截然不同的特点，即它是世界上现存两大制度相互交融的"反应池"。其中珠三角九个城市在共产党的带领下实行的是中国特色社会主义制度，香港、澳门特别行政区实行的则是资本主义制度。两种制度在多个方面影响着大湾区的发展，也是湾区建设的政治底线。加之新冠疫情的影响作用，两种制度在粤港澳大湾区的"温室大棚"内不断交融，试图寻找制度保障最大化的路径。然而现实情况并不乐观，由于对湾区整体愿景目标的缺乏，无论是有形制度，还是无形制度，其规则边界都难以触碰并跨越，操作不当则会引起泛意识形态化和泛"两制"化，可谓一着不慎，满盘皆输。

2. 发展存在法律制度落差，规则衔接动能不足

虽然国家粤港澳大湾区的整体发展，将粤港澳大湾区的建设提升到国家战略层面，但是对于如何统筹规划大湾区的区域发展还没有专门的法律依据。由于"一国两制"的制度设计，香港和澳门是具有高度自治权的特别行政区，拥有自己的立法权。与我国《立法法》对地方立法权的规定不同，香港和澳门保留了原有的大部分法律制度和法律传统，与内地的法律制度之间存在许多差异之处。

珠三角九市主要承继中华法系的法律规则，走中国特色社会主义法治道路，其中宪法是根本大法。1824年至1997年间，香港地区被英国殖民管治，其法律制度也基本上是英国法律制度的移植，继承了英美法系。除此之外，《中华人民共和国香港特别行政区基本法》是香港特别行政区的宪制性文件，规定香港特别行政区实行的制度，确保国家对香港的基本方针政策得以实施。澳门被葡萄牙殖民管治112年之久，其法律制度承自葡萄牙，经过欧洲法律的洗礼，沿袭了典型的欧洲大陆法

系。另外,《中华人民共和国澳门特别行政区基本法》是澳门特别行政区的宪制性文件,是澳门的"小宪法"。根据《香港基本法》第17条和《澳门基本法》第17条规定,特别行政区"立法机关制定的法律须报全国人民代表大会常务委员会备案",但"备案不影响该法律的生效"。由于权威性和约束性的法律体系保护,粤港澳大湾区法律规则衔接动能不足,使得协同治理的执行力大打折扣,严重影响一体化的建设。

3. 开放缺少经济制度支撑,规则重塑面临困境

粤港澳分属三个不同经济体和关税区,三个独立的市场体系在经济制度、财政体系、货币发行制度以及经济发展规划制定方面完全独立。三地的关税标准、资金流通制度、投资开放程度、对外经济政策、对涉税信息的公开程度也有实质性区别。2003年,中央政府与香港、澳门特别行政区分别签署的《关于建立更紧密经贸关系的安排》(Closer Economic Partnership Arrangement,简称CEPA)及一系列补充协议进行关税协调,力图逐步取消内地与港澳之间的关税壁垒和非关税壁垒,为地区间贸易及投资的便利化做出进一步努力。然而粤港澳三个地区之间关于原产于第三国货物的关税规定并未协调一致,港澳素有"自由港"之称,对进口的货物免征关税,而内地进口则需征收关税,因此现阶段的规则重塑面临困境。

(二)历史使命与规则赋能之间存在落差

当前,世界经济增长动力不足,全球经贸投资规则和经济治理体系进入深度调整期,加之疫情的影响,全球经济面临许多不利的因素。国家对粤港澳大湾区未来发展的期许是以全球化意识踏入世界舞台,努力担当起全球经济增长动力引擎的重任,为世界经济提供增长极和动力源。而只有提高全球经济发展的控制能力,才能使中国整体竞争力不断提升。

1. 推动国际经济格局向稳,规则竞争无法匹敌

纵观世界一流湾区,其中经济实力最强的"世界三大湾区"为旧金山湾区、纽约湾区和东京湾区。而这些国际一流湾区均以开放性、创新性、宜居性和国际化为其最重要特征,具有开放的经济结构、高效的

资源配置能力、强大的集聚外溢功能和发达的国际交往网络，发挥着引领创新、聚集辐射的核心功能，已成为带动全球经济发展的重要增长极和引领技术变革的领头羊。粤港澳大湾区作为新兴的世界综合湾区，目前正处于路径探索期。虽然经济体量巨大，2020年创造了全国12%的国内生产总值（GDP），但在许多领域的规则制定方面仍缺乏核心竞争力。

2. 助力国家产业集聚外溢，规则赋能基底不稳

粤港澳大湾区的建设是新时代推动形成"陆海内外联动，东西双向开放"全面开放格局的新尝试，是深化中国与世界各国基础设施互联互通，不同文明互学互鉴的桥梁，是丝绸之路经济带和21世纪海上丝绸之路衔接的一个重要节点，更是中国进一步参与全球经济治理的一次实验。在国家双循环的新发展格局下，如何利用规则赋能资本要素的跨境流出，需要粤港澳十一城肩负起使命，积极迎接挑战，率先垂范，为其他地区的区域协调发展提供样本。

3. 献力区域资源循环畅通，规则引领出现掉档

双循环新发展格局的构建可以看作是供给侧改革的延续，其关键在于畅通国内大循环，国内市场的需求是区域内产业发展的直接动力。如何使人力、物力、财力等初级、高级生产要素在区域内快速流通，资源得到有效联动，需要强大而坚定的规则引领。然而规则在该区域内的倡导目前出现断续现象，如在建立大湾区标准互认机制、推进三地农产品追溯平台衔接共享以及创办大湾区食品标准体系和检验检测平台过程中，遇到分歧，规则的制定就面临搁置，规则的引领就跌落至换挡期。

（三）权威树立与规则认同之间存在落差

粤港澳三地所处不同的关税区，施行不同的经济制度、关税制度和货币发行制度。截然不同的经济基础和社会环境塑造了个体不同的偏好。当个体进入到现有的制度场域时，个体偏好和成型的价值观念将与制度所蕴含的意义和价值发生冲突，认同与否将在碰撞的整个过程得以检验。制度作为人类实践活动的产物，本身不会自动运行，必须依赖制度执行者的贯彻和执行。这意味着首先要将制度的规则、规范等客观要素成功"嵌入"到制度执行者的认知和心理当中，将制度的价值规范

因素"内化"到执行者的自我意识中，使执行者建构起制度的"意义"，增强认同感，进而采取社会行动，维护制度尊严。否则，如果制度执行者都没有建构起对制度的认同，那么制度执行一定没有力度，制度会形同虚设，权威也很难建立。粤港澳大湾区的规则认同问题由来已久，也将存续更长的时间，如何在实践探索中逐步实现柔性认同，需要政府间、企业间、民间团体间、民众间不断交流合作和"日久生情"。

1. 地方发展异质性较大，规则认同难达统一

规则在粤港澳大湾区的价值是牵一发而动全身的，不仅涉及自上而下的指导，更关乎自下而上的认同。当前，粤港澳大湾区正处在一圈多核的初级发展阶段，内部城市发展水平极度不平衡。各地方政府目前仍着眼于利益驱动的短期性、事项性的协作，系统性的协同创新动力不足。各地区对于行政区划边界或跨行政区划边界的区域内公共性问题，缺少整体性、一致性的思考和顶层设计，更多的还是关注自身的"一亩三分地"。例如，香港的医疗、金融、法律等优势行业对内地一直保持非常谨慎的开放态度，珠三角的整体海水污染问题与航运问题治理主体缺失等。各地区府际利益关系错综复杂，互补性要素难以得到充分施展，规则亦无法上升到内在认同层面。

2. 城市间无内生型权威，规则倡导不易萌发

与京津冀协同发展模式不同，粤港澳大湾区的区域发展缺乏内生型权威，难以达到"一呼百应"的场面。目前城市协同共享体制尚未完善、产业梯度落差较大，再加上优质资源的分布不均，很难从内部诞生出绝对权威。而只有以上规范性要素得到城市主体的认可，认为其满足了城市发展的偏好，内生型权威才称得上是刚刚萌芽，规则倡导才能发挥作用。

3. 区域合作关系重构难，规则统筹不受掌控

粤港澳大湾区城市合作的关系正由"伙伴"关系向"合伙人"关系迈进。从字面意义上来说，伙伴只是说明了合作主体共同参加某种组织或一起从事某项活动。而合伙人则意味着合作主体为了共同事业的目的，愿意让渡自己的优势区块，共同合作、共享利益、共担风险。就目前的合作现状来看，粤港澳大湾区的区域关系正在进行重构，但远没有达到无间的"合伙人"的关系，城市间的优势互补、各显神通的良好

态势也需要社会各界和普通民众共同努力，否则何谈规则的统筹作用。

（四）府际协同与规则指引之间存在落差

粤港澳大湾区已经有了多年的合作基础，自2008年《珠江三角洲地区改革发展规划纲要》（2008－2020）首次提出"湾区发展计划"到2019年《纲要》颁布，确立各城市品牌，努力打造湾区的国际营商环境，在此期间，粤港澳三地政府无不在加强协同合作与沟通（参见表2－1）。尽管如此，府际合作仍旧面临许多冲突，在很多领域有所碰撞。

表2－1 粤港澳大湾区政府间政策调控年表

年份	文件/政策	要义
2008	《珠江三角洲地区改革发展规划纲要》（2008－2020）	提出"湾区发展计划"，着力加强与港澳合作
2009	《大珠三角城镇群协调发展规划研究》	由市场主导的"非制度性"合作转变为政府和市场双轮推动的"制度性"合作
2011	《环珠江口宜居湾区建设重点行动计划》	跨界、跨地区合作
2015	《深圳市政府工作报告》	首次提到"湾区经济"
2016	《推动共建丝绸之路经济带和21世纪海上丝绸之路的愿景和行动》	深化与港澳台合作，打造粤港澳大湾区
2017	《中华人民共和国国民经济和社会发展第十三个五年规划纲要》、党的十九大报告	携手港澳共同打造粤港澳大湾区，建设世界级城市群
2019	《粤港澳大湾区发展规划纲要》	共建粤港澳合作发展平台，打造国际营商环境

资源来源：国务院、国家发展和改革委员会、广东省人民政府、深圳市人民政府、香港特区政府和澳门特区政府。

1. 府际合作信念感不强，规则整合缺少组织力

粤港澳大湾区整体涵盖了11个地方政府、政府内部与政府间又有多个职能部门作为利益主体参与合作，每个行政主体都有其独立的利益偏好和发展重点，区域内政府间存在博弈行为，合作共赢的意识较弱。例如，作为完善两岸配套集散道路的深中通道，虽然从宏观层面上来看，通道的修建对广州、深圳和中山三地政府均有建设意义，但在建设规划中由于伶仃洋大桥处于广州市出海口，深圳与中山推行的"东隧西桥方案"会限制日后进出广州港船舶的高度，日后也势必会影响船舶进出南沙港和广州港，直接影响到广州市未来港航的发展。由此可见，在规则整合缺少组织力的大背景下，虽然合作的整体规划是对合作参与主体大有裨益的，但个体利益不同，地方政府依然会采取博弈行为捍卫地方利益。

2. 利益冲突离心力渐强，规则指引向心力匮乏

粤港澳大湾区视阈下的地方政府具有行政区划不同、经济体量不同、规模等级不同、资源占有不同的特点。在合作的过程中，利益的导向性和规则的指引性是地方政府合作中首先要考量的要素。虽然《纲要》中明确了11个城市各自的品牌定位，但是要达到这一目标，还需要很大的时间成本和经济成本，而现实情况是城市间的功能属性具有同质性、叠加性和重合性，这就意味着区域内部会产生无序竞争。在规则指引向心力较弱的情况下，潜规则的作用则突显出来，而四个核心城市中谁占有资源最多，享受政策最优惠，拥有优先发展权？外层区域经济圈中由于地理位置毗邻，自然要素禀赋和经济水平接近，产业结构同质性明显。因此区域内由于无形的利益冲突，离心力远大于向心力。

3. 合作机制差异性过大，规则协调建设性短缺

合作机制的不完善，是阻碍粤港澳大湾区长期合作的重要因素之一。从目前的情况来看，粤港澳大湾区虽然具有天然的地理优势，但是城市间缺乏行之有效的、健全的合作机制，具有合作环节程序复杂、协调部门效率低下、协商过程时间冗长、协议执行程度不高的现象。这些消极现象虽然不一定会造成法律后果，但是对于合作来说形式大于内容，合作难以取得 9＋2＞11 的共赢效果。

（五）国际对接与规则支撑之间存在落差

中国施行改革开放政策已有40多年的进程，对外开放水平正在一步步提升。从1978年到2020年，中国外贸进出口总额从355亿元增长至32.16万亿元，增长了905倍，成为了全球外贸第一大国。粤港澳三地的合作在国家对外开放的进程中有着举足轻重的作用，也是新时代国家全面对外开放战略的先锋军，但在国际对接中仍存在短板和差距。

1. 位居全球价值链层次低位，规则设计缺乏整体把控

得益于国家对疫情防控的严防死守，粤港澳区域的经济发展稳中向好，支撑着外贸进出口的平稳增长。从整体来看，区域内出口商品技术水平相对落后、品牌价值偏低、关键零部件严重依赖进口的现状并未有根本改变，整体仍然处于全球价值链的中低端环节。珠三角作为世界工厂的"心脏"，制造业的生产总值是全国的十分之一，虽然响应国家号召正在进行产业的转型升级，但总体而言仍位居全球价值链下游层次，区域内对产业升级的整体把控还缺少顶层设计。

2. 开放型经济体制推进缓慢，规则过渡存在严重脱节

相比于长三角、京津冀等其他湾区经济区域，粤港澳大湾区是推进新型经济体制和营商土壤最肥沃的区域。其中广东省早在改革开放初期就走在全国前列，为贸易投资便利化、自由化做了很好的铺垫。根据2020年12月粤港澳大湾区研究院和21世纪经济研究院联合发布的《2020年中国296个地级及以上城市营商环境报告》，广东省深圳和广州位居全国排名第一和第四，无论是在基础设施、市场总量层面还是软环境、商务成本层面，抑或是生态环境、社会服务层面，广东省在各项排名中都位居前列。而正如大家所知，香港和澳门分别拥有各自的自贸港，其中香港更是拥有极高的对外开放程度、极优的营商环境以及极为健全的贸易制度。根据世界银行颁布的 *Doing Business 2020——Comparing Business Regulation in 190 Economies* 显示，香港在世界营商环境排名中位列第三，第一、第二名分别是新西兰和新加坡。总体来讲，粤港澳大湾区是与国际对接的开放型经济体制的试验田，而三地在规则衔接上的差异导致新型体制推进较为吃力，标杆作用尚不明显。

3. 服务业对外开放程度偏低，规则吸引仍需丰富内涵

随着各国数字经济的发展，近年来"数字化+"服务业成为了中国经济的一大亮点。而与发达经济体相比，我国在金融、专业服务等敏感服务业准入方面仍建立着较高的壁垒。经济合作与发展组织（OECD）服务贸易限制指数（STRI）显示，在22个行业中我国只有3个行业的得分高于44个国家的平均值，对金融业的服务贸易限制更是位列全球第二。此外，在加油站、医疗、教育、市场调查、文化、电

信、农产品批发市场等服务贸易领域存在禁止准入、股比限制、业务范围限制等要求，开放程度低于绝大多数发达经济体。服务业真实开放度小于日本、俄罗斯、南非、美国、英国、韩国、土耳其、荷兰、挪威、卢森堡、爱尔兰、以色列等国家，真实开放程度仍较低。香港、澳门的第三产业市场相对发达但是消费市场趋于饱和，作为国家双向开放的桥头堡，港澳需要带动整个区域进一步提升城市服务业的发展水平，然而目前区域内规则竞争力疲软，11个城市的服务业发展水平参差不齐，服务业发展缺少适宜的环境，港澳的服务业产业链优势难以得到延展。

三、粤港澳大湾区协同治理与规则衔接的制约因素

从影响因素看，粤港澳大湾区协同治理与规则衔接的现实偏差既源于特定的历史性因素，也受区域间产业基础和发展水平等客观因素的现实制约。港澳地区经历了较长的殖民统治时期，继而在"一国两制"体系下保留了部分西方规则要素，对粤港澳大湾区的整体规则衔接带来基础性挑战。同时，新时期的产业间竞争与城市间发展势差等问题，进一步维持甚至加剧了粤港澳大湾区协同治理和规则衔接的内在困局。

（一）规则不统一导致事务争议频发，治理权威性不强

1. 粤港澳人才政策差异大，不利于人才双向流动发展

目前粤港澳大湾区内各区域均出台了人才方面的政策，甚至在一个城市的不同区域也有不同的人才政策，但区内仍缺乏一个在大湾区层面的统一、公平的人才政策纲领，相互之间的人才争夺战也愈演愈烈。因此，针对大湾区内引进人才以及本地培养人才的情况，如何做到统一、公平，既能解决各区人才的需求，又能够使大湾区内各区互相协作，形成共创互利共赢的局面，是一个急需解决的问题。

首先，三地社保制度不统一，增加了人才流动的壁垒。由于历史原因，粤港澳在政治制度、经济发展和社会文化背景等方面存在较大差异，香港和澳门分别采用英国和葡萄牙的法律法规体系，这一情况导致粤港澳三地居民的社会保险制度也存在着很大的差异。

表3-1 广东、香港和澳门的社保政策

地区	社保政策
广东	在中国境内合法就业的外籍人员（含港澳台）应当依法参加中国社会保险，由用人单位和本人按照规定缴纳社会保险费。参加社会保险的外籍人员，在达到规定的领取养老金年龄前离境的，其社会保险个人账户予以保留，再次来境内就业的，缴费年限累计计算；经本人书面申请终止社会保险关系的，也可以将其社会保险个人账户储存额一次性支付给本人
香港	除获豁免人士外，凡年满18岁至未满65岁的一般雇员、临时雇员以及自雇人士，均必须参加香港强积金计划。强积金制度要求参与人士需年满65岁才可提取累算权益，但如果符合提早提取强积金的特定情况，如永久性地离开香港，允许在65岁前提取累算权益
澳门	澳门的社会保障制度包括强制性制度及任意性制度两种供款制度。在澳门工作的澳门居民需参与强制性制度供款，而符合规定的其他澳门居民可进行任意性制度供款。针对外地雇员，雇主有责任为其聘用的雇员纳聘用费，聘用费也用于社会保障用途，但是社保受益人仅为澳门居民，外地雇员无权享受任何社保福利

由表3-1可以看出，目前三地的社保制度差异较大，且没有建立社保互通机制，跨境人才将面临两大问题。一是双重缴纳社会保险费，例如，香港人才被派往内地工作期间，既要按照内地的要求缴纳社保，又必须在香港参加香港强积金计划，使得缴费负担加重。二是社保年限无法互认，无法公平享受退休福利。以在内地工作的港澳籍人才为例，在离境时虽然可以提取其社会保险个人账户储存额，但在内地这边缴纳的社保年限无法得到港澳地区认可，直接影响其日后退休的养老待遇及医疗保障。其次，优惠政策吸引力不足，不利于人才的双向流动。2019年，为支持粤港澳大湾区建设，吸引境外（含港澳台）高端人才和紧缺人才来大湾区工作，按照党中央、国务院的统一部署，对在大湾区工作的境外（含港澳台）高端人才和紧缺人才，按内地与香港个人所得税负差额给予补贴，并对补贴免征个人所得税。财政部联合国家税务总局下发了《关于粤港澳大湾区个人所得税优惠政策的通知》，通知针对来大湾区珠三角九市工作的港澳人才颁布了以下税收优惠政策：一是广东省、深圳市按内地与香港个人所得税税负差额，对在大湾区工作的境外（含港澳台，下同）高端人才和紧缺人才给予补贴，该补贴免征个人所得税；二是在大湾区工作的境外高端人才和紧缺人才的认定和补

贴办法，按照广东省、深圳市的有关规定执行。这一文件的出台，能够对大湾区广聚英才起到一定的引导和推动作用，但是该政策的现实执行情况与理想仍有差距，优惠力度有限，对于港澳人才没有足够的吸引力。同时，对于赴港澳发展的内地居民来说，取得此类补贴或报销收入虽然可以根据六项专项附加扣除的条件在税前扣除，但仍然没有港澳人员在内地享受的八项减免优惠的力度大，一定程度上削弱了内地人才向港澳流动的意愿和动力。

2. 三地金融体制机制差异大，阻碍货币实现自由流动

粤港澳大湾区是"一国、两制、三个独立关税区、三种法治、三类货币"的不同区域，由于大湾区特殊的制度差异，所以货币金融在三地的流通是目前阻碍粤港澳大湾区合作的重要原因之一。粤港澳大湾区金融合作具备一定基础，取得了积极进展和阶段性成效，但也面临一些比较突出的问题。

一是三地货币流通存在障碍。粤港澳大湾区与其他国际一流湾区最大的不同点就是"一国两制"，它涉及三个关税区、三种货币、三种法律制度，广东以人民币作为法定交易货币，香港、澳门则分别以港币、澳门元作为法定流通货币，目前这三种货币又受制于三地不同的银行体系，还没有实现自由支付和自由流通。首先，由于三地使用不同种类的货币，而且三种货币的汇率以及管理机制存在很大差异，因此目前在粤港澳大湾区实现货币自由流通还有很大难度。其次，大湾区内三种类别货币的价格根据实时情况一直在变动。例如，人民币是按照市场供求进行的，港元借鉴美国汇率制度，澳元则采取一篮子货币管理办法。最后，由于政策限制，内地的资本项目在仅有的部分开放的基础上同时还要求提供收汇、结汇等单据证明进行结算，这也增加了粤港澳大湾区的资金流通难度，不利于粤港澳大湾区金融的发展。

二是三地金融互联互通阻隔多。由于三地制度不同、金融体系差异大，加上通信体系也不相同，导致目前三地在移动支付方式上难以实现自由化。这些因素严重阻碍着粤港澳大湾区金融合作发展和互联互通的步伐。一方面，在金融管理制度上，由于目前粤港澳大湾区实行"一国两制"，三地的金融会计制度、金融财税制度、金融业务范围、金融

配套服务等都不相同，相互之间存在较大差异。例如，就个人金融业务来说，在账户方面，粤港澳三地 KYC 政策标准差异比较大，非住地居民开立账户十分不便；在信用卡方面，由于限制多，粤港澳三地居民相互之间办理信用卡程序非常繁琐；在信用体系方面，粤港澳三地居民相互之间没有建立信用体系，一旦人员离开就很难进行金融消费、信贷支付、投资理财等。另一方面，在货币支付方面，由于三地的货币不统一、流通不自由，导致异地支付不便捷，三地的移动支付系统未能实现完全互联互通，这些现实阻碍都制约着三地间的货币流通，从而又进一步制约着三地之间的金融合作发展。

三是三地金融体系不一致制约了相互之间的合作。港澳地区在政治制度、经济制度、社会制度相对独立，导致粤港澳三地在很多方面很难达成统一意见，货币金融方面的具体政策难以落地，各方只能发布实施符合各自情况的政策。目前三地解决问题的方式以签订协议和协商方式为主，无法形成统一的制度机制，这导致三地解决实际区域合作问题的速度慢、效率低，因此无论是在金融还是其他方面目前都难以做到深度协同。

3. 三地物流发展存在诸多壁垒，不利于大湾区协同合作

首先，市场规则与贸易制度相冲突成为阻碍三地商品流通的壁垒。三地目前运行的三个独立关税区，三地市场规则与贸易制度存在一定的冲突，阻碍了大湾区商品物流的畅通。一方面，三地物流管理制度存在明显差异。广东省物流业由多部门管理，而且流程较为繁琐复杂，具有明显的行政干预色彩。而香港、澳门两地由于长期实行资本主义制度，受到西方经济体制影响，市场体制高度自由。客观存在的市场体制差异，对于与内地合作的港澳企业来说存在明显的不适应与干扰，不利于粤港澳大湾区地区跨境物流业合作。另一方面，粤港澳大湾区存在三个不同的关税区，容易引起贸易制度冲突。例如，内地对于跨境资本流动的审查程序比较严格，很大程度上阻碍了大湾区跨境投融资合作项目的落地。三地存在的市场规则与贸易制度的差异性，在一定程度上阻碍了商品的自由流通，不利于三地物流业合作发展。

其次，公共信息平台的缺乏影响了粤港澳之间物流信息的无缝衔

接。由于粤港澳大湾区内尚未建立起一个公共的信息平台，导致三地物流业存在信息不对称和信息不及时的情况，影响物流信息的互联互通。虽然粤港澳地区已经存在一些民间或者地方政府独立建立起来的物流信息平台，但是缺乏权威机构对发布的信息进行审核，因此在这些平台上，用户发布的信息的真实性与有效性程度较低，而且平台也未能安排统一的人员或者机构对这些信息进行整合与共享，因而很难满足大湾区物流信息的互联互通需求。现阶段，香港市场经济发展较为成熟，物流信息数据较为准确全面，例如香港数码贸易运输网络的开发，极大提高了香港物流业的信息流通效率。而广东地区"大产业、小企业"现象非常普遍，物流信息较为分散、庞杂，需求方与物流企业服务信息沟通不畅；澳门地区的情况也较为相似，物流信息平台建设较为落后。总之，广东、澳门地区信息平台建设相对比较滞后，而香港地区较为发达，三地尚未实现信息的互联互通，这为粤港澳大湾区物流业信息共享带来不利影响。

最后，粤港澳三地之间企业间协作不足，影响物流业发展。当前，粤港澳大湾区内各港口的发展模式还是以相互竞争为主，缺乏合作意识，大湾区内各物流企业之间的协作能力较低，致使三地之间的物流效率难以提高。同时，区内各城市经济发展存在同质化竞争等现象，彼此间缺乏经济发展的包容性与协同理念，这些对大湾区的物流业协同发展也造成一定的阻碍。例如，相较于广东省内的物流企业，香港地区的企业对国际市场规则较为熟悉精通，而广东地区物流企业则具备腹地货源优势，但是两地物流企业之间的竞争激烈，缺乏合作意识，导致两地物流难以实现资源整合与信息共享，这在很大程度上造成了资源浪费，不利于双方的合作共赢。此外，三地存在竞争发展的孤立思维，三地物流业的发展都存在短板，彼此间缺乏合作意识。如澳门经济发展结构较为单一，物流资源有限；香港物流经济发展缺乏稳定持续的支撑；珠三角九市物流业发展缺乏规范、完善的制度，而三地物流企业之间缺少资源整合与协同配合，导致湾区内物流业整体运行效率处于较低水平。

(二) 制度差异大导致利益冲突凸显, 治理协同性不足

《纲要》颁布后, 各项工作稳步推进, 大湾区内部分领域已初步实现规则衔接, 但与纽约、旧金山、东京等国际一流湾区相比, 大湾区在法律、金融、服务贸易和投资便利化等方面还未能实现深度协同, 因而相关规则也难以顺畅衔接。粤港澳三地协同发展的实现仍需要很长一段时间的努力, 究其根源, 目前三地主要在以下两个方面存在分歧。

1. 制度差异是阻碍三地实现协同发展的根本原因

目前世界上三大湾区纽约湾区、旧金山湾区、东京湾区都处在同一关税区, 采用统一的法律制度, 拥有统一的金融体系和单一的货币体系, 而粤港澳大湾区的建设要跨越三个拥有单独立法权的行政地区, 使用三种货币, 采用不同的汇率制度和资本流动管理制度, 确实面临前所未有的挑战。一方面, 粤港澳大湾区存在"一个国家、两种制度、三个关税区、三种货币"的制度差异, 由于粤港澳三地在政治制度、经济制度、社会制度各不相同, 导致在很多方面很难达共识; 另一方面, 三地在法律体系、司法体系等方面存在显著差异, 无论是广东省还是香港、澳门特区政府都很难独自牵头开展有效的法律规则衔接, 目前三地解决问题的方式以签订协议和协商方式为主, 无法形成统一的制度机制, 这阻碍了粤港澳大湾区在各方面深度协同发展的实现。

2. 政府间的利益冲突是影响深入合作的关键因素

粤港澳大湾区涉及 3 个独立关税区与 11 个地方政府、多个职能部门等多方利益主体, 参与粤港澳大湾区合作的地方政府间难免存在利益冲突, 如果不能很好地平衡利益, 合作很难维持。

首先, 三地政府区域共同体观念不强。三地涉及九市两区, 每个城市都有自己的发展谋划, 都是独立的行政主体。每个地方政府都尽力维护自身的利益, 彼此之间缺乏一体化的发展观念。如果某项合作行动对粤港澳大湾区共同利益有利, 但会影响到地方个体利益, 地方政府很可能以自身利益为重, 而弱化共同合作的意愿。从目前实践来看, 三地多数合作仍然是以短期利益驱动为主的事项间的合作行动, 并没有树立"共建、共治、共享"的区域合作理念, 与此同时, 在大湾区内存在着

严重的行业地方保护主义行为，这使得地方政府之间行业同质化的竞争日益加剧。例如，香港为了维护传统优势服务业中的医疗服务和法律服务的行业权威和地位，对与内地的合作一直持谨慎态度；由于内地的在线支付及其衍生产品发展迅速，出于金融安全考虑，香港对在线支付管制较为严格；等等。由此可见，区域内地方政府出于各种利益的考量并没有采取开放的姿态进行全方位的合作。此外，地方政府还普遍抱着一种"搭便车"心理，即不愿意付出治理或服务成本却想坐享收益，这些都不利于推动粤港澳大湾区一体化发展与合作。

其次，粤港澳大湾区域政府合作利益难以均衡。随着粤港澳大湾区经济发展，政府间需要实现商贸合作、环境治理、基础设施建设等多领域合作，却面临着利益难以均衡的问题。粤港澳大湾区共同利益是各地方政府成员共同合作努力的结果，但由于合作涉及多个城市的多个层面，情况复杂，每个城市的发展水平不同，所付出的成本和获得的收益不尽相同，在每次合作中区域内各个城市支付的成本和收益很难准确核算，如果没有完善的利益分配机制，大湾区整体的经济收益就无法在各个城市之间形成合理分配。如果有些地方发生了"付出多，收益少"的情况，那么这些地方政府就会丧失继续合作的积极性，最终导致合作失败。此外，尽管"一国两制"对港澳回归之后的稳定与发展起到了极大的保护作用，但同时也造成了三地城市主体地位的不对等和区域利益的竞争，粤港澳大湾区政府合作还存在局部利益与整体利益、短期利益与长期利益相互矛盾等问题。

（三）多方面竞争导致孤立思维模式定型，一体化理念较弱

1. 产业发展与分工缺乏系统统筹，不利于协同合作

改革开放之初，一方面广东产业基础薄弱，缺乏资金技术；另一方面，由于毗邻港澳，同时拥有丰富且低廉的土地以及劳动力资源，广东省内珠江三角洲区域主要通过承接来自港澳地区的制造业来促进经济发展，与港澳对接，形成了成熟的"前店后厂"合作模式。党的十八大以来，我们进入中国特色社会主义经济发展新时期阶段，党的十九大提出"我国经济已由高速增长阶段转向高质量发展阶段"这一历史性论

断,传统经济发展模式受到越来越多的挑战,对于广东而言,实现产业结构转型和优化升级刻不容缓。与此同时,港澳两地的现代服务业发展空间不足,也迫切需要对经济结构作出调整;而广东要实现产业转型升级也将对港澳地区的部分优势产业带来冲击。2009年至2015年,国务院先后在广东规划建设横琴、前海和南沙3个新型发展区和自贸区,这些试点建设也难免在金融、现代物流以及专业服务等领域给粤港澳三地"制造"新的竞争要素。

与此同时,广东省内各城市行业之间虽然存在一定的分工,拥有不同的产业比较优势,但是在行业结构和布局方面仍在一定程度上存在统筹协作不足带来的同质化竞争问题。例如,深圳、惠州、东莞存在电子信息行业的同质化竞争;珠海、佛山存在电气机械行业的同质化竞争;广州、珠海、惠州存在石油化工行业的同质化竞争;江门、中山、佛山存在纺织服装行业的同质化竞争,肇庆、佛山、江门存在建筑材料行业的同质化竞争;东莞、江门存在森工造纸行业的同质化竞争;广州、珠海、中山存在医药制造行业的同质化竞争等。此外,2019年《广东省各城市统计年鉴》的数据显示,计算机、通信和其他电子设备制造业,橡胶和塑料制品业,纺织服装和服饰业,非金属矿物制品业,化学原料和化学品制造业,金属制品业,通用设备制造业,电气机械和器材制造业,汽车制造业,电力、热力生产和供应业10个行业均为珠三角各城市的重点发展行业,这10个行业生产总值在广州、深圳、东莞、佛山、珠海、江门、中山、惠州8个城市的制造业生产总值中都超过了60%,计算机、通信和其他电子设备制造业在深圳、广州、东莞、珠海、中山、惠州6个城市的制造业生产总值中都超过了10%,电气机械和器材制造业在佛山、珠海和中山3个城市的制造业生产总值中都超过了20%,化学原料和化学品制造业在广州、肇庆和江门3个城市的制造业生产总值中都超过了10%。

2. 区域内城市间发展差距大,阻碍一体化发展进程

粤港澳大湾区包括香港特别行政区、澳门特别行政区和广东省广州市、深圳市、珠海市、佛山市、惠州市、东莞市、中山市、江门市、肇庆市共11个城市,总面积5.6万平方千米,其中深圳、广州、香港作

为区域内的三个中心城市经济发展水平尤为突出，无论是经济总量还是城市发展水平均已迈入世界一流城市行列，但是大湾区内部发展差距依然较大，整体发展呈不均衡态势。

表3-2 2020年粤港澳大湾区城市GDP排名

排名	城市	GDP（亿元）	GDP较上年增长（%）
1	深圳	27 670	2.8
2	广州	25 019	5.9
3	香港	22 972	-3.0
4	佛山	10 817	0.6
5	东莞	9650	1.8
6	惠州	4222	1.1
7	珠海	3482	3.0
8	澳门	3458	-2.0
9	江门	3201	2.2
10	中山	3152	1.5
11	肇庆	2312	2.8
	合计	115 955	—

由2020年粤港澳大湾区城市GDP统计数据（见表3-2）可知：在粤港澳大湾区的11个城市中，深圳GDP总量约为2.77万亿元人民币，广州GDP总量约为2.50万亿元人民币，香港GDP总量约为2.30万亿元人民币，深圳、香港和广州3个城市的经济总量之和超过了整个粤港澳大湾区区域经济总量的65%。

总体来看，大湾区内11个城市按照GDP总量可以划分为三个梯队。首先，第一梯队深圳、广州和香港3个城市为当前粤港澳大湾区的中心城市，经济发展水平相对较高，经济总量均超2万亿元，在当前11个城市中的地位不可动摇；其次，东莞、佛山GDP均在1万亿元水平浮动，与其余城市相比，两市处于领跑地位；最后，惠州、珠海、澳门、江门、中山、肇庆GDP总量与前两梯队差距较大。澳门由于城市规模较小，且经济结构相对单一，博彩旅游业"一业独大"，因此GDP

总排名比较靠后，而惠州、珠海、江门、中山、肇庆经济发展水平相对较为落后。值得注意的是，在经济发展水平相对较低的城市中，越靠近深圳、广州、香港3个中心城市的地区经济发展速度越快，经济总量越高，越远离深圳、广州、香港3个中心城市的地区经济发展速度越慢，经济总量越低。在粤港澳大湾区内部出现了中心城市和靠近中心城市的区域经济发展较快，远离中心城市的区域经济发展较慢的现象。粤港澳大湾区城市经济水平整体发展不均衡，区域呈东强西弱、内强外弱的经济发展格局。

这种区域发展不平衡的问题，不利于促进整个湾区各城市之间开展深度合作。香港、深圳、广州均是大湾区的超大城市，无论是在产业发展层次，还是在城市发展水平等方面都已进入国际一流城市行列；而肇庆、江门等地经济社会发展程度则较低，仍处于国内三四线城市行列；珠江口东西两岸在经济实力、产业发展阶段、常住人口数量等方面差距较大，东岸有香港、深圳两个国际化大都市，而西岸则缺乏发展引领城市。这些都导致了粤港澳大湾区在城市建设、基础设施、产业结构等方面呈现出极不平衡的发展态势，使得区域协同发展难上加难。

（四）价值观不同导致信任感难建立，成本及风险过大

粤港澳大湾区11个城市位于泛珠江三角洲区域，具有典型的岭南文化特征，在文化上具有同源性和相似性，但由于制度方面的差异大，人们的成长经历、价值理念、思想文化观念均明显不同，导致粤港澳三地在社会深度协同方面不够顺畅，不利于形成区域一体化协同发展体系。

1. 社会制度不同引发的价值观差异阻碍三地文化实现整合

在"一国两制"背景下，广东和香港、澳门分别实行社会主义制度和资本主义制度，在行政、法律上相互独立，在文化管理体制上也有较大差异。这种制度的差异使得彼此之间的文化交流还不能实现完全开放，港澳两地民众对大湾区的了解和归属感也会受到影响，进而阻碍粤港澳三地实现深度交流合作，这一定程度上降低了粤港澳大湾区文化整合的自主性和灵活度，影响了文化整合的进程。

价值观是文化的核心，深刻地影响着人们的价值理念和思想认识，价值观上的差异是造成内地与港澳文化分歧的另一个重要原因。历史上香港和澳门曾经分别受到英国、葡萄牙的殖民管治，因而深受以英国、葡萄牙文化为主的西方文化影响，形成了有别于内地的、独具特色的价值观念，导致香港和澳门民众缺乏对祖国的政治认同，从而造成三地文化整合困难。

2. 历史原因导致港澳两地民众难以对内地产生心理认同感

由于历史原因，香港、澳门在政治体制上与内地制度有所不同，加上三地之间的交流往来比较少，因此在大湾区的互信问题上，香港社会对内地存在明显的"信任缺失"。在心理层面上，香港社会对内地存在根深蒂固的排斥心理，这成为粤港合作一道很难迈过去的坎。例如，很多香港人视跨过深圳河为畏途，至今仍抱持内地落后、香港高人一等的过时观念，但凡和内地沾边的事，不管是"粤港澳大湾区"还是"十四五"规划，即便实际上对香港有利，他们也一概以"阴谋论"视之而予以抗拒。这个"心魔"不除，香港很难真正融入大湾区建设。香港民间对内地的排拒，也严重绑缚住了官员的手脚。一直以来，香港政治人才缺乏，港英时期香港重大事务的决策权在伦敦，香港公务员只需要听命做事就可以了，不需要有宏观和战略视野。回归之后实行"一国两制"，中央不干涉香港内部的事务，原来发号施令的人没有了，香港的公务员系统顿失所依。而近年来，由于香港民间对内地的不理性态度不断发酵，倡导两地协同发展的官员动辄得咎，常常被戴上"跪低""谄媚"的帽子，因此政府官员大多抱持多一事不如少一事的态度，轻易不触碰粤港合作的议题。这种从上到下的鸵鸟心态，对香港抓住大湾区发展机遇带来挑战。

3. 经济形势复杂导致企业间信任度较低，不利于促进合作

如今我国正在致力于形成以国内大循环为主体、国内国际双循环相互促进的发展新格局，为世界提供"更好"的产品和服务，使我国成为世界制造中心和世界消费中心，使粤港澳大湾区成为双中心的关键增长极。在新发展格局中，粤港澳大湾区担负着引领科技成果转化的使命：实验室阶段，粤港澳大湾区可以进行全球化"融智"；产业化阶段，粤港

澳大湾区已经形成了成熟的产业体系。目前湾区畅通科技创新链的最大阻滞发生在工程化阶段。工程化阶段需要千万次的试验与试错，才能判断能否量产；而周期长短充满着不确定性，因此存在极大的风险。更为重要的是，该阶段需要大量的资本投入，需要政府和市场携手。

资本"重产业化阶段，轻工程化阶段"，其背后是因恐惧风险而产生的信任问题。工程化阶段是一个协作过程，科学家、工程师、企业家和金融家必须通过协作达成交易。协作的前提是信任。但由于工程化阶段的风险和三地信息不对称，湾区的投资人产生信任危机，不是没有钱投资，而是不敢投资。投资者的顾虑可能导致科技成果转化陷入低信任转化陷阱，如何跳出陷阱成为粤港澳大湾区金融突破路径的关键。

四、促进粤港澳大湾区协同治理与规则衔接的对策建议

习近平总书记在深圳经济特区建立 40 周年庆祝大会上指出，要抓住粤港澳大湾区建设重大历史机遇，推动三地经济运行的规则衔接、机制对接，提升市场一体化水平。针对理想愿景与现实水平之间的落差及其成因，粤港澳大湾区有必要通过打造共同的价值理念与发展愿景来进一步推进三地协同治理与规则衔接，并采取创立规范、求同存异、成果共享、试点共创、柔性协同等方式，充分发挥粤港澳各自的制度优势，持续推进跨界合作和要素流动，实现区域统合性发展。

（一）重视规则，以规范机制筑牢协同根基

1. 坚守"一国两制"基础，打破行政壁垒，增强府际协作

粤港澳大湾区是国家在新时代推动形成全面开放新格局的新尝试，也是推动"一国两制"事业发展的新实践。在"一个国家、两种制度、三个关税、四个核心城市"的多元性特征下，粤港澳大湾区的协同治理和规则衔接面临极大挑战。结合深圳经济特区经济建设的历史经验，需要明确的是，粤港澳大湾区必须在全面准确贯彻"一国两制"基本方针、牢固树立一个国家基本原则的前提下抓住机遇、协同发展、相互促进。

当前，粤港澳大湾区作为国家战略，更多是由中央主导、地方协同参与。但是，粤港澳三地在制度、经济体系、价值理念等方面都存在较大的差异，传统的协商机制已经难以适应湾区发展面临的复杂形势，需在"一国两制"的前提下，在保留港澳独立性和自治权的基础上，建立一个以中央为主导的府际协作治理机制。粤港澳大湾区协同治理在中央政府的介入和宏观调控下设定合作规则，统筹分配粤港澳三地资源，调动地方政府参与主动性，增强互信和约束，平衡多方利益分配，降低协同治理成本，促进经济全面协同发展，增强粤港澳三地合作的可持续性。具体而言，一是从促进粤港澳三地合作的高度，树立主体意识与自我认知，打破制度化壁垒形成的流动障碍，确立地方政府协同治理的主体性和主动性。二是完善粤港澳三地政府之间的合作规范和合作程序，积极商讨府际层面的制度衔接问题，促进三地制度的相互嵌入和适应。三是建设行政层面的湾区建设领导小组，加强中央政府对湾区规划建设的重大问题统筹，要求地方政府根据新情况及时提出规划调整建议。四是丰富内在沟通机制，加强三地政府职能部门间的互通平台建设，包括发挥深圳前海等重大合作平台作用、定期举行由三地政府各职能部门核心官员参加的协同治理联席会议、建设特色合作平台等，从而更好地形成统一指挥、上下联动、协议互助、会议协商的信息流通机制。

2. 立足三地禀赋差异，遵循市场规律，促进要素流动

粤港澳大湾区涵盖香港、澳门两个特别行政区，以及深圳、广州、佛山、东莞、惠州、江门、中山、珠海、肇庆等珠三角九市，各城市的发展定位、要素禀赋、集聚和辐射带动作用等方面都存在差异。其中，香港是国际金融、航运、贸易中心和国际航空枢纽，澳门是世界休闲旅游中心，深圳是科技创新中心，广州是综合性门户城市，香港、澳门、深圳和广州作为粤港澳大湾区的中心城市，具有引擎带动作用；珠海、佛山、惠州、东莞、中山、江门、肇庆是重要节点城市，与中心城市具有优势互补、平等互惠的合作关系。要实现粤港澳大湾区的深度协同，就要立足不同城市的要素禀赋差异，在充分尊重市场资源配置规律的基础上，创新区域协同合作机制，促进各类要素便捷流动，从而化解行政区划等客观因素的造成的协同障碍。具体而言，一是要发挥政府在区域

协调合作中的主导作用和市场在资源配置中的决定性作用，协调粤港澳三地在不同社会制度、法律制度框架下的产业布局优化、资金跨境流动、人才培养使用、技术开发转化等重要问题，推动区域内物流、资金流、人流和信息流高效便捷流通，实现粤港澳大湾区经济社会协同发展。二是要尊重各地自身经济基础和资源禀赋，扬长避短，基于不同地域产业资源的独特条件充分发挥其现实或潜在优势，挖掘具备未来成长性的产业，从而减少项目的重复建设，避免陷入无序竞争，实现促进粤港澳大湾区产业协同聚集、快速发展、错位发展、优势互补和协同匹配。三是尊重地区发展路径依赖，从整合存量资源和创造增量资源入手，充分利用现有三地法律制度、社会制度的差异形成新的整体优势，把劣势转化为新形势下粤港澳大湾区战略的新内涵和新布局，增强区域经济发展的韧性。

（二）树立原则，以求同存异化解内部分歧

1. 求同存异，创新制度衔接，减少发展摩擦

针对三地存在的不同社会制度、法律制度等挑战，粤港澳大湾区协同治理要在"一国两制"前提下，遵循求同存异的发展思路，最大限度地发挥创新精神，实现制度互补的收益最大化和制度摩擦导致的交易成本最小化。一是要破解区域经济一体化过程中阻碍产品和要素自由流动的体制机制问题，消除行政壁垒，深化制度和标准衔接，增强粤港澳货物、资金、信息及人才等要素流动的便捷性，提高要素流动效率。二是以行政性安排来促进和保障多个领域的合作，通过友好协商、签署合作协议文件、构建制度化政策协调等方式，最大限度地缓解当前跨境合作中存在的基础性问题。三是以跨境边界区和自贸区为突破口，探索粤港澳三地合作示范区的新模式，例如按照"一线放宽、二线管住、人货分离、分类管理"的原则，在自贸区落实分线管理模式；推进口岸查验机制改革创新，进一步提高通关便利性等。四是在保持社会结构、社会认同相对稳定的前提下，利用现有制度规则差异打破壁垒，通过相互借鉴、学习、衔接和匹配，创新制度衔接，形成新的优选制度规则，实现资源有效配置，包括利用三个法域的区别和互鉴，推进联合执法和

司法结果互认，利用关税区彼此独立探索零关税、低税率、简税制的制度创新，共同应对国际金融风险。

2. 取长补短，发挥比较优势，避免无序竞争

粤港澳大湾区各城市互补性强，要充分挖掘不同制度、不同地域和不同要素的特点和优势，实现区域间的良性竞争。这就要求城市之间要多维度取长补短，最大限度地发挥各维度比较优势，探索粤港澳大湾区协同聚集、快速发展的有效路径。具体而言，一是在司法制度上取长补短。粤港澳大湾区间的区域合作不可避免地存在各类商业法律纠纷，而香港拥有独立成熟的法律体系，在维护法律公正的前提下，发挥其国际仲裁中心角色，有助于加强粤港澳三地司法合作，创新纠纷解决机制，处理涉外的商业诉讼和纠纷，完善司法互助，执行司法仲裁，为粤港澳大湾区建设提供法律制度的参考和保障。二是强化极点带动，优化区域产业布局。发挥港深、广佛、澳珠三大极点强强联合的引领带动作用和外溢效应，打造布局合理、功能完善、联系紧密的经济圈，提高区域经济的综合实力；发挥中心城市科教资源丰富、高层次人才集聚和金融资本丰富的优势，结合节点城市土地资源更丰富、劳动力成本较低的优势，错位分工，避免同质性冲突，形成中心城市和节点城市之间的优势互补，奠定区域产业布局优化的资源基础。三是以产业体系完备为着力点，一个多样化城市配置若干专业化城市，打通粤港澳大湾区内外生产、分配、流通、消费各个环节，提高要素流动效率，构建广佛肇产业聚集带、深莞惠产业聚集带、珠中江产业聚集带等湾区经济圈，形成粤港澳大湾区产业集群和产业互补的格局。

3. 循序渐进，展开集体行动，多层级治理协同

基于我国政治经济制度的特殊情境，特殊且异质的制度特征和多维、多中心、多层级的区域空间属性，粤港澳大湾区既有基于行政地域的管辖权治理，又有基于任务型的功能性治理。一方面，多层级政府结构稳定，各正式层级政府都有清晰的权利边界和行政分工；另一方面，结构成员较多且富有弹性，行政地域边界被超越。由此，当前的粤港澳大湾区协同治理是一种国家主导下的多层级治理，必须循序渐进，稳步协同推进多层级治理活动。具体而言，一是以地域空间为基础，围绕公

共事务决策、各层级政府间关系协调、区域公共政策执行，创立正式和非正式两种制度规范，既有中央政府自上而下的制度供给，例如成立粤港澳大湾区建设领导小组，又有地方政府自下而上达成约束性契约而产生的制度构建，例如地方政府组成的具有综合管理权限的区域协调委员会。二是以区域的地域空间为基础，地方行动主体通过自主联合和自组织网络等，连接区域内的社会网络、社会资本，形成区域经济、社会和文化的共同体，例如成立粤港澳大湾区联合投资开发机构和发展基金。三是基于综合管理制度，针对区域内的特定事务、特定问题、特定空间，建立功能型、任务型区域管理制度，进行协调治理，例如建立深圳前海深港现代服务业合作区、粤港澳大湾区区域应急管理联动机制。四是在区域的特定领域、群体和事务治理中，通过建立正式的凝聚性机构或采取符号、仪式等非正式的凝聚制度，提高区域的凝聚力，进而达成集体行动的意愿，例如聚焦大湾区青年群体聚合，启动粤港澳青年文化之旅等文化交流机制。

（三）关注过程，以成果共享推进共同发展

1. 聚集高端资源，筑建人才高地，发挥极点带动作用

粤港澳大湾区推进协同治理和规则衔接，必须充分发挥香港、澳门、深圳、广州四个区域核心发展引擎的增长极作用，提升高端资源的聚集能力。具体而言，一是要坚持科技创新方向，占领技术制高点，在区域内营造崇尚创新的良好社会环境，以区域创新驱动区域协同发展。进一步整合香港、澳门、深圳、广州四大中心城市的科技创新基础和资源优势，推进科技走廊建设，打造创新经济带，增强区域整体创新实力，把粤港澳大湾区建设成为全球科技产业技术创新策源地及国际科技创新中心的主要承载区。同时，加大对知识产权的保护力度，对恶意侵犯知识产权的个人和企业，提高惩罚性赔偿，增加其违法成本，以重惩罚推进强保护，营造并维护好粤港澳大湾区的创新氛围和创新环境。二是要加强对人才的吸引和培养，特别是吸引高科技人力资源的集聚，促进人才资源的自由流动和整合。在基础设施配套工作中减少区域差异，积极打造有利于人才聚集和施展才能的平台，并制定人才跨域流动的优

惠政策，完善人才工作机制，例如基于交通网络配套为在粤工作的港澳科研人员购买社会保险，允许其办理多次往返通行证，提供多元生活方式等，提高人才服务水平，提升对人才的吸纳承载能力，全力打造聚集海内外高层次人才的"国际人才港"。三是要加快建设世界级金融中心，充分发挥香港金融优势，与中心城市金融资源形成互动，合理利用外资，探索资本便利化制度改革，降低金融的交易成本；在完善金融监管的基础上，积极推动粤港澳大湾区金融一体化、便利化，深化区域金融合作，加快建立与世界级城市群地位相适应的现代化金融体系。

2. 探索优势互补，瞄准科技前沿，优化区域产业布局

粤港澳大湾区作为中国改革开放的先行地，在新形势下必须通过区域层面的整体规划，推动传统产业合作转向价值链中高端的产业合作，实现产业循环畅通，从而形成区域产业一体化布局。当前，在"双循环"战略、高质量发展的背景下，地区传统产业合作的互补性有所下降，区域合作面临产业转型压力，更需要加快实现粤港澳大湾区的资源互补、经济互通、地域互联、技术互促，形成更完备的产业体系。具体而言，一是充分发挥香港在基础研究能力和人才、科研、资本、法治等创新要素方面的优势，深圳在坚持企业主体和市场导向推进产学研紧密结合的科技创新体系方面的优势，广州在高校和科研平台方面的资源优势，澳门旅游和现代服务业高度发达的优势，来填补香港科技成果落地难、深圳基础性科研平台薄弱、广州产业技术创新能力不足、澳门产业结构单一等短板，增强粤港澳在先进制造业和现代服务业的优势互补。二是要在经济全球化、贸易保护主义广泛存在的背景下，充分发挥广东的通信与电子信息、无人机与机器人、新能源汽车等创新型产业集群优势，加快转变传统的依托要素投入获得增长红利的发展模式，以创新驱动为内生动力机制，重点面向国内市场、畅通产业循环，应对生产要素成本持续上升压力、东南亚代工企业竞争、发达国家制造业回流带来的冲击，以及全球产业链和供应链断裂重构、传统外贸产业面临的竞争加剧等潜在风险，增强经济发展的可持续性。三是通过产业整合和有效分流，将港澳的金融、文化旅游、航运等优势产业融入粤港澳大湾区产业循环，推动广东服务业转型升级，将广东的科技创新能力、丰富的企业

资源和充足的市场空间融入港澳的产业合作，推动产业转型升级，形成分工合理、竞争力强的区域产业一体化布局，将粤港澳大湾区打造成为我国制造业门类最全、产业链最丰富、市场化最活跃的城市群。四是要布局重大科技基础设施，瞄准科技前沿，围绕网络与通信、人工智能等重点领域，实现关键核心技术自主可控，培育利益共享的产业链；立足中心城市创新资源优势，带动粤港澳科技创新资源向产业链高端集聚，将粤港澳大湾区打造成具有国际竞争力的现代产业先导区和具有全球影响力的国际科技创新中心，向全球价值链高端迈进；广泛应用节能减排的装备和技术，实现粤港澳大湾区的绿色可持续发展。

3. 整合资源要素，增强互联互通，推动区域协同发展

目前，粤港澳大湾区存在同质化竞争和资源错配的现象，需要打通区域内外生产、分配、流通、消费各个环节，提高市场互联互通水平，促进要素高效自由流动，推动大湾区协同发展。具体而言，一是要建立资源和要素跨境流动的制度协同机制。一方面，从整体角度谋划粤港澳三地关税制度，以广东自由贸易试验区为试点平台和载体，学习、借鉴和衔接港澳地区与国际高标准规则相适应的关税制度，探索大湾区关税制度一体化，逐步破除由三个独立关税区导致的边界效应；另一方面，围绕粤港澳居民自由流动受限和三地政策衔接不足等重点问题，从构筑粤港澳大湾区社会共同体的角度入手，通过深化"一地两检"制度提高通关效率、探索放开居民购房和居住限制，推进教育、医疗和社会保障等方面政策的有机衔接，促进粤港澳大湾区各类资源和要素跨境有序自由流动。二是要构建区域资源和要素整合机制，在关税、通关、社会保障等要素软联通的基础上，推进公共交通和网络通信等要素的硬联通。一方面，要实现大型交通基础设施共建共享，借鉴港珠澳大桥成功建设经验，推进粤港澳大湾区东西两翼的合作项目，进一步打造航运、航空以及铁路等完整的综合性交通运输枢纽，建设粤港澳大湾区"一小时通勤圈"和优质生活圈；另一方面，要实现网络通信领域的互联互通，通过完善城市间数据传导体系、增强港澳和珠三角地区的电信和互联网领域互通，提高信息获取的便利性、完整性和准确性，加速粤港澳三地的信息资源的整合。三是完善资源要素跨境高效流动的市场机

制,以土地、资本、劳动力、技术、信息等要素为主体,率先建立生产要素和资源价格形成机制,促进各类要素在区域内便捷流动和优化配置,保持和释放粤港澳大湾区的生产能力优势、市场优势和创新集聚优势。例如,在土地方面,引导中心城市的企业借助节点城市用地优势,向成本洼地转移;在资本方面,以金融风险可控为前提,借助香港金融优势,鼓励资本跨域流动,推动金融市场互联互通;在劳动力方面,既要培育和吸引高层次人才向中心城市聚集,又要借助节点城市用工成本优势,引导劳动密集型企业向节点城市转移;在技术方面,要鼓励和引导高校、科研院所和企业技术等技术创新主体加速成果转化与产品开发,建立面向社会、资源共享的创新技术平台,破除影响要素自由流动的瓶颈;在信息方面,通过合理规划布局区域基础设施,完善交通配套,提高通关通行的便利性。

(四) 解决难点,以试点共创解决棘手难题

1. 立法协调,填补司法空白,提高司法协同水平

粤港澳大湾区是在不同法系、不同法律制度下开展的区域合作,由此存在的法律冲突带来了粤港澳大湾区规划、建设和发展所面临的重要问题。香港、澳门和广东在法律法规、诉讼程序、法治理念、法律文化等方面存在显著差异,要增强粤港澳大湾区的法律协同,就要在"一国两制"的基本框架下,充分考虑特殊性,以开放思维促进法律制度体系协调,通过取长补短和试点机制,提高法律协同水平,消除制度壁垒,通过规范法律制定的方式,填补制度空白,弥合法律传统、意识形态与多元价值之间的间隙。具体而言,一是立法协调,即基于"一国两制"的特殊性,按照"尊重两制"及"协同及合作"的推进思路,由广东省及辖区内各地方政府在立法权限内制定适用于本地的法律法规,港澳特区根据基本法及本地立法程序制定适用于本地的法律,并采用"政府推进为主、社会演进为辅"的紧密型区域立法合作机制,厘定各自功能边界和权责关系,发挥中央政府、地方政府两个层面的带动作用,非官方团体在立法交流与合作组织的辅助性作用,增强大湾区法律体系的协调,逐步消除不同法律制度和行政管理体制造成的生产要素

跨境流动不畅的制度壁垒。二是借鉴实践经验，填补漏洞和空白。学习和借鉴其他湾区的立法实践，例如参考纽约大湾区采取软法性质的府际协议与硬法性质的政治协定相结合的形式完善湾区法律基础；基于全面对接国际高标准市场规则体系的新目标、新要求，采用"单向开放"的模式，在大湾区内地城市率先认可港澳标准并允许其在湾区内直接适用或采用，有效借鉴和吸收港澳与国际接轨的市场规则和监管标准，推动广东地区尚未对接国际的法律规则的较低标准迅速与港澳地区的高标准相对接，以平衡粤港澳三地制度环境的梯度落差。三是秉持"求同存异"的原则开展平等协商，面对立法差异的现实，可采用中国特色的试点机制，先在部分行政区域或事务板块尝试构建统一的标准，例如从具体性的公共事务循序渐进到一般性的大湾区公共事务，继而在不断总结经验与解决问题的基础上逐步扩大至全湾区，实现渐进式的法律协同优化。四是联动香港建设国际仲裁争端解决中心。通过在"涉港澳仲裁"案件中根据当事人意愿自主适用内地或香港地区的仲裁规则，制定粤港澳大湾区统一商事仲裁规则推动香港仲裁规则向湾区内地城市的仲裁机构移植等模式，吸收香港仲裁制度优势；支持香港作为首选仲裁地并允许适用法律进行仲裁；通过仲裁机构优化、仲裁规则优化以及粤港仲裁法律服务发展定位优化，整合仲裁法律服务体系，建立具有突出中立性和国家化的争端解决机制，以满足大湾区建设进程中对解决商事争端提出的新要求。

2. 环境治理，保护环境资源，实现区域绿色发展

粤港澳大湾区经济一体化过程中，环境资源是影响经济发展的基础性因素之一。当前，大湾区人居环境矛盾凸显，粤港澳三地在环境行政执法合作层面缺乏执行力和约束力，甚至存在明显冲突，在环境治理层面存在较大的交易成本，对区域可持续一体化发展带来了不良影响，必须通过组建环境资源协同治理组织、构建一体化环境标准和监测体系、完善区域环境行政执法机制等方式，统筹好粤港澳三地不同的环境利益诉求，推进粤港澳大湾区环境协同治理，持续改善区域人居环境，实现区域一体化保护、可持续开发利用和绿色发展。具体而言，一是设立具有权威性的区域环境资源协调组织，即由中央政府牵头组建粤港澳大湾

区环境资源协调治理委员会,吸纳来自政府、行业协会、企业和公众等人员作为三方委派代表,承担与环境有关的各项协调工作,行使制定大湾区环境规划、协调环境行政立法和执法、协调区域海洋环境管理和保护等职责。二是构建和实施区域一体化环境标准和监测体系,即在全面梳理粤港澳三地现行的环境标准体系的基础上,深入比较分析,按照区域环境资源一体化管制需要进行环境标准的立、改、废工程,保留现行有效的、操作性较强的环境标准,重新协调制定存在明显执法冲突的环境标准,同步调整与之配套的环境监测体系。三是秉承区域环境共同体理念,完善区域一体化环境执法协调机制,例如通过强化沟通、会同协商,形成兼顾三方利益的执法合作协议;加强区域环境行政执法过程的程序化、法治化和规范化,避免部分因行政法规或命令缺乏法理正当性而导致的执法争议;根据大湾区发展状况适时动态调整区域环境行政执法的协调机制,以不断适应新发展需求。四是多尺度、多形式、多维度协同联动,提高区域环境治理的可操作性和合作的多元性。通过整合多方规制主体和资源,基于三地在区域环境治理中的利益契合点,促进政府部门、企事业单位和高校院所的合作,推进区域环境管理经验和治理技术的交流共享,以及区域污染防治的联防联控;建立跨境环境污染责任追究制度和协作治理行动机制,重点推进对重要生态廊道和近海海域的环境保护和治理;积极拓展粤港澳三地在环境保护科技和产业领域的合作,打造大湾区环保技术交流平台和企业合作平台,探索建立市场化排污权交易规则,重构多主体的环保权利和义务,提高粤港澳大湾区环境协同治理的自发性,提升协同治理成效。

3. 医疗试点,深化医疗改革,加快跨境医疗协同

随着粤港澳大湾区的深入建设和发展,跨境医疗服务协同已经成为提升大湾区居民生活品质,促进港澳居民更好融入国家发展大局的重要议题,亟需通过进一步深化医疗改革,推动优质医疗卫生资源紧密合作,支持港澳医疗卫生服务主体以独资、合资及其他合作方式在珠三角九市设置医疗机构,打造健康湾区。具体而言,一是推动医疗保障体系衔接。借鉴欧盟经验,考虑港澳居民在内地工作、生活、缴纳社保时间,在试点医院试行医保互通和医疗费用直接结算;优化跨境转诊合作

流程，在指定医院探索跨境转诊合作试点；做好深港医疗先行先试，把香港大学深圳医院作为深港联动的跨境合作平台，在"一国"框架下发挥"两制"组织制度优势，整合香港和深圳两地的医疗系统经验，建立起具有内地特色的、可推广的"现代医院管理制度"。二是先行先试国际前沿的医疗技术。借助珠三角九市医疗发展市场，依托港澳医疗领域的国家重点实验室，形成"高校＋医院＋研发中心"的产学研相结合的区域性医疗中心，开展基因组学、干细胞治疗等前沿医疗技术研究，建立国际领先的药物临床试验中心，探索国际最先进的医疗技术。三是建立大湾区医疗人才培养规划体系，支持粤港澳建立医学人才联合培养机制，加强高校医疗专业间的交流学习，借鉴香港医务人员培养模式，加强全科医生培养，建立与国际接轨的医学人才培养体系。四是提升区域公共卫生事件应急能力，借鉴疫情防控的实践经验，在宏观上，加强地区与地区之间的传染病防控和处理突发公共卫生事件的合作；在微观上，完善信息联通机制、提高信息传达到人民群众的效率；创建统一医疗物资管理信息平台，快速统筹调配医院和医务人员，保障区域内医疗物资的稳定供应，以互通互补、资源共享，共同提升整个大湾区的公共卫生事件应急能力。

（五）塑造认同，以柔性协同提升合作成效

1. 增强互信，构建协商平台，凝聚区域合作共识

各级政府之间、政府部门之间以及政府与其他组织之间信任的建构，是突破集体行动困境的关键。粤港澳大湾区要通过建立信任机制、完善信息共享和协商制度、构建多元协作治理模式，增强各城市政府之间的信任，凝聚区域合作共识。具体而言，一是建立跨境府际协作信任机制。利用已有的沟通机制，通过召开粤港、粤澳高层联席会议，加强各城市政府间的高层行政官员多边互访和协商；举办粤港澳三地各类研讨会、交流会等活动，提高区域内各利益主体在政治、经济、文化等方面的认知和理解，构建信任纽带；运用各类新媒体平台加大对大湾区发展规划的宣传力度，增强社会公众信心。二是完善跨境信息共享和协商制度。借助现代化信息技术构建大湾区信息共享平台，克服行政区域边

界硬约束、降低信息获取成本和合作风险；尝试构建国家级府际跨境协商信息共享平台，树立中央政府的权威，增强国家向心力。三是构建跨境府际多元协作治理模式。立足大湾区多元主体平等参与的原则，创新区域府际协作模式，成立区域型合作管理机构并赋予相关权限，指导、协调和化解协作过程中利益冲突和制度争议，在一定程度上约束各城市政府的行为，凝聚区域合作发展共识。

2. 利益平衡，强化监督约束，推进区域有序发展

粤港澳大湾区的协同发展，不仅仅是行政安排要求，更是港澳和珠三角九市为谋求利益最大化推动经济发展，突破行政区划边界约束进行的区域整合。要在平衡各城市利益的基本思路下，建立激励制度、监督约束制度和绩效考核评价体系等，为稳定粤港澳大湾区各城市合作的持续性提供制度保障。具体而言，一是要建立激励制度和利益补偿机制，通过推进行政管理体制改革与创新，构建区域间利益分配和协调机制，处理好不同城市政府间的利益问题；对在实现区域整体利益而付出较大成本的地区进行利益补偿，通过构建合理的利益补偿机制，平衡地区利益。二是要建立监督约束制度，以法规条文的形式明确各城市政府应该承担的责任和义务，对违反合作规则的行为进行约束和惩罚，降低合作风险。三是制定区域性绩效评价和考核制度，将政府间的合作意愿、合作行为和合作程度等纳入考核体系，建立规范化考核评估指标，克服体制不同下本位主义思想导致的市场分割；改变过去单纯注重经济绩效的评价模式，提高府际协作的客观评价指标权重，制定可持续的政府官员绩效评价体系，约束跨境府际协作中不作为、乱作为等行为，推进政策执行落地，保障粤港澳大湾区各项事业平稳有序健康发展。

3. 多元合作，经验交流共享，提升协同治理成效

粤港澳大湾区的协同治理不仅仅在于各城市政府之间的协同，非政府组织、企业组织和公民的治理主体作用也十分重要，要支持多元主体参与大湾区建设。具体而言，一是建立核心城市直接对话机制，发挥广州、深圳、香港、澳门四大核心城市作为区大湾区协同治理关键参与主体的辐射带动作用，明确治理任务的落实部门，推动其他城市一同参与区域协同治理；通过行政协议或授权等方式给予地市层面一定的日常事

务协作权限，在市场机制失衡时予以干预，提升地方政府参与协同治理的积极性。二是组建发展咨询委员会、协同治理研究智库等组织，由区域内核心企业、科研院所、其他社会组织等组成，针对协同治理问题积极向中央政府和粤港澳三地政府建言献策；联合各层级政府主管科技的部门、高校院所、创新型企业等主体组成研究性智库，围绕科技创新、区域创新协同等主题展开调查研究，充分发挥智囊团的角色，精准解决大湾区协同治理过程中遇到的瓶颈问题，提高协同治理水平。三是要重视区域内非官方组织的民间交流，特别是与港澳非官方组织的民间交流，给予更广阔的培育空间，努力打造专业化、权威性和高水平的第三方组织，为落实政府意志、传达社会需求提供载体和渠道，搭建港澳与广东省湾区城市之间合作的桥梁，建立连接政府部门与社会之间的纽带，扩大多元主体的协同治理参与；同时，通过非正式的交流与合作，达成粤港澳三地之间在文化、科技、教育等领域的双向输出，增进彼此认知，深化共同体意识，提升粤港澳大湾区协同治理成效。

参考文献

［1］蔡丽茹. 从"伙伴"到"合伙人"：粤港澳大湾区区域关系演变及合作路径探讨［J］. 城市观察，2018（6）：3.

［2］程同顺，邢西敬. 合法性、认同和权力强制：制度权威建构的逻辑［J］. 上海行政学院学报，2016（15）：12-18.

［3］傅承哲，庞艳英. 从"试点"到"样板"：制度创业视角下香港大学深圳医院跨境医疗融合机制［J］. 中共福建省委党校（福建行政学院）学报，2021（5）：104-116.

［4］傅桂娥，李瑾，耿佩然，等. 医疗视角下粤港澳大湾区典型城市的新冠肺炎（COVID-19）疫情防控力量比较研究［J］. 中国生物工程杂志，2021-11-15.

［5］符天蓝. 国际湾区区域协调治理机构及对粤港澳大湾区的启示［J］. 城市观察，2018（6）：20-27.

［6］范旭，刘伟. 基于创新链的区域创新协同治理研究：以粤港澳大湾区为例［J］. 当代经济管理，2020（8）：54-60.

［7］胡荣荣. 增创新优势："十四五"粤港澳大湾区高质量发展路径探析［J］. 中国发展观察，2020（8）：46-49.

［8］黄亚兰. 粤港澳大湾区政府合作困境分析与应对策略［J］. 哈尔滨市委党校学

报，2019（6）：40-45.

[9] 刘金山. 跳出低信任转化陷阱：以粤港澳大湾区金融科技为例［J］. 科技与金融，2020（11）：33-36.

[10] 欧阳家庆，杨胜刚."粤港澳大湾区"三地制度建设路径探索［J］. 陕西行政学院学报，2020（1）：40-44.

[11] 覃曼卿. 粤港澳大湾区养老保险跨境可携性问题探究［J］. 特区经济，2019（9）：54-59.

[12] 荣建欣. 新时代粤港澳大湾区的开放使命［J］. 中山大学学报，2019（2）：160.

[13] 文宏，林彬. 国家战略嵌入地方发展：对竞争型府际合作的解释［J］. 公共行政评论，2020（2）：7-22.

[14] 王云峰. 粤港澳大湾区区域协同治理路径研究［J］. 学术探索，2020（8）：136-141.

[15] 文雅靖，王万里. 论粤港澳大湾区的规则衔接［J］. 开放导报，2021（2）：71-79.

[16] 文雅靖. 如何协调粤港澳大湾区法律制度体系［J］. 开放导报，2019（2）：56-60.

[17] 王于渐. 重返经济舞台中心［M］. 上海：上海人民出版社，2007.

[18] 许堞，马丽. 粤港澳大湾区环境协同治理制约因素与推进路径［J］. 地理研究，2020（9）：2165-2175.

[19] 谢伟. 粤港澳大湾区环境行政执法协调研究［J］. 广东社会科学，2018（3）：246-253.

[20] 叶辅靖. 我国对外开放水平和发达国家的差距及建议［J］. 中国经贸导刊，2018（7）：20-23.

[21] 叶林，宋星洲. 粤港澳大湾区区域协同创新系统：基于规划纲要的视角［J］. 行政论坛，2019（3）：87-94.

[22] 杨秋荣. 粤港澳大湾区医疗协同发展方略［J］. 开放导报，2020（1）：73-78.

[23] 殷旭东. 大湾区背景下珠澳合作的协同治理逻辑：以横琴异质区域为例［J］. 中共珠海市委党校珠海市行政学院学报，2019（6）：42-48.

[24] 姚战琪. 中国服务业开放度测算及国际竞争力分析［J］. 国际贸易，2018（9）：48-54.

[25] 张福磊. 多层级治理框架下的区域空间与制度建构：粤港澳大湾区治理体系研究［J］. 行政论坛，2019（3）：95-102.

[26] 赵江利，任丽娟. 粤港澳大湾区物流业发展的新机遇与新挑战［J］. 对外经贸实务，2021（5）：43-46.

［27］ZHU X F, ZHAO H. Experimentalist governance with interactive central-local relations：making new pension policies in China［J］. Policy Studies Journal，2018（49）：13－36.

［28］王开茹. 粤港澳大湾区跨境府际协作机制研究［D］. 桂林：广西民族大学，2020.

［29］魏甜甜. 粤港澳大湾区税收合作问题研究［D］. 石家庄：河北经贸大学，2020.

［30］喻凯. 府际关系视角下的粤港澳大湾区协同治理研究［D］. 广州：中共广东省委党校，2019.

［31］张璇子. 粤港澳大湾区创新生态系统协同治理研究［D］. 广州：华南理工大学，2020.

［32］粤港澳大湾区研究院、21世纪经济研究院. 2020年中国296个地级及以上城市营商环境报告［R］. 2020.

粤港澳大湾区协同发展现状与未来路径研究

韩永辉　麦炜坤　赖嘉豪[①]

摘　要：粤港澳大湾区是我国市场化、法治化、国际化水平最高的区域之一，承载着丰富"一国两制"实践、科技强国、区域协调发展等国家重大战略使命。本报告围绕广州贯彻落实习近平总书记2018年视察广州重要讲话精神，深入推进粤港澳大湾区、深圳建设中国特色社会主义先行示范区"双区"建设的重大战略部署，系统梳理和总结粤港澳大湾区协同发展现状，发现目前粤港澳大湾区协同发展水平加快提升、产业链供应链合作不断深化、科技创新效能持续增强、民生合作广度逐步拓宽，但仍在城市间协同治理体系、产业链供应链衔接、协同创新机制和民生合作渠道等四方面存在短板，据此提出"两个机制、四条路径、四个保障"的"2+4+4"对策建议体系，助力打造国际一流湾区和世界级城市群框架，形成可复制、可推广的协同发展成果，力促粤港澳大湾区建设取得新的突破。

关键词：粤港澳大湾区　协同发展　区域治理

[①] 韩永辉，广东外语外贸大学广东国际战略研究院院长助理、教授、博士生导师、"珠江学者""云山学者"，研究方向为粤港澳大湾区与广东经济，现主持国家社科基金重大项目"全球产业链重构对全球经济治理体系的影响及中国应对研究"（项目号：21&ZD074）。麦炜坤，广东外语外贸大学广东国际战略研究院博士，研究方向为区域经济治理。赖嘉豪，广东外语外贸大学经济贸易学院硕士，研究方向为粤港澳大湾区协同发展。

引言

粤港澳大湾区由广东省广州、深圳、珠海、佛山等九个城市和香港、澳门两个特别行政区组成，是开放程度和经济活力均处于全国最前沿的区域之一，在国家发展大局中具有重要的战略地位。自2019年2月18日《粤港澳大湾区发展规划纲要》正式公布以来，粤港澳大湾区建设即将步入第三年。深圳经济特区建立40周年庆祝大会上，习近平总书记发表重要讲话，强调"要抓住粤港澳大湾区建设重大历史机遇，推动三地经济运行的规则衔接、机制对接，加快粤港澳大湾区城际铁路建设，促进人员、货物等各类要素高效便捷流动，提升市场一体化水平"。由此，研究粤港澳大湾区协同发展和区域治理机制便具有了极其重要的现实意义。

同时，广州作为粤港澳大湾区中的核心城市之一，也被赋予了更重要的使命与责任。2018年，习近平总书记在两会上对广东代表团审议时强调，要抓住建设粤港澳大湾区重大机遇，携手港澳加快推进相关工作，打造国际一流湾区和世界级城市群。同年，广州提出要实现老城市新活力、推进"四个出新出彩"，如今这些举措已取得了一系列显著成效。当前，在深入推进粤港澳大湾区、深圳建设中国特色社会主义先行示范区"双区"建设的重大战略部署下，广州蕴含的发展潜力巨大，能够为推动粤港澳大湾区协同发展带来充足的动力。

本报告按照"目标提出—现状分析—问题剖析—对策建议"的研究主线，围绕广州贯彻落实习近平总书记2018年视察广州重要讲话精神，深入推进粤港澳大湾区、深圳建设中国特色社会主义先行示范区"双区"建设的重大战略部署，系统梳理和总结粤港澳大湾区协同发展现状及其面临的问题，提出广州发挥核心引领作用推动粤港澳大湾区协同发展的战略规划和具体举措。首先，深入领悟重视粤港澳大湾区战略意义与历史使命，从国家层面和粤港澳大湾区层面出发，明确了大湾区协同发展的研究背景和发展目标。其次，系统归纳分析粤港澳大湾区协同发展的发展状况与已有成效，目前粤港澳大湾区城市间协同发展水平加快提升，产业链供应链合作衔接不断加强，协同创新效能持续增强，民生领域融合逐步深化。再次，深入挖掘粤港澳大湾区协同发展所存在的问题和面临的挑战，当前仍存在粤港澳大湾区城市间协同发展体系仍存短板、产业链供应链合作衔接面临瓶颈、科技创新协同有所不足、民生合作渠道不畅等问题。最后，基于上述研究分析，围绕粤港澳大湾区协同发展的目标，提出"两个机制、四条路径、四个保障"的"2+4+4"对策建议体系。即建立政策联动机制和市场一体化发展机制两个机制；遵循充分发挥各市比较优势，推进大湾区城市发展协同；构建大湾区一体化综合交通运输体系，提升产业链供应链协同发展水平；加快促进科研要素互联互通，全方位提升整体协同创新水平；深入推进民生领域协同发展，完善跨区域民生服务保障政策体系四条路径；以坚持党的领导、强化财政保障、优化营商环境、加强监管力度作为四个保障。加快推动形成国际一流湾区和世界级城市群框架，共同形成可复制、可推广的协同治理成果，力促粤港澳大湾区建设取得新的突破。

一、粤港澳大湾区协同发展的背景和目标

（一）研究背景

研究粤港澳大湾区协同发展有助深化内地和港澳交流合作，对港澳深度融入国家发展战略、提升竞争力，保持长期繁荣稳定具有重要意义。粤港澳大湾区自被提出以来，便受到高度关注。《粤港澳大湾区发展规划纲要》明确表示，粤港澳大湾区不仅要建成充满活力的世界级城市群、国际科技新中心、"一带一路"建设的重要支撑、内地与港澳深度合作示范区，还要打造成宜居宜业宜游的优质生活圈，成为高质量发展的典范，以香港、澳门、广州、深圳四大中心城市作为区域发展的核心引擎。2019年3月6日，广东省委书记李希在十三届全国人大二次会议上指出：创新是第一动力，粤港澳大湾区要成为国际一流湾区关键看创新，一是加强科技合作创新，二是推进广深港澳科技创新走廊建设，三是营造有利于自主创新的社会环境。同时，要围绕建设世界一流制造业、新兴产业，推动珠三角先进制造业与港澳的现代服务业融合发展，大力发展人工智能、数字经济等新产业、新业态、新模式，联合打

造一批产业链条完善，辐射带动能力强，具有国际竞争力的战略性的新兴产业。2019年8月，《关于支持深圳建设中国特色社会主义先行示范区的意见》发布，强调"支持深圳建设中国特色社会主义先行示范区，要牢记党中央创办经济特区的战略意图，坚定不移走中国特色社会主义道路，坚持改革开放，践行高质量发展要求，深入实施创新驱动发展战略，抓住粤港澳大湾区建设重要机遇，努力创建社会主义现代化国家的城市范例"。粤港澳大湾区将会成为中国经济增长的全新助力、中国对外开放合作的全新窗口、中国新旧动能转换的全新典范。在此背景下，粤港澳大湾区协同发展应坚持国家战略支撑，大胆探索粤港澳大湾区城市间交流合作，进一步建立互利共赢的协同发展机制，为中国建立世界级湾区提供"粤港澳经验"，为向世界宣扬"一国两制"制度优势发出"粤港澳声音"，为支持"一带一路"切实推进发挥"粤港澳作用"。为此，对粤港澳大湾区协同发展的深入研究有着极其重要的现实意义。

面对全面建设社会主义现代化国家新征程的新使命、新任务、新要求，粤港澳大湾区协同发展仍面临复杂多变的环境，一是国际格局和国际体系急剧变化；二是西方国家在政治、经济等领域的对华态度不佳；三是全球产业链和供应链动荡源和风险点增多；但这也意味着粤港澳大湾区协同发展进入了充满变革和新机遇的历史进程，发展机遇同样产生新的变化：一是国际力量对比的深刻调整；二是"双循环"新发展格局的加速构建；三是经济新旧动能的转换；四是新一轮科技革命和产业变革的深入发展。

（二）发展目标

建立健全粤港澳协同发展机制，形成更强联通能力、更高创新水平、更优生活质量的国际一流湾区，城市间差异化发展和顶层合作渠道的打通是粤港澳大湾区实现协同发展的必要抓手，其本质是在制度、规则和机制对接作用下促进粤港澳大湾区内部的各类要素自由流动，形成区域一体化市场。以粤港澳大湾区九市协同发展水平显著提升，粤港澳大湾区产业链供应链合作更加深入广泛，形成创新能力突出和要素流动顺畅的世界级城市群框架，民生领域对接不断深化、加快共建优质生活圈为目标，基本形成城市间适度配合的循环畅通态势特征以及纵向与横向衔接畅通的"现在进行时"行动特征。其具体发展目标包括：

一是粤港澳大湾区各市协同发展水平显著提升。不断推进产业功能在不同层级的城市以市场竞争效率为基础形成差异化分布。推动生产要素高效便捷流动，加快市场一体化的体制机制改革，充分发挥产业发展过程中的要素耦合效应、技术波及效应、产业关联效应和共生经济效应，促进区域内各种产业发展要素的相互补给、高效整合和优化配置。推动城市功能精准定位，避免孤岛效应和同质化的恶性竞争，构建结构科学、协同高效的大湾区发展格局。

二是粤港澳大湾区产业链供应链合作更加深入广泛。推动产业链供应链现代化水平重点规制、政策的正式融合，行业规范标准、交易习惯、监管理念等非正式制度的衔接发展。粤港澳大湾区内货物、信息、资金、服务、人员和技术等产业链供应链现代化水平提升所需要素自由流通，规则机制互联互通水平进一步提升，各类重点资源要素流动更加便捷高效。跨区域、跨部门、跨行业、跨市场规则机制趋同，政策、规则、准则、规定、标准、机制和要求的高标准接轨，实现在不同规则"割据"局面下的资源要素便捷流动。

三是形成创新能力突出和要素流动顺畅的世界级城市群框架。加强基础研究和应用基础研究，增强与提升现代化水平相关的机制、规则、标准和政策的根植性和竞争力。科研人才过境规则创新，科技和学术人才加快交往交流；粤港澳大湾区重大科技基础设施和交叉研究平台互联互通，实现跨境科技创新合作；科研项目资金无障碍流动；科研、教育、生产在功能与资源优势上的协同与集成化水平提升，技术创新的上中下游规则对接与耦合，现代化科研创新所需的人才、资金、设备、技术等要素流动得到有效保障。

四是粤港澳大湾区民生领域对接不断深化，加快共建优质生活圈。着重改善服务港澳居民到大湾区内地发展环境，切实解决港澳居民密切关注的民生问题。加快放宽三地税收限制，不断健全税收规则衔接体系。优质医疗卫生资源在大湾区内自由流动，医疗卫生人才联合培育和交流合作活动不断增多，港澳与内地的医保社保体系深度衔接。

二、粤港澳大湾区协同发展的现状分析

当前粤港澳大湾区协同发展初步取得成效,各城市间协同发展水平逐步提升,产业链供应链合作衔接不断加强,协同创新效能持续增强,民生领域融合逐步深化。

(一)粤港澳大湾区协同发展水平加快提升

近年来,粤港澳大湾区城市协同发展建设势头良好,"二区九市"产业协同进程提速,三大都市圈带动区域产业协同发展,城市群空间布局基本完成。

1."二区九市"产业协同进程提速,赋能产业链条加快衔接

"二区九市"(其中,"二区"指香港、澳门特别行政区,"九市"指广东省内广州、佛山、肇庆、深圳、东莞、惠州、珠海、中山、江门)产业格局基本稳定,全产业链融合速度加快。一是产业集群基本形成。例如,中山市形成了机械电子、包装、灯具和休闲服饰的产业集群;东莞形成电子行业的产业集群;广州集聚了牛仔服饰和汽车产业集群;惠州则集聚了大量制鞋工厂等。广东装备制造业已经拥有以通信、计算机及系统、医疗仪器设备、仪器仪表、输变电及电工器材、汽车、特种船舶、海洋工程装备为代表的具有国内领先地位的高端制造业。二是各城市积极发挥比较优势,推进产业融合进程。珠三角西岸城市包括佛山、中山、肇庆、江门等,以佛山为例,正推动制造业转型升级,积极与各方合作,发挥自身优势和潜能,比如和香港贸发局签署合作备忘录,合作项目多达11个。① 珠三角东岸城市包括东莞、惠州等,以东莞为例,正加强同广州、深圳、香港、澳门的合作,大力推动加工贸易创新发展,发力新一代信息技术、高端装备制造、新材料、新能源、生命科学和生物技术等重点新兴产业领域。三是重大平台持续推进,引领"二区九市"产业深层次合作。重大平台作为合作的基础和载体,对推动产业合作具有关键作用。广东三个自贸试验区片区与港澳共建前海、

---

① 资料来源:新浪新闻。

南沙、横琴三大合作示范区,再加上江门大广海湾经济区、中山粤澳全面合作示范区等平台的有益补充,以及广东先后同香港、澳门签订《内地与香港关于建立更紧密经贸关系的安排》(CEPA),引领带动了粤港澳"二区九市"产业链全面合作。同时,广东与香港将在广州南沙自贸区建立"粤港"深度合作区,将围绕研发及科技成果转化、国际教育培训、金融服务、专业服务、商贸服务、休闲旅游及健康服务、航运物流、咨询科技等八大产业,促进全产业链的加速融合和发展。

2.三大都市圈带动引领效能强劲,驱动区域产业协同能力增强

"广州—深圳—香港"是粤港澳大湾区世界级城市群的脊梁,带动区域产业协同发展。三个湾区核心都市圈的国民生产总值占整个湾区总量的65%,研发投入约占湾区总量的三分之二,出口贸易额超过湾区总量的四分之三。① 具体而言,湾区内主要形成了以香港为核心的珠三角的金融、航运、贸易中心圈,以深圳为核心的"硅谷"创业创新高端产业中心圈,以广州为核心的综合性的商贸、教育、文化圈,以及以整个区域为基准的智能制造及教育文化旅游产业圈,使湾区发展兼顾经贸、科技、教育、文化和生态环保等各类领域,带动整个区域产业协同发展。澳门是国际性休闲度假、旅游和娱乐中心,也是连接我国同葡语国家的重要桥梁。佛山、珠海和东莞市全国重要的制造业中心,民营经济发达,培育了包括美的、海信科龙、魅族、步步高等一大批知名企业。中山、惠州、肇庆和江门四市在轻工制造、电子产品组装、船舶制造和金属冶炼等产业得到进一步发展。之前的"港深"科技走廊现已演变成"广州—深圳—香港—澳门"科技创新走廊,有广深港高铁、港珠澳大桥、穗莞深城际轨道(使珠江东岸建成一小时经济圈)、虎门二桥(2019年通车)、深中通道(2024年通车,使得深圳—中山行车压缩至半小时)。在基础设施方面,目前,湾区已形成以香港、广州、深圳为中心的立体式交通网络。境内拥有香港国际机场、广州白云机场、深圳宝安国际机场为中心的三个国际化空港,配套澳门机场、惠州机场、

---

① 资料来源:《粤港澳大湾区超级研究报告》。

莲溪机场，形成三核三辅的空港体系，可承接整个区域的航空运输需要。①

3. 城市群空间布局不断完善，大湾区政策联动基础初步形成

大湾区城市群空间结构整合经过三个阶段后，城市群空间布局现已基本完成。1980年代以后，由于受到香港的影响，小珠三角出现城市化现象，城市化向边缘城市扩散。同时，广东将贷款权、引资审批权、联营权、改制权、土地控制权等支持产业发展的权力层层下放到县（县级市）、乡镇、村，推动珠三角西岸以集体经济和珠三角东岸以三来一补的外资经济为主的工业化进程。② 因受劳动力和土地成本影响，经济活动向小城镇和县域集中，推动小城镇和农村的工业化和城镇化。1998年，粤港合作联席会议机制启动，粤港合作形成固定的制度。到2003年中央政府与香港特别行政区政府签订CEPA协议，粤港澳大湾区空间整合缓慢推进。广东在《广东省城镇化发展纲要》（2003）中提出要进一步实施外向带动战略，抓紧CEPA带来的机遇，加快与港澳联动的大珠三角整合，以及推动"泛珠三角9+2的区域合作"。

（二）粤港澳大湾区产业链供应链合作不断深化

粤港澳大湾区产业链供应链管理全面对标国际规则体系，不断推进现代化水平提升，促进各类资源要素高效便捷流动，构建更加完善、更加稳定的产业链供应链体系。

1. 产业发展规划对接加强，全产业链布局初步实现

粤港澳大湾区产业政策为构建现代产业体系提供总体规划。一方面，整体规划了大湾区产业结构。《粤港澳大湾区发展规划纲要》明确了构建湾区内部产业链协同创新发展的总体目标，提出构建具有国际竞争力的现代产业体系基本框架。广东省政府先后出台了《关于推动制造业高质量发展的意见》《关于培育发展战略性支柱产业集群和战略性新兴产业集群的意见》等政策，强化粤港澳大湾区各城市培育"四大

---

① 资料来源：《粤港澳大湾区规划纲要》。
② 资料来源：《粤港澳大湾区城市空间整合分析与展望》。

战略性支柱产业集群"的力度,加快构筑"十大战略性新兴产业集群"的产业布局。《横琴粤澳深度合作区建设总体方案》要求充分挖掘粤港澳大湾区制度创新潜力,健全粤澳共商共建共管共享的新体制,全面确立粤澳经济高度协同、规则深度衔接的制度体系。发挥澳门—珠海极点对粤港澳大湾区的引领作用,辐射带动珠江西岸地区产业链加快发展。各项政策和方案立足粤港澳大湾区实际,以顶层整体设计和规划为先导,逐步尝试建设完备的产业链发展布局。另一方面,城市响应产业链发展顶层设计,推动全产业链布局协同。粤港澳大湾区各城市积极发展战略性新兴产业,形成以战略性新兴产业为支柱的产业链,实现产业链发展机制对接。大湾区西岸形成以装备制造业为主的技术密集型产业链,东岸形成以新兴产业和高科技为主的知识密集型产业链,沿海形成以先进制造业和现代服务业为主的生态保护型产业链,港澳发挥向内融合向外发展的产业链连接节点功能,各城市推动产业链基础高级化、现代化发展。

2. 便利化通关措施加快落实,货物通关流程持续优化

粤港澳大湾区拥有世界上最大的海港群、空港群以及高速、轨道系统等快速交通网络,区域物流供应链管理规则不断更新,货物、数据和技术流通速度提升。一方面,统筹推进实施通关便利化政策。珠三角九市海关部门逐步开始实施一体化"先出区、后报关"的通关政策,各城市加快探索更新湾区物流监管方式。《广东省优化口岸营商环境促进跨境贸易便利化措施》推进了粤港澳大湾区"单一窗口"的建设,广东省外贸集装箱港口口岸优化了货物通航、报关与通关等环节,逐步实现船舶通航、企业报关、口岸通关等多个领域的"7×24小时"模式全覆盖,促使货物通关便利性显著提高。"一次申报、一次录入、一次放行"探索不断深入,物流模式由多环节串联转变为多环节并联,极大提升了货物流转效率。另一方面,物流快速通道顺利搭建。目前,连接广州南沙保税港区与香港机场的空陆快速通道已搭建完毕,"粤港两地海关监管互认"政策也逐步落实;深圳海关对外贸易一体化服务持续优化升级,海运国际中转分拨集拼中心为企业在保税港区享受全球揽货、中转分拨、进出口集拼等服务提供了可靠支撑,深港陆空联运模式

全面实现,提高了物流通关效率。广东省电子口岸平台建设逐步完善,推进口岸通关时效评估系统建设,促进口岸物流信息电子化。传统通关模式的效率提升和新型通关模式的创新为供应链发展提供了"快车道",促进粤港澳物流供应链稳步衔接发展。

3. 交通运输体系加快形成,综合运输能力有所提升

粤港澳大湾区的交通建设成果不断涌现,随着物联网技术、大数据等技术的发展,交通互联互通变得更加便利。一是空运方面,基本构建起以香港、广州、深圳国际航空枢纽多核驱动,澳门、珠海等机场多点联动的供应链区域协调发展新格局。粤港澳大湾区打造建设世界级机场群,共同构成全球航线网络中的供应链主要航空枢纽节点。二是航运方面,粤港澳大湾区形成以广州港、深圳港、珠海港、汕头港和湛江港五大沿海主要港口以及佛山港、肇庆港两大内河主要港口为龙头的港口发展格局。叠加粤港澳大湾区组合港项目通过综合运用区块链、大数据、人工智能和云计算等技术,贯通大湾区港口、海关、物流、银行和保险等贸易全流程,实现一、二类码头资源共享共用以及业务无缝对接,促进粤港澳大湾区内交通基建设施互联互通。三是陆运方面,粤港澳大湾区积极打造陆地综合交通网络(见表1),南沙大桥等跨珠江口通道已建成通车,广深港高铁、穗深城际开通运营,以广州为中心、通达珠三角各市和港澳地区的"2小时"高速公路网络基本形成,广深港高铁与港珠澳大桥也极大地缩短了三地距离,互联互通的快速交通网络初步建成,海陆空交通基础建设为供应链发展提供了基础运输保障。

表1 粤港澳大湾区部分重点交通基础建设

序号	投用时间	名称	途经城市	全长	作用
1	2018年	广深港高铁	广州、东莞、深圳、香港	141千米	内地与香港高铁实现互联互通
2	2018年	港珠澳大桥	珠海、澳门、香港	55千米	极大缩短港珠澳门三地间的时空距离
3	2019年	南沙大桥	广州、东莞	131千米	分流虎门大桥交通压力
4	2019年	穗深城际	广州、东莞、深圳	74千米	连接广深莞中心区,采取公交化运营模式

资料来源:根据公开资料整理。

（三）粤港澳大湾区科技创新效能持续增强

科研资金的使用、科创平台的建设、知识产权的交流合作及产学研生态的构建推动了粤港澳大湾区协同创新效能的不断增强，促进了各类资源要素高效便捷流动，为建设国际科技创新中心提供了更加完善、更加稳定的支撑。

1. 科研项目资助力度加大，科技金融支撑能效显现

粤港澳大湾区着力打破科研资金跨境"藩篱"，强化大湾区创新协同效应。一方面，科研资金跨境使用规则放宽。粤港澳大湾区积极共建科技计划项目，推动构建财政科研资金跨境使用机制，例如《关于香港特别行政区、澳门特别行政区高等院校和科研机构参与广东省财政科技计划（专项、基金等）组织实施的若干规定（试行）》明确提出，港澳高等院校和科研机构可牵头或独立承担广东省财政科技计划项目并获得经费资助；在此基础上，积极支持港澳高校和科研机构参与广东省财政科技计划，如2019年7月，省级科研项目财政资金316.96万元[1]顺利到达香港科技大学。截至2020年，粤港科技创新联合资助计划、粤澳联合创新资助计划累计支持项目超180个，支持金额近2亿元[2]，推动粤港澳大湾区科研资金跨境自由流动，以科研发展支撑现代化水平攀升。另一方面，以联盟、平台护航科研资金跨境流动。联合推进建设粤港澳大湾区科技金融联盟，定位打造成"粤港澳大湾区的一站式科技金融服务平台"，着力打造"一体系、一联盟、四平台"，即"粤港澳大湾区的一站式服务体系；粤港澳大湾区科技金融联盟；创新创业服务平台、成果转化撮合平台、投融资对接服务平台、上市并购平台"，进一步推动科研资金流通先行先试。例如，区块链联盟在联合粤港澳大湾区42个区块链相关单位基础上，推动完善了区块链相关科研资金的跨境调配机制框架。在此框架下，截至2020年，区块链联盟累计投资14个区块链项目，投资总额达4000万元。[3] 三地科研资金跨境流通顺畅，

---

[1] 数据来源：《粤港澳大湾区发展规划纲要》。
[2] 数据来源：南方新闻网，http://www.southcn.com。
[3] 数据来源：《广州日报》。

为创造更多现代化科研成果营造良好环境。

2. 现代科创平台推进建设，科研设备设施共用共享

粤港澳大湾区不断深化科技体制机制改革，持续探索科研实验室和科研设备的开放共享，为区域产业技术进步提供重要创新驱动支撑。一方面，一流科创中心建设逐步推进，重大科研平台和实验室逐步落地运行。以广深港、广珠澳科创走廊（两廊）和深圳河套、珠海横琴创新极点（两点）为主体的大湾区国际科技创新中心框架基本建立；大湾区综合性国家科学中心获批建设；深圳光明科学城、东莞松山湖科学城等先行启动区重大平台建设全面提速；中国散裂中子源投入运行，鹏城实验室挂牌成立。此外，截至2020年粤港澳大湾区已经合作建设14家粤港澳联合实验室，涵盖材料科学、环境技术、人工智能和医药等高科技产业（见表2），有效开展系统、规范、深入的全链条研究，不断为全方位全周期提升产业链供应链现代化水平提供科技支撑。三地以科创平台和实验室为依托，逐渐加速探索实施科研机构设备和技术共享的规则机制，加快构筑产业链核心技术制高点，促进产业链供应链现代化水平提升。另一方面，科研技术设备流通监管机制改革加快推进。粤港澳大湾区珠三角九市落实科研设备进口关税免除的探索工作，广州黄埔综合保税区和深圳坪山综合保税区享有"提前适用政策"，多种产品在综保区内维修无需再上报国家部委个案审批。① 此类创新举措提供的产业链创新发展优势将为粤港澳大湾区打造开放型融合发展的区域协同创新共同体、全球科技创新高地和新兴产业重要策源地提供助力。

表2 粤港澳联合实验室建设情况

实验室	依托单位	主要研究领域
粤港澳光热电能源材料与器件联合实验室	南方科技大学、深圳市瑞丰光电子股份有限公司、深圳市比亚迪锂电池有限公司、澳门大学、香港大学、香港科技大学等	能量转换、能量存储及能量应用
粤港澳光电磁功能材料联合实验室	华南理工大学、香港大学、澳门大学、香港理工大学、香港城市大学、香港科技大学	光伏与磁性材料、聚集诱导发光材料

① 数据来源：新华网。

续上表

实验室	依托单位	主要研究领域
粤港量子物质联合实验室	华南师范大学、香港大学、香港科技大学	新型凝聚态量子材料和器件、超冷原子、原子核物质、光子操控与应用
粤港澳中子散射科学技术联合实验室	散裂中子源科学中心、香港城市大学、澳门大学、东莞理工学院	中子散射在材料科学中的应用、高性能结构材料和多功能材料
粤港澳人机智能协同系统联合实验室	中国科学院深圳先进技术研究院、澳门大学、香港中文大学	人工智能与生物智能的融合方法、适应机制、协同控制技术
粤港澳环境污染过程与控制联合实验室	中国科学院广州地球化学研究所、香港理工大学、广东省生态环境技术研究所	城市群环境与健康、新农村生态环境保护
粤港澳环境质量协同创新联合实验室	暨南大学、澳门科技大学、香港科技大学、广东省环境科学研究院、广东雪迪龙环境科技有限公司、广东省广业环保产业集团有限公司、广州禾信仪器股份有限公司等	大气污染、气候变化、环境健康与生态风险
粤港澳呼吸系统传染病联合实验室	广州医科大学附属第一医院、香港科技大学、广州金域医学检验中心有限公司、香港大学—巴斯德研究中心等	传播和流行病学、传染病病原与机体互作机制、免疫调控机制策略
粤港慢性肾病免疫与遗传研究联合实验室	广东省人民医院、中山大学附属第一医院、深圳华大生命科学研究院、华南理工大学、香港中文大学	免疫性肾病遗传易感基因的筛选、易感基因的验证和临床关联、易感基因的表观遗传学及单细胞多组学
粤港新发传染病联合实验室	汕头大学医学院、香港大学、香港大学新发传染性疾病国家重点实验室	病原进化与致病机制研究、病原精准诊断、单克隆抗体
粤港RNA医学联合实验室	中山大学、香港大学	RNA的生物学和化学特性、心脑血管疾病、内分泌代谢疾病等
粤港澳中医药与免疫疾病研究联合实验室	广州中医药大学第二附属医院、澳门科技大学、香港浸会大学、澳门大学、广州悦康生物制药有限公司	中医药诊治免疫相关疾病研究
粤港澳污染物暴露与健康联合实验室		

资料来源：南方网。

3. 知识产权交流合作深化，创新发展保障能级提升

粤港澳大湾区不断深化知识产权领域交流合作。一是初步完善大湾区知识产权合作计划和安排。粤港澳大湾区高度重视知识产权规则制度的创新与对接策略，目前已初步形成良好的合作生态。2020 年澳门特区政府经济局与国家知识产权局签署《关于深化在知识产权领域交流合作的安排》、粤港保护知识产权合作专责小组签订《粤港知识产权合作计划》，深化在专利实质审查、发明专利延伸等方面的交流合作。此外，粤港合作联席会议、"正版正货承诺"计划、粤港知识产权运营机构交流活动等多个知识产权合作机制不断发展，推动大湾区相关的知识产权部门建立更紧密的合作关系，加深企业、公众人士、知识产权拥有人对知识产权领域的认识，促进现代化水平发展规则进一步衔接。二是知识产权人才共同培养力度加强，合作专责小组保障力度提升。2021年，粤港澳大湾区知识产权人才发展大会暨知识产权人才供需对接系列活动顺利举办，促进了三地在知识产权创新发展上的交流与合作。实现了两地知识产权人员交流、信息互通和经验共享，有效地促进大湾区知识产权沟通和互信，提供现代化创新发展环境。截至 2020 年，粤港保护知识产权合作专责小组至今已连续召开了专责小组会议 18 次、推进实施合作项目 266 项，①进一步深化粤港澳大湾区知识合作的规则衔接、机制对接，协调解决大湾区在推进现代化发展过程中知识产权的冲突问题。

4. 产学研用生态加快形成，鼓励政策支撑力度增强

粤港澳夯实"产学研用"生态闭环基础，强化平台载体建设。一方面，平台赋能"产学研用"一体化发展，逐步构建良好发展生态。粤港澳大湾区逐步打造完整的"源头创新—技术开发—成果转化—新兴产业"产学研发展链条，借助教育信息化、传染病诊断试剂和疫苗研发、实验动物技术创新联盟等平台（见表3），集聚各领域的骨干龙头企业、金融机构、重点高校和科研机构等优势资源和力量，积极开展

---

① 数据来源：中国报道网，http://www.cxzg.chinareports.org.cn。

研发支撑和技术成果推广应用。叠加粤港澳大湾区国家技术创新中心的建设，有助于完善以企业为主体、以市场为导向、产学研深度融合的技术创新体系，支持共同组建产学研创新联合体。粤港澳大湾区以促进现代化知识创新的高等院校作为起点，依靠推动现代化技术创新的企业载体，发挥现代化技术型服务平台的作用，促进大湾区现代化创新要素整合对接，推动粤港澳大湾区现代化创新发展和技术成果转化。另一方面，加快产学研鼓励政策制定落地，激发粤港澳产学研发展活力。三地加强发挥政策对产学研的支持力度，《广东省大学科技园管理办法》《科技企业孵化器、大学科技园和众创空间税收优惠办理》《试点高校、科研机构利用自有物业建设专业孵化机构》《关于开展联合资助两地合作研发项目的工作计划》等政策的落地实施，是推动科技孵化育成体系成为粤港澳大湾区现代化发展动能转换的重要力量。整合科技企业孵化器、众创空间等平台，提供科技成果转化的专业服务。充分发挥大湾区各自资源优势，利用港澳丰富的高校资源、完善的金融体系、知识产权保护制度，与珠三角企业优势结合，共同构建教研产社融合的生态圈，促进产学研用创新规则对接。

表3 粤港澳大湾区部分技术联盟建设情况

序号	技术联盟	功能定位
1	广东省教育信息化产业技术创新联盟	提升教育信息化服务专业能力，促进"政产学研"协同高效发展，推动政府和学校教育信息化深化应用
2	传染病诊断试剂产业技术创新联盟	实现包括诊断试剂原材料产业、传染病诊断试剂、病原微生物检测、分子诊断仪器、基因测序、临床检验全产业链的协同创新、资源共享
3	粤港澳实验动物共享服务与技术创新联盟	整合实验动物资源，形成实验动物资源、实验动物平台资源、实验动物模型研究于一体的产业集群
4	新发传染病疫苗研发技术创新联盟	建立和完善应对新发流行病疫苗创制和新型疫苗研发的完整技术链条，促进新型疫苗研发、成果转化及产业化

资料来源：根据公开资料整理。

(四) 粤港澳大湾区民生合作广度逐步拓宽

人才培育和引进力度加大，医疗公共服务合作加强、税收优惠加快落地推动粤港澳大湾区民生领域融合逐步深化，推动民生事业加快融合。

1. 人才交流机制不断创新，引进培育政策加快完善

粤港澳大湾区多措并举完善人才引进机制，打造湾区人才交流共享平台。一是加快创新人才"引留存"机制。在人才引进和培育方面，粤港澳大湾区"绿卡制度"试点政策逐步推广，持卡人可以享受办理长期居留证件和R字签证、子女入学、营业执照办理等方面的一系列待遇。各城市逐步落实中央"户籍改革"意见并实现跨地区户籍准入年限同城化累计互认，对粤港澳大湾区人才要素集聚将起到重要的引领和推动作用。同时，由"珠江人才计划""扬帆计划""科技人才入境计划""红棉计划"和"英才计划"等形成的特色人才工程和政策体系（见表4）的作用也日益显著。精准引进和培育粤港澳地区高端人才，构建具有领先优势的多层次人才体系，为粤港澳大湾区产业链人才引进培育提供了优质的制度生态。在人才待遇保障方面，2020年深圳先行先试耕"改革试验田"，制定《关于落实粤港澳大湾区个人所得税优惠政策的通知》，全面贯彻落实国家关于粤港澳大湾区个人所得税优惠政策，税收差额补贴标准、人才认定框架等得到进一步明确，在大湾区工作的境外人才的实际税负水平显著降低。又如广州市番禺区"1+4"产业人才政策出台，为高层次人才提供了包括子女入学、医疗保健、旅游休闲、政务服务在内的15项服务，保障人才成为大湾区现代化发展建设的"智核"驱动源。三地为新一轮现代化发展谋篇布局，积蓄了融合发展的人才新动能。二是高科技人才交流和合作平台加快构建，人才创新活力充分激发。截至2021年，粤港澳大湾区已共同成立粤港澳大湾区院士联盟、粤港澳高校工科联盟、粤港澳大湾区西岸科技创新和人才培养合作联盟等联合人才协会与科研机构（见表5），且以粤港澳大湾区人才大数据中心为契机，加快推进三地高水平人才信息共享和数据开放，并以合作联盟进一步助力粤港澳"科研人才走廊"建设，为现代化科研人才交流、管理和利用提供新动能。

表4 粤港澳大湾区部分重点人才政策

序号	城市	人才政策
1	澳门	澳门青年政策（2021—2030 年）、粤澳人才输送计划
2	香港	科技人才入境计划、非本地毕业生留港计划、专才计划、优才计划
3	广州	羊城人才计划、红棉计划
4	深圳	鹏城英才计划、鹏城孔雀计划
5	珠海	英才计划
6	中山	英才计划
7	惠州	人才双十行动
8	东莞	特色人才特殊政策
9	佛山	人才新政23 条、南海鲲鹏人才计划
10	江门	制造业人才支撑"八大计划"，博士、博士后汇聚计划
11	肇庆	西江人才计划、"百千万"人才引育工程

资料来源：根据公开资料整理。

表5 粤港澳大湾区部分联合人才协会与科研机构

序号	联合人才协会与科研机构	主要发起单位
1	粤港澳大湾区院士联盟	香港科技大学、香港大学、香港理工大学、香港中文大学新亚学院、香港珠海学院
2	澳珠人才发展促进会	珠海市人才工作领导小组、澳门人才发展委员会
3	粤港澳大湾区人才大数据中心	广州市人力资源和社会保障局
4	粤港澳高校工科联盟	哈尔滨工业大学（深圳）、中山大学、华南理工大学、香港科技大学、澳门大学
5	粤港澳大湾区西岸科技创新和人才培养合作联盟	澳门大学、五邑大学、北京师范大学—香港浸会大学联合国际学院

资料来源：根据公开资料整理。

2.医疗公共服务合作需求庞大，医疗公共服务合作已初步开展

一是粤港澳跨境医疗合作需求较大。香港地区有43 家公立医院和13 家私立医院，医疗水平国际领先，这些优质医疗资源吸引内地人去港就医。返粤养老的老人对内地医疗资源也有需求。在粤购房成为趋

势，其中相当部分为退休的老年居民，因此湾区的医疗保障和养老制度等规则需要进一步协同。内地的经济发展水平和公共服务设施方面暂时落后于港澳，将未来居粤的港澳居民对公共服务对接和配套的需求作为连接和载体是识别推动跨境公共服务规则对接重点方向的有效方式。二是粤港澳跨境医疗合作已有初步进展，但合作水平十分有限。目前粤港澳跨境医疗合作主要依托港大深圳医院，其聚合了港深两地的优质资源，是深港医疗合作领域最宽广、合作成效最显著的平台，为粤港澳大湾区的医疗合作提供了珍贵经验。但受到内地医疗准入制度限制，医院的服务拓展一定程度上存在阻碍，具体现有条例及措施见表6。

表6　粤港澳大湾区医疗及公共服务规则对接现有条例及措施

领域	时间	条例及措施	主要内容
医疗服务	2019年2月	《粤港澳大湾区发展规划纲要》	推动优质医疗卫生资源紧密合作，支持港澳医疗卫生服务提供主体在珠三角九市按规定设置医疗机构，发展区域医疗联合体和区域性医疗中心
	2019年2月	《粤港澳大湾区卫生健康合作共识》	粤港澳三地将以人民健康为中心，对标国际国内先进水平，加强粤港澳大湾区卫生健康合作，共同推动粤港澳大湾区卫生健康高质量发展
	2019年10月	首届"南沙与港澳医疗健康合作发展研讨会"	进一步联动港澳地区，试点突破三地卫生健康政策障碍，深化粤港澳三地卫生健康领域交流合作，推动港澳优质医疗资源在南沙融合发展，在卫生健康领域发展赛道上实现弯道超车，打造名副其实的大湾区医疗卫生新高地

资料来源：根据公开资料整理。

3.港澳青创企业税收优惠加快落地，政策红利赋能湾区融合提速

2019年8月，国家税务总局广州市税务局发布《粤港澳大湾区税收服务指南》中，推出了港澳青创企业税收优惠相关政策。一方面，该政策文件对大湾区建设相关的税收政策和服务措施进行了梳理和解读，为粤港澳大湾区建设中的税收政策和征管服务等提供了有效帮助，是粤港澳大湾区纳税人的引进和输出的重要参考内容；另一方面，文件详细梳理了粤港澳大湾区建设的民生领域合作、科创中心建设、重大项目配套、生态环保等方面的财税政策及优化营商环境的税收服务措施，

在普及税收制度方面具有指导意义。现有关于税收与监管规则条例及措施详见表7。

表7 粤港澳大湾区税收与监管规则对接现有条例及措施

领域	时间	条例及措施	主要内容
税收与监管	2019年3月	《关于粤港澳大湾区个人所得税优惠政策的通知》	广东省、深圳市按内地与香港个人所得税税负差额,对在大湾区工作的境外(含港澳台,下同)高端人才和紧缺人才给予补贴,该补贴免征个人所得税
	2019年6月	《关于贯彻落实粤港澳大湾区个人所得税优惠政策的通知》	将《关于粤港澳大湾区个人所得税优惠政策的通知》落细落实
	2019年8月	《粤港澳大湾区税收服务指南》	整理了与粤港澳大湾区建设相关的民生领域合作、国际科技创新中心建设、重大项目配套建设、生态环境保护和治理合作等方面涉及的财税政策,梳理了优化湾区营商环境的税收服务措施

资料来源:根据公开资料整理。

三、粤港澳大湾区协同发展的挑战分析

当前粤港澳大湾区协同发展仍面临现实挑战,各市间协同发展体系仍存短板,产业链供应链合作衔接面临瓶颈,科技创新协同有所不足,民生合作渠道不畅。

(一)粤港澳大湾区区域协调体系仍存短板

当前粤港澳大湾区内各市在协同发展以及功能对接等方面依然存在不少问题和挑战,主要包括产业同质化、各市差异化发展不明显、治理联动较为有限等。

1."二区九市"发展不平衡性凸显,融合发展格局暂未形成

"二区九市"全产业链融合速度加快,但缺乏有效整合和延伸,融合尚未完成。一是城市发展实力悬殊,导致产业梯度差距过大,阻碍产业链融合。目前,粤港澳地区发展水平存在一定的梯度,比如人均

GDP 分为四个等级，第一等级是香港和澳门，高达 30 万元人民币以上，第二等级是广州和深圳，大概接近 20 万元，第三等级是东莞和佛山，11 万~12 万元，第四等级是惠州、肇庆等，人均只有 8 万元。① 这直接体现了粤港澳大湾区内部经济发展的不平衡，产业能力相差过大，珠江三角地区现代服务业起步晚，产业层次不高，专业技术含量低，资源过度集中于香港、澳门、广州、深圳等城市，阻碍了其同其他市区上下游产业的融合。二是各区域城市发展结构存在问题，全产业链融合尚未完成。目前，香港的产业极化趋势明显，产业分布主要集中于金融业等高增长低就业型的行业和物流、旅游、商贸等低增长高就业的行业，缺乏科技、研发、制造业等中间产业，例如，香港的服务业进入瓶颈期，面临上海、新加坡等城市的挑战；澳门产业结构单一，对博彩与娱乐旅游业依赖较为严重，面临产业适度多元化问题。② 而广州、深圳以及湾区内地城市面临诸多问题，如过剩产能依然较多，产业结构仍以传统的汽车、化工、电子、机械制造等为主，创新动能不足，产品附加值低。

2. 三地联动治理较少，堵点痛点仍未完全打通

大湾区存在不同的制度、法律、文化体系，要素联动机制尚待简化。一方面，交易规则差异导致无法发挥规模效应。比如，目前沪港通和深港通对个人投资者证券账户资产要求高达 50 万元，债券通则对资产数额要求更高。③ 另一方面，港澳居民在内地支付便利化程度有待提高。当前港澳居民在内地开立银行结算账户仍处于试点阶段，机构使用范围和规模还有待进一步扩大。此外，信息流机制尚待简化。目前，粤港澳网络、电讯等业务系统和网络信息系统尚未完善，网络及系统并非高度统一。网络便捷化程度较低，网络切换不断；移动资费存在差异，往来港澳的居民仍需收取漫游费；很多网站在内地受到限制，全球的网站和交友软件在香港能正常使用，但是在内地却受到限制。

3. 各市发展目标重合明显，差异化分工结构仍存短板

目前，粤港澳大湾区三地的城市结构凸显于宏观层面的发展定位，

---

①资料来源：《粤港澳大湾区产融互联的现状与未来》。
②资料来源：《澳门产业结构适度多元化研究》。
③资料来源：《深港通实施方案》。

对于具体的内部城市在城市群中的细分角色，缺乏明确定位，特别是沿海城市与腹地城市间、中心城市与边缘城市间的精准定位尚待明确，进而导致了较为明显的重复建设问题。2017年发布的《大湾区框架协议》的协议合作内容中，各地区定下的发展目标表明了粤港澳大湾区的总体定位，但大湾区多中心城市下，各个城市尚未明确各自的精准定位。统计数据表明，粤港澳大湾区内部城市在工业、产业方面的相似系数较高，如东莞与深圳的相似系数超过了90%，东莞与珠海高达95.83%。这表明，前期对粤港澳经济一体化进程影响的评估缺位，导致三地未能制定超越行政区划的发展规划，环珠江口城市群内部产业发展战略趋同、产业同构的问题逐渐凸显。竞争、区域协同度不足，导致城市间竞合过程中合作性不够，难以形成良性分工协作格局。现如今，香港和广州初步形成产业错位、互补的格局，但是香港和深圳的定位仍不够清晰，仍然存在一定同质化问题。① 同时，湾区港口资源整合存在问题，由于分工不明确，深港还存在功能重叠等问题。未来深圳还需要做好港口规划，协调好央企和港资两大投资运营主体，推进港深之间的港口互补、错位发展。

（二）粤港澳大湾区产业链供应链衔接面临瓶颈

粤港澳大湾区仍然存在制约产业链供应链合作衔接的难点，例如产业公共平台、信息平台建设较为滞后，尚未实现交通基建一体化发展；数据流通深度和广度有待提升，物流信息统一管理平台有待建设。

1. 产业公共平台有待搭建，信息平台建设尚需提速

各地方政府搭建的平台对大湾区的产业培育和扶持的作用参差不齐，有效覆盖范围多限于地方政府的行政区域之内，缺少跨区域关联机制，重复建设和同质竞争现象频现。一是服务平台难以联动合作。受地方政府制度所限，粤港澳大湾区地方政府主导建设的产业链发展平台基本上都服务于本地企业，很难覆盖外区域的企业。而中央或广东省为主导建设的平台数量有限，且多集中在具备产业链优势的广深等地，对粤

---

① 资料来源：《粤港澳大湾区战略与港航业发展》。

港澳大湾区全产业链的辐射力度有待提升。因此，尽管湾区内产业链共育共治平台数目众多，却大都处于各自为政的状态，缺少必要合作机制。二是产业链跨区域信息服务平台建设的力度不足。现代化信息技术和大数据技术在产业链的建立有着不可或缺的作用，信息不畅或数据失真都会影响产业链合作规划合理性。受回报周期影响，地方政府往往热衷于建设周期短、回报见效快的大拆大建的开发区平台发展模式，而忽视投入周期较长的管理、信息共享等数智化产业链服务平台的建设。例如产业链信息服务平台缺位导致机器人高、中、低档次的产业链发展信息暂未融通，并未充分发挥港澳聚集优质资源和数据优势。整体而言，大湾区缺少权威的一体化产业链信息服务平台，是影响产业链协同发展的重要因素。

2. 物流管理制度性差异明显，合作协议时效性有待增强

粤港澳大湾区物流通关制度、标准和政策差异较大，尚无力支撑物流的便利通关。一是三地物流管理制度存在明显差异。珠三角九市的物流业呈现相对严苛的监管特点，而港澳地区受欧美物流监管机制影响，管控相对宽松。对于香港和澳门的公司而言，内地的行政审批程序较为繁琐，容易诱发寻租行为，带来公司间的信息不对称，妨碍三地物流业的正常业务往来。部分现行商品货物进出口条例也与大湾区融合发展存在冲突，如海外和港澳返修品入境只能按进口处理等，较多规章制度限制了大湾区供应链实现协同发展。物资流动缺乏统一有效的市场规则和管理机制保障，一定程度上对粤港澳大湾区供应链发展具有抑制作用。二是规则协议便利性不高且具有滞后性，难以支撑区内物流业协同发展。现阶段粤港澳大湾区关于三地协作的基础文件仅有CEPA协议，但是CEPA实行十余年，无法充分协调粤港澳大湾区发展的相关法律，不利于大湾区产业链供应链现代化水平的提升。一方面，从框架和规则角度来看，内地、香港、澳门之间形成了三个分割的市场。以货物贸易为例，香港货物出口到内地和澳门，必须遵循CEPA所规定的原产地规则，需要进行繁琐的原产地证书申领程序，大幅增加大湾区三地物流成本。同时，虽然框架、议题、内容基本一致，但港澳签订的CEPA，与内地和香港、澳门分别签订的CEPA在具体规则上存在较大差异。另一

方面，CEPA 的结构框架、基本规则、核心内容及法制理念已经不符合当前粤港澳大湾区供应链发展的新要求，且其补充、修改都是遵循分别磋商的规则，降低了磋商修改的效率。由于 CEPA 协议中部分内容的滞后性，对于竞争政策、环境保护、争端解决机制等议题并无明确具体规划，导致难以顺利建设粤港澳大湾区供应链规则体系。

3. 交通基建发展定位有所重叠，一体化网络建设尚需加快

大湾区目前的交通基础配套设施已相当完整，但是在内部交通基础设施系统规划与高效对接等方面缺乏明确规划，协调运行和协同发展的体系有待完善。一是海陆空基建发展规则并未衔接，同质化竞争仍存。航运方面，粤港澳大湾区珠三角九市主要有广州港、深圳港、惠州港、东莞虎门港、珠海港和中山港等港口，各港口业务之间仍然存在直接竞争（见表 8）。且各港口持续扩张规模，部分港口新建新码头时忽视功能和战略定位，造成各港口货源腹地重叠，没有形成协同发展的局面，甚至出现同质化竞争。例如，以广州港、佛山港、肇庆港为代表的北部港口群共处于东南偏南部的深圳港和香港港之间，港口差距较小，主要集中于集装箱业务，竞争相对激烈，尚未形成错位互补的港口协作局面。叠加三地航运交通的管理制度尚未统一，港澳航线船舶参照国际航行船舶的管理模式，在进出内地口岸时需要办理进出口岸手续，是大湾区供应链管理规则实践效率较低的重要因素。空运方面，大湾区机场众多，空域用户较复杂，空域隶属不同飞行情报区，空域条件复杂且协调审批难度大。跨境航班须遵守包括香港、澳门及内地各地区对飞行和运营的不同要求，审批条件、审批程序、服务标准等问题仍处于探索阶段。陆运方面，尚未构建出一体化的陆地交通网络。城市间轨道交通和城际公交发展不足，依然存在着较多由于城市之间行政隔断、沟通不畅造成的"断头路"现象。二是交通配套设施互通缺乏系统规划。公路、港口、机场等的互联互通依然存在困难，较多公路、铁路、轨道独立运行，江海联运、公水联运、海空联运等运输模式尚不完善，导致大湾区内供应链运输效率仍有较大提升空间，以基础设施为动力源高效拉动供应链协同发展的作用并未完全发挥，并在一定程度上出现了资源"内耗"的局面。

表 8 粤港澳大湾区珠三角九市部分大型港口主营业务情况

序号	港口	主营业务
1	广州港	主要从事石油、煤炭、粮食、化肥、钢材、矿石、集装箱等货物装卸（包括码头、锚地过驳）和仓储、货物保税业务
2	深圳港	以集装箱为主，兼营化肥、粮食、饲料、糖、钢材、水泥、木材、砂石、石油、煤炭、矿石等
3	惠州港	以承担大宗散货转运和集装箱运输为主
4	东莞虎门港	主要从事码头、物流、石化、公用和建材五大部分业务
5	珠海港	主要从事港口码头的投资及运营，以及船舶运输等业务
6	中山港	主要从事散杂货和集装箱水上运输，港口货物装卸、仓储、理货等业务

资料来源：根据公开资料整理。

（三）粤港澳大湾区协同创新机制保障不足

粤港澳大湾区科技创新协同有所不足，资金、设备、知识、技术等科创要素高效转化的制度衔接仍有障碍，直接影响三地科创水平的进一步提升，未契合粤港澳大湾区建设国际一流科技创新高地、提升现代化水平的战略定位与目标。

1. 地市科研资金拨付仍存障碍，经费管理制度差异较明显

粤港澳大湾区的科研资金跨境拨付仍存在地域和主体等审批限制。一方面，资金跨境拨付便利化不足，政策体系仍需细化完善。目前，财政科研资金对港澳跨境拨付仅在国家和省级层面取得进展，但在地市层面还无法衔接。粤港澳大湾区的科研资金申领未实现完全开放，并在申请以后仍受到行政区域限制，除了涉及持股比例、审批程序、开放领域、准入条件等诸多限制，还涉及意识形态和国家安全问题。叠加三地管理模式不同，由于科研资金跨境使用监管政策上存在差异，在资金用途、经费报销以及事后审计等方面难以对接。另一方面，科研基金管理制度难以协同对接。三地财政科研资金监管细则存在一定差异，从服务主体来看，香港的科技研发和创新基金居多，澳门的科学技术发展基金居多，广东省则以科技发展专项资金和重大科技成果产业化基金为主。

从使用范围来看，广东省和香港都设有严格的异地使用限制。从资助范围来看，香港以电气电子和资讯科技为主，澳门以生物医药及信息资讯为主，广东省资助领域则较为多元化（见表9）。此外，三地尚未设立面向全湾区的专项科研基金，科研资金的流通受阻将成为大湾区现代化协同发展的一大难题。

表9　粤港澳大湾区经费管理制度对比

序号	地区	特征
1	广东省	以科技发展专项资金和重大科技成果产业化基金为主，资助领域较为多元化，申报对象限本地创新主体，大多可预留一定额度的经费供境外使用
2	香港	以创新及科技基金为主，资助领域以电气电子和资讯科技为主，申报对象仅限香港境内创新主体，部分计划允许科研经费跨内地使用
3	澳门	以科学技术发展基金为主，资助领域以生物医药及信息资讯为主，资助对象限本地创新主体

资料来源：根据公开资料整理。

2. 科研仪器流通规则过于苛刻，技术设备资源分配不合理

粤港澳大湾区的科研物资流动管理机制和保障仍待进一步完善。一是三地科研设备流通成本较高，不利于激活整体现代化发展要素活力。香港高校和研究机构无法将其拥有的科研设备直接转运或赠送给湾区内地的分校和研究分院，而需要通过繁琐的产品进出口程序。此外，部分设备进出口规定过于苛刻，如海外和港澳返修科研设备入境也只能按进口处理等，堵塞了大湾区内科技合作通道。二是设备共享规则限制较多，重要科创资源覆盖率不高。目前有关科研设备共用共享的规则和政策仍局限于部分设备类型，部分重要设备仍然被排除在外。例如，大湾区城市的医疗政策并未获取医疗药物、器械的审批权，境外药品及医疗设备的进口的规制较多，暂未实现科创设备和资源完全共通共享，不利于三地医疗机构协调发展。三是大湾区内新兴技术产业优势创新机构分布不均。作为推动粤港澳大湾区现代化创新发展的重要行业，2015—2019年平均八成新兴技术产业优势创新机构集中在广州、深圳和东莞（见图1），一定程度上导致新兴技术产业的科研设备仅在关键城市流

通,未能全面高效实现对接使用,难以借助机构提高相关科研设备的共享效率。

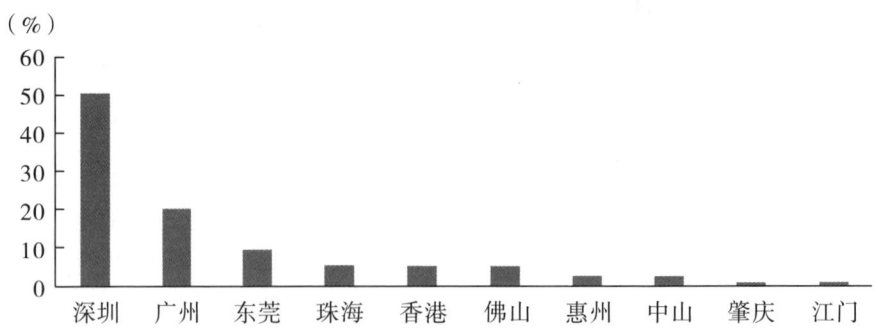

图1 粤港澳大湾区新兴技术产业优势创新机构分布情况

数据来源:《粤港澳大湾区协同创新发展报告（2020）》。

3. 知识产权法律体系差异较大,纠纷解决综合平台仍缺位

当前粤港澳大湾区知识产权服务机构的能力水平对标国际湾区有一定差距,知识产权共商共建共享机制仍有待健全。一是尚未解决知识产权法律制度差异冲突。虽然粤港澳基于CEPA框架已经在政策层面和执法方面作出了一些跨区域知识产权保护方面的工作,但是三地在知识产权法律上的差异化问题仍然突出,在CEPA框架下适用于粤港澳大湾区的统一知识产权规则尚未形成。知识产权保护机制和联动机制暂时均处于缺位状态,例如制造业知识产权保护机制不完善,难以权衡保护和开放的关系,并未随着新兴技术发展进行适当调整。关于知识产权注册登记方面的法律规定同样存在较大差异,联动机制缺位不利于保护知识产权权利人,并进一步诱发知识产权纠纷,阻碍知识产权的自由施引流通。2015—2019年粤港澳大湾区专利合作条约（PCT）和发明专利的专利施引数与专利数的比值为0.75和0.34,与三大湾区相比,排在最后（见表10）。从粤港澳大湾区内部情况来看,除了广深、深莞、港深、澳珠几个重点城市合作较为紧密,整体上大湾区并未形成良好的合作态势。以广州为例,城市专利合作率不高,协同创新发展成效有待提升（见图2）。这在一定程度上反映知识产权规则协同发展受限,并未成为粤港澳大湾区发明专利质量和合作态势提升的动力。二是缺乏解决知识

产权纠纷的统一机制。尽管三地签署《粤港澳大湾区知识产权调解中心合作框架协议》《粤港澳大湾区调解平台建设工作方案》，提升了大湾区知识产权调解水平，但知识产权案件在审查过程中仍然存在被拒绝的现象。由于粤港澳大湾区知识产权法规和管理体制不同，部分侵权行为无法精确界定，阻碍了三地协同处理知识产权安排。此外，知识产权保护中心等服务平台缺位，导致三地现代化创新要素难以自由流动，增加了现代化发展规则和机制的协同运作成本。

表10 四大湾区发明专利及PCT专利施引情况（2015—2019年）

指标	东京湾区	旧金山湾区	纽约湾区	粤港澳大湾区
发明专利施引数/发明专利数（次/件）	6.9	2.93	1.6	0.75
PCT专利施引数/PCT专利数（次/件）	6.78	1.21	1.14	0.34

数据来源：《粤港澳大湾区协同创新发展报告（2020）》。

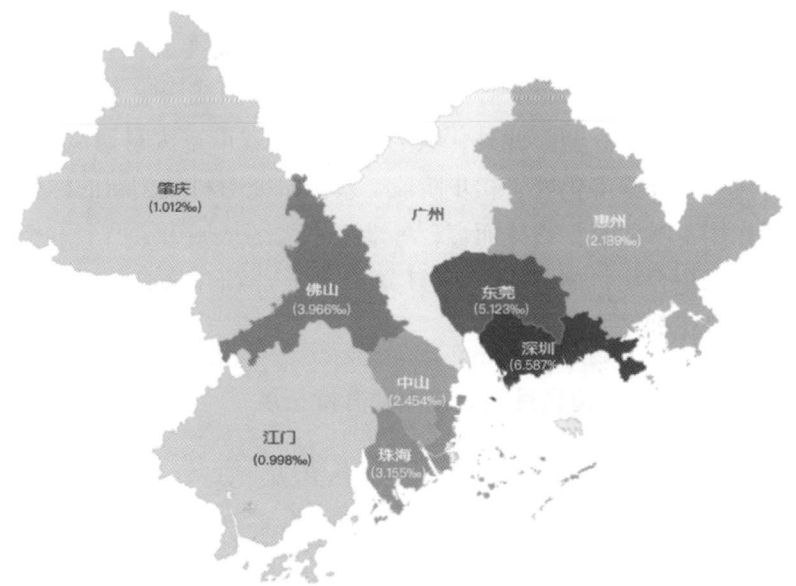

图2 广州与粤港澳大湾区内地城市的专利合作率

数据来源：《粤港澳大湾区协同创新发展报告（2020）》。

注：粤港澳大湾区地图中城市颜色越深，则表示与广州专利合作程度越高。

4. 校企一体化深度协作不足，常态化合作机制仍需完善

粤港澳大湾区整体创新效能与产学研融合深度仍有较大提升空间。三地企业、高校和研发机构之间深度融合不足，缺少政府牵头的产业技术发展合作机制，重点科研载体平台建设仍处于初步阶段。城市层面，广州有丰富高等院校资源，中山大学、华南理工大学等高水平研究型大学在国内具有较高知名度，但缺少一批领军型科创企业，高新技术产业化动力不足。深圳有一批具有龙头带动作用的科创企业，如腾讯、华为等，高水平研究型高校资源较为匮乏，科技创新能力可持续性不足。香港有大量世界一流高校和较强的基础研发能力，但本土科创企业规模和知名度都较低，专利转化能力较弱。产业层面，化工新材料产业链中，己二腈量产、高纯度丙交酯等产业化问题较为突出，相关产业创新中心、制造业创新中心等新型研发创新平台扶持力度不足，化工新材料实验室成果难以转为商业化。汽车产业链中，国家级汽车研发检测公共平台及产业化发展平台建设暂未获得实质性进展，整车企业、高等院校、科研院所、关键零部件企业合作有待加强，仍未组成影响力大、覆盖面广的产业技术创新联盟。此外，大湾区内国家省市重大科研载体平台、重大科技基础设施等仍处于初步阶段，基础研究对科技创新的源头供给和引领作用不够明显。整体而言，粤港澳大湾区从城市层面上看整体缺乏成熟常态化合作机制，从产业链层面上看产学研用融合水平不高，导致区域现代化创新动能受限。

（四）粤港澳大湾区民生合作深度有待拓展

粤港澳大湾区民生协同发展现存较多堵点、痛点，就业、医疗、税收等领域衔接尚待优化，如人才认定标准存在差异，医疗服务规则对接缺乏体系支撑、税收规则存在较大差异等。

1. 高端人才认定标准存在差异，服务保障体系建设待加强

人才定级考试、执业资质互认以及社会服务保障衔接机制缺位是大湾区现代化人才引留存成效提升的重要阻碍。一是人才执业、定级、资质互认受限较多。由于三地行业技术标准和监管措施存在较大差异，三地专业人才执业仍面临诸多障碍。在金融、会计、规划、设计、建筑、

教育、律师、医生等专业性较强的行业，港澳执业人士在内地执业仍需参加内地执业考试并取得相关执业证书，并且有居住时限和固定住所的限制条件；内地专业人士在香港要接受比在内地标准更高、范围更大的考试。当前大湾区专业资格互认规模覆盖范围较小，且手续繁琐、审批时间较长。以律师为例，在招投标时仅考虑联营律师事务所在内地成立的年限，港澳与内地的合伙联营律师事务所在大湾区珠三角九市执业不能体现自身优势。同样，尽管港澳居民律师已经取得中国律师执业证书，其执业范围仅限于非诉业务和办理涉港澳民商事诉讼案件，严重降低了港澳居民律师流通积极性。二是人才引进管理规则暂未衔接。囿于当前法律法规体系和宏观制度环境限制，珠三角九市与香港技术移民政策尚有较大差距和不足。外籍人才居留制度吸引力较低，目前技术移民（居留）政策主要针对大湾区内地九市的情况进行设置，没有统筹考虑整体协调和规则对接问题。技术移民试点顶层设计有待加强，并未把握到整个大湾区技术移民的总体方向、目标、任务。同时，大湾区对境外人才的管理部门较多，程序较为复杂，尚未建立留学、签证、绿卡、入籍间的衔接机制。例如佛山支柱产业为电子信息产业，但整体人才引进、留存环境及配套政策吸引力不大（尤其是住房和教育方面），电子类研发人才缺乏，导致电子产业链现代化水平提升遇到较大阻碍。三是人才保障服务水平差异较大。香港强制性公积金与内地社保制度并未直接关联，而国家尚未出台医疗保险关系和工伤保险关系转移至港澳的政策，高端人才留存机制暂未融合。同时，三地医疗协同对接也面临体制、机制等方面的制约，粤港医疗机构跨境转诊合作试点推进效果并不理想，跨境转诊医疗费用异地结算和报销亦难以实施。港澳和大湾区内地城市分属不同的法律管辖区、关税区和货币区，受制于此，跨境医疗等服务长期发展滞后，三地人才保障服务衔接几乎处于"真空"状态，难以保障产业链供应链现代化发展人才的顺畅流通。

2. 医疗服务规则对接缺乏体系支撑，跨境服务尚未完全覆盖

构建粤港澳卫生和大健康共同体有很多深层次问题亟待解决，粤港澳大湾区医疗服务规则缺乏体系支撑。一是在保障人才社保规则方面，内地医保的覆盖面比较广泛。来内地工作的香港居民，不能纳入内地的

医疗保险体系。虽已出台香港、澳门、台湾居民在大陆参加社会保险暂行办法，但对此问题应持续关注，持续完善。二是服务市场一体化问题，粤港医疗服务市场尚未建立。香港人在大湾区的内地城市难以享受相关医疗福利，如香港长者医疗券等医疗福利仅在深圳指定医院小范围使用，香港"福利不可携"的问题仍然突出。三是内地城市之间医疗服务尚未一体化。城市之间的医保系统相互独立运行，地方医院仍具有较强本地化特征，主要服务对象仍然是本市购买医保的人。

3. 三地税收规则存在较大差异，税收审批规则一致性程度相对较低

粤港澳大湾区内纳税审核规则不一，税收征管规则对接难。珠三角九市税收制度以流转税和所得税为双主体。税种分为增值税、企业所得税、个人所得税。香港实行独立税收制度，税制以直接税为主体，其中规模最大的为利得税和薪俸税。澳门同样实行独立税收制度，税制以直接税为主体，间接税规模仅占税收总额的四成左右（具体税种见表11）。对比三地税收制度可发现，珠三角九市以流转税和所得税为主，港澳以直接税为主，其中企业所得税占比最高；珠三角九市增值税税率较高，港澳不征收增值税；珠三角九市税基范围广于港澳、税率高于港澳。此外，粤港澳分属于三个不同关税区，珠三角九市关税占比小，对部分港澳货物实施零关税，港澳则不征收关税，加大了湾区内税收审批的难度。

表11 粤港澳大湾区税收制度对比

地区	税制	税种
珠三角九市	流转税	增值税、消费税、营业税、关税、城市维护税、证券交易税
	所得税	企业所得税、个人所得税
香港	直接税	利得税、薪俸税、物业税、个人入息课税
	间接税	飞机乘客离境税、印花税、车辆税、专利税及特权税、一般差饷、博彩及彩票税、应课税品税
澳门	直接税	赌博专营税、职业税、所得补充税、房屋税
	间接税	消费税、印花税

四、构建粤港澳大湾区协同发展体系的对策建议

基于当前粤港澳大湾区协同发展的现状和问题,本部分笔者按照"机制构建——实现路径——政策保障"的基本思路,提出"两个机制、四条路径、四个保障"的"2+4+4"对策建议体系,更好地实现粤港澳大湾区协同发展。

(一) 机制构建建议

在新发展阶段下,粤港澳大湾区须精确定位各市发展功能,把控协同发展水平提升走向,做好做实各领域规则衔接,推动粤港澳大湾区一体化建设走向高质量路径。

1. 建立粤港澳政策联动机制,解决同质化竞争问题

粤港澳大湾区各城市都承担着现代化创新发展、探索构建一体化市场体系的重要任务,因此亟需建立并完善三地政策协同联动体制机制。一是多方争取和用好用足中央政策支持,充分发挥广州、深圳等核心城市的带动辐射作用,合理部署机制协调和政策权限。推动粤港澳大湾区认识协同发展水平提升的重大意义,结合国家的战略部署和粤港澳大湾区一体化发展实际需求,积极与国务院各有关部门汇报对接,建立责任机制,争取事关粤港澳大湾区协同发展政策的出台。识别粤港澳大湾区城市各自的发展定位,并基于三地各城市产业、区位和要素的比较优势,探索建立地方政府的协同沟通机制,深入推进区域协同错位发展,避免同质化竞争。二是以粤港澳大湾区建设领导小组为依托,定期召开粤港澳大湾区建设联席会议。精准把握国家对湾区协同的发展部署,高位统一处理粤港澳大湾区协调发展面临的发展问题。科学建立粤港澳大湾区一体化水平评估指标,客观评估三地规则衔接深入度发展程度,为地方政府制定相关政策提供有效支持,及时疏通堵点、痛点、难点问题。增强三地宏观政策的联动调控能力,精准有效实施财政、货币、投资等政策,推动粤港澳大湾区协同发展。

2. 构筑市场一体化发展机制,降低制度性交易成本

粤港澳大湾区可借力合作协议、联席会议等方式,探索构建经济协

同发展机制,用以突破协同发展缺乏着力点等难点,推进各类要素在整个粤港澳大湾区经济圈自由流动,进而实现区域一体化协同发展。一是以提高市场资源配置能力为重点,充分发挥各市优势,提升粤港澳大湾区协同发展能级。构建现代产业体系,开展市场准入和监管体制机制改革试点。加快形成全面开放新格局,率先建设体现高质量发展要求的现代化经济体系;将深圳建设成为竞争力、创新力、影响力卓著的全球标杆城市,发挥深圳龙头作用,强力带动广东开放发展,推进粤港澳大湾区深度一体化建设。强化广州国际商贸中心功能,着力优化广州出口贸易结构,提升国际消费中心地位,将广州建设成为枢纽型国际商贸中心城市,提升大湾区对全球商贸资源要素的集中吸附和优化配置能力。明确广东次级节点城市开放定位,明确广东次级节点城市在开放型经济高质量发展中的定位,珠海、佛山定位为珠江西岸开放型先进装备制造产业带龙头城市,惠州努力占领新能源产业开放战略制高点,东莞是贸易进出口国际制造中心,中山努力构建战略新兴科创产业开放新高地,江门努力成为粤澳产业合作开放大平台,肇庆定位为生态旅游开放名城。集中力量、紧扣定位,强基础、补短板,紧跟穗深开放步伐,搭建开放型经济高质量发展联动城市群体系。二是推动各类要素自由流动机制创新。共建技术研发和共享平台、区域信用体系和合作平台,同时加强对资本市场的监管,建立协同发展信息共享机制。

(二)实现路径建议

针对粤港澳大湾区目前在协同发展方面存在的困难和挑战,笔者从城市产业发展定位和规划、产业链供应链协同水平提升、科研要素互联互通、民生服务保障四方面提供可行的协同发展路径建议,推动实现粤港澳大湾区产业、科技和民生等领域协同发展。

1. 充分发挥各市比较优势,推进大湾区城市发展协同

一是充分发挥各地区的比较优势,形成合理的产业分工合作体系。香港贸易、航运、金融和专业服务等优势产业要与珠三角的制造业对接起来,深圳的创新为其他地区高端制造、智能制造提供支撑,珠三角地区其他城市发挥高端制造、智能制造、系列制造的优势,推进形成优势

互补的产业分工格局，助力粤港澳大湾区成为未来的全球创新、现代服务、优质资源的集聚地。二是突破同质竞争，建立企业之间产业链、价值链和贸易链的协同耦合机制。改善湾区重复建设和同质竞争的产业结构，建立起多元化的城市功能协同体系，构建高端产业集聚于大湾区城市群的核心地带，其生产基地集聚于各个外围节点城市，使城市群内产业的协同发展空间不断拓展。三是紧抓"双城联动"重大机遇，充分发挥广深核心引擎的示范引领作用。构建科技、产业创新中心和先进制造业、现代服务业基地，加快把深圳建设成为设国际科技合作、科技转化中心；广州全力打造国际消费中心城市、国际综合交通枢纽形象，努力建设成为具有世界影响力的大都市。

2. 构建大湾区一体化综合交通运输体系，提升产业链供应链协同发展水平

一是构建统一通关制度规则。三地政府部门应构建统一的制度规则，促进三地生产要素畅通流动。借鉴欧盟海关经验，试验在大湾区自贸区之间实现海关单边验放模式，采用国际标准规范统一大湾区内的贸易管理程序；简化大湾区海关手续，推进"跨境一锁""一地两检"和"合作查验"等创新模式；推动大湾区内对 AEO 企业的相互认证，为高资信企业提供更多的海关程序便利。二是探索建立全新的粤港澳大湾区三地货物通关制度。制定粤港澳大湾区三地统一的海关、检验、检疫程序和标准。目前，三地海关、检验、检疫等程序和标准不统一，间接延长了大湾区企业进出口贸易的资金周转时间。三是加强海陆空交通基础设施建设。探索建设港深广高速磁浮铁路新通道，超前布局深圳城市轨道接入或预留接入香港条件，实现深港两地交通运输"同城化"和"零距离"交流；推动广东沿海港口如广州港、深圳港、湛江港和汕头港等与香港港共同建设世界级港口群，实现港口设施互联互通，提高一体化信息联通与联运协作契合度，带动港航物流企业交流合作，提升航运信息化智慧化程度；支持汕头、湛江建设高水平全国性综合交通枢纽，推进揭阳机场扩建和湛江机场、梅县机场迁建工程，拓展东西两翼国际航空航线。强化交通基础设施对于推动粤港澳大湾区供应链畅通发展的先导作用。四是对标国际先进湾区开放水平，积极推进国家级物流

枢纽建设。加快建设一批铁路物流基地，加速"一核一带一区"交通枢纽建设，着力打造广州—深圳国际性综合交通枢纽，支持汕头、湛江建设高水平全国性综合交通枢纽。实现珠三角区域供应链设施一体化、联运化，完善物流基础设施网络。同时，携手港澳加速共建完善粤港澳综合运输大通道，以空港、海港及邮轮母港为枢纽，依托"海陆空"运输通道，打造大湾区供应链快速运输通道。五是布局快速交通网络体系，加快规划建设互联互通、高效便捷的城际轨道"一小时"交通网。构建内通外联的运输通道网络、现代高效的城际城市交通等现代综合交通运输体系。提高规划能力，加强高铁、铁路、高速公路与沿线重要开发区、产业园区、城市新区、重要城镇连接；规划设置能够连接快速通达港澳的次级城镇轨道交通节点，强化交通网络对于拉动沿线地区开放发展提速的能力，以高效的区域联通能力调集资源要素来往粤港澳大湾区。

3. 加快促进科研要素互联互通，全方位提升整体协同创新水平

为科研资金"过境"开辟绿色通道，全力推进湾区要素流动。一是共同探索设立科技创新专项基金。从地域和主体等多方面着力破除资金自由流动障碍瓶颈，使资金要素充分参与市场配置。促进科研资金在粤港澳区域高效聚集与融合，借助新一代互联网、量子计算、大数据、人工智能、智慧城市、5G 移动通信技术等相关国家重要科研项目，推动三地科技部门和科技企业、机构互联互通，以此为契机设立更多科技投资基金。健全研究平台多元参与的投入制度，争取国家有关科技计划投入支持，强化建设主体责任，引导多方出资建设。尽快解决研究经费的跨境障碍问题，进一步完善国家科研项目经费过境使用等规则。二是协同制定财政科研资金流通政策，建立科技合作常态化机制。进一步完善促进投资和服务便利化的相关政策，对港澳赴粤投资的创新服务机构和个人视同内资，享受同种待遇等。在经费使用、成果权属、国资管理等方面加大简政放权力度，探索科研经费调剂权下发、科研经费包干制试点。赋予粤港澳大湾区高校院所、科技人员更大的科研经费使用自主权，支持省实验室探索实施新型实验室治理制度改革，赋予省实验室人财物自主权。支持大湾区加快科创项目的孵化和发展，进一步降低科技

类公司IPO门槛,多方面优化粤港澳大湾区现代化创新生态系统。三是破除科研设备共用共享规则局限。系统梳理并统筹三地创新要素,依托实验室、工程研究中心、创新中心等平台,逐步开放各类重要科研设备和资源跨境使用限制。探索建立粤港澳科研设施与仪器共享平台,不断提升重大科技基础设施开放程度、仪器设备利用率和仪器资源状况信息化程度。深化产业现代化技术研发合作,促进新兴技术产业优势创新机构资源共享,推动广深莞带动其余城市,实现紧密协作、联动发展。四是建立知识产权综合管理体系,提升知识产权创造、保护、运用、管理和服务能力。在"一国、两制、三法域"的背景下,推动三地知识产权制度和规则的互认、共生、融合和衔接,根据粤港澳大湾区各城市知识产权法律涵盖的民事、行政、刑事范畴内容,在大湾区范围内全面普及知识产权法律(商标、专利、版权)等相关知识,形成科学、规范、系统、有效的组织管理体系。分析研判政策协调、注册体系、合作平台等核心要素,推动知识产权创新、发展、应用和保护方面的政策、规则、规定的协调互通。共同推进高起点谋划、高标准推进、高水平打造知识产权管理规则,促进知识产权注册登记受理窗口的标准化、规范化、高效化建设。五是建立和完善跨区域城市发展有效协商、协调制度。破解体制机制壁垒,制定和出台粤港澳大湾区合作发展规划,有序推进优势互补、成果共享、风险共担的创新利益共同体建设。如成立粤港澳大湾区产学研一体化委员会,协调、规范和解决产学研创新合作中政策实施、项目安排、平台建设等方面的重大问题。建立大湾区重点产业链、供应链的上中下游主要企业、龙头企业、技术平台中心、知名院所、知名专家资料库,积极组织引导企业与高校、科研院所进行交流对接。例如推进广州、佛山、云浮、茂名氢燃料电池汽车产业化基地建设,依托大型能源集团与高等院校联合成立国家级氢能产业研发和应用平台,积极联动专家、智库、行业头部企业、高等院校、科研院所等机构共同参与制定氢能产业的相关标准和评测体系。充分发挥三地政府的协调引导作用,积极探索支持科技产业技术创新联盟构建和发展的有效措施,加速科技成果产业化进程。

4. 深入推进民生领域协同发展，完善跨区域民生服务保障政策体系

一是加快建设资格互认点，建立健全职业信息服务平台。以国务院《国家职业资格目录》所列专业技术人员职业资格和技能人员职业资格为基础，结合粤港澳大湾区产业链供应链现代化水平发展需要，靶向开发新职业专项职业能力，支持战略性新兴产业的龙头企业针对新职业、新工种建立行业标准和地方职业规范，并推动其升级为国家职业标准。加快拓宽粤港澳职业资格互认试点，持续优化学历和证书的互认和评级体系，健全专业考试互免和从业经历互认制度，逐步扩大三地高技能人才与专业技术人才的贯通互认。创建统一职业信息电子服务平台，优化升级申报认定服务，并及时发布职业资格、学历证书互认等信息。鼓励行业协会、龙头企业开展培养评价工作，以新服务平台为契机打造全过程高端人才培养、认证、输出、晋升的生态链，构建一个长效赋能的人才蓄水池。二是创新现有"人才绿卡"制度。进一步完善大湾区人才流动涉及的过境签证、居留许可等政策，构建人才留存的运作规则。持续推进并优化现有的招才引智计划如深圳的"孔雀计划"、广州的"红棉计划"、东莞的"蓝火计划"、香港和澳门地区的"科技人才入境计划"等，以广州、深圳为试点取消港澳高层次人才来往的证件要求，探索"一检通关""一签多行"和人才来往"无证化"，推动高端人才流动自由化便利化。三是深化医疗制度衔接，持续推进医疗一体化。加强跨境医疗卫生保障服务的衔接，探索社会保险和基本医疗保险通用制度。加快建设大湾区健康联合研究中心，支持湾区内开展疾病联合攻关和会诊，为大湾区居民提供医疗保障，推动现代化发展人才跨境流动，解决粤港澳大湾区居民跨区域流动和生活服务问题。四是支持粤港澳高校合作办学，充分发挥粤港澳高校联盟的作用，鼓励港澳青年到内地学校就读。鼓励联合共建优势学科、实验室和研究中心，支持各级各类教育人才培训交流。支持三地高校合作建设"学分银行"，探索开展部分精品课程学分互认，鼓励开展高水平交换生项目，推动科技研发成果转化合作。为内地就读的港澳居民提供与内地学生相同的公共交通、旅游景点等优惠政策。

（三）保障措施建议

1. 坚持党的领导

深入贯彻习近平总书记对粤港澳大湾区建设的重要讲话和重要指示批示精神，保持高度的思想自觉、政治自觉、行动自觉。一方面，深刻认识新征程中推进粤港澳大湾区建设的重大意义，坚决落实党中央决策部署及省委省政府工作要求，进一步增强责任感紧迫感使命感。建立健全粤港澳大湾区协同发展的规划实施制度，强化统筹协调和制度保障，充分调动一切积极因素，形成推动建设新阶段现代化粤港澳大湾区强大合力。另一方面，自觉增强思想自觉和行动自觉，在思想上政治上行动上同党中央保持高度一致，增强粤港澳大湾区领导干部科学决策能力、贯彻执行能力、组织管理能力、综合协调能力、选才用人能力、处事应变能力、开拓创新能力、学习实践能力，形成制度化、多层面的交流。加快推动粤港澳大湾区实现一体化进程，稳定湾区内部城市协同发展水平，保障规则的高效衔接及机制的有效对接。

2. 强化财政保障

构建多元平衡财政支持体系，提高大湾区资本配置效率。一是贯彻落实《广东省人民政府关于加强统筹进一步深化预算管理制度改革的实施意见》精神，为重点项目提供基金或财政贴息支持。进一步落实和完善资金管理责任制，建立健全覆盖所有财政性资金、贯穿财务运行全过程的监督机制，实现对资金使用的全过程、全覆盖监管，确保资金使用规范安全高效。积极探索和创新资金监管方式，加强资金支付和使用的动态监控，强化规则衔接和机制对接的事前和事中监督。二是不断统筹深化整合改革财政资金管理制度，加大对产业链和供应链发展、现代化水平提升、科技创新等现有各类专项资金的整合力度，综合运用以奖代补、贷款贴息、风险补偿等方式，结合支持对象进行优化组合。优化财政资金协同配置能力和扶持方式，完善基础与应用基础研究基金的组建模式和管理机制，推动建立长期稳定的投入机制。强化对具有正外部性规则衔接和机制对接发展的支持，推动高等学校、科研机构等探索科研经费调剂权下放、科研经费包干制试点，扩大经费使用自主权。三是构建多层次、广覆盖、有差异的财政保障体系和普惠性金融支持政策体系。建立健全商业性金融、政策性金融、开发性金融、合作性金融机构形态分工合理、主体功能联动互补的金融体系，积极引入社会资本共建共享。推动国家、省、市三级财政资金重点投向基础研究领域，综合运用政府性融资担保增信、中小微企业银行贷款风险补偿资金池、财政贴息等手段，以有限的财政资金撬动更多社会资本，引导相关资源流向重点产业链供应链上下游企业。推动产业链、供应链、创新链、资金链和政策链有机融合，坚持粤港澳大湾区财政投入"一盘棋"，发挥三地各级政府的合力，调动各地积极性共促提升协同发展水平，加快规则衔接、机制对接。四是厘清财政部门与资金主管部门、专项资金与归口资金主管部门、资金政策与资金管理办法相互之间的关系。督促各资金主管部门在清理整合各部门专项资金的基础上，修订出台本部门专项资金管理办法，规范专项资金评审，不断细化量化评审标准，加强对评审机构或专家的管理，以专业第三方意见和客观标准为基础分配产业链供应链资金。调整优化各主管部门现有专项资金结构，让专项资金用在重点衔接领域，切实提高财政资金支出效益。

3. 优化营商环境

加快构建稳定公平透明可预期的营商环境，建立与国际高标准营商环境相适应的制度规则。为推动粤港澳大湾区协同发展机制落实落地提供法治化、国际化、便利化营商环境。一方面，严格落实重大行政决策全体会议讨论制度，做好总体营商环境建设发展的引导和规划，构建对三地政府的长效激励机制和考核机制，将规则、规划、机制和战略的精神贯彻到政府部门和官员的考核评价中。通过政策支持、资源组织、搭建平台等，强化三地跨部门联动协调。不断提升政务服务能力和水平，提高政府体系廉洁性自律性，提高政府组织和部门运行效率，通过精简准入审批手续、降低监管执法干扰、精准减税降费。另一方面，发挥市场的导向性、决定性作用。建立三地营商环境建设的规则、机制、制度和政策等交流共享机制，共同推动各类资源要素合理高效配置。提升营商环境包容性、惠普性，推动完善市场准入与退出机制，推广线上"一网通办""跨境通办"，逐步推出跨部门办事结果"一窗通取"，实现开办企业全程"最多跑一次"。推动"证照分离""多证合一"改革全覆盖，推进"容缺受理"，降低企业制度性交易成本。创新性推导更具备针对性、开创性、精确度的优化改革举措，鼓励支持三地相互学习借鉴，力促大湾区形成各地区、各部门竞相优化建设营商环境的积极局面，全力打造国际化、法治化、市场化与便利化的公平透明营商环境。

4. 加强监管力度

完善多部门协同监管体系，保障粤港澳大湾区建设高效顺利。一方面，建立完善工作制度和管理规定、强化考核督导等工作制度及保障机制。加强与国家和省对接、湾区内联动、部门间协同，打破区域壁垒，深化粤港澳监管部门合作。建立完善三地市场监管信息共享互认机制和执法协作机制，健全监管工作联席会议制度。重点清理妨碍协同发展水平提升的歧视性政策措施。健全监管制度与手段，完善监管标准与尺度，对违规行为的处罚和处理，要标准上提、责任上提、处罚上提、人员上提，追究上级管理部门的责任，倒逼机构层层落实责任、提高服务水平。另一方面，联合市场监管部门、税务部门、交通运输部门等开展审查，保障规则衔接和机制对接过程合规合理合法，重点聚焦协同发展水平提升和规则衔接的重点工程建设项目，对其审批流程进行优化再造。推动行政执法部门、行政检查事项、监管对象、监管人员、监管领域全覆盖。严格考核问责，将规则、机制、制度和标准衔接建设贯穿政府日常督查考核中。统筹提升协同发展水平的发展和安全问题，注重相关规则衔接和机制对接的堵漏洞、强弱项工作，主动加强三地监管部门的协调配合。

参考文献

[1] 安苑, 王珺. 财政行为波动影响产业结构升级了吗？基于产业技术复杂度的考察[J]. 管理世界, 2012 (9): 19-35, 187.

[2] 白俊红, 蒋伏心. 协同创新、空间关联与区域创新绩效[J]. 经济研究, 2015, 50 (7): 174-187.

[3] 陈广汉, 刘洋. 从"前店后厂"到粤港澳大湾区[J]. 国际经贸探索, 2018, 34 (11): 19-24.

[4] 陈广汉,谭颖. 构建粤港澳大湾区产业科技协调创新体系研究［J］. 亚太经济,2018（6）: 127 – 134,149.

[5] 程虹,刘三江,罗连发. 中国企业转型升级的基本状况与路径选择: 基于570家企业4794名员工入企调查数据的分析［J］. 管理世界,2016（2）: 57 – 70.

[6] 丛屹,王焱. 协同发展、合作治理、困境摆脱与京津冀体制机制创新［J］. 改革,2014（6）: 75 – 81.

[7] 范如国. 复杂网络结构范型下的社会治理协同创新［J］. 中国社会科学,2014（4）: 98 – 120,206.

[8] 干春晖,郑若谷,余典范. 中国产业结构变迁对经济增长和波动的影响［J］. 经济研究,2011,46（5）: 4 – 16,31.

[9] 高金平. 数字经济国际税收规则与国内税法之衔接问题思考［J］. 税务研究,2019（11）: 70 – 76.

[10] 龚强,张一林,林毅夫. 产业结构、风险特性与最优金融结构［J］. 经济研究,2014,49（4）: 4 – 16.

[11] 申明浩,滕明明,杨永聪,等. 数据要素跨境流动与治理机制设计: 基于粤港澳大湾区建设的视角［J］. 国际经贸探索,2021,37（10）: 86 – 98.

[12] 郭凯明. 人工智能发展、产业结构转型升级与劳动收入份额变动［J］. 管理世界,2019,35（7）: 60 – 77,202 – 203.

[13] 韩永辉,韩铭辉,沈怡青. 城市产业政策的供给侧结构性改革路径研究［J］. 城市观察,2016（3）: 14 – 21.

[14] 韩永辉,黄亮雄,王贤彬. 产业结构升级改善生态文明了吗: 本地效应与区际影响［J］. 财贸经济,2015（12）: 129 – 146

[15] 韩永辉,黄亮雄,王贤彬. 产业结构优化升级改进生态效率了吗?［J］. 数量经济技术经济研究,2016,33（4）: 40 – 59.

[16] 韩永辉,黄亮雄,王贤彬. 产业政策推动地方产业结构升级了吗?: 基于发展型地方政府的理论解释与实证检验［J］. 经济研究,2017,52（8）: 33 – 48.

[17] 韩永辉,李子文,韦东明. 广州制造2025思路与对策研究: 基于"一带一路"产能合作的视角［J］. 城市观察,2017（5）: 41 – 57.

[18] 韩永辉,麦炜坤,何珽銎. 新发展格局下粤港澳大湾区如何建设具有国际竞争力的现代产业体系［J］. 治理现代化研究,2021,37（5）: 45 – 53.

[19] 韩永辉,谭舒婷,张帆. 珠澳科技创新合作的现状、问题与对策［J］. 珠海潮,2019（Z1）: 96 – 110.

[20] 韩永辉,张帆,曹诞. 广州建设粤港澳大湾区国际商贸中心的思路与对策探析: 基于国际商贸中心城市竞争力视角［J］. 城市观察,2020（1）: 75 – 92.

[21] 韩永辉，张帆，李子文. 全球典型城市供给侧改革与发展经验比较研究：兼论加强粤港澳大湾区要素流动之广州作用［J］. 城市观察，2018（2）：82-97.

[22] 韩永辉，张帆，梁晓君. 深圳打造全球标杆城市的现状、挑战及对策分析［J］. 城市观察，2021（2）：63-74.

[23] 韩永辉，张帆. 促进粤港澳大湾区城市群发展的策略思辨［J］. 广东经济，2018（8）：56-58.

[24] 韩永辉，张帆. 促进粤港澳大湾区融合发展的思路与对策［J］. 中国国情国力，2018（8）：56-58.

[25] 韩永辉，张帆. 粤港澳大湾区的区域协同发展研究：基于供给侧结构性改革视角的分析［J］. 治理现代化研究，2018（6）：51-56.

[26] 韩永辉，钟伟声. 产业生态化转型的国别经验和战略启示［J］. 城市观察，2015（2）：17-26.

[27] 洪银兴. 科技创新与创新型经济［J］. 管理世界，2011（7）：1-8.

[28] 黄群慧. 论中国工业的供给侧结构性改革［J］. 中国工业经济，2016（9）：5-23.

[29] 贾妮莎，韩永辉，邹建华. 中国双向FDI的产业结构升级效应：理论机制与实证检验［J］. 国际贸易问题，2014（11）：109-120.

[30] 江小涓，孟丽君. 内循环为主、外循环赋能与更高水平双循环：国际经验与中国实践［J］. 管理世界，2021，37（1）：1-19.

[31] 金碚. 工业的使命和价值：中国产业转型升级的理论逻辑［J］. 中国工业经济，2014（9）：51-64.

[32] 金碚. 关于"高质量发展"的经济学研究［J］. 中国工业经济，2018（4）：5-18.

[33] 柯善咨，赵曜. 产业结构、城市规模与中国城市生产率［J］. 经济研究，2014，49（4）：76-88，115.

[34] 黎文靖，郑曼妮. 实质性创新还是策略性创新？：宏观产业政策对微观企业创新的影响［J］. 经济研究，2016，51（4）：60-73.

[35] 李春涛，闫续文，宋敏，等. 金融科技与企业创新：新三板上市公司的证据［J］. 中国工业经济，2020（1）：81-98.

[36] 李虹，邹庆. 环境规制、资源禀赋与城市产业转型研究：基于资源型城市与非资源型城市的对比分析［J］. 经济研究，2018，53（11）：182-198.

[37] 李敬，陈澍，万广华，等. 中国区域经济增长的空间关联及其解释：基于网络分析方法［J］. 经济研究，2014，49（11）：4-16.

[38] 李林，丁艺，刘志华. 金融集聚对区域经济增长溢出作用的空间计量分析［J］.

金融研究, 2011 (5): 113-123.

[39] 李琳, 刘莹. 中国区域经济协同发展的驱动因素: 基于哈肯模型的分阶段实证研究 [J]. 地理研究, 2014, 33 (9): 1603-1616.

[40] 李晓莉, 申明浩. 新一轮对外开放背景下粤港澳大湾区发展战略和建设路径探讨 [J]. 国际经贸探索, 2017, 33 (9): 4-13.

[41] 刘丹, 闫长乐. 协同创新网络结构与机理研究 [J]. 管理世界, 2013 (12): 1-4.

[42] 刘明宇, 芮明杰. 价值网络重构、分工演进与产业结构优化 [J]. 中国工业经济, 2012 (5): 148-160.

[43] 刘生龙, 胡鞍钢. 交通基础设施与中国区域经济一体化 [J]. 经济研究, 2011, 46 (3): 72-82.

[44] 刘思明, 张世瑾, 朱惠东. 国家创新驱动力测度及其经济高质量发展效应研究 [J]. 数量经济技术经济研究, 2019, 36 (4): 3-23.

[45] 刘晔, 曾经元, 王若宇, 等. 科研人才集聚对中国区域创新产出的影响 [J]. 经济地理, 2019, 39 (7): 139-147.

[46] 潘文卿. 中国的区域关联与经济增长的空间溢出效应 [J]. 经济研究, 2012, 47 (1): 54-65.

[47] 潘文卿. 中国区域经济发展: 基于空间溢出效应的分析 [J]. 世界经济, 2015, 38 (7): 120-142.

[48] 彭芳梅. 粤港澳大湾区及周边城市经济空间联系与空间结构: 基于改进引力模型与社会网络分析的实证分析 [J]. 经济地理, 2017, 37 (12): 57-64.

[49] 彭俞超, 方意. 结构性货币政策、产业结构升级与经济稳定 [J]. 经济研究, 2016, 51 (7): 29-42, 86.

[50] 邱坚坚, 刘毅华, 陈浩然, 等. 流空间视角下的粤港澳大湾区空间网络格局: 基于信息流与交通流的对比分析 [J]. 经济地理, 2019, 39 (6): 7-15.

[51] 阮建青, 石琦, 张晓波. 产业集群动态演化规律与地方政府政策 [J]. 管理世界, 2014 (12): 79-91.

[52] 苏杭, 郑磊, 牟逸飞. 要素禀赋与中国制造业产业升级: 基于WIOD和中国工业企业数据库的分析 [J]. 管理世界, 2017 (4): 70-79.

[53] 孙晓华, 王昀. 对外贸易结构带动了产业结构升级吗?: 基于半对数模型和结构效应的实证检验 [J]. 世界经济研究, 2013 (1): 15-21, 87.

[54] 孙叶飞, 夏青, 周敏. 新型城镇化发展与产业结构变迁的经济增长效应 [J]. 数量经济技术经济研究, 2016, 33 (11): 23-40.

[55] 覃成林, 张华, 张技辉. 中国区域发展不平衡的新趋势及成因: 基于人口加权变

异系数的测度及其空间和产业二重分解［J］．中国工业经济，2011（10）：37-45．

[56] 唐松，伍旭川，祝佳．数字金融与企业技术创新：结构特征、机制识别与金融监管下的效应差异［J］．管理世界，2020，36（5）：52-66．

[57] 佟家栋，谢丹阳，包群，等．"逆全球化"与实体经济转型升级笔谈［J］．中国工业经济，2017（6）：5-59．

[58] 王一鸣．百年大变局、高质量发展与构建新发展格局［J］．管理世界，2020，36（12）：1-13．

[59] 温军，冯根福．异质机构、企业性质与自主创新［J］．经济研究，2012，47（3）：53-64．

[60] 肖文，林高榜．政府支持、研发管理与技术创新效率：基于中国工业行业的实证分析［J］．管理世界，2014（4）：71-80．

[61] 谢军，黄志忠．区域金融发展、内部资本市场与企业融资约束［J］．会计研究，2014（7）：75-81，97．

[62] 徐敏，姜勇．中国产业结构升级能缩小城乡消费差距吗？［J］．数量经济技术经济研究，2015，32（3）：3-21．

[63] 杨东．监管科技：金融科技的监管挑战与维度建构［J］．中国社会科学，2018（5）：69-91，205-206．

[64] 杨国超，刘静，廉鹏，等．减税激励、研发操纵与研发绩效［J］．经济研究，2017，52（8）：110-124．

[65] 叶祥松，刘敬．异质性研发、政府支持与中国科技创新困境［J］．经济研究，2018，53（9）：116-132．

[66] 于斌斌．产业结构调整与生产率提升的经济增长效应：基于中国城市动态空间面板模型的分析［J］．中国工业经济，2015（12）：83-98．

[67] 余泳泽，刘大勇．我国区域创新效率的空间外溢效应与价值链外溢效应：创新价值链视角下的多维空间面板模型研究［J］．管理世界，2013（7）：6-20，70，187．

[68] 余泳泽．创新要素集聚、政府支持与科技创新效率：基于省域数据的空间面板计量分析［J］．经济评论，2011（2）：93-101．

[69] 袁航，朱承亮．国家高新区推动了中国产业结构转型升级吗［J］．中国工业经济，2018（8）：60-77．

[70] 原毅军，谢荣辉．环境规制的产业结构调整效应研究：基于中国省际面板数据的实证检验［J］．中国工业经济，2014（8）：57-69．

[71] 湛泳，李珊．金融发展、科技创新与智慧城市建设：基于信息化发展视角的分析

[J]. 财经研究, 2016, 42 (2): 4-15.

[72] 张翠菊, 张宗益. 中国省域产业结构升级影响因素的空间计量分析 [J]. 统计研究, 2015, 32 (10): 32-37.

[73] 张其仔. 中国能否成功地实现雁阵式产业升级 [J]. 中国工业经济, 2014 (6): 18-30.

[74] 张日新, 谷卓桐. 粤港澳大湾区的来龙去脉与下一步 [J]. 改革, 2017 (5): 64-73.

[75] 张同斌, 高铁梅. 财税政策激励、高新技术产业发展与产业结构调整 [J]. 经济研究, 2012, 47 (5): 58-70.

[76] 张震, 覃成林. 粤港澳大湾区经济高质量发展分析 [J]. 经济体制改革, 2021 (3): 39-46.

[77] 赵勇, 魏后凯. 政府干预、城市群空间功能分工与地区差距: 兼论中国区域政策的有效性 [J]. 管理世界, 2015 (8): 14-29, 187.

[78] 钟韵, 胡晓华. 粤港澳大湾区的构建与制度创新: 理论基础与实施机制 [J]. 经济学家, 2017 (12): 50-57.

[79] 周开国, 卢允之, 杨海生. 融资约束、创新能力与企业协同创新 [J]. 经济研究, 2017, 52 (7): 94-108.

[80] 周克清, 刘海二, 吴碧英. 财政分权对地方科技投入的影响研究 [J]. 财贸经济, 2011 (10): 31-37.

[81] 朱乃平, 朱丽, 孔玉生, 等. 技术创新投入、社会责任承担对财务绩效的协同影响研究 [J]. 会计研究, 2014 (2): 57-63, 95.

[82] 邹薇, 樊增增. 金融支持粤港澳大湾区建设的实证研究: 基于城际面板数据 [J]. 国际经贸探索, 2018, 34 (5): 55-67.

• 开放湾区与城市建设篇 •

导　言

　　开放是粤港澳大湾区最重要的精神内涵之一，大湾区既有岭南地区始终保持对外开放的历史传统，也具有新时代追求更加卓越的创新活力。全球格局塑造了香港、澳门联系全球的开放性和世界城市的形象，改革开放造就了珠江三角洲融入全球化的角色感并成功培育出作为中国特色社会主义先行示范区的深圳，与广州一起在全球城市序列中共同谱写了城市建设发展史的奇迹。广州与深圳均已成长为拥有两千万人口、2万亿以上GDP的超大城市，并引领珠三角城市群与港澳共同建设面向世界的国际化大湾区。

　　随着新冠疫情的结束，开放再次成为我们期待新发展新愿景的新动能。粤港澳大湾区在日益复杂的新全球化情景中，要与其他国际化大都市圈竞争，成为承担中国经济内外双循环发展格局的重要支点。更加深刻的开放与合作，更高质量的改革与发展，无疑对湾区各座城市提出了新的挑战。

　　广州一直扮演着国家对外交流窗口的角色，其国际化大都市建设也已初具形态。以"新时代活力全球城市"为目标，通过更为深入和全面的开放和改革措施培育关键活力，广州形成了更加强劲的国际竞争力，并在全球城市等级体系中不断攀升，成为积聚和配置全球资源、持续涌现新增长动能的大湾区发展引擎。

　　本篇的三篇报告，分别从开放合作引领广州建设新发展格局、南沙建设粤港澳全面合作示范区以及城市更新探索共同富裕三个方面思考和阐释了广州在更加开放的湾区战略中的高质量城市建设路径。

　　第一篇报告以"开放合作""重要支点"为关键词，论述了广州如何迈向更具国际竞争力的城市新发展格局。报告全景式地归纳了"十三五"时期广州开放合作的成效；进一步阐释了广州建设新发展格局重要支点在区位、综合交通枢纽、对外交往功能、营商环境、实体经济基础等方面的优势，深入分析了广州打造双循环新发展格局重要支点面临的挑战，包括全球疫情持续演变阻碍国际要素流动和商品流通、新形势下广州面临对外开放思路调整、与国际一流营商环境相比广州仍存在差距、服务构建新发展格局的产业基础仍需夯实、新格局下广州需强化自主创新能力等。在这些认识的基础上，报告从发挥大湾区核心引擎作用、提升广州开放发展能级，高水平推进制度型开放、拓展广州开放合作新空间、优化营商环境、推进国际交往中心和国际消费中心城市建设，聚焦战略性新兴产业集群建设、夯实广州产业基础，统筹新冠疫情防控与开放发展，为广州构建新发展格局重要支点提供保障等方面提出了广州高质量城市发展的对策建议。报告系统全面地贯彻新发展理念，深入论述了坚持开放合作对于广州这座千年不衰的港口城市发展的重要性。

第二篇报告在分析总结南沙当前建设粤港澳全面合作示范区取得的成效、存在的不足，以及进入新时期面临的机遇与挑战的基础上，提出了大力发展战略性新兴产业、转变发展动能，与港澳联手打造重大合作平台、做好承接文章，对标实施港澳及国际标准、加强制度创新，加快构建起半小时交通圈、落实交通枢纽，增强高水平对外开放功能、升级资源配置，增加优质公共服务供给量、提升发展品质等六大发展路径和对策建议，推动南沙打造粤港澳全面合作示范区。2022年6月6日，国务院印发《广州南沙深化面向世界的粤港澳全面合作总体方案》，广州举全市之力持续加大南沙的开放力度、投资强度、经济密度，集中力量建设先行启动区，努力把南沙建设成为立足湾区、协同港澳、面向世界的重大战略性平台，以更大力度推进制度型开放，不断提高城市开放合作水平、贸易投资自由化便利化水平、资源要素集聚水平、公共服务现代化国际化水平。未来的广州，将建设成为对标国际先进规则和最佳实践的开放制度创新高地、国际交往新平台以及构建新发展格局的重要战略节点。

第三篇报告关注到广州的城市建设已从增量拓张转向存量发展，这一转变代表了我国一大批老城市面临的转型发展困惑。报告阐释了新发展条件下城市更新的新内涵，提出城市更新是在城市发展转型和经济发展转型中的自身完善工具和实现共同富裕的一项重要行动。报告进一步总结了国内外城市更新的演进趋势及启示，并对多元共进的广州城市更新类型进行归纳，以多源数据多种视角的实证分析方法评价广州城市更新的经济、社会、环境、文化等多元活力影响。最后，报告在回顾更新政策演进的基础上，对迈向共同富裕的广州城市更新进行政策展望，包括从短期收益迈向长期运营，从项目自身平衡迈向城市结构转型，从经济维度迈向社会、文化、环境维度的全面兼顾等，这些建议具有非常务实的补短板和解决问题价值。报告敏锐地指出，城市更新作为实现共同富裕目标的工作平台，为围绕实现广州老城市新活力和"四个出新出彩"的目标，远离粗放式的造城观念，用以人民为中心的发展思想，发挥其外部正效应，落实高质量的公平发展，提供了有价值的启发。

以开放合作引领广州建设新发展格局重要支点

毛艳华①

摘　要：广州是一座千年不衰的通商港口城市，改革开放后成为首批沿海开放城市，进入新时代又成为共建"一带一路"重要枢纽城市，在"十四五"构建新发展格局中扮演着重要支点作用。"十三五"时期广州开放合作成效显著，助力建设新发展格局重要支点的优势十分突出，但也面临来自国内国际大环境的诸多挑战。开放是当代中国的鲜明标识。进入"十四五"时期，在开启全面建设社会主义现代化国家新征程上，广州要贯彻新发展理念，坚持高水平对外开放，发挥大湾区核心引擎作用，提升开放发展能级；高水平推进制度型开放，拓展开放合作新空间；优化营商环境，推进国际交往中心和国际消费中心城市建设；聚焦战略性新兴产业集群建设，夯实开放合作的产业基础。通过多措并举，以开放合作引领广州建设新发展格局重要支点。

关键词：开放合作　重要支点　新发展格局　广州

一、"十三五"时期广州开放合作成效

"十三五"时期，广州主动适应和引领经济发展新常态，不断

---

①毛艳华，中山大学区域开放与合作研究院院长、粤港澳大湾区研究基地主任、港澳珠江三角洲研究中心教授。主要研究领域为区域经济学、国际贸易学、粤港澳区域合作、"一带一路"开放合作。研究成果获得国际贸易最高奖"安子介国际贸易研究奖"、商务部商务发展研究优秀成果奖和广东省哲学社会科学优秀成果奖等。

扩大对外开放、提升城市发展能级，首次进入世界一线城市30强，入围全球城市竞争力20强，在构建新发展格局中发挥着重要支点作用。

（一）积极参与共建"一带一路"

广州积极参与共建"一带一路"，以全方位、立体化的航空、海运和中欧班列等综合性运输体系建设扎实推进"一带一路"基础设施互联互通，促进贸易畅通和推动贸易转型升级，助力外贸高质量发展。

1. 广州白云机场积极参与构建"空中丝绸之路"

广州白云机场作为中国三大门户复合枢纽机场之一，辐射"一带一路"29个国家和地区共计50个城市，向东南亚地区延伸打造"4小时航空交通圈"，面向全球主要城市形成"12小时航空交通圈"，是共建"一带一路"的重要国际航空枢纽之一。如图1所示，2016—2019年白云机场旅客吞吐量蓬勃发展，2019年突破7300万人次。2020年新冠疫情冲击下，白云机场是全球复苏最快、客流量最大的国际机场。2021年广州白云机场旅客吞吐量达4023.1万人次，在中国机场排名位居第1位，已经成为南中国地区最佳出入境点，更是通往大洋洲、东南亚和非洲的最佳中转点。

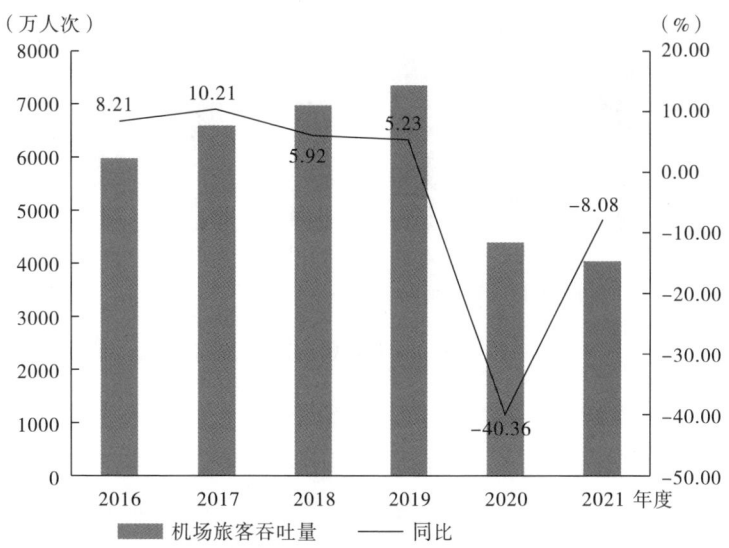

图1　2016—2021年广州机场旅客吞吐量

2. 港口航运向世界级枢纽港发展

广州港充分利用"一带一路"建设契机，与世界上百个国家和地区共计逾400个港口建立航运交流，货物吞吐量年均增长率超4%。如图2所示，2021年广州港集团完成货物吞吐量6.51亿吨、集装箱吞吐量2303万标准箱，同比增长2.29%和6.0%。全年净增外贸航线21条，总数达到141条，通往全球100多个国家和地区的400多个港口，其中"一带一路"方向外贸航线达116条。外贸煤炭、粮食、汽车、集装箱等货类外贸作业量均实现两位数增长，在有序推进全国复工复产和维护全球产业链供应链稳定中发挥了硬核枢纽作用。2021年国际航运中心发布航运发展指数排名显示，广州由2017年的第23位跃升至2021年的第13位。

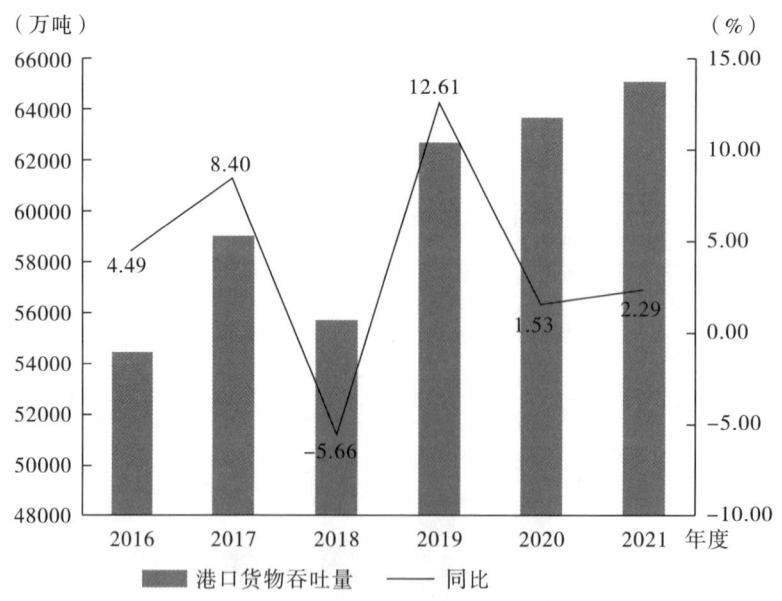

图2 2016—2021年广州港口货物吞吐量

3. 开通中欧班列，扎实推进互联互通

2016年8月28日，广州至欧洲的中欧班列首趟发车成功，到达德国、俄罗斯、波兰等20多个"丝绸之路"沿线国家或地区。在三年新冠疫情期间，航空水运物流受阻，广州中欧班列链接广州与欧洲复工复

产关键环节，稳固上千家外贸外资企业货物运输，维持产业链供应链稳定性。2021年广州中欧班列（大朗）共开行进出口班列128列，发运标箱12 768个，货重6.74万吨，货值约37.98亿元人民币，同比增加15.32%、22.23%、22.99%、18.17%，各项数据均创运营以来新高。中欧班列的开通，将"广东制造"商品源源不断输送到"一带一路"沿线国家和地区，将中国制造销往全世界。

4. 参与共建"一带一路"建设，推动广州外贸高质量发展

一方面，参与共建"一带一路"促进了广州对外贸易稳定增长。自2013年"一带一路"倡议提出以来，广州对"一带一路"沿线国家和地区新增投资企业或机构逾百家，吸引了"一带一路"沿线17个国家和地区的126家外资金融机构，广州丝路品牌活动走遍沿线20多个国家和地区。2019年，广州市进出口总值突破万亿大关，达到10 004.14亿元，进口总值也达到峰值。受新冠疫情影响，2020年进出口总值稍有回落。2021年，广州对"一带一路"沿线国家和地区进出口总值3070.1亿元，同比增长17.3%；对东盟、美国、韩国等主要贸易伙伴进出口均有所增长，对RCEP其他成员国进出口也保持增长态势。

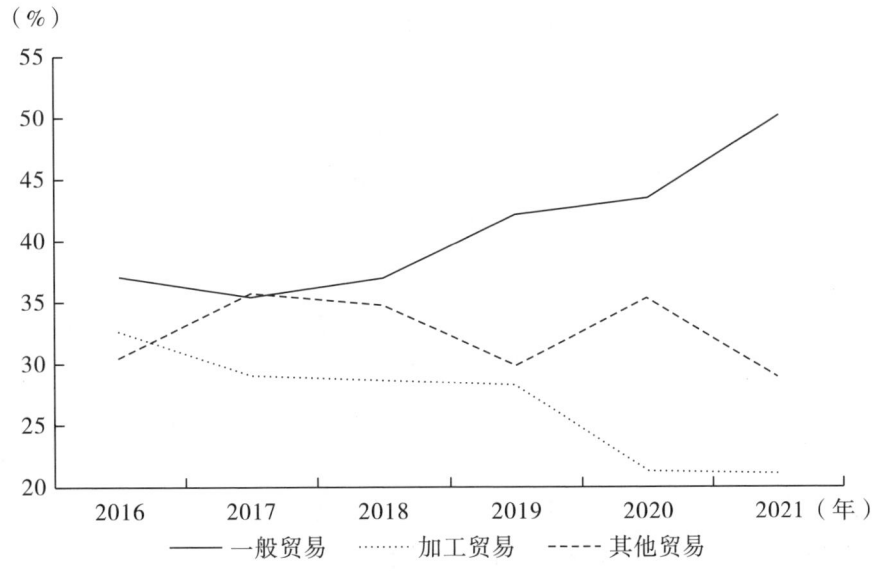

图3　2016—2021年广州市不同贸易方式出口占比

另一方面，"一带一路"贸易便利化建设也推动了广州贸易转型升级。从贸易结构来看，如图3所示，2021年一般贸易出口3159.7亿元，较上年增长34.4%，占出口贸易总值的比重呈现上升趋势，达到2016年以来最高值50.05%；以来料加工和进料加工统计的加工贸易出口额逐年下降，2021年占比21.1%，降至2016年以来最低。转口贸易、保税区贸易等其他贸易出口占比于2017年开始超过加工贸易，一般贸易已经成为最主要的贸易方式。同时，跨境电商等新业态新模式也快速发展，提升了贸易的竞争力。

（二）深化自贸试验区改革开放

自贸试验区是新时期改革开放的新高地。广东自贸试验区南沙片区以体制机制创新推动国际一流营商环境建设，以金融合作平台建设凝聚境内外高端金融要素，以外商投资管理体系改革建设更高水平开放型经济新体制，支持和引领广州市新一轮对外开放。截至2021年4月挂牌成立六周年，南沙片区累计形成719项制度创新成果，43项在全国复制推广，119项、218项分别在省、市复制推广，成功打造商事登记确认制、全球溯源体系、全球优品分拨中心等改革品牌，一流营商环境建设、投资贸易便利化、金融开放创新走在全国前列。

1. 打造国际一流营商环境

南沙自贸区致力于构建与国际投资贸易通行规则相衔接的基本制度框架，创新与自由贸易试验区要求相适应的体制机制，营造国际化市场化法治化营商环境。"十三五"期间，广州加快政府职能转变，以简政放权、创新机制为抓手，持续深化"放管服"，推动营商环境优化、激发市场活力。在与港澳规则对接的过程中，逐次推行了营商环境1.0阶段到4.0阶段的改革。南沙切实发挥国家级新区和自贸区改革先行先试的优势，经过连续三年对标改革，南沙营商环境全球模拟排名从2017年的第51名提升至2019年的第24名，开办企业、获得电力、执行合同等指标排名进入全球前列，商事登记确认制、财政管理、土地节约集约利用等三项工作获国务院督查激励通报，分别荣获"2019中国最具幸福感城市"称号和2020年"国际化营商环境建设十佳产业园区"。

2022年，南沙区首创优化营商环境社会联动共商共建共治机制，推动营商环境整体水平迈上新台阶。

2. 聚集金融开放合作平台

南沙金融业从零起步，呈现迅猛发展、蔚然成势态势。2019年10月，《广州南沙新区（自贸区南沙片区）关于支持国际金融岛发展的若干措施》便提出，联合粤港澳在南沙推进设立粤港澳大湾区国际商业银行，服务粤港澳大湾区建设发展及科技创新。2020年9月，广州地方金融监管局发布《关于贯彻落实金融支持粤港澳大湾区建设意见的行动方案》，提出广州要加快推进重大项目和平台建设，包括推动广州期货交易所落地，加快推动在广东自贸试验区广州南沙新区片区设立粤港澳大湾区国际商业银行。截至2021年7月，已落户全国首个混合所有制的广州期货交易所、全国首个应对气候变化银行机构、全国首个碳中和融资租赁服务平台和全国首个航运保险要素交易平台等重点平台项目；聚集金融企业超6600家，持牌法人金融机构占全市的1/4，境内外上市公司达10家，融资租赁企业占全国的20%，成为华南地区最大的飞机船舶租赁集聚区。近五年，南沙区已扶持区内金融机构超110家、金融人才近3万人次，奖励金额近40亿元，助力金融业跻身南沙五大重点产业之一。

3. 推进外商投资管理现代化

南沙自贸区于2015年5月8日正式实施以负面清单管理为核心的外资管理体制改革，试行"准入前国民待遇＋负面清单"管理模式，对外商投资负面清单以外的领域由审批制改为备案制，2020年全面落实外商投资信息报告制度。南沙自贸区在全国首创商事登记确认制，企业开办和获得电力便利度全球领先，自由贸易账户（FT账户）落地实施。"十三五"期间，广州市实际使用外资金额整体呈上升趋势，连续三年每年跨越一个"10亿美元"台阶。

如图4所示，2021年广州实际使用外资77.93亿美元，同比增长10%，较2019年同期增长18.3%，外资规模居全国前列。全年新设外资企业4048家，同比增长50.2%。截至2021年底，在穗投资的世界500强企业累计达330家，投资项目累计1468个。实际利用外资1亿美元以上大项目占全市比重近七成。广州外资企业以占全市企业总量不到

2%的数量，贡献了全市超过50%的规模以上工业总产值和增加值、超过60%规模以上工业高技术产值和35%以上进出口总额，成为广州经济社会发展的重要支撑力量。

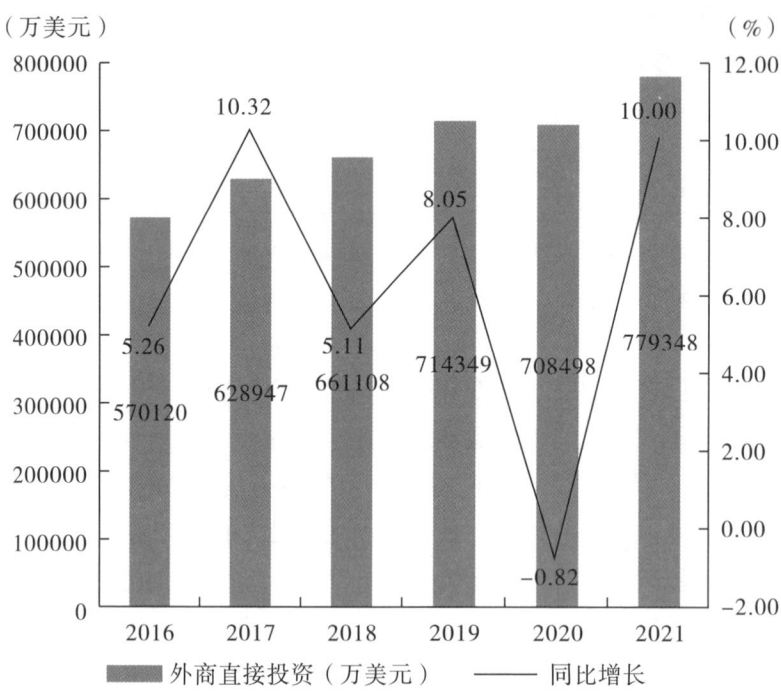

图4 2016—2021年广州市实际使用外商直接投资状况

（三）加快融入粤港澳大湾区建设

作为粤港澳大湾区的中心城市，广州市内贸经济活跃，强劲驱动经济增长，产业载体功能提升，从广佛同城到广深联动，从穗港澳合作到共建湾区国际科技创新中心，广州的中心城市地位不断巩固加强。

1. 中心城市地位不断巩固

广州拥有41个工业大类中的35个行业，汽车、电子、石化三大支柱产业共同形成具有引擎作用的先进制造业集群，产业总量发展态势良好，传统产业与新兴产业双轮驱动，产业配套功能完善，结构不断优化升级。"十三五"时期，广州全力推动三产总产值和增加值增长。2021

年，全市地区生产总值28 231.97亿元，人均国内生产总值突破2万美元，达到高收入经济体水平，对境内外企业和游客的吸纳能力稳步上升。战略性新兴产业增加值占地区生产总值比重大幅增加至30.5%，现代服务业增加值占服务业增加值比重达到67.5%，先进制造业增加值占规模以上工业增加值的比重为65.7%，高技术制造业增加值占规模以上工业增加值的比重呈现出稳步增长的良好态势，现代服务业、先进制造业、高技术制造业发展助力产业升级培育新兴业态。2016—2021年，规模以上服务业企业营业收入逐年上升，2021年营业收入16 612.77亿元。

2. 广佛同城发挥"极点带动"作用

在全国各地都市圈建设的提速期，广佛同城体制机制创新依然保持领先优势，广佛同城打造出一个"超级城市"。"十三五"期间两市实施产业协作项目31个，互相投资企业达4291家，企业"总部—分支"联系数量达2500多家，共育产业平台30个，对整个珠三角乃至大湾区发展影响深远。广佛在各自产业领域各具优势，推动两市在制造业领域的分工合作日益明显，产业关联度进一步增强，形成优势制造业链条互补。"广州服务+佛山制造"是广佛产业合作的一大王牌，两市生产性服务业多层次协同发展不断加强，在金融保险、商务、中介服务等现代服务业发展合作领域日益紧密，为广佛两地产业协同发展提供金融支撑。随着广佛同城深入，"广州创新大脑+佛山转化中心"创新驱动的发展格局被提上日程，这是对"广州服务+佛山制造"模式的再升级。广州还签署了新一轮广佛同城化合作协议，共建广佛高质量发展融合试验区，联手打造汽车、新一代信息技术、高端装备、生物医药4个万亿级产业集群。

3. 广深"双城联动"深化战略合作

广州市第十二次党代会提出，广州要着力强化粤港澳大湾区核心引擎功能，推动广深"双城联动、比翼双飞"。作为粤港澳大湾区建设的中心城市和区域发展核心引擎，广州和深圳正在展开以制度创新共建共享共创为核心的深度合作。"十三五"期间，深圳前海蛇口自贸片区企业累计在广州投资设立企业2491家，注册资本合计2872.41亿元，投资额合计1133.10亿元。广州市企业累计投资前海蛇口自贸片区企业1380家，注册资本合计3220.15亿元，投资金额合计1722.22亿元。双方已先后开展了两批制度创新经验的复制推广工作，在投资便利化、贸易便利化、金融创新和事中事后监管领域，已有32项创新政策、26项制度创新案例在广州开发区逐步落地。深圳证券交易所广州服务基地成立，广州开发区与深交所合作发行全国首个纯专利知识产权证券化产品，共建智能网联汽车和智能装备产业集群。

4. 穗港澳合作谱写湾区新篇章

在粤港澳大湾区建设重大国家战略机遇背景下，广州开发区紧紧抓住粤港澳大湾区建设的发展机遇，支持香港在优势领域"再工业化"，推动国家级开发区创新发展，携手香港在此共建穗港智造合作区。2019年，穗港智造合作区启动建设，穗港产业协同合作更加紧密，广州开发区港资企业超过2100家，累计投资超300亿美元，年产值超千亿元。同时，广州携手港澳把握产业数字化、数字产业化新机遇。2020年初，广州出台打造数字经济创新引领型城市22条措施，举全市之力推动广州人工智能与数字经济试验区高质量发展，加快建设省人工智能产业园、广州5G产业园、广州区块链研究院。此外，粤港澳三地间的金融市场互联互通有序推进。"深港通"、债券"南向通"、"跨境理财通"等措施落地实施，人民币成为粤港澳跨境收支第一大结算货币。截至2021年底，香港、澳门居民通过代理见证开立内地银行个人账户超18万户，拓展银联港澳版"云闪付"APP、微信和支付宝香港电子钱包等移动支付应用场景，大湾区居民享受跨境金融服务更加便利。

为了让港澳青年来到广州创新创业，广州落实支持港澳青年来穗发展"五乐"行动计划，市区两级累计制定15个配套方案和实施细则。南沙粤港澳人才合作示范园开园，港澳青年创新创业总部基地投入使用，天河港澳青年之家荣获"广东青年五四奖章集体"。截至2020年底，全市建成港澳青年创新创业基地44个，落户港澳青年创新创业团队（企业）546个，并设立了总规模10亿元的港澳青年创业基金。

5. 共建湾区国际科技创新中心

广州深入实施创新驱动发展战略，积极建设国家创新中心城市和国际科技创新枢纽,加快建设科技创新强市,共建粤港澳大湾区国际科技创新中心和大湾区综合性国家科学中心,推动科技创新从产业主导模式发展到"以科学引领产业"的新阶段,科技创新水平跻身全国前列,在全球创新版图中的位势进一步提升。"广州—深圳—香港创新集群"在2020年全球创新集群百强中位居第2位。广州"自然指数—科研城市"排名跃升至全球第15位;在入选的中国城市中,排名从2015年的第9位上升到第5位。

创新创业生态持续迸发新活力。2020年,广州市全社会R&D(研究与试验发展)经费支出达774.84亿元,占GDP(国内生产总值)比重从2015年的2.1%提升至3.1%,五年增幅居全国主要城市首位。实施促进科技成果转移转化行动,打通科技成果转化"中梗阻",技术合同成交额达2256亿元,是2015年的8倍多,居全国第二。企业创新主体地位显著提升,2015年以来高新技术企业数量从1919家增至1.2万家,营收百亿、十亿、亿元以上高企分别增长150%、175%和204%。国家科技型中小企业备案入库三年累计数超3万家,居全国城市第一。实现5亿元以上大型工业企业研发机构全覆盖,高新技术产品产值占规模以上工业总产值的比重达51%。建设科技企业孵化器和众创空间405家、294家(国家级分别为41家、54家),总孵化面积超过1000万平方米。

(四)中新广州知识城上升为国家级双边合作项目

2020年8月28日国务院正式批复《中新广州知识城总体发展规划(2020—2035年)》(下文简称《规划》),标志着中新广州知识城上升为国家级双边合作项目。中新广州知识城是中新两国继苏州工业园、天津生态城之后的第三项跨国合作标志性项目,粤港澳大湾区内唯一一个国家级国际合作平台,是引领中国、广东、广州产业高端化发展的新引擎,着力打造产城融合的新型现代化城市,面向全球跨国创新。围绕建设"具有全球影响力的国家知识中心"战略目标,中新广州知识城狠抓科技创新、对外合作等重点工作,拿出了亮眼的成绩单。

1. 打造湾区创新策源地

围绕大湾区建设"具有全球影响力的国际科技创新中心"要求，知识城推进建设科技创新重大平台，实施关键核心技术攻坚行动。与中国科学院、南洋理工大学等科研院所共建16个科研平台。GOI光电传感器成功问世，量子效率等核心指标世界领先；车规级芯片流片完成研发，填补我国高端汽车芯片自主设计空白。围绕大湾区"构建具有国际竞争力的现代产业体系"要求，知识城在生物医药、集成电路、新能源汽车等领域打造世界级产业集群，构建知识密集型产业体系。建设3.3平方千米的国际生物医药价值创新园，打造集研发孵化、中试检测、制造销售为一体的一流生物医药集聚区。布局6.6平方千米湾区半导体产业园，形成从研发设计到中试生产再到封装测试等全产业链。打造3.5平方千米智能制造园，以新能源汽车智能化、自动驾驶为突破方向，小鹏汽车布局智造创新中心与智能网联汽车智造基地，百度Apollo等项目先后动工建设。截至2021年底，已吸引上百个国家或地区的近4000家跨国企业创业投资，涵盖了约200家全球500强企业。

2. 牵引高质量国际合作项目

广州开发区以中新合作为牵引，打造社会主义市场经济体制综合创新示范区，深化中以、中欧等国际合作项目。广州开发区通过"一个投资基金，一座孵化基地，一支中以联合团队"的创新做法，开展广州中以高科技领域合作，设立广州中以生物产业投资基金和广州中以生物产业孵化基地，引进和培育全球优秀的生物技术企业落户广州，形成了"以色列技术—中国孵化—中国制造—国际化发展"的生物产业发展链条，为推进全球生物科技合作起到很好的创新试点作用。中欧合作也取得长足的进展，自2013年11月被列为全国首个中欧区域政策合作试点地区以来，广州开发区以科技创新与产业合作为重点，搭建广东中欧企业创新合作促进中心、中乌国际（黄埔）创新研究院等中欧双向创新融合平台，与欧洲国家在科技、金融、文化、教育、人才等领域开展务实合作，推动中欧合作取得阶段性成效。截至2021年底，黄埔区、广州开发区的经贸联系遍布100多个国家和地区，实际利用外资居全国开发区第二，进出口总额居全国开发区第三，成为全球企业投资首选地和最佳发展地。

（五）推动国际交往中心建设

建设国际交往中心，广州在地缘区位、经济体量、功能平台、交通枢纽、华人华侨等方面拥有明显优势，"十三五"时期取得了显著成效。

1. 举办高端国际会议打造"全球会客厅"

"十三五"期间，广州多次举办具有广泛影响力的国际会议，如国际金融论坛（IFF）、全球科技大会（East Tech West）、亚洲青年领袖论坛、世界大都市协会、全球市长论坛、2021从都国际论坛等。国际会议既是连接中国与世界友好交流的"全球会客厅"，又是广州向世界展示中国魅力、广州风采的重要窗口。特别要提到的是，国家主席习近平分别在2021年"读懂中国"国际会议上发表了视频致辞，足见国家对广州举办国际会议的支持与认可。会议以"从哪里来，到哪里去——世界百年变局与中国和中国共产党"为主题，有超过20个国家和地区的77位政治家、战略家、驻华使节、企业家、跨国公司代表等，参会代表规格最高、人员最多、影响力最大、会议成果最丰富。会上，多方研讨交流如何构建人类命运共同体、扩大和深化各国的利益汇合点，推动国际社会更好地读懂中国与中国共产党，最终签署多个战略合作协议，社交媒体相关话题阅读量累计超5亿人次。

2. 借力广交会展示国际级城市名片

广州具有广交会大型商品交易平台以及广交所大型要素交易平台，是广州实现国际化转型的重要手段，是向世界各地企业展示广州风采的重要名片。广交会被称为中国外贸的"风向标"，是联通国内国外两大市场、畅通国内国际双循环的重要节点。每届约有2.6万家境内外企业与会参展，会场展览规模高达118.5万平方米，每届约有200多个国家近20万家采购商到会。受疫情影响，2020年以来有连续三届广交会选择在线上举办，在线洽谈、直播营销的方式吸纳了227家境外采购商注册观展，是疫情冲击下国际贸易交流的新方式。2021年第130届广交会采用线上线下融合办展的新模式，数据统计，线下累计进馆60万人次，线上累计访问量3273万次。服务于广州数字化、绿色化、国际化转型，广交所建立首个公共资源交易区块链平台，被国务院选为优化营商环境先进代表，助力广州打造世界一流营商环境。"广交易"则是全国首个以公共资源交易为主体、整合权益类交易的全要素交易平台，其公共资源交易额连续多年位居全国第一，在全国具有强大的影响力，2020年更是率先突破万亿元公共资源交易额，实现1.22万亿元交易金额。

二、广州建设新发展格局重要支点的优势

广州是国家重要中心城市，有着2000多年的历史，区位优势得天独厚、综合性交通枢纽地位突出、对外交往平台能级不断强化、营商环境持续优化、实体经济基础牢固，具备建设新发展格局重要支点的显著优势。

（一）区位优势得天独厚

广州位于中国大陆南端，濒临南海，位于珠江入海口，是海上丝绸之路的起点城市之一，是中国通往世界的南大门，有着得天独厚的区位优势。从自然区位优势上看，广州濒临南海，位于珠江入海口，有着天然深水良港。同时，广州位于太平洋西岸生产性地带的枢纽位置，与许多全球性城市距离较近，是中国陆地版图与东西方大动脉距离最近的综合性交通枢纽。从粤港澳大湾区内部来看，广州不仅濒临港澳，同时是整个大湾区几何中心。从人文区位优势看，海外华侨华人、港澳台同胞和归侨、侨港澳眷属众多，与世界各地尤其是东南亚地区一直保持紧密联系。

1. 面向RCEP的"桥头堡"

广州作为中国南部地区的国家中心城市、国际航空航运枢纽和全国最大的侨乡都市，最有条件、最有实力担当RCEP"桥头堡"角色。据政府统计数据，广州共有海外华侨华人、港澳同胞和归侨、侨港澳眷属近400万人，其中市内归侨侨眷、侨港澳眷属近160万人，占广州户籍人口近1/5，海外华侨华人、港澳同胞近240万人，分布在世界130多

个国家和地区，主要集中分布在东南亚和港澳地区。有利的地理位置加上独特的人文情怀，使得广州与东南亚各国一直保持良好经贸往来。据统计，2021年广州与东盟进出口额达到1767.84亿元，占广州进出口总额的16.3%，是广州最大的贸易伙伴。广州市商务局报告称，RCEP实施首年或为广州带来进出口年增量超200亿元；完全实施后，将带来进出口年增量超500亿元。①

2.毗邻港澳的大湾区"黄金节点"

广州毗邻港澳，是粤港澳大湾区核心城市之一。自1978年改革开放，港澳同胞开始大规模投资内地，广州凭借其得天独厚的区位优势获得了大量的投资支持，超过一半的外资都来源于港澳地区。"十四五"时期，围绕高质量建设粤港澳大湾区，广州可以进一步发挥区位优势，充分利用香港作为国际金融、航运和贸易中心的重要功能，以及澳门推进建设世界旅游中心的重要机遇，承接港澳要素和功能转移，取长补短、功能互补，加快推进国际商贸中心、国际交往中心建设。此外，广州市位于粤港澳大湾区的几何中心，有望通过构建大湾区1小时生活圈，打造成为大湾区联通港澳、辐射内地的最佳桥梁和纽带。

3.拥有天然深水良港

广州港位于珠江入海口和珠江三角洲中心地带，是华南最大综合性枢纽港。2021年，广州港集团完成货物吞吐量5.51亿吨、集装箱吞吐量2303万标准箱，吞吐量排名全球第五位，同比增长3.6%和6.0%，净增外贸航线21条，总数达到141条，通往全球100多个国家和地区的400多个港口。近年来，广州港全力打造华南"大物流"新格局，加快推动广州市属、区属国有港口资源整合，基本形成了以南沙港区为核心，粤西、粤东沿海经济带港口为两翼，珠江水系港口为纽带的区域港口联动协同发展新格局，持续服务广州开放合作。

（二）综合性交通枢纽地位突出

流量是观察一座城市双循环畅通程度的重要指标，流量不仅是数

---

①广州市商务局，RCEP实施首年或为广州带来进出口年增量超200亿元，http://sw.gz.gov.cn/swzx/swyw/content/post_8035116.html。

据，也意味着实实在在的人气、商机和活力。广州是我国涵盖海、陆、空各种运输方式的典型枢纽代表，是全国三大综合交通枢纽之一，主要基础设施包括广州白云国际机场、广州港、铁路枢纽、公路站场及集疏运网络等，四通八达的交通网络将助力广州建设新发展格局。

1. 国际航空枢纽地位巩固

白云国际机场是我国三大国际航空枢纽之一。经过多年发展，白云机场已经成为南中国地区最佳出入境点，更是通往大洋洲、东南亚和非洲的最佳中转点。目前，在白云机场运营的客货运航空公司超过80家，其中外航和地区公司50家左右。此外，白云机场经营的空中航线网络覆盖全球230多个通航点，其中国际及地区航点超过90个，连通"一带一路"34个国家的61个城市，航线网络覆盖全球五大洲，并与国内、东南亚主要城市形成"4小时航空交通圈"，与全球主要城市形成"12小时航空交通圈"。即便在受疫情影响期间，2021年广州白云机场旅客吞吐量仍达到4023.1万人次，在中国机场排名位居第1位。

2. 铁路运输网络四通八达

广州铁路客运量多年来位居全国第一，广州南站一直是我国最繁忙的高铁站，客流量长期雄踞我国乃至整个亚洲之首。2020年，广州南站全年共发送旅客6007万人次，到达旅客5670万人次，共计安全输送旅客1.17亿人次，日均到发31.9万人次，2021年广州南站客流量、高铁班次均居全国第一。此外，广州铁路运输网络通达范围广泛，目前已建成至北京等华北主要城市8小时左右到达，至上海、南京等长三角地区和至成都、重庆、昆明等西南主要城市7小时左右到达，至长沙、南宁、福州、南昌等邻近省会城市3小时左右到达，至粤港澳大湾区主要城市1小时左右到达，与省内其他地级城市2～3小时到达的高速铁路网。

3. 城际轨道交通加快建设

大湾区以广州为中心枢纽的轨道交通格局加快形成。2020年12月，广清、广州东环城际开通运营，这是国内第一次真正由地方自主运营的城际。广清、广州东环城际开通后，市民从清远到广州花都最快仅需16分钟，清远市、清远江北地区将形成到达白云机场、广州站的"半小时生活工作圈"。2021年11月26日，广佛环线佛山西站至广州北站段（以下简称"广佛西环"）项目可行性研究报告获省发展改革委正式批复。广佛西环是广州市牵头实施的首条粤港澳大湾区广州都市圈跨市城际铁路。线路起自佛山西站，经佛山市南海区、广州市花都区和白云区，止于广州北站。项目建成后将实现白云机场、广州南站、佛山西站、广州北站等重大交通枢纽的快速互联互通。此外，广州正加快推动实现城区中心与珠江口东西岸城市1小时内"门到门"快速直达，与佛山、东莞等相邻城市中心区半小时直达，南沙与深圳、中山、珠海半小时快速直达①。以打造"轨道上的大湾区"为目标，广州作为"大湾区交通中心"的地位会日益突出。

（三）对外交往功能平台能级不断强化

广州作为首批国家沿海开放城市，承担着联结内外的门户枢纽功能，在跨地区交流和沟通中发挥着重要作用。

1. 领事馆和国际友城大量集聚

领事馆数量都是衡量城市对外开放程度的一个重要指标，世界上一些主要国家都在广州设立了领事馆，数量高达66个，其中包含23个亚洲国家，13个欧洲国家，17个美洲国家，11个非洲国家和2个大洋洲国家。在我国大陆地区，除首都北京外，广州各国领事馆数量居于全国第二，仅次于上海（76个），远高于成都（20个），而同样位于粤港澳大湾区的深圳领事馆数量为0。作为华南地区领事馆数量最多的地方，广州在整个华南甚至全中国的新发展格局中起着连畅通内外循环的关键作用。国际友好城市在增进国际友谊、促进共同发展方面具有重要的作用。1979年5月，广州市与日本福冈市结好，成为我国华南地区首对国际友好城市，正式拉开广州国际友城交往序幕，广州从此不断拓展国际"朋友圈"，积极参与构建全球伙伴关系网络，截至2021年11月底，广州市已与66个国家的100个城市建立了友好关系，标志着广州友城"百城计划"达成。目前广州国际友城数量仅次于北京市，高于上海市（北京173个，上海89个）。

---

①https://new.qq.com/omn/20220112/20220112A018S700.html.

2. 广州港吞吐量大综合性强

广州港地处珠江入海口和珠江三角洲地区中心地带，由内港港区、黄埔港区、新沙港区、南沙港区等四大海港港区和番禺、五和、新塘三个内河港区组成。改革开放以来，广州港发展成为中国综合运输体系的重要枢纽和华南地区对外贸易的重要口岸，是广州港口优势的重要体现。作为广州进行国际贸易的重要平台，广州港具有吞吐量大和综合性强的优势。广州港"十三五"期间，广州港货物吞吐量国际排名上升2位至全球第四；集装箱吞吐量国际排名上升2位至全球第五。在新华·波罗的海国际航运中心发展指数排名由2015年的全球第28位跃升至2021年的第13位。在国内，广州港多项数据排在第一，2020年广州港完成内贸集装箱1445万标箱，位居全国第一；完成粮食吞吐量3455万吨，位居全国第一。此外，广州港在世界十大港口中，广州港是唯一一个以集装箱、粮食、能源、滚装汽车为主的综合性港口。"十四五"时期，广州港将重点提高行业整体发展质量和效益，提升广州国际航运枢纽功能，增强全球高端资源要素集聚辐射能力，协同粤港澳大湾区港口，共建世界级港口群。

3. 南沙开放能级不断提升

从广东自贸试验区到国家进口贸易促进创新示范区，从广州城市副中心再到粤港澳全面合作示范区、国际合作战略平台等，广州南沙在国家、省、市发展大局中的战略地位和开放能级不断提升，是广州对外开放的重要门户。过去一段时期，南沙区以高质量发展为主题，加快推进高水平制度型开放，持续在制度集成创新、深化与港澳全面合作、关键领域改革上下功夫。以进口贸易促进创新示范区为抓手，紧抓国际航运枢纽、新型国际贸易枢纽、金融开放创新枢纽，扎实推进打造高水平对外开放门户枢纽。挂牌七年来，南沙自贸试验区累计形成789项制度创新成果，一大批创新经验在全国、全省、全市复制推广。作为对外开放新高地，2021年南沙新区经济表现出强劲韧性，地区生产总值达2131.61亿元，同比增长9.6%，外贸进出口总值增长14.7%，为广州打造高水平对外开放门户枢纽提供强大助力。

（四）营商环境持续优化

从营商环境改革1.0到4.0，广州的现代化国际化营商环境出新出彩不断推进，形成了一大批创造型引领型改革举措，多项改革经验在全国、全省复制推广，市场主体大量集聚，是国家营商环境标杆性城市。

1. 入选全国首批营商环境创新试点城市

自2018年起，广州市围绕市场主体关切，对标最高最好最优，进行迭代升级的营商环境改革。2018年实施的1.0改革，重点在于行政审批领域的"简政放权"；2019年实施的2.0改革，着重于瞄准重点领域并推进"指标突破"；2020年实施3.0改革，着力推动跨部门"流程再造"；到2021年5月，广州启动4.0改革，强调将下足"绣花功夫"进一步推动营商环境改革创新。同年，国务院印发了《关于开展营商环境创新试点工作的意见》，明确在北京、上海、重庆、杭州、广州、深圳六座城市开展营商环境创新试点。

2022年初，广州牢牢把握创新试点的重大契机，推动营商环境改革迈入5.0时代，以"激发活力"为主线，为企业创新发展松绑减负，培育激发市场主体活力和社会创造力。通过持续深化改革，广州市政务服务日益高效透明，公平竞争的市场秩序也加快构建，市场化法治化国际化营商环境不断提升。改革成果获得社会各界的广泛认可：在全国营商环境评价中排名前列，2019—2021年连续三年全部19个指标均获评全国标杆；华南美国商会发布的年度调查报告显示，广州市连续4年被受访企业列为最热门的投资城市。数据显示，2021年，广州市场主体突破300万户，高新技术企业突破1.2万家，在穗投资世界500强企业增至330家。

2. 国际一流营商环境建设踏疾步稳

进入新时代以来，广州持续发力构建国际一流营商环境。根据《2020年中国296个城市营商环境报告》，2020年营商环境水平排名前四分别为深圳、上海、北京、广州。与前三个城市对比，广州货运总量2019年为全国第一，人均社会消费品零售总额为全国第一，体现出广州的全国交通中心和商业消费中心地位十分突出（图5）。此外，数据还表明广州软环境构建也取得显著成效,例如,通过放开户籍、提供租房补贴等方式吸引了大量高校毕业生留穗工作。

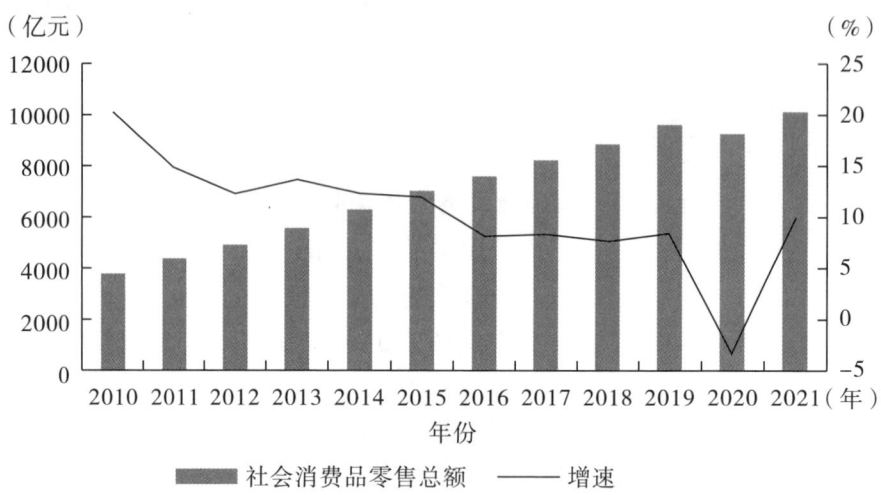

图5 2010—2021年广州社会消费品零售总额及增速

南沙在助力广州构建国际一流营商环境方面发挥着很大的引领作用。数据显示,南沙不仅在国家发改委2020年首次国家级新区营商环境评价中表现优异,而且已连续多年在权威机构评估发布的"贸易便利化""投资自由化"等领域创新指数排名全国自贸片区前列。截至2021年底,南沙累计引进世界500强企业投资项目超220个,市场主体总量超30万家。2022年5月《南沙区高水平推进营商环境创新试点建设实施方案》正式发布。方案聚焦高标准创建市场环境、创新环境、流通环境、开放环境、服务环境五大方面,展现了南沙自贸区为努力推动高水平制度型开放,着力构建与国际合作战略平台相适应、与高标准国际经贸规则相衔接、与促进实体经济高质量发展相匹配的营商环境的坚定信念。营商环境不断优化的基础上,南沙有望实现打造立足湾区、协同港澳、面向世界、面向未来的国际合作战略平台。

(五) 实体经济基础牢固

2022年广州政府工作报告指出，要加快构建现代产业体系。坚持把发展经济的着力点放在实体经济上，推动产业基础高级化，不断提高产业链自主可控水平，为高质量发展积蓄后劲。广州实体经济基础牢固，有望为打造构建新发展格局重要支点提供有力支撑。

1. 实体经济门类齐全且韧性较强

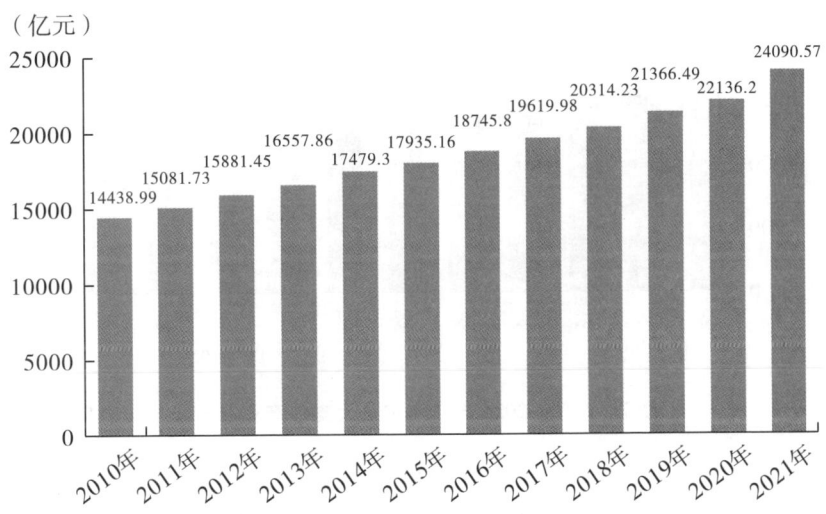

图6 2010—2021年广州市工业总产值

改革开放以来，广东产业经济发展先行一步，规模质量走在全国前列，市场消费规模巨大，区域创新综合能力多年保持全国第一，形成了强大的产业整体竞争优势。广州市作为广东省省会，作为全国重要的工业基地、华南地区的综合性工业制造中心，工业门类齐全，产业体系完备。从图6可以看出，广州市工业总产值始终处于稳步上升阶段。2021年全市规模以上工业总产值2.26万亿元，比上年增长7%，规模以上工业增加值增长7.8%；八大新兴产业合计实现增加值8616.77亿元，比上年增长7.8%，占地区生产总值的30.5%。全年规模以上高技术制造业增加值增长25.7%。从图7三大支柱产业看，全年规模以上汽车制造业、电子产品制造业和石油化工制造业三大支柱产业工业总产值

1.13万亿元,增长6%,占全市规模以上工业总产值的比重50.3%。不难看出,广州已形成门类齐全,轻工业较为发达、重工业有一定基础,综合配套能力、科研技术能力和产品开发能力较强的外向型现代产业体系。

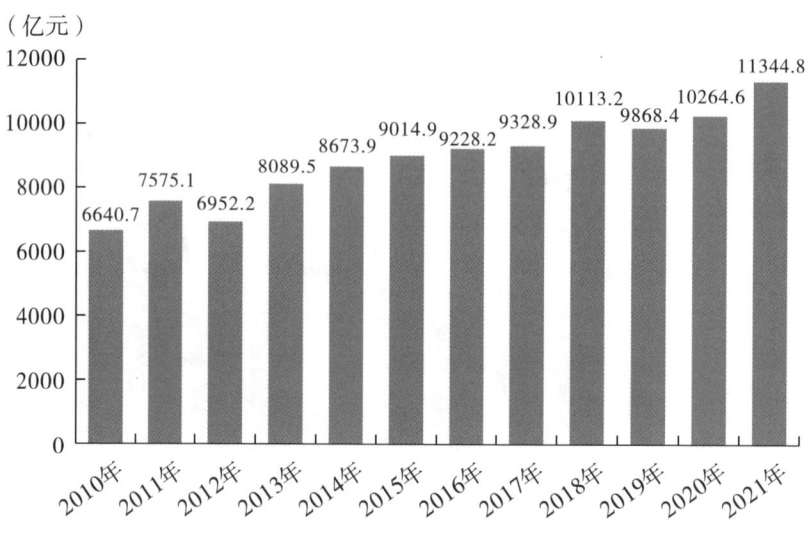

图7　2010—2021年广州市三大支柱产业总产值

2. 战略性新兴产业集群加快培育

广州全面落实国家战略部署,大力培育发展战略性新兴产业,聚焦新一代信息技术、人工智能、生物医药、新能源汽车、新能源、新材料等重点领域,加快推动一批高精尖项目建设,出台产业专项政策,初步形成了一批具有竞争优势的战略性新兴产业集群,推进经济结构战略性调整取得实质性突破。2020年广州战略性新兴产业增加值占地区生产总值比重达30%,为实现有质量的稳定增长和可持续的全面发展提供了强劲动力。其中,智能制造和生物医药2个产业集群入选国家发展改革委公布的首批战略性新兴产业集群名单。2018—2020年,广州成为全省唯一连续三年获战略性新兴产业集群表彰的城市,也是全国获得三连冠的三个城市之一。"十四五"时期,广州将进一步围绕IAB和NEM产业,推动构建"3+5+5"梯次发展格局,全力打造新一代信息技术、智能与新能源汽车、生物医药与健康三大新兴支柱产业,加快发展智能装备与机器人、轨道交通等新兴优势产业，前瞻布局量子科技、区块链等未来产业，推动战略性新兴产业集群生态梯次发展，为构建新发展格局注入动力。

三、广州打造双循环新发展格局重要支点面临的挑战

（一）经济全球化结构调整步伐加快

自 2008 年国际金融危机后，全球经济进入了长期艰难的调整期，至今仍未回归健康稳定的增长轨迹。近年来，在多重全球性危机叠加冲击下，全球经济治理和经贸规则重塑步伐加快，全球供应链脆弱性增加，跨国公司经营战略调整，基于所谓安全考虑发达国家政策转而内向化，数字化转型和数字经济发展正在改造现有贸易开放模式和贸易形式，世界经济再次来到十字路口。

1. 全球经济治理体系重构面临重重困难

一方面是多边贸易体系进展缓慢。在全球化进程中由于国家之间存在差异，有的国家获益，有的国家受损，全球化的负面影响开始突显。在多边开放体系层面，WTO 多哈回合谈判自 2001 年开始，原定 2005 年结束，但延迟至今尚未完成。美国近年更长期阻止 WTO 上诉法官任命以瘫痪现有多边贸易体系。另一方面是大型区域经贸协定如美墨加三国协议（USMCA）、全面与进步跨太平洋伙伴关系协定（CPTTP）和区域全面经济伙伴关系协定（RCEP）兴起，呈现覆盖区域碎片化、经济融合抱团化、议题分散化的局面。例如，发达国家发起的新一代国际经贸协定，特别强调劳工、环境、气候保护，在数字经济领域强调跨境数据自由流动和隐私保护，不少议题超出发展中国家关心的问题。欧盟甚至单边推行碳关税，表明在高标准议题方面存在碎片化和单边行动的风险。[①] 全球经济治理体系重构要求广州发挥对外开放条件、资源、平台与政策优势，积极开展贸易规则的压力测试，打造对外开放交往新平台。

---

① 毛艳华、任志宏、叶辅靖：《建立高质量城市发展标杆：南沙更高水平对外开放》，《城市观察》2023 年第 3 期，第 53–81 页。

2. 产业链供应链体系加速重构

2020年新冠疫情发生后，全球化进程遭遇严重冲击，企业暴露出依赖境外生产的诸多风险，风险包括供应链过长、生产集中以及关键核心零部件依赖他国等。受多重全球性危机叠加影响，新冠疫情暴发导致全球化的长期因素近期化、中期因素短期化，进而加速全球供应链格局调整，尤其是中美供应链调整。① 在中美竞争与新冠疫情的双重打击下，外贸企业生产用的关键物料供应保障不足，面临产业转移与疫情冲击的双重影响。一方面，疫情期间，美国等发达经济体加大了对战略产业与敏感行业的限制与保护。对于外贸外资企业而言，由于深度参与国际生产网络，保障供应链的韧性与稳定愈发紧迫。特别是高新技术企业，原本因为产业政策就已受到全球经贸环境制约，许多企业正在扩大关键零部件的库存，多元化供应来源，同时将生产迁移至母国附近，在不同地域进行生产转移。高新技术产业地域格局的调整，将影响长期的供应链安全，使得构建富有竞争力和韧性的产业链供应链体系迫在眉睫。

3. 基于所谓安全考虑，发达国家政策转而内向化

过去高速全球化的重要动因之一便是各个经济体积极的开放政策。尤其是西方发达国家推崇国际经济关系的自由模式，坚定不移地主张市场力量、价格信号和利润动机等关键因素是最优化的国际经济模式。但近年来，发达经济体普遍加速了国家政策转向，国家安全重新压倒经济利益成为大国决策的重要考量。特别是在高新技术领域，"技术民族主义"与"技术主权"成为大国博弈的重要筹码。2022年5月15~16日，美国—欧盟贸易和技术委员会（TTC）在法国巴黎举行第二次部长级会议发表的联合声明显示，美欧欲在太阳能电池、稀土和芯片等领域与中国加速"脱钩"。同年8月美国总统拜登先后签署了《芯片与科学法案》和《降低通胀法案》，意图通过巨额补贴、税收减免和贷款吸引对美国半导体生产和绿色技术制造基地的投资；还规定接受美国政府补贴的公司10年内不得在中国或任何其他"对美国构成国家安全威胁的

---

① 陶涛：《中美供应链调整与中国产业应对》，《国际贸易》2020年第12期，第7页。

特定国家"扩大先进制程芯片产能。另外，美国启动的《印太经济框架》（IPEF）本质上也企图将中国排除在全球关键产业链供应链之外。因此，美国与市场规律和全球化潮流背道而驰的做法，不仅将扰乱和破坏全球半导体供应链，也将对我国的产业安全造成严重的影响。

4. 数字化转型和数字经济发展改造现有贸易开放模式和贸易形式

随着新技术发展和全球服务贸易兴起，传统的货物贸易不再是跨国贸易的重心，世界服务贸易增速快于商品贸易。世贸组织发布的《2019年世界贸易报告》指出，由于数字技术带来的远程交易量增加及相关贸易成本降低，服务贸易在全球贸易中所占份额未来20年将继续快速增长。全球用数字交付式的服务贸易比重已占全球服务贸易的52%，中国数字贸易的比重也接近50%。以人工智能技术为标志，大数据、云计算、物联网等新技术在服务业领域的广泛应用，跨越了服务生产与消费不可分离的障碍，使得教育、健康、医疗、文化等传统不可贸易的生活性服务业逐渐变得可贸易。同时，数字技术更带动全球价值链核心价值增值环节向生产前的研发、设计阶段与生产后的市场嵌入服务阶段转移，极大地促进了研发、金融、专业服务等生产性服务贸易快速发展。全球数字化转型和数字贸易蓬勃发展为南沙面向世界的高水平开放指明了新方向。

（二）新形势下广州面临对外开放思路调整

1. 推动商品要素流动型开放向制度型开放转变

改革开放以来，我国通过关税减让和一系列优惠措施促进商品和要素自由流动，利用国内国外两个市场、两种资源，分享全球化红利。进入新发展阶段，经济全球化遭遇逆流，世界格局面临深度调整，一般性制度红利逐渐消失。需要以高水平的规则标准等制度型开放为基础，拆除开放的"玻璃门"，对冲外部风险，助力构建开放型经济新体制。特别是党的十八大以来，我国开放的大门越来越大，开放的层次越来越深，高水平开放布局正在形成。新形势下，广州需转变传统开放发展思路，把握新特点，推动由商品和要素流动型开放向规则等制度型开放转变，在全面开放新格局下构建新的开放优势。

总体来看，广州在"十三五"期间已经形成了一些高水平的开放制度，正在逐步形成相对统一、开放、竞争、有序的市场体系。但在推动更多开放制度创新上，广州仍然任重道远。制度型开放首先是要推动准入制度的开放，要放宽市场准入，全面实施准入前国民待遇加负面清单管理制度，保护外商在华合法权益特别是知识产权，允许更多领域实行独资经营。其次，制度性开放还包括准入后制度的开放，准入之后的监管制度要实现内外资一致监管，进一步改善营商环境，要让投资者进得来，也留得住。制度型开放不仅需要贸易与投资制度的开放，也需要思想的开放、眼界的开放，要支持以规则为基础的多边贸易体制，强化规则意识。这是未来很长一段时期，广州需要重视的开放发展思路。

2. 亟需拓展贸易新空间以应对欧美市场份额下降

"入世"后，中国逐渐成为了最主要的全球生产中心，而美国作为全球研发中心，与中国产业结构具有一定互补性，再加上中美双方市场需求均较大等因素影响，逐渐成为彼此重要的合作伙伴、贸易伙伴。2008年国际金融危机爆发以后，世界经济陷入低迷，贸易保护主义升温，全球经贸摩擦随之加剧，尤其是美国对华关税措施将全球贸易摩擦推向了高潮。自2018年美国大规模实施关税措施以来，不仅短期内增加了中美双边贸易成本，还影响了跨国公司在世界范围内的生产决策布局，大幅提高中间品及产业链成本，加快部分产业链回迁与转移，从而引发全球价值链、产业链、供应链重构。①

从对外贸易市场结构变化来看（图8），在对美贸易占比呈现下降趋势的同时，中国对东盟10国的出口则迅速上升。2020年中国与东盟贸易额6846.0亿美元，同比增长6.7%，与此同时，受到中国国内劳动力成本上涨以及美国国内政策方面的影响，以耐克为代表的服装鞋品制造商正在慢慢从中国迁移至越南等东南亚国家。耐克财报显示，2010年越南取代了中国成为耐克鞋类产品最大生产国。而且，随着时间的推移，越南代工的比例不断攀升。2020年越南生产了耐克50%的鞋类产

---

① 张茉楠：《贸易战对全球"三链"的冲击破坏及中国对策》，https://opinion.caixin.com/2019-05-23/101418932.html，2019-05-23。

品，2021年该比例进一步升至51%。与此同时，中国的生产比例则从2006年的35%逐渐降至2021年的21%，市场份额在2020年又被印度尼西亚超过。

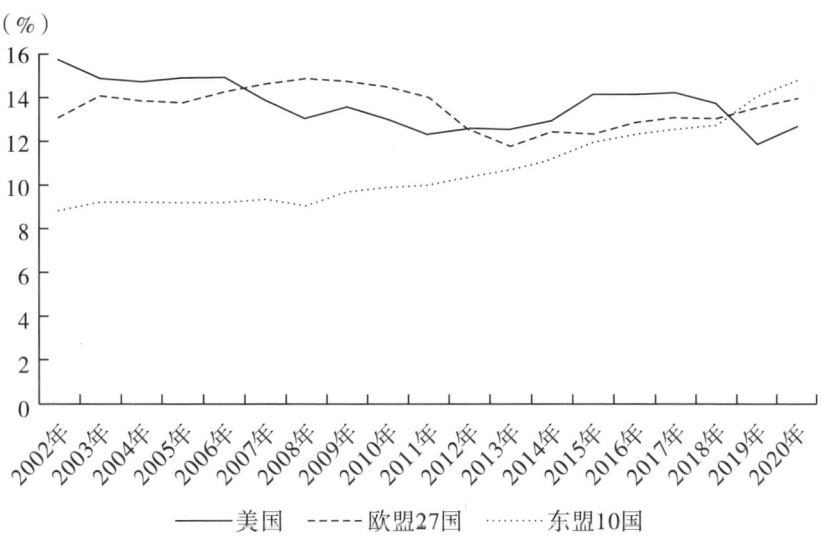

图8 2002—2020年中国与部分国家（地区）进出口份额
来源：国家统计局。

2021年广州对东盟、欧盟、美国进出口总值分别为1767.84亿元、1686.9亿元、1452.48亿元，美国从广州第二大贸易伙伴降至第三大贸易伙伴。不断加剧的中美贸易摩擦和地缘政治影响，估计会持续影响广州部分加工贸易企业外迁，例如将配套产业链迁往东南亚国家，或者寻找欧美以外的替代进口零部件供应商。尤其是2022年RCEP签订后，东南亚劳动力成本优势进一步放大，东盟国家借助RCEP下的关税优惠和欧美发达市场的关税减让，以及自身劳动力和土地成本优势，发力整车制造、电子产品制造产业链，冲击广州的传统优势型产业。因此，传统欧美市场份额下降，又面临东南亚市场的挤压，在替代市场不足的情况下，广州需积极开拓新市场，寻找新的增长点。

3.需要不断提升功能平台的制度型开放能级

党的十九大报告总结中国对外开放宝贵经验，顺应经济全球化发展大势，作出推动形成全面开放新格局的重大战略部署。党的二十大报告就"推进高水平对外开放"作出进一步部署,提出"稳步扩大规则、规制、管理、标准等制度型开放"。进入新时代以来,我国就推动全面开放实施的新举措包括建立自由贸易试验区、高水平共建"一带一路"、优化区域开放布局、构建开放型经济新体制、推动贸易强国建设等。在粤港澳大湾区,2021年9月,中共中央、国务院相继发布了《横琴粤澳深度合作区建设总体方案》和《全面深化前海深港现代服务业合作区改革开放方案》,2022年6月,国务院正式发布了《广州南沙深化面向世界的粤港澳全面合作总体方案》。但是,在三个大湾区重大合作平台中,珠海横琴和深圳前海的改革开放创新试验功能不断提升,是粤港澳大湾区建设中的先行区、试验区,是"特区中的特区",目的是通过合作区建设推动粤港澳三地规则衔接、机制对接、构建开放型经济新体制等方面加强合作,以更大作用、更大进度、更大力度共享合作发展成果。在大湾区以外,上海自贸试验区和临港新片区的开放力度空前,上海加快成为连接全球、融通全球、覆盖全球、影响全球的重要节点,统筹考虑和综合运用国际国内两个市场、国际国内两种资源、国际国内两类规则的重要通道,被视为中国发展自己、造福世界的开放高地。因此,广州传统的门户枢纽功能需进一步提升,不断推动制度型开放,探索新形势下的开放发展之路。

(三) 与国际一流营商环境相比广州仍存在差距

1. 优化营商环境的制度供给不够

通过聚焦行政审批领域"简政放权"、瞄准重点领域实施"指标攻坚"、推动行政审批服务跨部门"流程再造",以及提升营商环境改革精细化、精准化水平,广州营商环境在四轮改革之后得以大幅优化,市场活力显著增强。2021年全市新登记市场主体64.34万户,其中新登记企业44.68万户,均居全省首位。市场主体总量突破300万户,至年末达303.77万户,同比增长12.65%。① 据全球化与世界城市研究网络

---

① 《2021年广州市市场主体发展情况》,http://scjgj.gz.gov.cn/zwgk/sjfb/sczttj/content/post_8122515.html。

(Globalization and World Cities Study Group and Network，简称 GaWC）评估，广州在过去数年凭借其强大的全球连通性，已成长为一座 Alpha 级别的世界城市（图9）。

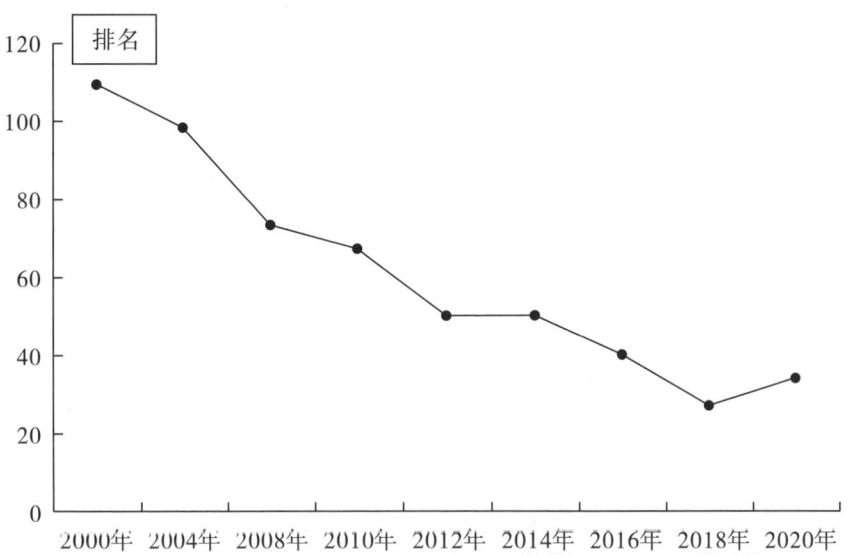

图9 2000—2020 年广州 Gawc 世界城市排名

来源：Gawc 世界城市排名。

与此同时，广州营商环境建设仍面临制度供给水平不足的问题。一方面，与北京、上海等直辖市，以及同为副省级城市的深圳相比，广州的制度供给水平仍然不足，涉及营商环境改革的立法权受到一定限制，致使推行相关政策有心无力。另一方面，相比其他同类型城市，广州的财政压力也影响了优惠政策的兑现。给予市场主体税收优惠和政府补贴是优化营商环境的重要手段，但广州面临的财政压力会降低市场预期。由于财政体制的差异，与北上深等其他一线城市相比，广州税收自留比例更低。例如，2021 年广州的 GDP 大约为深圳的 92%，但一般公共预算收入只有深圳的 43%，纳入转移支付净额后，实际财力大约是深圳的 50%。这就导致相应的优惠政策难以落地，无法稳定市场预期。

2. 政府职能转变仍需加快

推动政府职能由管理向服务转变是优化营商环境的重要一环。过去一段时期，广州在转变政府职能方面取得了重要成果。以商事制度改革为例，广州所推行的开办企业"一网通办、一窗通取"模式全面整合申请营业执照、刻制印章、申领发票、就业和参保登记、住房公积金缴存登记、预约银行开户等多个事项，实现申请人只需登录一个平台、进行一次认证、一表填报。通过"一网通"平台，各部门信息同步采集、实时共享，后台同步联办，最快0.5天办结。

转变政府职能的成绩显而易见，但存在的问题也不容忽视。首先，部门间信息孤岛问题比较突出，各部门各自为政、单独管理内部的信息和数据，部门间的信息系统兼容性不够，数据没有也难以及时实现共享，从而使得在项目审批、市场主体准入等环节无法实现提质增效的目的。其次，政府职能转变长期难以触及基层。一般来讲，市政府把大部分行政审批事项下放给了各区，部分事项是省政府直接下放到各区，但各区服务水平存在差异、配套层次也参差不齐，有的区建立了政务服务中心、实现了行政审批事项集中办理，有的仍然要到各相关部门办公场所办理；有的实现了申报材料电子化、行政审批事项网上办理，有的甚至仍有大量环节需提交纸质材料、线下办理。此外，广州登记注册机制还不健全，香港有相应的歇业、除名、退出制度，从准入到退出都很完整，但是广州缺乏成熟完善的歇业、强制注销制度；并且广州的相关程序繁琐复杂、所需材料甚多，导致市场主体出现畏难情绪。诸如此类的政务服务障碍长期制约着广州打造国际一流营商环境。"十四五"时期广州需要对标港澳等国际先进经验，着眼企业全生命周期、全链条服务，加快转变政府职能，厘清政府与市场边界，推动政府当好市场的"守夜人"。

（四）服务构建新发展格局的产业基础仍需夯实

广州作为大湾区联系港澳、辐射内地的最佳桥梁和纽带，为了服务和支撑构建新发展格局需要有相对完整的产业结构。广州产业体系完整，轻重工业体系齐备，规模质量走在全国前列，市场消费规模巨大，区域创新综合能力强势，传统制造业与新兴产业发展势头良好，产业布局逐年完善，形成了强大的产业整体竞争优势。但广州市的产业发展也存在诸多困难和挑战,服务构建新发展格局,亟需补齐产业发展的短板弱项,夯实产业基础。

1. 产业结构需进一步优化升级

广州在2016年发布了《广州市供给侧结构性改革总体方案(2016—2018年)》,文件提出要按照中央和广东省关于供给侧结构性改革的要求进行产业转型升级。相关政策内容在"十三五"规划中也得以落地实现,信息技术产业比重不断增加,新材料、新能源产业发展迅速提升,高端制造业增长态势明显,"互联网+"相关产业蓬勃发展、高端服务业所占比重越来越大。但与国内一线城市进行横向比较,广州的产业结构仍需进一步优化升级(图10)。

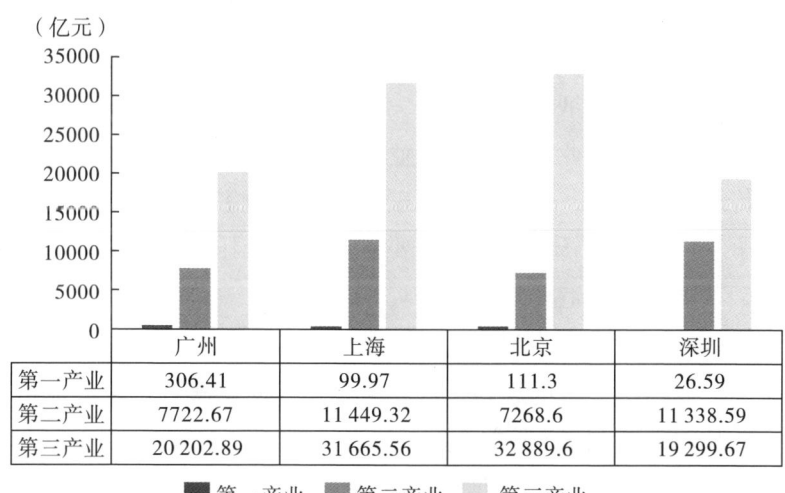

图10 2021年广州、深圳、北京和上海三大产业产值

"十三五"期间,广州市服务业发展取得了良好的成绩,但仍需深化推进服务业供给侧结构性改革,提升服务供给质量和供给效率,提升服务业的国际竞争力。作为我国第四大金融城市,广州需要处理好实体经济和金融业的关系,优化产业结构和资源配置,使金融业能更好地服务于实体经济。高端专业服务业如人力资源服务、专业设计服务、质检技术服务业等行业是制造业发展的基础保障,需要进一步焕发其活力。以数字经济为核心的互联网软件服务是未来发展的重点方向,广州需要

予以重点布局。新冠疫情期间，直播电商、跨境电商行业异军突起，但由于网络监管力度不够，一些直播乱象层出不穷，广州需要抓住其先发优势，同时也要下力度调整该行业结构。

2. 传统制造业优势有待巩固提升

广州市传统支柱产业是汽车、电子产品和石油化工，广州市五大传统特色产业集群包括纺织服装、美妆日化、箱包皮具、珠宝首饰和食品饮料，这些传统制造业正面临周边制造业强市的竞争。例如，佛山家用电器、陶瓷建材、金属制品、纺织服装等优势传统产业加快转型，装备制造业成为经济发展的支柱性产业，高端新型电子信息、半导体照明（LED）、节能环保、新能源汽车等战略性新兴产业发展迅速，配套能力日趋完善的现代工业体系初步建立。东莞是现代制造业名城，拥有电子信息制造业、电气机械及设备制造业、纺织服装鞋帽制造业、食品饮料加工制造业和造纸及纸制品业等五大支柱产业，此外还有玩具及文体用品制造业、家具制造业、化工制造业、包装印刷业等四大特色产业。因此，在传统制造业上，广州面临以东莞、佛山为主的周边制造业强市的激烈竞争。广州建设新发展格局重要支点，需依托制造业根基，对标短板弱项，巩固提升制造业发展优势。

3. 战略性新兴产业集群仍处于起步阶段

按照产业结构调整的思路，近年来广州优先承接发展集成电路芯片设计、芯片制造、封装测试等新兴行业，涉及十六大产业。2018年，广州市提出IAB产业计划，即三个高新技术产业：新一代信息技术、人工智能和生物医药；计划打造10个IAB产业重点价值创新园区，涉及广州市7个区。其中，新一代信息技术价值创新园区有5个，分别落户5个区；人工智能价值创新园区有3个，分属3个区；而生物医药价值创新园区有2个，全部分布在黄埔区。继IAB产业计划之后，黄埔区、广州开发区正式启动NEM产业（新能源、新材料）产业政策研究，致力于以"大项目—产业链—产业集群—制造业基地"为发展路径，打造高精尖的新能源、新材料产业集群。至此，广州高端新兴产业布局基本成形。

广州的IAB和NEM产业虽然进入加速发展期，但综合来看战略性新兴产业仍然处于起步阶段，在生物医药、人工智能、新材料等高新技术产业领域与深圳、上海、北京等一线城市的竞争水平存在明显差距，与 2022 年建成"世界显示之都""国际软件名城"的目标还有一段距离。广州市要紧抓全球新一轮产业变革机遇，对标全国、全球一流水平，聚焦一批高精尖重点领域，突出关键共性技术、前沿引领技术、颠覆性技术创新，形成一批领跑、并跑的原始创新成果，抢占全国乃至全球产业发展的制高点。

（五）新格局下广州需强化自主创新能力

1. 传统的技术创新开放合作面临挑战

2018 年以来，美国逐步实施"去中国化"战略，其主要表现在两方面：一是减少在中国的生产，以降低对中国生产的依赖；二是中断或减少对中国关键技术和零部件的供应，以打击中国先进技术和产业的国际竞争力，维护美国经济安全。美国试图通过进出口管制以及限制中国高科技领域在美合作等手段对中国高技术产业实行技术封锁，并将华为等中国敏感技术企业以及哈尔滨工业大学、中国人民大学、北京航空航天大学等高校列入"实体清单"，实行先进设备和技术的禁运。"实体清单"中的中国企业无法从美国或他国进口美国技术含量 25% 以上的产品。

面对创新开放合作的挑战，应突破核心技术和关键零部件"卡脖子"问题，加快布局构建相关产业上游原材料和关键零部件国产化自主研发和制造能力。以芯片行业为例，根据 IC insights 的数据，尽管自 2005 年以来中国就成为了芯片消费第一大国，但是中国的芯片产值占芯片总消费量的比例并不高，2020 年这个比例仅为 15.9%，IC insights 预测，2025 年这个比例将上升至 20% 左右。从横向对比来看，2021 年中国公司仅占世界份额的 4%，而美国公司的份额达到了 54%。从芯片的投入上来看，中国大陆在芯片上的投入在世界上处于第二梯队，远远低于美国，而且中国的芯片投入很大来源于政府研究补助，缺乏市场投入的正反馈机制。

2. 加大创新投入提升关键技术自主性

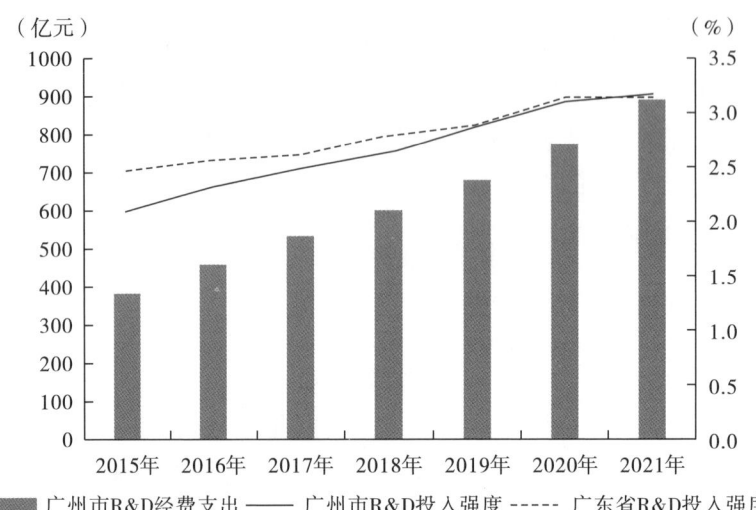

图11　2015—2021年广州市R&D投入情况

来源：广东省统计局。

从研发投入强度来看，2021年中国的研发投入强度为2.44%，已接近OECD国家疫情前2.47%的平均水平。世界知识产权组织2021年发布的全球创新指数（GII）显示，我国科技创新能力在132个经济体中位列第12位，较上年再提升2位，稳居中等收入经济体首位。具体到广州市而言，2021年广州市研发投入再创新高，研发投入占GDP比重达3.12%。R&D投入强度达到3.12%，比2015年提高0.7个百分点，实现连续10年增长（图11）。但从横向对比来看，尽管2021年广州市的城市R&D经费排名位居全国第四，但广州的R&D经费与R&D强度与同为一线城市的北京、上海、深圳相比仍有着较大的差距，甚至略低于广东省的R&D强度，这说明广州市的研发还有很大的增长空间（表1）。

表1 2020年各地R&D投入情况

城市	2020年R&D经费（亿元）	2020年R&D强度（%）	2019年R&D经费（亿元）	增长率（%）
北京	2326.6	6.44	2233.6	4.2
上海	1615.7	4.17	1524.6	6.0
深圳	1510.8	5.46	1328.3	13.7
广州	774.8	3.10	677.7	14.3
苏州	761.6	3.78	700.3	8.7
杭州	578.8	3.59	530.4	9.1
成都	551.4	3.11	452.5	21.8
重庆	526.8	2.11	469.6	12.2
南京	515.0	3.48	469.1	9.8
西安	506.1	5.05	481.7	5.0

来源：各地统计局及媒体公开报道。

3. 加快培育和吸引龙头领军企业

在主要一线城市和新一线城市中，广州市欠缺本土领军企业和知名品牌，这导致广州产业发展缺乏影响力，也缺少领军企业对技术创新的带动作用。相对而言，北京拥有百度、京东、小米、美团等一系列知名品牌互联网企业，带动了北京市互联网产业的发展和创新；深圳拥有腾讯、大疆、华为、中兴等科技巨头领军企业，带动了深圳的新兴科技产业发展；上海拥有上汽、拼多多、宝武钢铁等知名企业，也为上海的产业发展添加了影响力。

广州拥有中山大学、华南理工大学等83所高校，拥有国有研究与开发机构、科技情报和文献机构188家，国家重点实验室21家，省级重点实验室256家。广州的教育和科研领先，但科研成果不够丰硕；2021年广州R&D经费投入强度为3.12%，低于北京的深圳的5.46%，差距明显；加上对高端人才的吸引力较弱，导致上下游竞争力欠缺、新兴产业支撑不足等产业发展问题。

四、对策建议

开放是当代中国的鲜明标识。习近平总书记指出："不论世界发生什么样的变化，中国改革开放的信心和意志都不会动摇。"进入"十四五"时期，我国开启全面建设社会主义现代化国家的新征程，为全面贯彻新发展理念，加快构建新发展格局，推动高质量发展的"三新一高"发展逻辑，决定了广州开放型经济必须要在原有发展条件和固有优势基础上，坚持高水平对外开放，提升开放发展能级，拓展开放合作新空间，深化营商环境改革，推进产业集群建设，以开放合作引领广州建设新发展格局重要支点。

（一）发挥大湾区核心引擎作用，提升广州开放发展能级

1. 以更大力度融入粤港澳大湾区建设

把握粤港澳大湾区建设重大历史机遇，加快推进与港澳的制度机制"软联通"、基础设施"硬联通"，发挥大湾区核心引擎作用。推动建立穗港、穗澳高层会晤机制，加强与港澳在口岸通关、市场准入、科技创新、政务服务等方面的对接合作，把南沙打造成为内地与港澳规则相互衔接的示范基地。健全穗港澳产业协同发展体系，进一步扩大对港澳服务业开放。探索通过资质认可、合伙联营、项目试点、执业备案等特殊机制，推动港澳金融、会计、法律、建筑、导游、专利代理等20多类专业人士在穗执业，率先实施港澳人士免办就业许可证，以更大力度支持港澳青年来穗创新创业和工作生活，提升港澳居民在穗工作生活便利化水平。加快形成干线铁路、城际铁路、市域（郊）铁路、城市轨道交通融合发展与网络枢纽建设，推动南中高速建设、广深高速改扩建，加快莲花山、狮子洋等珠江口过江通道建设，增强广州的华南公路主枢纽功能，为融入大湾区建设提供"硬联通"支撑。

2. 以自贸片区联动引领广州高水平对外开放

加强南沙、前海、横琴自贸片区的基础设施合作，推进高速铁路、城际轨道和高等级公路等多种交通方式互达互通，谋划推动大湾区环内

湾高速城际轨道交通，推动实现湾区高效互联，为广州高水平对外开放搭建要素和产品流通渠道。在有效防范风险的前提下，推进南沙、前海、横琴自贸片区共同探索跨境金融创新，在跨境资金管理、人民币跨境使用、资本项目可兑换等方面先行先试，促进跨境贸易、投融资结算便利化，共同推进金融业对外开放。充分发挥粤港澳大湾区重大平台的作用，在现有南沙一系列对港澳籍人才专项扶持奖励政策基础上，协调前海横琴自贸片区，携手港澳开展与"一带一路"沿线国家和地区的市场互动。协同推进对"一带一路"沿线重点自贸园区和港口的制度、管理、人才和产业输出，帮助粤港澳大湾区内企业在海外自贸园区落地。依托"粤港＋一带一路"跨境投资与贸易综合服务平台、南方（南沙）国际产能和技术合作中心等平台，服务广州企业"走出去"。

3. 纵深推进广深"双城联动"

积极推动广州至深圳高铁新通道、广深高速磁悬浮等项目规划建设，加快实现两市市中心快速直达。推进双城在产业布局与发展上的对接，构建功能互补、错位发展的产业联动体系。将双城联动整体规划、产业布局、公共服务、环境治理、基础设施、利益补偿与共享等联动内容形成制度化的文本，使具体实施工作时有章可循，形成合作共赢的价值理念，以积极态度参与合作。突破"属地管理"惯性思维，建立运转高效的组织架构，全面推进双城合作。引进第三方评估系统，通过第三方科学评估体系进行有效评估，及时发现和治理存在问题，加强政策矫正，提升合作质量。探索构建政府、民间组织、企业、个人等多元主体参与的协调治理机制，发挥行业协会、组织在广深"双城联动"中的积极作用，形成相互支撑、互为补充的工作推进体系。

（二）高水平推进制度型开放，拓展广州开放合作新空间

1. 以南沙自贸试验区建设为依托探索高水平制度型开放

南沙自贸试验区是广州打造高水平对外开放的门户枢纽，也是广州探索制度型开放的试验田，对于广州融入国内、国际大循环具有牵引作用。因此，一方面要加大力度推进南沙自贸试验区高水平制度型开放，着力推进南沙自贸区与大湾区、横琴自贸区、前海自贸区、横琴粤澳深度合作区、前海深港现代服务业合作区等重大合作平台的协同改革创新，重点在营商环境、专业服务、金融业开放等领域进行大胆突破，推动南沙自贸试验区建设提质增效。另一方面，广州要大力支持南沙在土地、资本、人才、技术、数据等要素市场化配置方面先行先试，协调推进落地一批新的区域性要素交易服务平台，切实增强南沙对区域要素资源的配置能力。尽快协助南沙消除因中央事权形成的政策级差，为南沙争取国家赋予更大的开放政策，充分激发南沙对广州融入国内、国际大循环的牵引作用。

2. 在 RCEP 框架内发挥比较优势深耕东盟市场

RCEP 协议在关税削减、原产地规则以及贸易便利化规则等方面体现出"高质量"特征，能够整合区域内贸易投资，形成更大规模的贸易创造效应，促进域内产业分工合作，有利于广州深化区域产业链供应链布局。广州应当秉承 RCEP 深化区域合作的理念，发挥自身产业比较优势，以规则对接为核心任务减少区域要素流动障碍，促进区域产业合理布局和区域价值链优化配置；在 RCEP 框架下强化与东南亚国家的贸易投资合作，提升广州产业在区域价值链中的位势；抓住 RCEP 机遇"走出去"，开展跨区域配置产业链环节，提升产业链供应链稳定性竞争力；全力做好 RCEP 协定各项条款的梳理工作，创建一流营商环境，打造更具吸引力的产业发展生态，深耕东盟市场。

3. 加快推进"一带一路"重要枢纽城市建设

广州具有对外交往历史悠久、城市地位优势突出以及在全球城市体系中跻身前列的优势，具备建设"一带一路"重要枢纽城市的良好条件。广州要顺势而为，持续提高口岸服务的便利，持续做好国际贸易单一窗口建设，做好海关、检验检疫、边检等相关部门的协调工作，不断完善对接国家投资贸易规则的制度框架。高水平提升国际数字信息枢纽，加快应用场景开放，推进数字港与空港、海港、铁路港联动，完善智能物流、供应链物流、绿色物流等大物流格局，构建更高水平的国际现代物流体系，发挥好交通枢纽的功能。要进一步提升广州的经贸交流合作能级。充分利用广交会、广博会等国际品牌会展，拓展国内外企业沟通与合作的机会，不断完善与"一带一路"沿线国家和地区的双边交流和贸易往来，加快开拓新兴市场。

(三) 优化营商环境，推进国际交往中心和国际消费中心城市建设

1. 多措并举推进市场化法治化国际化营商环境构建

高标准落实《关于开展营商环境创新试点工作的意见》的任务，落地实施《广州市优化营商环境条例》。第一，完善配套政策措施，支持黄埔区建设营商环境改革创新实验区，大力推进南沙新区、中新广州知识城营商环境改革先行先试。第二，持续深化"放管服"改革，确保各类市场主体在使用要素、享受支持政策、参与招标投标和政府采购等方面获得平等待遇。第三，抓住数字经济发展契机，推动行政审批和政务服务流程的数字化革命性再造，实现政务服务100%全程网办，打响在全国具有影响力的政策兑现集成服务品牌。第四，推动"双随机、一公开"监管和信用监管深度融合，优化"一门式"政策兑现服务，实现全链条优化审批、全过程公正监督、全周期提升服务，率先构建信用全周期闭环监管、行业综合监管、包容审慎监管、社会自治监管"四位一体"新型监管体系。第五，坚持引进企业和本土企业一视同仁，中小企业平等对接，强化公平竞争审查刚性约束，营造平等准入、高效规范、公平竞争的国际化营商环境。

2. 依托广州国际交往平台功能推进国际交往中心建设

高水平建设国际交往中心是广州引领国际大循环的重要一环。要在现有国际会议筹办基础上，全力谋划筹办一批高端国际会议，打造高端国际会议目的地品牌。办好"读懂中国"国际会议（广州）、从都国际论坛、广州国际投资年会、海丝博览会等高端国际会议活动，争取承办国家主场外交活动，争取国家批复部分具备国际影响力的高端会议升级为"中国"冠名。发挥驻穗领馆桥梁纽带作用，加大力度对外宣传推介广州，增进双边友谊，扩大经贸文化交流。通过健全在穗外国人服务管理体系，提升公共服务国际化水平、促进公共服务开放共享，吸引更多国际机构和企业总部落户广州，聚集和发挥总部经济效应。

3. 依托广州商贸文旅优势培育建设国际消费中心城市

消费市场日趋细分精准，市民消费也从传统消费向品质消费、从物质型消费向服务型消费、从生存型消费向享受型消费转变。广州要适应

消费市场新变化，抓紧落实《广州市加快培育建设国际消费中心城市实施方案》。打造全球领先的时尚之都、购物之都、美食之都、旅游之都。构建"5+2+4"国际知名商圈新格局，即天河路—珠江新城、长隆—万博、金融城—黄埔湾、白鹅潭、广州塔—琶洲5个世界级地标商圈，北京路—海珠广场、上下九—永庆坊大西关2个岭南特色商圈，广州北站—白云机场、广州南站、南沙国际游轮母港、广州东部交通枢纽4个枢纽型国际商圈。打造特色消费引领地，优化升级中大纺织、流花服装、芳村茶叶等传统优势商圈，加强本地"老字号"国际化运营推广，扩大广州国际美食节、广州国际购物节等活动全球影响力。用好用活岭南文化、旅游、美食优势，全力打造广州国际消费示范城市。

（四）聚焦战略性新兴产业集群建设，夯实广州开放合作的产业基础

1. 围绕"双十"产业集群做好产业空间布局

围绕"双十"产业集群，结合《广州市产业地图》，聚力打造汽车、软件和信创两个万亿级产业集群，全力建设绿色石化、生物医药及高端医疗器械、高端装备、半导体与集成电路、超高清视频和新型显示等十个超千亿级产业集群，积极培育纺织服装、美妆日化、绿色食品等若干百亿级产业集群，着力打造"智车之城""软件名城""显示之都""定制之都""新材高地"和"生物医药健康产业高地"，形成"万千百"产业集群梯队格局。加快建设以琶洲为核心、以珠江为纽带、以产业融合发展联动周边区域的"人工智能与数字经济试验区"；推动生物医药"黄埔万亿计划"落地；通过协同头部直播平台企业，加快花都区狮岭皮具文化产业园电商基地建设。积极组织集群促进机构参加国家先进制造业集群竞赛、广东省特色产业集群数字化转型试点，打造国家级先进制造业集群试点示范和广东省特色产业集群数字化转型试点。

2. 提升产业链供应链现代化水平

遵循比较优势下的区域产业分工合作原则，顺势而为推动广州劳动密集型产业向外围转移，加快传统特色产业链价值链攀升，提升纺织服装、美妆日化、皮革皮具、珠宝首饰、食品饮料等传统特色产业竞争力。集中力量补齐支柱产业的短板，坚定向先进制造、服务以及创新环节迈进，提升广州汽车、新一代电子信息和绿色石化等三大支柱产业的产业竞争力。抓住后疫情时期数字经济与实体经济融合发展的重大机遇，高度重视产业的数字化、线上化发展趋势，促进新一代信息技术与制造业融合发展，实施制造业数字化转型行动、智能制造工程、中小企业数字化赋能行动，有针对性地培育新型智能产品、个性化定制、网络化协同等新产品新模式新业态。支持企业加快建设工业互联网，运用人工智能、大数据、云计算、物联网等技术改造传统生产工艺，加快向网络化、数字化和智能化产业链升级。要着力提升产业链供应链现代化水平，围绕广州21个产业建"链长+链主"工作推进体系，打破仅产业部门管产业的惯性思维；积极参与国家产业基础再造工程，发展先进适用技术，促进链群多元化提升；优化产业链供应链政策环境，加强国内国际产业安全合作，增强全球供应链协同能力。

3. 依靠创新塑造广州竞争新优势

以中新广州知识城和南沙科学城为极点，链接广州科学城、广州国际生物岛、广州人工智能与数字经济试验区等科技创新关键节点，在全市范围内推动重要片区、科技园区、创新型商务区组群式发展，加快构建"一轴四核多点"为主的科技创新空间功能布局。支持创新型中小微企业成长为创新重要发源地，鼓励行业协会协调共同攻关行业共性技术难题，提升产业自主创新能力，解决一批核心关键领域的"卡脖子"问题、产业核心技术创新能力不足和关键零部件依赖进口问题。抓住"十四五"时期加快建设粤港澳大湾区综合性国家科学中心和国际科技创新中心的机遇，健全以企业为主体、市场为导向、产学研相结合的产业技术创新体系，促进各类创新要素向企业集聚，引导企业向应用基础研究等创新链前端延伸，催生更多自主创新、颠覆性创新成果。利用广州的基础科研优势，鼓励高校科研院所与企业、行业协会对接，通过完善科研项目资金使用机制、科研成果考评机制、科创成果的转化和转让机制、科研人才落户和补贴机制等，克服产学研合作中的各类短板。强化科技创新与省"双十"战略性产业集群、广州制造"八大提质工程"衔接，突出发挥"链长制"作用，依靠产业链与创新链深度融合，赋能老城市焕发新活力。

(本文为粤港澳大湾区发展广州智库2021年度课题"以开放合作引领广州建设新发展格局重要支点"的最终成果。课题负责人为毛艳华教授，参与成员包括博士后卓乘风，博士邱雪情，硕士史红晨、付艳辉、罗智文、罗开希)

参考文献

［1］ BENTON MEGHAN. COVID-19 and the state of global mobility in 2020 ［R］. International Organization for Migration (2021).

［2］ UNCTAD. Trade and development 2022 ［R］. Geneva：UNCTAD, 2022.

［3］ 张茉楠. 贸易战对全球"三链"的冲击破坏及中国对策 ［J/OL］. https://opinion.caixin.com/2019 - 05 - 23/101418932.html.

［4］ 陶涛. 中美供应链调整与中国产业应对 ［J］. 国际贸易, 2020 (12)：7.

［5］ 新华网. RCEP元旦生效，好处实在！ ［EB/OL］. http://fta.mofcom.gov.cn/article/rcep/rcepgfgd/202112/46858_1.html. 2022 - 01 - 01

［6］ 霍建国. 打造国际化营商环境 推进高水平对外开放 ［J］. 中国发展观察, 2019 (6)：3.

［7］ 广州市市场监督管理局. 2021年广州市市场主体发展情况 ［R/OL］. http://scjgj.gz.gov.cn/zwgk/sjfb/sczttj/content/post_8122515.html.

南沙建设粤港澳全面合作示范区的现状分析与发展路径研究

谢宝剑　薛小雨①

摘　要：粤港澳大湾区建设以来，南沙与港澳之间的合作不断深化。南沙粤港澳全面合作示范区建设正进入快车道，与港澳在基础设施、规则机制、科技人才、产业协同以及生活交往等方面逐步实现联通。作为大湾区地理几何中心，南沙的战略地位不断提升。基于此，本文在分析总结南沙当前建设粤港澳全面合作示范区取得的成效、存在的不足，以及进入新时期面临的机遇与挑战的基础上，提出六大发展路径和对策建议保障南沙打造粤港澳全面合作示范区。

关键词：粤港澳大湾区　南沙　全面合作示范区　发展路径

引言

党的十九大报告提出，以粤港澳大湾区建设、粤港澳合作、泛珠三角区域合作等为重点，全面推进同香港、澳门互利合作。习近平总书记在参加2018年全国两会广东代表团审议时明确指出，要抓住建设粤港澳大湾区重大机遇打造国际一流湾区和世界级城市

---

① 谢宝剑，暨南大学经济学院教授、博士生导师，特区港澳经济研究所副所长；主要研究领域为港澳经济与粤港澳大湾区、区域政策与区域经济发展；代表性成果有《粤港澳经济合作的系统回顾与展望研究》。薛小雨，暨南大学经济学院特区港澳经济研究所硕士研究生，主要研究领域为粤港澳大湾区。

群。2019年2月,《粤港澳大湾区发展规划纲要》(以下简称《规划纲要》)发布,明确提出打造广州南沙粤港澳全面合作示范区,充分发挥国家级新区和自贸试验区优势,加强与港澳全面合作。国家"十四五"规划明确提出构建国内大循环为主体、国内国际双循环相互促进的新发展格局,并在规划中提出加快推进粤港澳大湾区的建设。《南沙区"十四五"规划纲要》明确提出,"十四五"期间,南沙紧紧扭住粤港澳大湾区建设这个"纲",推动平台载体"硬联通"、规则机制"软联通"、人员交流"心联通"、科技人才"智联通",纵深推进与港澳全面合作。在新的形势下,南沙区作为广州统筹推动"双区"和"两个合作区"建设、"双城"联动,在更高起点上推进改革开放的广州担当的重要载体,有必要认真评估南沙乃至内地与港澳合作面临的新机遇、新挑战和新任务,在新发展格局下明确南沙在"十四五"时期参与粤港澳全面高效合作的发展路径。

当前,国内学者针对南沙建设粤港澳全面合作示范区已展开相关研究,肖建成(2013)认为,开发建设好粤港澳全面合作的国家级南沙新区,必将不断强化香港国际金融贸易航运中心、澳门世界旅游休闲中心以及广州国家中心城市地位,促进香港持续提升国际竞争力、澳门经济适度多元化发展和珠三角经济一体化,共同在珠江出海口打造亚太地区最具活力和国际竞争力的世界级城市群。麦婉华(2019)认为,南沙将发挥国家级新区和自贸试验区优势,加强与港澳全面合作,加快建成大湾区国际航运、金融和科技创新功能的承载区。葛志专和巫细波(2020)从空间角度分析了南沙建设粤港澳全面合作示范区的现状及对策,认为空间资源是南沙建设粤港澳全面合作示范区的突出优势,应突出"全面合作"特点,紧抓粤港澳大湾区建设机遇,加强与粤港澳三地共商共建共享产业片区、专业平台,优先创新要素流通机制,建立多样化的合作共建机制,探索建设自由贸易港。周锦锋(2020)认为,在自贸区、粤港澳大湾区"双区"建设背景之下,南沙作为广州唯一的出海口与粤港澳大湾区地理几何中心,正面临着都市圈建设与广州滨海新城建设的城市格局发展机遇。陈嘉奇等(2021)从南沙建设"粤港澳人才合作示范区"视角出发,认为南沙区的人才政策过度依赖供给型工具，需求型工具相对短缺，环境型工具缺失。政策集中于人才保障环节，对人才激励环节关注不足。

从当前对南沙建设粤港澳全面合作示范区的研究来看，仍主要以总体性描述、政策性分析及某一专业领域合作为主，缺乏对南沙建设粤港澳全面合作示范区现状的全面分析。因此，本研究将从规则制度、服务措施、产业合作、协同创新、基础设施、公共服务等领域全方位系统分析南沙建设粤港澳全面合作示范区的成效以及在建设过程中的不足，并分析"十四五"新发展格局下，南沙建设粤港澳全面合作示范区的优势、机遇和挑战，进而创新性地提出建设路径和对策建议。

一、南沙建设粤港澳全面合作示范区的现状

自《粤港澳大湾区规划纲要》提出以来，南沙建设粤港澳全面合作示范区（下文简称"示范区"）进入了快车道，在平台载体"硬联通"、规则机制"软联通"、人员交流"心联通"、科技人才"智联通"等方面取得了显著成效，但在政策制度、产业合作、科技创新和公共服务等方面还面临不少问题。

（一）南沙建设粤港澳全面合作示范区取得的成效

1. 软联通：各项制度规则城市间加快对接

创建新型合作机制。打造内地首个香港工商专业社团集聚平台，2021年10月11日，广州南沙粤港合作咨询委员会服务中心举行启动仪式，聘任16名香港委员和10名内地委员，为粤港深度合作搭建桥梁、建言献策。目前已有18家香港工商界专业机构加入成为咨委会服务中心会员，率先在内地形成香港工商协会集聚。

推动商事登记制度衔接。自2016年下半年南沙开始研究对标香港公司注册制和国际通行商事规则，谋划新一轮深化商事制度改革。2017年7月，出台《南沙自贸片区深化商事制度改革先行先试若干规定》，率先启动探索商事登记确认制改革，依托全程电子化商事登记系统，实现营业执照办理"无人审批、智能确认"。2019年3月，出台《南沙自

贸片区商事登记确认制管理办法（试行）》，使整个改革更加制度化、规范化和体系化，以"管得更好"推进"放得更开"，对配套管理及监管措施进行制度设计和完善，形成以实名认证为支撑、以失信拦截为前提、以自主申报为核心、以强制出清为保障的制度框架。2020年5月，南沙率先探索的商事登记确认制改革试点作为全国深化商事制度改革成效显著、落实事中事后监管等相关措施真抓实干成效明显的典型经验，获得国务院办公厅督查激励。推出342项"湾区通办"事项；完善全国首个常态化粤港澳规则对接平台，印发"港澳规则衔接"提升工作方案，实施22项与港澳规则衔接工作事项等。以"湾区通"工程为牵引，首创"香港通"和"国际营商通"，使香港及境外投资者可以远程注册企业，在澳门颁发了国内首张离岸自助打印的南沙营业执照。

推动贸易服务监管衔接。示范区首创"粤港跨境货栈"项目，实现香港机场与南沙保税港区物流园区之间一站式的"空陆联运"，使穗港间物流运输时间压缩50%以上。开通了澳门至南沙的跨境电商专线，实现澳门跨境电商货物在南沙一体清关。创新建立了进口港澳食品检验互认、标准互认和证书互认机制，实行"预报预检""即查即放"等一系列检验检疫优惠措施。南沙借鉴香港经验，开展仓储货物按状态分类监管、分送集报、先入区后报关等创新措施。成立南沙跨境贸易营商环境工作专班，加强组织领导，建立南沙口岸合规成本收费公示机制，组织宣贯口岸提效降费政策。2021年梳理口岸服务收费公示清单共23项，并通过告示栏和电子屏多方式在口岸公共场所和企业办公场所进行公示，并上传至广州国际贸易"单一窗口"，主动接受社会监督，进一步规范市场收费。

推动法律法规衔接。示范区主动对接港澳司法规则，在全国首创《民商事案件证据开示指引》，率先出台《涉港商事案件属实申述规则适用规程》，制定《委托当事人送达实施细则》，适用律师调查令制度，试行交叉询问规则。南沙法院率先引入港澳籍人民陪审员制度，在全国率先试点聘任港澳籍劳动人事争议仲裁员。率先试行对接港澳法律体系的社会服务令检察制度。探索成立外国（地区）法律查明中心，建立港澳、内地法律互查机制。

面对"三个关税区、三种货币、三种法律制度",南沙以柔克刚,通过软联通,将"制度之异"化为了便捷高效人性化的"制度之利"。

2. 智联通:人才融通和科创成果全国领先

大湾区建设以来,南沙全面落实《规划纲要》关于推进广深港澳科技创新走廊建设、创建国际化人才特区的要求,不断深化粤港澳科技创新合作,加快建设融通港澳、接轨国际的人才发展环境。南沙作为广深港澳科技创新走廊枢纽节点、大湾区国际科技创新中心重要承载区、全国首个国际化人才特区的影响日益凸显。

"1+1+3+N"科创平台体系加快形成。示范区正形成以南沙科学城和明珠科学园为主阵地,以南方海洋科学与工程省实验室(广州)为原始创新主力军,以冷泉生态系统、高超声速风洞、极端海洋科考设施等3个重大科技基础设施为前沿研究战略支撑,以多个高水平研究院为技术供给主平台的"1+1+3+N"科技创新平台体系。2021年R&D占比3.67%,科技创新实现跨越式发展。

粤港澳科创合作不断深化。2021年成功筹办首届大湾区科学论坛,推动论坛永久会址落户南沙。南方海洋科学与工程省实验室(广州)落户南沙。"天河二号"超算南沙分中心是全国首个联通内地和香港的高性能计算和数据处理服务平台,已累计为200余个港澳及海外科研团队提供超算服务。通过吸引香港高校科研成果在南沙转化,成功孵化出晶科电子、码石信息科技等一批高成长性的科创企业。

香港科技大学(广州)加快建设。香港科技大学(广州)是《规划纲要》发布以来获批的首个具有法人资格的内地与香港合作办学机构,2021年9月正式开学。香港科技大学和香港科技大学(广州)法人独立、财务独立、双校平等。香港科技大学(广州)在学科设置方面主要考虑国家社会需要与大湾区的发展趋势,一方面专注"卡脖子"工程,比如微电子、高新材料、人工智能等;另一方面,紧跟大湾区发展需求,在融合学科方面进行探索。设计4大枢纽学术领域(功能枢纽、信息枢纽、系统枢纽、社会枢纽)及16个前沿研究领域,发展交叉学科、新兴学科和前沿学科,实现所有学科与香港清水湾校园互补发展。此外,南沙紧紧把握香港科技大学(广州)落户的机遇,充分发挥高校作为原始创新重要发源地的作用,在校园周围布局建设粤港澳双创产业园等项目,推动政、产、学、研综合开发。

国际化人才特区创建工作深入推进。《广州南沙新区创建国际化人才特区实施方案》(以下简称《实施方案》)由广东省推进粤港澳大湾区建设领导小组印发实施。现《实施方案》中提出的多项工作已取得阶段性进展,如设立"大湾区国际人才一站式服务窗口""大湾区(广东)国际人才驿站",获批设立国家海外人才离岸创新创业基地,落户粤港澳大湾区旅游教育培训基地(广州合作中心),在全市率先试行放宽人才往来港澳商务签注备案要求,香港科技大学(广州)12名教职工已先行享受到政策便利。2021年,南沙新认定区高层次人才150余名,累计集聚高层次和骨干人才约1.5万人,较2017年增长5.3倍。

3. 硬联通:重大基础设施建设取得新进展

大湾区建设以来,南沙大力推动实现《规划纲要》提出的构建大湾区"半小时交通圈"的目标。目前,南沙与湾区内周边地区间交通体系不断完善,往来更加便捷,大湾区"半小时交通圈"雏形初现。

轨道交通方面。广深港高铁南沙庆盛站35分钟直达香港西九龙;全国最快地铁广州地铁18号线(首通段)开通运营,160千米的时速,实现南沙30分钟直达广州中心城区的目标;南沙港铁路建成通车,作为珠三角西部重要的货运通道,打通了海铁公联运"最后一公里";深圳至江门铁路(南沙段)开工建设,广州至珠海(澳门)高铁、南沙至珠海(中山)城际开展前期工作,南沙作为"轨道上的大湾区"核心位置的地位进一步确立。

高快速路方面。南沙大桥建成通车,珠江口东西两岸再添新通道;广中江高速投入使用,成为广佛肇和珠中江两大都市圈交通一体化的快速通道,南沙至江门节省了半小时车程;南沙至中山高速公路全面开工建设,无缝衔接深中通道;连接南沙东莞、横跨珠江口两岸的狮子洋通道,也将为大湾区城市群互联互通做出新贡献。

航运物流方面。乘坐南沙至深圳、香港的水上航班,可快速通达深圳机场、香港机场。加快推进南沙港区四期码头、近洋码头和粮食及通用码头扩建工程等重点项目建设,南沙国际物流中心建成。"湾区一港通"启动运行,形成了以南沙港为枢纽港,佛山、中山等地多个珠江内河码头为支线港的港口群;运行一年多以来,已完成超过2.7万标箱业务量。2021年,南沙港区实现集装箱吞吐量1766万标箱、汽车吞吐量112万辆,开通135条外贸航线。珠江两岸共规划建设的12条公路铁路跨江通道中,有7条和南沙直接关联。南沙大桥、庆盛高铁站、南沙客运港构成南沙链接香港的水陆交通体系,深中通道、广中江高速(广州段)、地铁18号线全线加快建设,南中高速、深茂铁路深圳至江门段准备开工建设,将进一步提升南沙链接大湾区各城市的便利性,使南沙进一步发挥作为大湾区几何中心的区位优势。

4. 链联通:城市间产业技术合作纵深推进

大湾区建设以来,南沙不断加强与港澳产业优势互补,致力于打造以战略性新兴产业和未来产业为引领、先进制造业和现代服务业"双轮驱动"的大湾区现代产业新高地。目前,已落户港澳企业近3000家,涵盖金融业、租赁和商务服务业、科学研究和技术服务业等行业;累计培育上市公司11家;拥有国家级专精特新"小巨人"企业3家,省级专精特新中小企业24家,市级"两高四新"企业112家。

战略性新兴产业加快培育。生物谷、数字谷、健康谷等一批战略性新兴产业园区加快建设。南沙现有高新技术企业745家、人工智能和生物科技企业超过620家,2021年有10家企业入选广州"独角兽"创新企业榜单。部署和运营全球25台之一、华南唯一的国际IPv6根服务器,中航云电信"国际数据传输枢纽节点"交付。2021年,南沙互联网和相关服务、软件和信息技术服务业实现营收90.69亿元,同比增长40.6%。

先进制造业加快发展。广汽丰田新能源车产能扩建项目(一期)、电装二期、芯聚能等项目投产,智能网联汽车产业园、集成电路产业园、中科空天飞行科技产业化基地全面动工,已形成汽车、造船、高端装备等先进制造产业集群,汽车制造业产值连续四年突破千亿,2021年产值超1500亿元、同比增长16.4%,正加速打造新千亿级新能源汽车产业集群。广州南沙经济技术开发区(汽车)成功入选广东省首批特色产业园名单。

现代服务业集聚发展。广州期货交易所作为广州市首个国家级金融基础设施，已于 2021 年 2 月注册落地南沙，并成为我国第一家混合所有制交易所，境外机构（香港证券交易所）首次获准入股内地期货交易所，将研究推出碳排放权期货、电力期货以及与新能源产业相关产品等品种，服务绿色发展。南沙融资租赁企业占全国 1/5，累计完成 196 架飞机和 83 艘船舶租赁业务，是大湾区最大的飞机船舶租赁集聚区。建立国内首个航运保险要素交易平台，广州航运交易所累计完成船舶交易 4606 艘，交易额 177.11 亿元。

5. 心联通：大湾区优质生活圈正加快建成

大湾区建设以来，南沙不断完善便利港澳居民工作生活政策措施体系，着力提供与港澳相衔接的公共服务和社会管理环境，构筑港澳青年创新创业乐土。

港澳青年创新创业开辟新天地。加快建设"创享湾"创新创业集聚区，已汇集广东省粤港澳青少年交流促进会、Timetable 青创基地、新华港澳国际青创中心等众多粤港澳优质资源。高标准建设 10 个港澳青年创新创业基地，入驻港澳青创团队 270 多个。常态化开展"百企千人"实习计划，已吸引近 2000 名港澳青年学生在南沙完成实习，并促成多名港澳青年入职区内法定机构和企业。此外，南沙还出台鼓励支持港澳青年创新创业实施办法，设立南沙政务服务中心港澳青创分中心和南沙区港澳青年创新创业法律支援服务中心，港澳青年来南沙创业就业更加便捷。

港式国际化社区和港人子弟学校加快建设。港式国际化社区选址香港科技大学（广州）附近，对标香港规划设计标准，引入港人子弟学校等项目。目前，建设工作正加快推进。

公共服务水平日益完善提升。示范区搭建了南沙惠港惠澳政策一站式服务平台，集中发布港澳人士可享受的优惠政策 40 余项，港澳居民"指尖一点"即可轻松查找。优质教育资源集聚南沙，近年来教育投入超 40 亿元，引进并建设了华南师范大学附属南沙中学、小学和幼儿园，广州市执信中学南沙学校等一大批优质教育项目，已成为全市集聚最多优质基础教育资源的区域。新增普惠性幼儿园学位超 6800 个、公办中小学学位 8820 个。医疗服务水平加快提升,南沙近几年投入超过 120 亿元,用于推进中山大学附属第一(南沙)医院、广东省中医院南沙医院等三级医院项目建设,可新增优质床位 5160 张。

(二)南沙建设粤港澳全面合作示范区存在的不足

1. 制度开放先进性与政策落地性待增强

自贸区制度的创新领先优势有所弱化。创造型引领型改革举措还不够多,与港澳规则衔接尚未取得重大突破,对标国际一流营商环境还有差距。目前南沙的制度创新主要集中于流程再造、程序优化等领域,仍流于以商品要素流动开放为核心的制度创新思路,距离形成全面的开放型制度还有漫长的道路。从自贸区的制度性探索使命要求来看,南沙目前的制度创新路径和方向与前海、横琴相似,还没有与南沙以制造、航运为核心的产业特色相结合,形成自贸区建设的制度引领。

对先行先试政策落地的制度保障仍然欠缺。受国家对地方授权不足、垂直管理部门与地方平台系统不能对接等因素的影响,南沙许多先行先试政策探索面临着实施落地的困难。虽然在具体领域政策实现了许可、放宽,但其他领域仍然存在更高、更深层次的制度壁垒,同时规则差异制约着政策发挥实际效果,特别是面对新情况、新产业、新领域时,制度的针对性和及时性往往难以发挥预期效果。

2. 大湾区城市间产业合作能级有待提升

南沙与大湾区城市间产业合作仍不紧密。与港澳合作方面,比前海、横琴合作规模低。截至 2021 年 12 月,南沙港资澳资企业数量合计仅有 2773 家,而前海拥有的仅港资企业就有 12232 家,横琴拥有澳资企业也突破 3000 家,在投资数量和投资金额上都远超南沙规模;南沙处于与香港合作程度逊于前海,与澳门合作逊于横琴的窘境。在与湾区内地城市合作方面,以深圳为例,两地产业体系在先进制造、生物医药、航运物流、金融业等诸多方面互相重合,深圳用地紧张亟需外迁部分产业链环节,南沙则需要健全产业体系,二者存在明显的互补性,但目前尚未开展系统性合作。

产业的带动效应有待提升。产业合作的重大项目多仍在建设阶段。

南沙科学城、中科院明珠科学园、庆盛枢纽区块等南沙开展与粤港澳合作的重要平台，目前仍处于规划建设的阶段，发展效益与带动效应还未体现。粤澳合作葡语国家产业园，处于方案报批阶段。围绕产业链的产业联动不足。以汽车产业为例，汽车产业占全区工业产值的44.7%，主要集中的环节是整车制造，南沙缺乏上下游产业链配套，与其他城市合作只是单纯产业链分工，没有吸引其他城市上下游企业向南沙布局，南沙也未对外输出相对过剩的产业环节。

3. 科技创新合作渠道单一且协同度不足

与港澳的创新机构间缺乏协同。设立在南沙的香港科大霍英东研究院是港澳与南沙科技合作的主要载体。研究院以面向产业的应用研发为主，在理论研究、资质建设方面滞后，缺乏独立争取国家、省级重大科研项目的能力。而南沙布局的中科院等内地重大科研平台与机构，尚未与霍英东研究院形成有效的合作机制，缺乏协同申请、开展高层次重大项目的合作。

南沙本地孵化的港澳科技企业外流情况较为突出。南沙虽然积极打造港澳科技人才创新创业的平台，也在孵化企业方面取得一定的成就，但所孵化的企业留在南沙的比例偏低，为企业提供的发展条件不足。以霍英东研究院为例，南沙与其合作建设的港澳青年创新工场，累计孵化数十家企业，但落户南沙的比例不足10%，大部分企业都外流到其他产业环境更加成熟的地区。

4. 医疗、养老等公共服务合作有待加强

南沙与港澳医养合作进展相对滞后。近年来，粤港澳三地积极推动医疗卫生领域的合作，跨境医疗融合的实践正在绘就"健康湾区"蓝图。截至2021年底，深圳37位港籍医生获评正高级职称，"港式家庭医生入驻前海""港澳药械通"政策落地，粤港探索异地就医费用结算，港澳人士在广东购买医保，53名澳门医生到珠海横琴跨境执业，珠澳医院启动双聘机制。但南沙在这一领域相对滞后，南沙整体的医疗、养老服务水平对港澳居民缺乏吸引力，加之南沙区位较比横琴、前海在空间距离方面具有劣势，南沙在与港澳合作提供医疗、养老等服务方面基本处于空白状态。

医疗卫生服务体系建设有待完善。当前，南沙正兴建的多家三甲医院分院，主要在危急重症方面补上了南沙的短板，但依照国家分级诊疗、急慢分治的要求，在基层医疗体系建设方面仍存在较大的改善空间，区属二级、一级医疗机构还不能很好地满足居民健康管理服务能力、日常医养服务需求。截至 2021 年末，南沙区每千人专业卫生技术人员、执业（助理）医师、护士数、医疗机构床位数 4.56 名、1.86 名、1.98 名、2.30 张，而广州市分别为 9.98 名、3.52 名、4.68 名、5.16 张。南沙四项指标尚未达到广州市平均数的一半，医疗卫生资源相对不足，难以满足经济发展、人口变化的需求。未来南沙医疗卫生服务体系建设思路应进一步优化，才能充分支撑南沙作为粤港澳全面合作示范区的民生服务需求。

5. 跨文化交流合作缺乏常态化与持续性

香港社会动荡问题侧面反映出内地与港澳以意识形态输出为主的单向的文化交流合作模式有待进一步完善。特别是长期以来针对年轻人的文化交流，并未有效提升港澳年轻的身份认同感与民族凝聚力，也未能展现中国的发展所为年轻人带来的机遇，在鼓励港澳人才到内地发展、促进港澳居民融入内地社会方面所发挥的作用有限。近年来，南沙推出的香港万人游南沙等文体活动吸引了部分港澳居民参与，也展现了南沙的建设与发展的成效，但总体来说，南沙没有为港澳与内地合作创造文化成果提供平台，缺乏持续性、常态化的文化交流合作，难以促进港澳与内地合作创造新的文化成果。

6. 港澳产业空心化与人才合作意愿不足

目前南沙与港澳合作的瓶颈并非单纯是南沙方面的原因，香港、澳门自身产业的空心化与港澳居民对内地的态度同样影响了合作的进程。一方面，港澳空心化导致其在先进制造业、高技术制造等科技产业领域与内地相比并未拥有更大优势，这直接限制港澳与内地合作层次；另一方面，由于复杂因素，部分港澳居民较为排斥与内地的合作，目前在南沙创新创业的人才基本与内地有较深渊源，对于土生土长的港澳人才来说，无论自身流动或是选择技术成果转化的目的地，基本不会把内地作为考虑对象。

（三）小结

近年来，广州南沙在国家和省、市发展大局中的战略地位不断提升，经济社会发展保持良好态势，发展优势更加凸显，与香港、澳门合作更加紧密。"十四五"时期应发挥南沙新区自贸区改革开放试验田作用，充分利用好国内国外两个市场、两种资源，进一步深化与香港、澳门的全面合作，着力塑造区域合作新优势，携手港澳深度融入"一核"建设，更好服务"一带一区"，在新发展格局下发挥引领示范作用。

双区联动下，南沙要增强枢纽功能，强化区域协同。南沙作为自贸区与粤港澳合作示范区，要站在更高层次，促进与强化粤港澳合作，应积极把握"双区"建设、"双城"联动重大机遇，发挥区位、交通、资源、政策优势，着力强化国际航运、贸易、金融和科技创新功能，推动与内地城市间的协同发展，打造大湾区合作的承上启下、内联外通的枢纽。

以产业引领支撑粤港澳三地合作。粤港澳合作的核心是产业合作，全面合作的众多领域需要以产业合作作为深层动力。和前海、横琴相比，南沙具有更高的产业发展潜力，因此南沙有使命打造粤港澳全面合作的产业支撑平台。以产业合作来拓展港澳经济发展腹地，为港澳经济社会发展以及港澳同胞到内地发展提供新机会、新空间，有力维护港澳长期繁荣稳定。

二、南沙建设粤港澳全面合作示范区的优势

从粤港澳大湾区"世界经济增长重要引擎、国际科技产业创新中心、世界著名优质生活圈、全球最具活力经济区、世界文明交流互鉴高地"的功能定位来看，南沙建设粤港澳全面合作示范区与其他地区相比，具有几何中心区位、深水岸线、省会城市副中心、现代产业基础支撑的四大优势。

（一）大湾区的几何中心区位

南沙位于粤港澳大湾区几何中心，距香港38海里、澳门41海里，

方圆 100 千米范围内汇集了大湾区全部 11 座城市以及五大国际机场，是连接珠江口两岸城市群和港澳地区的重要枢纽性节点，是广州市距离东莞的滨海湾新区、深圳的前海新区、中山的翠亨新区等环湾重点平台最近的点。"十四五"期间，随着广州地铁 18 号线、广州地铁 22 号线、深中通道、深茂铁路等相继建成，以南沙为中心的大湾区"半小时交通圈"即将形成，进一步支撑南沙在粤港澳大湾区中的发展。横琴与澳门一河之隔，最近处只有 187 米，横琴有粤澳合作的先天优势，建设横琴新区的初心是为澳门产业多元发展创造条件。前海处在香港与深圳之间的中部脊背位置，在香港半小时交通圈内，按照"依托香港、服务内地、面向世界"的总体要求，全面深化与香港各领域的合作。与前海、横琴相比，前海毗邻香港、横琴毗邻澳门，南沙地处粤港澳金三角的顶点，可依托得天独厚的区位优势，对接港澳经济、社会发展需求，同时借鉴港澳两地经验，助力南沙粤港澳全面合作示范区建设。

（二）战略性的深水岸线资源

南沙具有战略性的深水岸线资源，广州长期以来是珠三角地区对外贸易和交往的中心，这一独特的城市功能正是在海港功能的基础上发展起来的，随着珠江口自然环境的变化，南沙深水岸线的利用成为广州保持自己作为海港城市优势的不二选择。目前，在粤港澳大湾区的深圳港、香港港和南沙港共同构成了湾区对外和对内航运的核心港。随着社会经济的发展，港口与城市发展的关系正发生变化。2021 年港口吞吐量及增速，深圳港 2877 万标箱，增速为 8.4%；① 香港港 1779 万标箱，增速为 -1.0%；而同时期广州港集装箱吞吐量 2303 万标箱，增速为 6%（其中南沙港 2021 年完成集装箱吞吐量 1766 万标箱，同比增长 2.6%）。② 由此可见，香港经济发展与港口的关系正在弱化，而深圳港、南沙港口增速较快，与经济发展保持高度关联。

南沙港是广州港集团下的最大单体港，也是广东省内唯一一个布局

---

① 百度百科。
② 广州港集团：《港口资源优化整合铺就华南"大物流"新格局》，https://baijiahao.baidu.com/s?id=1724390887118532775&wfr=spider&for=pc。

"海铁联运"功能的港口。2021 年,南沙港新增 21 条外贸班轮航线,其中 THE 联盟在南沙开辟了首条联盟航线——欧洲航线 FE2,全球三大联盟齐聚南沙港区,新航线的增长推动南沙外贸煤炭、粮食、汽车、集装箱等货类外贸作业量均实现两位数增长。同时其海洋科技产业优势突出,拥有南方海洋科学与工程省实验室(广州)、南海生态环境创新工程研究院等重大海洋科创平台,规划建设有国家级可燃冰勘探及产业化总部基地。在交通联运方面,待南沙港铁路建设完毕后,南沙港将通过南沙枢纽站接入国内铁路网实现从远洋巨轮到货运列车的无缝衔接,打通海铁公联运"最后一公里",直接服务于南沙港区集疏运和临港产业。对于建设以南沙港为核心的陆海联运大通道、打造海上丝绸之路经济带的战略支点、建设南沙自贸区、提升广州航运枢纽功能、促进粤港澳大湾区协同发展具有重大意义。

(三)省会城市的副中心职能

南沙作为广州唯一的城市副中心,既承接了广州省会城市中心城区的功能疏解,更引入了广州中心城区强大的综合服务资源和服务能力,更好地发挥了粤港澳大湾区的枢纽和平台功能。南沙能够凭借其省会副中心职能,在广深联动、粤港澳大湾区建设中获得更多的资源倾斜和功能借用,为"新广州"的打造集聚要素资源。第一,在广深"双城"联动先行示范的背景下,南沙能够复制应用深圳综合改革的试点经验,在人才双向流动、优惠政策共享互认、科技成果跨地区转化应用、科技与产业合作平台共建共享等方面先行先试,切实提高南沙承接广深港技术、人才、产业与项目转移的基础和能力,将紧邻深圳、广州的区位优势和后发区域的空间载体优势真正转化为经济优势、产业优势和发展优势。第二,借助副中心职能,加强南沙至广州、深圳中心城区的快速直达交通体系建设,以南沙为核心枢纽织密交通基础设施互联互通网络,在有效拉近与广州深圳时空距离的同时,充分吸引创新要素、产业资源向南沙集聚。第三,在科技创新方面,南沙能够充分融入广深在共建国际科技创新中心、国际竞争力的现代产业体系、宜居宜业宜游的优质生活圈等方面的战略合作,加快南沙开展科技创新与海洋经济、数字经济和旅游经济等合作示范项目，并构建广深在科技、产业、服务、旅游等方面的项目对接和枢纽服务平台，在南沙打造"双区"驱动、"双城"联动的人流、物流和资金流等要素全流通的大格局。

（四）现代产业基础支撑深厚

对比深圳前海片区和珠海横琴片区的服务业导向，南沙目前已形成了以汽车制造、重型装备制造、船舶及海洋工程装备制造、新兴产业等产业集群为支柱的临港工业体系，填补了在与港澳合作中制造业薄弱的环节。近年来，南沙在汽车、航运、金融服务、人工智能、精准医疗等现代产业领域有一定的基础条件，为南沙构建粤港澳大湾区产业合作重大平台奠定了较好的基础。第一，南沙先进制造业发展已经初具规模。2021年规模以上工业产值3401.7亿元、增长11.2%。先进制造业增加值增长8.7%，高技术产业工业增加值增长9.3%。[①] 汽车制造业产值达1549亿元，广汽丰田新能源车产能扩建项目、芯聚能、联晶智能等项目完成一期投产，广州南沙经济技术开发区（汽车）入选广东省首批特色产业园，现已形成了千亿级汽车产业集群。第二，航运物流产业发展走在前列。2021年"湾区一港通"和启运港退税政策全面推广实施。新增外贸航线21条，开通驳船支线72条，开展南沙综保区与白云机场、深圳机场等联运业务，海陆空立体多式联运体系逐步构建，南沙在保税物流、跨境电商等产业发展方面的前景更加广阔。第三，创新金融产业发展较快。广州期货交易所挂牌成立，全国首个碳中和融资租赁服务平台、全国首个应对气候变化支行等创新平台项目在南沙落地。同时，获批全国首批跨境贸易投资高水平开放、跨境理财通、融资租赁公司外债便利化等创新政策试点。第四，战略新兴产业集聚效果明显。南沙区的新兴产业成型成势，集聚人工智能和生命健康企业超620家，累计建成5G基站4124座，智能网联汽车产业园、中科空天飞行科技产业化基地、集成电路产业园全面动工。

---

①数据来源：《2021年广州南沙区国民经济和社会发展统计公报》，http://www.gzns.gov.cn/zwgk/tjsj/content/post_8202195.html.

目前，前海形成了以现代金融为核心、现代服务业为主体、具有强烈示范效应的高端产业体系，金融业、现代物流业、信息服务业、科技和专业服务业四大主导产业增加值占比达88.7%。横琴已形成科技创新、特色金融、医疗健康、文旅会展、跨境商贸和专业服务六大产业。前海、横琴产业导向以服务业为主，与港澳合作制造业基础薄弱，而南沙已形成了以汽车制造、重型装备制造、船舶及海洋工程装备制造、新兴产业等产业集群为支柱的临港工业体系，制造业发展较好。香港受疫情等因素的影响，开始加快推动再工业化，南沙可作为香港再工业化的重要依托，将香港的科技优势、创新创意优势叠加到南沙的先进制造、高端制造的产业体系，通过建设各类园区飞地来发展香港所长的行业。

三、南沙建设粤港澳全面合作示范区的机遇与挑战

以国内大循环为主体的双循环新发展格局的提出，为粤港澳大湾区挖掘消费潜力、扩大有效投资和加快科技创新提供了机遇；与此同时，以数字、信息等为主的新基建充分激活了南沙发展新动能，海洋强国战略和"双区驱动、双核联动"的发展机遇充分发挥了南沙的港口优势。但是在全球经济下行、全球产业链价值链重构和全球疫情肆虐的挑战下，粤港澳大湾区高水平开放发展受到了不同程度的影响。

（一）面临的机遇

1. 构建以国内大循环为主体的新发展格局

为应对当前国际形势的不稳定性不确定性，我国提出加快形成以国内大循环为主体、国内国际双循环相互促进的新发展格局。粤港澳大湾区作为高水平对外开放的门户，加快形成双循环发展格局在全国乃至全世界具有示范引领作用。"十四五"时期，粤港澳大湾区内循环仍需要在扩大消费市场、增加有效投资和加快科技创新等方面抓住发展机遇。第一，扩大消费市场。粤港澳大湾区第七次人口普查总人口7801.43万人，相比第六次人口普查增长5.38%，增速达到39.02%,[①] 人口的马

---

①国家统计局智能云搜索（stats.gov.cn）根据第七次人口普查统计数据整理。

太效应正在加快。在这样的背景下，充分发挥人口红利，扩大消费市场，激活市场活力，带动产业集聚与人口集聚的双向驱动，市场潜力有待进一步挖掘。第二，增加有效投资。促进国内市场形成的关键在于激活消费潜力并提升产业链水平，而投存在供需两端双向拉动作用，是国内大循环战略的关键一环。"十四五"时期南沙应抓紧在重点领域的投资，如新型基础设施建设、新型城镇化建设、重大工程建设等方面，补齐经济、民生领域的短板，通过投资来强化消费领域的基础设施建设，增进中高端消费供给，充分释放居民的消费潜力。第三，加快科技创新。新一轮科技和产业革命大潮涌动，全球创新和产业竞争版图深度重塑，国家继续实施创新驱动发展战略，大湾区正在建设国际科技创新中心，打造全球科技创新高地和新兴产业重要策源地，为南沙加快前沿科技成果创新应用，提速产业创新升级赋予新动力。加快形成全国统一大市场，为南沙跨越发展释放了新红利。

2. 新型基础设施建设激活南沙发展新动能

新冠疫情爆发导致的世界经济衰退，促使中央决定加快新基建的发展速度，新基建迎来发展风口。国家"十四五"规划中提出，系统布局新型基础设施，加快第五代移动通信、工业互联网、大数据中心等建设。2021年12月召开的中央经济工作会议也提到"政策发力适当靠前""适度超前开展基础设施投资"。从制造端来看，以5G、数据中心、工业互联网为代表的新型基础设施不仅能够加快推动数字经济发展，同时通过推动产业大范围的重组，将形成产业生态和新的经济对象，对实体经济产生全方位、深层次、革命性的影响，为我国供给侧结构性改革创造新的动能，推动经济实现高质量发展。从消费端来看，新型基础设施建设是提升城市业态与服务供给的重要支撑，能加快推动城市发展适合高中低不同收入群体的多样化、个性化潜在服务需求，推动消费业态由生存型、传统型、物质型向发展型、现代型、服务型转变。"十四五"时期，南沙应积极抢抓新基建发展制高点，大力推动5G网络、大数据中心、人工智能、工业互联网等新型基础设施建设，加快制造业数字化转型，推动南沙产业结构高端化和产业体系现代化。

3. 海洋强国战略提供高质量发展路径方向

党的十八大首次提出建设"海洋强国";党的十九大报告进一步提出,"加快建设海洋强国",在发展海洋经济、保护海洋生态环境、发展海洋科学技术和维护国家海洋权益等方面部署任务。现阶段是我国在建设海洋强国方面实现跨越式发展的最佳窗口期,海洋开发和保护正呈现出立体、绿色、高技术化的新趋势。特别是南海开发,因其地理位置之关键、物产之丰富,堪为"海上丝绸之路"的锁钥,为丝绸之路经济带和 21 世纪海上丝绸之路的建设带来对外开放新机遇,2013—2021年,我国与"一带一路"沿线国家和地区的进出口总额从 6.46 万亿元增至 11.6 万亿元,年均增长 7.5%。① 南沙位于珠江出海口,港口条件优越,拥有中科院南海海洋研究所、广州南沙地质调查局深海科技创新中心、南海生态环境工程创新研究院、中山大学海洋学院等一批重要涉海科研平台。南沙应抢抓南海开发的战略机遇,依托区位、政策、功能和资源等多重优势,推进海洋经济全产业链发展,加速构建现代海洋产业体系,打造海洋经济创新高地。同时,应积极对接深圳建设全球海洋中心城市,加强双方在海洋金融与科技创新资源对接,共同打造国际一流的海洋金融与海洋科技创新中心。

4. "双区驱动、双核联动"的区域发展优势

建设粤港澳大湾区和支持深圳建设中国特色社会主义先行示范区,是习近平总书记亲自谋划、亲自部署、亲自推动的重大国家战略。广东省委十二届九次全会提出,要释放"双区驱动效应",推动广深"双核联动、比翼齐飞"。当前,粤港澳大湾区建设进入全面推进实施阶段,特别是深中通道、深茂铁路等大湾区轨道交通路网的加快建设,南沙距离中山、珠海、深圳等珠三角重要城市的时间将从 2 小时缩短为 20 分钟,更加凸显南沙在珠三角几何中心的枢纽地位,将推动环内湾地区率先实现一体化。南沙既是粤港澳全面合作示范区,也是广深两大城市深化合作的桥头堡,两大国家战略在南沙时空交汇、机遇叠加。南沙要落

---

① 数据来源:中华人民共和国海关总署,http://search.customs.gov.cn/search/pcRender?pageId=f5261418ddc74f03b27e3590c531102b。

实好大湾区建设、支持先行示范区建设各项工作任务,力争率先在规则衔接、设施联通、科技创新、产业协同、民生合作等方面取得突破,携手前海共同打造粤港澳合作核心发展平台,在"双区驱动、双核联动"中发挥引领示范带动作用。

5. 推动港澳深度融入国家发展大局,打开区域合作新空间

自修例风波以来,香港自身的国际金融中心地位、自由港地位都受到严重冲击,在国家整体开放格局中的地位下降。特别是欧美地区疫情仍在发酵将导致香港经济复苏困难,访港旅客减少,再加上美国已取消对香港的特殊相关待遇,开始限制对香港的出口,国际商务、投资在短期内不易大幅反弹,经济形势仍然低迷。澳门受疫情的影响,整体经济活动放缓,暴露了其产业结构单一、过度依赖博彩业、经济韧性不足等问题,澳门经济发展不确定性增加。围绕"港澳所需、南沙所长、湾区所向",南沙可立足大湾区的发展空间、内地庞大的消费市场和金融等专业服务需求,积极整合港澳科创、人才等优势,以金融合作、科技创新、规则衔接、管理制度等重点领域作为突破口,深化合作,助力香港再工业化发展,推动澳门经济适度多元,为粤港澳大湾区深度融合发展提供示范。

(二)存在的挑战

1. 全球经济下行叠加多重因素,对示范区动能转化带来更大压力

2018年初以来,不断升级的美国关税行动、贸易伙伴的报复行动以及围绕英国退出欧盟的长期不确定性反复冲击着商业信心和金融市场情绪,扰乱全球供应链并严重拖累全球经济增长。再加上2020年疫情在全球多点爆发,境外疫情呈持续扩散蔓延态势,股市、债市、油价动荡更加激烈,都使得全球贸易需求不足可能会持续较长一段时间。南沙作为外向型经济的地区,对全球贸易依存度较高,不可避免地遭受冲击。在外贸发展方面,国际市场需求减弱,企业履约接单困难,后续订单减少,贸易壁垒增多。在吸引外资方面,国际投资持续低迷,将进一步加剧引资竞争;跨国投资布局的不确定性,对南沙未来参与国际分工带来影响。

2. 全球产业链供应链加速重构,对示范区产业价值升级带来冲击

当今世界正经历百年未有之大变局,经济全球化遭遇逆流,保护主义、单边主义上升,全球经贸格局和规则体系加快重塑,全球产业链和供应链加速重构,国际政治、经济、科技、文化、安全等格局深刻调整,世界进入动荡变革期。特别是新冠疫情暴露了全球供应链布局潜在风险,美国、日本、欧洲等工业体系相对完整的发达国家和地区将更加重视构建独立、完整、安全的区域性供应链,着力推动供应链多元化布局、区域化合作和本土化转移,大力实施"再工业化"吸引高端制造业回流,加大对我国"卡脖子"技术、人才的封锁力度,再加上低收入国家凭借成本优势吸引劳动密集型产业转移,导致南沙粤港澳全面合作示范区产业链自主创新的实现路径日趋复杂化,制造业产业链不得不面临"高端回流+低端转移"的双重挤压,给示范区产业链、供应链现代化水平提升带来严峻挑战。

(三)小结

当今世界正经历百年未有之大变局,我国经济高质量发展面临众多挑战。南沙作为大湾区的几何中心,与其他地区相比,具有深水岸线、中心区位、土地空间、省会城市副中心的四大独特性。在新形势、新机遇下,南沙发展要资源,大湾区发展要空间,特别深圳、香港、澳门等地区,通过互补式发展将南沙有机嵌入到大湾区整体发展框架中,将实现互利共赢。

"十四五"时期南沙打造粤港澳大湾区全面合作示范区,要处理好自身发展和周边协同的关系,需要在自身实力提升的基础上,高端谋划,乘势而上,发挥区位、枢纽、交通优势,打造国际化法治化营商环境,对接港澳、深圳乃至海南所需,推进更高水平区域合作。要处理好存量格局和增量发展的关系,对现有产业进行甄选提升,对空间格局进行调整优化,更多地向产业链、价值链、供应链的上游环节延伸,并将重点放在如何设计增量产业,如何谋划增量空间上;要处理好海域空间和陆域空间的关系,服务南海开发建设需要,适应大湾区向海而生的特点,围绕建设全球海洋中心城市核心承载区等任务,在全国率先向海发展、拥抱深蓝。

四、南沙建设粤港澳全面合作示范区的路径分析

"十四五"时期,南沙建设粤港澳全面合作示范区需要从产业协同、科技创新、重大平台建设、制度创新、人才建设、优质生活圈六个方面创新建设路径,以南沙与广深珠港澳的产业协同为抓手,发挥内在优势,打造粤港澳新增长极;以新一代科技创新为重点,打造港口创新示范区;以重大平台建设为载体,加强城市间的产业创新联动;以制度创新为核心支撑,加快营造粤港澳国际化、现代化营商环境;以人才建设为发展保障,吸引集聚粤港澳青年共建世界级大湾区;以优质生活圈建设为导向,加强公共服务建设,积极构建宜居宜业宜游的滨海城市。

(一)以产业协同为抓手,打造大湾区新经济增长极

1. 共建文创产业基地

港澳拥有高度发达的文化创意产业人才体系和服务体系,而珠三角服务市场需求十分庞大。南沙可与港澳合作共同发展文化创意产业,吸引文化创意人才在南沙集聚,打造具有国际影响力的文化创意产业基地。成立粤港澳大湾区文化创意产业联盟,加强粤港澳大湾区文化创意产业交流、产学研深度对接和成果转化。整合粤港澳三地工业设计资源,加强工业设计人才合作。联合港澳共建工业设计合作产业园和合作平台,打造粤港澳大湾区工业设计走廊。

2. 协同港澳发展滨海旅游业

发挥南沙海岸线、海域资源优势、生态优势和区位优势,以区域旅游合作作为重点,联合香港、澳门、深圳大鹏、珠海横琴等地大力发展邮轮游艇休闲旅游,深化与大湾区各地游艇会的合作,开辟"澳门—珠海—香港—深圳—惠州—汕尾"大湾区海上旅游航线,探索与国际自由通行接轨的国际游艇旅游线路,推进区域旅游产业要素协同发展,使南沙旅游融入粤港澳自由行的大旅游体系。

3. 吸引粤港澳专业服务集聚

加强与港澳专业服务业机构合作。大力引进港澳一流服务型企业和

机构，鼓励大型企业集团设立业务总部、窗口企业和涉外专业服务机构。支持研发设计、软件数据、信息管理等服务外包发展，推动人力资源、知识产权、会计、法律等生产性服务业集聚，高标准建设南沙国际金融岛。以广州南沙为试点，在湾区积极推行国际认可的会计准则、评估准则等专业行业通行准则。召集资深专业人士及行业协会设立"湾区标准"执行专业委员会推动国际行业准则的落地。

加快推广大湾区人才执业资格互认制度。南沙自贸区应稳步扩大专业技术人员职业资格互认范围，在对香港专业能力评估证书、澳门职业技能证明书的相关持证者与相同类别的国家职业资格证书持有者进行职业能力水平比对的基础上，可采取直接认定的方式，便于港澳专业人才来粤就业执业。

4. 开展区内特色化金融合作

积极开展金融创新探索。首先，在风险可控的前提下，以离岸贸易、国际贸易和国际航运的发展为轴心，探索实施区内"资金自由进出"。其次，适当放宽南沙港区内企业设立离岸贸易账户的限制，允许部分符合条件的企业设立离岸贸易账户，鼓励符合政策条件的外国金融机构设立外商独资银行等金融机构，逐步构建和完善适合外资银行等机构使用的法律法规。再次，逐步完善个人跨境金融服务和公共服务的覆盖领域，促使粤港澳投融资汇兑实现便利化，方便粤港澳大湾区中不同于人民币的货币在自贸区兑换使用。最后，要建立对国内外均有影响力的金融市场交易平台，搭建以商品期货交易中心、航运金融中心、离岸交易中心等为主体的特色金融架构。

重点发展航运金融。广州南沙作为海上丝绸之路的重要节点，船舶交易、船舶融资租赁、航运产业基金等航运金融业不断获得新的发展契机。未来应发挥南沙临港优势，以广州航交所、广州国际航运中心等平台为依托，与香港、深圳发挥协同优势，做强航运金融业。

（二）以科技创新为重点，打造湾区创新示范合作区

深度参与广深港澳科技创新走廊建设，聚焦先进制造、生命健康、新材料等产业主攻方向和新兴前沿领域，积极争取大湾区、国家重大科

技平台落地南沙，将南沙科学城打造成为粤港澳大湾区原始创新成果策源地。突破科技创新体制障碍，推动科技人才跨境流动、科研资金跨境使用、创新成果跨境转化，探索离岸双向孵化。

1. 培育一批重大科研专项合作平台

港澳可发挥高等教育和科研院所的优势，与南沙在一些重大科研专项和基础研究方面进行深入合作攻关，出台向港澳有序开放国家在南沙建设布局的重大科研基础设施和大型科研仪器的相关政策。制订面向港澳开放的冷泉系统实验大装置、智能化动态宽域高超声速风洞、极端海洋动态过程多尺度自主观测科考设施等重大基础设施合作研究计划，支持粤港澳有关机构积极参与国家科技计划（专项、基金等）。加强基础应用研究，拓展实施国家重大科技项目。

2. 推动创新技术转移成果转化进程

加快推进华南技术转移中心建设，积极开展信息发布、供需对接、询价招标、拍卖挂牌等活动，导入知识产权服务和交易、检验检测、研发设计等科技服务资源，打造立足南沙、面向粤港澳大湾区、辐射华南的技术转移交易综合平台。同时，依托华南（广州）技术转移中心、香港科技大学科创成果内地转移转化总部基地等项目建设，汇聚国内外科技服务机构、科技企业孵化器等服务资源，构建跨境科技成果转移转化生态系统和全链条科技企业孵化育成体系，积极承接香港重点支持发展的金融科技、生物科技、人工智能和智慧城市等领域创新成果在合作园转移转化。

3. 打造世界一流的科技创新策源地

加快推动南沙科技城打造世界一流科技城，坚持把创新摆在现代化建设全局核心地位。以建设世界一流海洋科学与工程创新中心为主线，聚焦海洋、能源、信息、生命、空天等领域布局建设重大科技基础设施集群和前沿交叉研究平台，着力建设世界一流科教融合创新主体，着力拓展国家重点实验室重组发展新空间，系统提升南沙科学城原始创新能力。

支持海洋、能源、人工智能和生命健康等领域国家重点验室在南沙科学城开拓新发展空间，充分利用相关领域重大科技基础设施，加强与前沿科学交叉研究平台的合作，全面提升跨学科、跨领域前沿交叉研究和关键核心技术攻关能力，支撑引领南沙高质量发展。锚住科学发现、技术发明、产业发展、人才支撑、生态优化全链条创新发展路径，构建以"一区三城"为核心节点的科技创新轴。强化区域协同创新，加强基础与应用基础研究，激发创新创业创造活力，共建大湾区国际科技创新中心、综合性国家科学中心和高水平人才高地，为国家强化战略科技力量、实现高水平科技自立自强作出南沙贡献。

（三）以重大平台建设为载体，强化城市间合作互动

1. 提升优化粤港高水平深度合作平台

重点推进粤港深度合作园。高标准对接香港，以共建共享为原则，按照"一园三区"进行规划布局，由自贸区南沙片区的南沙湾、庆盛枢纽、南沙枢纽等三个区块组成，其中南沙湾片区以中科院"一院五所"系列研发机构、教育部属高校系列研发机构、以港澳为主体的境外合作科研机构等三个科技创新组团；南沙枢纽片区重点在资讯科技、专业服务、金融及金融后台服务等八大产业领域深化粤港合作。

2. 加快建设粤澳合作葡语国家产业园

坚持共同规划、联合开发，依托南沙国家级新区、自由贸易试验区以及自主创新示范区的优势，充分发挥澳门自由贸易港与中葡商贸合作服务平台的独特优势，双方用足用活政策，围绕粤、澳、葡三方部署创新链、资金链、人才链、服务链，进一步提升粤澳在科技创新上对葡语国家产业园的支撑和引领作用。探索以"特别监管区＋商务合作区＋N个产业集群"的模式建设"一园多区"。其中，在特别监管区，可依托南沙便利的自由贸易、良好的区位交通和完善的港口物流基础设施优势，重点发展现代航运物流、先进制造业、新型国际贸易、智能仓储等；在商务合作区，可学习借鉴澳门商事管理、法律服务、文化创意等现代服务业发展经验，重点发展商贸服务、展示交易、生活配套、创新创业、教育培训、文化体育等。

3. 推进城市间重大平台战略互动合作

南沙位于横琴、前海两个合作区的交汇点，与两个合作区同属粤港

澳重大合作平台,超近距离的政策溢出必将惠及南沙,带来重大发展机遇。南沙要不断强化"借船出海""借梯登高""借势发展"的机遇意识,在更高起点推进全面深化改革开放,引领支撑全省打造新发展格局战略支点。主动支持服务两个合作区建设,加快推进与横琴、前海基础设施互联互通、民生服务协同联动、公共服务合作共享。共建重大科技基础设施集群,通过"总部+基地""龙头+配套"等方式,与横琴、前海形成紧密的创新链、产业链、供应链。协同横琴、前海发挥通道优势、枢纽优势,共建大湾区世界级国际贸易组合港,携手打造高水平对外开放门户枢纽。

(四)以制度创新为核心,加快国际化营商环境建设

1. 完善粤港澳规则对接机制

推动粤港澳制度规则常态化对接,深入实施"湾区通"工程,完善粤港澳常态化规则对接平台,率先在口岸通关、金融互联互通、科技创新、营商环境、法律服务、医药卫生等重点领域实现突破,打造内地与港澳规则相互衔接示范基地。深化服务贸易创新试点,发挥内地与港澳关于建立更紧密经贸关系的安排(CEPA)先行先试政策优势,率先实施对港澳跨境服务贸易更加开放措施,推动内地与港澳人员跨境便利执业,提升与港澳服务贸易自由化水平,积极探索香港、澳门自由港政策延伸。探索更多"一事三地""一策三地""一规三地"改革创新举措,推进与港澳在市场准入、标准认定、产权保护等方面接轨,促进人员、货物等各类要素高效便捷流动。完善便利港澳居民在南沙发展的政策体系,高标准规划建设港澳青年创业就业试验区,建设大湾区青少年交流中心,营造与港澳相衔接的公共服务和社会管理环境。

2. 高标准打造区域法治环境

积极对接港澳规则,开展前瞻性立法建议研究,推进研究成果向政策与法律转化,与港澳共建高标准区域性规则制度、区域多元化商事纠纷解决机制,推进大湾区司法规则融合对接,提升南沙国际仲裁中心"三大仲裁"庭审模式。优化提升粤港澳大湾区暨"一带一路"法律服务集聚区服务效能,打造全业务链、一站式的涉外法律服务平台,支持

南沙国际仲裁中心、"一带一路"域外法查明（广州）中心发展壮大。争取落户中国（广州）知识产权保护中心，积极推动建立知识产权保护"三位一体"综合管理体系。

3. *深化要素市场化配置改革*

以跨境要素自由便捷流动为特色，争取布局一批要素市场化交易平台，打造大湾区要素市场化配置体制机制改革先行区。培育数字要素市场，探索推进数据安全有序流动，积极参与数字领域标准制定。加快建设国际化人才特区，率先推进高端人才引进等国际增量的税收政策制度的突破，完善适应南沙开发建设强度特点的劳动力流动制度。

4. *健全粤港澳投资促进体系*

全面贯彻外商投资法，保障港澳投资企业国民待遇，实施内外资一致无差别政策支持，提高投资环境的开放度、透明度和可预期性。保障港澳投资企业平等参与政府采购、国有企业混合所有制改革、重大平台、产业园区和新型基础设施建设，支持参与国家标准、行业标准、地方标准和团体标准的制定、修订工作。加大政策供给力度，积极扩大对外开放和促进港澳投资，探索突破性、引领性的配套性改革举措，率先优化治理体系，提升治理能力，实现治理理念由"管理为导向"向"服务为导向"转变。携手港澳构建线上线下一体化的跨境投融资综合服务体系。

（五）以人才建设为保障，集聚港澳青年共建大湾区

1. *拓宽就业渠道*

对接粤港澳大湾区现代产业体系建设，特别是先进制造业、战略性新兴产业、现代服务业等发展开发就业岗位，及时发布人才需求目录，引导港澳青年到各类企业就业。配合香港特区政府实施好"大湾区青年就业计划"，引导在香港和粤港澳大湾区均有业务的企业招用港澳青年。继续做好港澳青年参加粤港澳大湾区事业单位公开招聘工作，促进人才交往交流。加大"三支一扶"计划招募力度，允许符合条件的港澳青年报名参加。

2. 支持创新创业

为有创业意愿的港澳青年提供有针对性的创业培训，助推港澳青年提升创新创业能力。根据港澳青年创业意向和创业领域，推荐合适的创业项目，提供咨询辅导、跟踪扶持、成果转化等"一条龙"创业服务。在粤港澳大湾区自主创业的港澳青年，按规定享受税收优惠、创业担保贷款及贴息、场地支持等扶持政策。发挥南沙粤港澳（国际）青年创新工场、前海深港青年梦工场、横琴澳门青年创业谷的作用，建成一批面向港澳青年的创业孵化载体，对于创业孵化服务成效较好的，鼓励地方因地制宜予以支持。鼓励粤港澳大湾区各类创新创业大赛开设港澳赛区，为港澳青年搭建创业项目展示、资源对接平台，营造良好创业氛围。

3. 提升就业能力

充分调动粤港澳大湾区企业、职业培训机构等优质培训资源积极性，为有培训需求的港澳青年提供高质量技能培训，支持其提升职业发展能力，按规定给予职业培训补贴支持。依托公共就业人才服务机构职业指导力量，并引入一批在粤港澳大湾区就业的港澳籍人士担任职场导师，丰富拓展针对港澳青年的精细化职业指导，介绍产业需求、就业环境、支持政策、求职路径，提供求职方法指导，支持其提升职场适应能力。鼓励粤港澳大湾区用人单位为港澳青年提供就业见习岗位，支持其提升实践能力，对开展见习的单位参照吸纳内地青年按规定给予就业见习补贴。

4. 优化就业服务

畅通失业登记渠道，对在粤港澳大湾区就业后失业的港澳青年，允许其参照内地劳动者在常住地、就业地、参保地进行失业登记，并享受政策咨询、职业指导、职业介绍等服务。强化多层次岗位信息提供，根据港澳青年求职需要举办专场招聘会，在粤港澳大湾区相关网站开设港澳青年招聘专区，有条件地区可组织直播带岗、远程招聘、城市联动招聘，搭建高效供需对接平台。改造升级粤港澳大湾区各类公共就业创业服务系统，支持港澳台居民居住证、港澳居民来往内地通行证等有效身份证件注册登录，便利港澳青年享受求职招聘服务。允许以政府购买服务的方式引入港澳社会服务机构，参与有关政策咨询、岗位推介、联络对接等服务。

（六）以优质生活圈建设为导向，构建宜居滨海城市

1. 推进南沙教育事业提质扩面

推动基础教育资源合作。借鉴港澳及周边其他教育先进地区的做法，推行集团化、学区化办学，引入社会资源，多渠道集约力量，以促进基础教育均衡高效发展。持续推进基础教育课程改革，加快建设"基础教育课程改革实验区"，在区域化特色课程建设、课堂教学改革、教师专业化发展等方面与国家、省市教育部门开展深度对接合作，在部分学校开展中学课程衔接试点工作。

推动职业教育合作。加强与港澳职业教育在招生就业、培养培训、师生交流、技能竞赛等方面的合作，创新南沙与港澳合作办学方式，支持各类职业教育实训基地交流合作，共建一批特色职业教育园区，通过教育的相融，推动民心的相通，增进国家认同。

推进粤港澳高等教育资源共享。支持粤港澳高校在南沙合作开办分校，鼓励联合共建优势学科、实验室和研究中心，探索开展课程学分互认、学历互认、交换生安排等合作。共同承办海事大学、共建航运人才智库，在南沙香港园开办相关课程，探索"港澳管理与咨询—内地培训—粤港澳就职"的合作模式。

2. 打造粤港澳大湾区医疗高地

加大公共卫生领域投入。加快完善疾病防控体系，提升基层医疗服务能力，建设高标准区域急救、智慧医疗网络。深入推进国家健康旅游示范基地建设，积极引入港澳及国际高端医疗资源和先进管理模式，加强高端医疗建设。加快融合汇聚港澳优质医疗资源，与中山大学附属第一（南沙）医院、广东省中医院南沙医院、广州市妇女儿童医疗中心南沙院区、广东省中医药科学院、广州医科大学附属肿瘤医院（南沙院区）等高端医疗项目合作，实现强强联手，学科优势互补，整体提升南沙医疗服务水平与质量，推动南沙打造高水平、强竞争力的粤港澳大湾区医疗卫生服务中心与健康产业重镇，成为广州名副其实的医疗副中心。搭建区域医疗信息互联平台，消除部门间的信息壁垒，形成统一高效、互联互通、信息共享、操作简便、覆盖面广的区域医疗卫生信息化体系，联动港澳地区医疗卫生信息资源互通，建立粤港澳三地医疗卫生信息资源共同体。

3. 强化沟通机制打破制度壁垒

加快营造与港澳相衔接的公共服务和社会管理环境。推进在南沙工作和生活的港澳人士享有与内地居民教育、医疗、养老、住房、交通等民生的同等待遇，为港澳居民就业创业拓展新空间。深入实施港澳专业人才资格认可十条措施，优化港澳专业人才职称评定和职业资格认可环境，推动港澳专业人才在南沙便利从业执业。继续鼓励引导港澳台同胞和海外侨胞充分发挥投资兴业、双向开放的重要作用，增强对祖国的向心力和"一国两制"的认同感。

完善便利港澳居民政策措施体系，深入实施港澳青年来穗发展"五乐"行动计划，发挥好港澳青年创业基金引导作用，高标准规划建设粤港澳青年创业就业试验区，吸引港澳青年来粤实习、就业、创业，加强粤港澳三地青年的交流与合作。加强南沙区政府职能部门与港澳特区政府的沟通与协调，强化与港澳重点高校和港澳青年社团的合作往来，通过签署项目合作协议吸引更多具有发展潜力的港澳创新创业团队入驻自贸区辖域。秉承"政府支持、市场化运营"的管理理念，通过设立第三方机构更好地服务现有的港澳青年实习就业创业相关平台，提升港澳青年的归属感和满意度。

五、南沙建设粤港澳全面合作示范区的对策建议

南沙要依托现有优势资源，在制造业的基础上大力发展战略性新兴产业，转变经济增长动能，同时与穗港澳共同打造一批重大合作平台，承接广州、深圳和香港相关功能转移，并对标港澳国际标准进行制度创新，实现两种制度融通。此外，南沙还需要加快构建大湾区"半小时交通圈"，扩大对内对外开放，充分发挥交通和开放枢纽功能，以建设优质生活圈为导向，强化优质公共服务供给，提升南沙片区发展质量。

（一）大力发展战略性新兴产业，转变发展动能

南沙制造业虽基础雄厚，但以传统制造业为主，战略性新兴产业的支撑作用还不明显，第三产业以为地方居民提供基本生活配套服务为主，不利于高端生产性服务业的构建；金融创新步伐较缓慢，尚未建立现代服务体系。未来，应立足于南沙区的产业发展现状，把握"双区"建设、"双城"联动发展的重大历史机遇，重点发展特色金融，如航运金融、融资租赁、科技金融等，引进和培育5G等新一代信息技术、海洋科技、新材料、人工智能、生命健康等战略性新兴产业群，大力发展文化创意、邮轮和游艇旅游、教育、医疗、法律等高端服务业，促进消费结构升级。

（二）与港澳打造重大合作平台，做好承接文章

南沙应充分发挥深水岸线资源、土地空间资源、制造业基础深厚等优势，利用港澳资本，与前海、横琴错位发展，以"研发+制造""总部+基地"等模式，以新能源汽车、船舶和海洋装备等先进制造业和海洋相关IAB产业为支撑，依托航运带动航运服务等高端产业要素集聚，共同谋划重大产业平台，做好产业承接，推进澳门经济适度多元发展和香港经济复苏。同时，积极配合大湾区国际科技创新中心建设，搭建对接港澳等地区的技术交易与创新转化国际市场合作平台，引导大湾区技术创新与高成长创新企业到南沙实现中试、产业化与加速成长，抢占产业链制高点，推动协同创新转化。

（三）对标实施港澳及国际标准，加强制度创新

当前，南沙对国际法与国际规则的认知与运用水平与港澳以及欧美发达国家仍存在一定差距，未能完全满足与港澳、国际接轨的需求；国际化法律人才缺乏，不能满足南沙与港澳高水平对接的"法治先行"营商环境需求。下一步，南沙要对标国际高标准，查漏补缺，完善系统集成制度新体系，加快构建与国际投资贸易通行规则相衔接的基本制度框架，形成全面开放新格局；重点建设自由贸易港，打造高水平对外开放门户枢纽。

（四）加快构建起半小时交通圈，落实交通枢纽

当前，南沙与广州中心城区、前海、横琴等地相比，基础设施相对薄弱，对产业的吸引程度不足。南沙与广州市中心城区的交通联系依然不足；南沙区与珠江东岸城市之间的交通联系有虎门大桥和南沙大桥。"十四五"时期，南沙应充分发挥地处粤港澳大湾区几何中心的优势，把握深中通道、深茂铁路等大湾区轨道交通路网建设机遇，推动环内湾地区率先实现一体化。利用湾区基础设施与公共服务一体化契机，依托广州，连通港澳，服务于珠三角地区，将南沙打造成为粤港澳交通中心，构建起南沙与大湾区城市群枢纽节点的"半小时交通圈"，实现南沙从"地理几何中心"向"区域交通中心"的转变。

（五）增强高水平对外开放功能，升级资源配置

为打造广东高水平开放门户枢纽，南沙应积极谋划对外发展空间，与京津冀地区、海南自贸港、长三角地区、北部湾经济区等区域开展协同联动。当前海上丝绸之路已成为中国构建全面开放格局的重大战略，南沙可依托南沙港铁路建设，将经济范围扩大到海上丝绸之路各节点城市，提高与丝路沿线国家和地区的航线密度，鼓励全球知名航运企业在南沙港区开辟国际航线，开拓中欧贸易新路径，加强与西部陆海新通道衔接，建设"一带一路"多式联运物流枢纽，打造海上丝绸之路和丝绸之路经济带的战略支点。

（六）增加优质公共服务供给量，提升发展品质

在民生基础设施方面，南沙的高端医疗服务和高等教育资源相对匮乏，不利于吸引其他地区居民到南沙投资创业，制约粤港澳全面深度合作。"十四五"时期，应学习港澳先进的管理技术和经验，加强与港澳名校、三甲医院合作，引入优质教育、高端医疗等公共服务资源，建设高水平国际社区，提升城市品位，增强对人才的吸引力。

参考文献

［1］陈嘉奇，陈曦然，朱汉平. 粤港澳大湾区背景下南沙人才政策优化探讨：基于"政策工具—人力资源管理"模型的分析［J］. 中国人事科学. 2021（2）：72-79.

［2］陈朋亲，谢宝剑. 回归二十年：澳门与内地经贸合作的回顾与前瞻［J］. 暨南学报，2020（4）：15-27.

［3］符正平，彭曦. 实现粤港澳大湾区体制机制创新［J］. 中国社会科学报，2019（9）：8-9.

［4］辜胜阻，曹冬梅，杨嵋. 构建粤港澳大湾区创新生态系统的战略思考［J］. 中国软科学，2018（4）：1-9.

［5］葛志专，巫细波. 粤港澳大湾区建设背景下南沙空间结构优化对策建议［J］. 经济论坛，2020（12）：95-104.

［6］郭天武，卢诗谣. "双循环"新发展格局的法治支撑与保障：以粤港澳大湾区建设为例［J］. 特区实践与理论，2021（1）：22-29.

［7］何玮，喻凯. 粤港澳大湾区政府合作研究：基于世界三大湾区政府合作经验的启示［J］. 实践与思考，2018（1）：50-53.

［8］李建平. 粤港澳大湾区协作治理机制的演进与展望［J］. 规划师，2017（11）：53-59.

［9］林先扬. 粤港澳大湾区空间发展特征、存在问题与优化提升探讨［J］. 广东行政学院学报，2020（12）：95-99.

［10］刘伟政，李华军，谢卓霖. 粤港澳大湾区金融集聚与区域经济增长［J］. 特区经济，2021（1）：14-18.

［11］刘云刚，侯璐璐，许志桦. 粤港澳大湾区跨境区域协调：现状、问题与展望［J］. 城市观察. 2018（1）：7-25.

［12］麦婉华. 南沙：建成大湾区全面合作示范区［J］. 小康，2019（14）：26-27.

［13］倪君，刘瑶，陈耀. "两链融合"与粤港澳大湾区创新系统优化［J］. 区域经济评论，2021（1）：97-104.

［14］申明浩. 粤港澳大湾区发展研究［J］. 城市观察，2017（6）：5-6.

［15］王韵清. 广州南沙打造粤港澳全面合作示范区的优势分析［J］. 新经济，2020（11）：54-55.

［16］肖建成. 把广州南沙打造成为粤港澳全面合作示范区［J］. 商场现代化，2013（19）：137.

［17］谢宝剑. 回归二十周年：香港与内地经贸合作的回顾与前瞻［J］. 学海，2017（3）：100-106.

[18] 谢宝剑,胡洁怡. 港澳青年在粤港澳大湾区发展研究 [J]. 青年探索,2020 (1):5-14.

[19] 张颖,宋皎,蔡建峰,等. 粤港澳区域标准服务系统建设的研究和探讨:以广州南沙自贸区为例 [J]. 中国标准化. 2021 (1):120-124.

[20] 周锦锋. 粤港澳大湾区背景下广州南沙自贸区的发展机遇与挑战 [J]. 特区经济. 2020 (12):27-30.

以城市更新探索共同富裕的广州之路

邓昭华[①] 李泽盛 蒋佳琳

摘　要：随着城市化的不断推进，广州的城市建设已从增量扩张转向存量发展，其过程也代表了我国大部分城市的雄心和曾经的迷茫。面对新时代高质量发展和公平发展的迫切需求，城市更新是在城市发展转型和经济发展转型中实现共同富裕的一项重要行动。本研究报告提出了新发展条件下城市更新的新内涵，总结了国内外城市更新的演进趋势及启示，并对多元共进的广州城市更新类型进行归纳，以时空运营评价广州城市更新的经济、社会、环境、文化等多元活力影响。最后在回顾政策演进的基础上，本报告对迈向共同富裕的广州城市更新进行政策展望，包括从短期收益迈向长期运营，从项目自身平衡迈向城市结构转型，从经济维度迈向社会、文化、环境维度的全面兼顾。

关键词：共同富裕　城市更新　时空运营　广州

一、新发展条件下城市更新的新内涵

党的十九大报告提出，2050年"全体人民共同富裕基本实现"，"十四五"时期也将"扎实推动共同富裕"。城市更新作为我国城市未来发展的主要形态，成为我国城市发展领域承担共同富裕任务的主要载体；其发展关注点已超越收入分配的领域，重在让人

[①] 邓昭华，英国卡迪夫大学博士，华南理工大学建筑学院城市规划系副教授，主要研究领域为城市设计、城市发展战略、智慧城市等，代表性成果有《智慧城市的空间发展战略研究》等。

民有机会参与高质量的经济发展，共享经济社会发展成果。随着更新实践的不断推进，城市更新经历了从"追求效益"转向更高层次的"价值承载"，大众的焦点也从对空间、经济的关注转向城市运营以及更高层面的价值实现。2020年12月21日，住房和城乡建设部（下文简称"住建部"）工作会议提出，全面实施城市更新行动的宣言。2021年3月，城市更新首次写入国务院政府工作报告。实施城市更新行动，是适应新型城镇化发展新形势、推动城市高质量发展的迫切要求、实现共同富裕之路的重大举措，城市更新这一传统的概念也具有了新的内涵与要义，具体体现在以下两点。

（一）作为城市自身完善工具的城市更新

城市作为经济社会发展的主引擎和扩大内需的主战场，其地位越来越重要。城市建设既是贯彻落实新发展理念的重要载体，又是构建新发展格局的重要支点。北京、上海、深圳、广州等超大城市，经过几十年的高速发展，逐步成长为我国经济增长、对外开放和国家治理的重要支撑，但也出现交通拥堵、房价高企、产业空心、环境污染等"城市病"，城市空间迫切需要重构和激活。与此同时，我国的城镇化率已经突破60%，步入城镇化发展的中后期，城市建设由大规模增量建设转为存量提质增效的重要时期。在这个发展阶段中，城市更新作为城市再生和复兴的重要手段，发挥着越来越重要的作用。

城市更新是对城市某一区域进行投资、修缮、拆建和建设的行为，以全新的城市功能替换功能性衰败的物质空间，使之重新获得发展和繁荣。经济维度上推进存量用地提质增效，改善政府财政，提升投资效益；社会维度上为个体提供充分发展的公平机会，提供就业、改善民生、缓解社会矛盾等；环境维度上改善城市生态，完善公共设施，提高城市的吸引力；文化维度上注重历史文化传承，延续城市历史文脉。

2019年中央经济工作会议首次强调"城市更新"这一概念，随着城市更新在各地实施，城市更新的理念也在不断完善。我国"十四五"规划和2035年远景目标纲要提出，加快转变城市发展方式，统筹城市规划建设管理，实施城市更新行动，推动城市空间结构优化和品质提升。在新发展条件下，城市更新行动比传统的城市建设有更高要求，是解决城市复杂问题、实现城市目标的战略手段，是中国城市实现高质量发展的重要路径。2020年11月17日，住建部部长王蒙徽在《实施城市更新行动》一文中指出："实施城市更新行动，是以习近平总书记为核心的党中央站在全面建设社会主义现代化国家、实现中华民族伟大复兴中国梦的战略高度""实施城市更新行动，可以推动城市结构调整优化和品质提升，对城市可持续健康发展有着重要而深远的意义"。

因此，城市更新作为城市自身完善的工具，针对城市发展过程中结构失衡和功能衰退的问题，以及随之带来的城市环境、生态、形象以及综合竞争力下降等问题，通过结构与功能调整、社会治理创新、环境重塑、设施改善等手段，使城市重新保持发展活力，实现高质量发展。

（二）作为共同富裕目标载体的城市更新

党的十八大以来，习近平总书记站在坚持和发展中国特色社会主义战略全局的高度，深刻把握社会主义本质，就扎实推动共同富裕发表一系列重要讲话，回答了新时代促进共同富裕的一系列根本性、方向性问题，为逐步实现全体人民共同富裕提供了科学指引。共同富裕是未来很长一段时间内，我国经济社会运转的重要目标。党的十九届六中全会指出，高质量发展、兼顾效率和公平的收入分配格局，是共同富裕的实现路径。

在共同富裕背景下，城市走向高质量发展和公平发展方向，而作为城市自身完善工具的城市更新，也进一步成为共同富裕的目标载体。基于共同富裕目标，城市更新行动可贡献多维度的正面效益，包括：在经济上倡导以持续税收为主要增长方式，在环境上应基于生态文明实现高质量发展，在文化上应以文化传承体现文化自信，在社会上应解决公平发展、住房保障等重大民生议题的治理创新。

产业经济层面，城市发展进入"减量建设"与"产业变革"并存的时代。为了扎实推动共同富裕，城市更新需要坚持习近平总书记所提的"提高发展的平衡性、协调性、包容性"，应将城市更新作为盘活低效空间、推动产业升级、促进新旧动能转换的重要抓手。坚持通过产业结构完善、产业创新、产业空间供给、缩小区域经济差距等手段，实现经济的高质量发展。

社会层面，按照供给侧结构性改革的逻辑，补齐短板是共同富裕的必由之路。共同富裕最为突出的短板就是长期生活在大城市边缘区的新市民群体。大城市里，由于长期收入低和排斥性管理，新市民长期居无定所，缺乏对未来美好生活预期，巨大的创造力被抑制，这极大地限制了国家人力资本积累和创造力的提升。当前，新市民的60%左右生活在大城市边缘的城中村地区，形成了城市本地居民与新市民群体相互分割对立的新二元结构。新二元结构是当前大城市实现共同富裕的短板，2021年10月16日《求是》发表了习近平总书记的重要文章《扎实推动共同富裕》，习近平总书记在文章中强调指出，"低收入群体是促进共同富裕的重点帮扶保障人群"，城市更新要在"加强基础性、普惠性、兜底性民生保障建设"方面发挥重要作用，围绕"就业—居住—服务"一体化，通过就业机会供给、住房供给、公共服务供给、税收调节收入分配、社会治理创新等手段，为每个个体提供充分发展的机会，最终实现社会的公平发展。

环境层面，扎实推动共同富裕，要坚持习近平总书记提出的"坚持以人民为中心的发展思想"，城市更新要以人为本，不断完善城市功能，创造高品质生活，打造人民满意的宜居城市；通过生态修复、新一代基础设施升级、品质化城乡空间等手段，实现环境的高质量发展。

文化层面，习近平总书记强调："共同富裕是全体人民的富裕，是人民群众物质生活和精神生活都富裕""要不断满足人民群众多样化、多层次、多方面的精神文化需求"。城市更新要在实现精神文化生活丰富、促进人的全面发展和社会全面进步方面发挥重要作用，通过历史文化保育、文化空间的供给等手段，实现文化的充分繁荣。

总体而言，新时期的城市更新，是共同富裕语境下的重要行动，是让全国人民平等享受国家发展红利的重要抓手，是实现国家发展目标的必要手段。城市质量提升的结果应该是实现经济、社会、环境、文化共赢的局面，对比以往城市更新实践中产生的社会阶层冲突，新时代城市更新更加注重促进真正以人为本的可持续发展，实现社会公平、空间多元融合、可持续的有机系统更新。

二、国内外城市更新的演进趋势及启示

回顾国内外城市更新的历程，有助于理解我国当前城市更新的历史使命与创新方向。

（一）西方国家城市更新

城市更新源起于西方发达国家，在城市不同的发展时期有着不同的目的、机制和内容。其历程可以划分成四个阶段。

一是二战后至 20 世纪 60 年代初，为了改善战后恶劣的住房条件，这个时期的城市更新主要集中在贫民窟的清除以及提升住房水平两方面。城市更新的实施由政府主导、关注城市机能改善，大多采取大拆大建的城市更新模式。这个时期的城市更新专注于物质经济方面，缺少对社会、环境以及文化的相关思考。推土机式重建城市物质空间带来了一系列社会问题，最终导致贫民窟只是在空间上进行了转移，造成了沉重的社会和经济成本。

二是 20 世纪 60 年代至 70 年代，前期推倒重建式城市更新虽然在一定程度上改变了城市物质空间环境，但却引发了社会冲突、社会贫困与犯罪等社会问题。为了解决大拆大建带来的社会不公平和经济问题，城市更新的重心开始转向公共住房的建设，这个阶段的城市更新带有明显的国家福利主义色彩。这个时期西方国家经济快速发展，社会普遍富足，人们开始想要消除贫困，让政府承担为居民提供更好服务和福利的责任。城市更新开始更多转向社会维度，关注弱势群体，强调被改造社区的原居民能够享受到更新带来的社会福利和公共服务。虽然这个阶段在一定程度上缩小了贫富差距，但由于城市更新的受益者局限于社区居民，地方很难享受到更新带来的外部性好处，所以注定了这类更新不会长久；加上政府投入资金有限，没有良性的资金循环，逐渐无力承担越来越沉重的财政负担，于是福利主义政策迅速陷入困境。

三是 20 世纪 80 年代至 90 年代，由于全球性经济衰退，去工业化和郊区化导致城市中心区开始衰退，中产阶级搬出内城。这个阶段的城市更新目标主要是振兴内城，由政府与市场合作进行以地产开发为主导

的旧城开发。城市成为空间生产的工具，伴随着各类开发项目的落地，社会断裂与居住隔离等问题开始出现，社区居民被排挤到城市边缘，原住民被迫迁居，这些不稳定因素导致公众对城市更新实现"公共利益"的目标产生强烈质疑。城市更新带来的经济效益增量成了该时期最大的关注重点，公共部门首次在城市更新中变成次要角色，其主要任务是为私有部门的投资活动创造良好宽松的环境。由于缺乏社会、环境、文化多维视角的考虑，这个阶段的城市更新在众多批评声中黯淡落幕。

四是20世纪90年代之后的城市更新，开始注重人居环境的社区综合复兴。人们对可持续发展、以人为本、公众参与等理念开始不断探索。这个时期也出现了"绅士化""内城塌陷"等城市与社会问题，但城市政府与相关部门都在以一种综合整体的观念来解决各个方面的复杂问题，关注不同群体的价值诉求和生活方式的多样性，坚持生态和可持续发展的思想。这个阶段的城市更新开始强调从社会、经济、文化、物质环境等多维度综合治理城市问题，并强调社会多角色共同的参与。

（二）国内城市更新

我国的城市更新进程从1949年起，经历了多个重要阶段。基于历史阶段的更新特征与重点，1949年后的城市更新可以划分为三个阶段。

一是以物质更新为主的旧城改造阶段。从中华人民共和国成立初期到1990年代，为了改善战争过后的城市基本卫生环境以及提高居民生活条件，政府主导进行旧城改造，更新工作主要是针对局部生存环境极度恶劣的区域进行重点修补。这个阶段的城市更新依然是停留在物质形态和空间布局层面，历史文化资源破坏、更新质量偏低等问题伴随出现。改革开放后，政府工作重心转向解决住房紧张和经济设施不足等问题。由于当前城市更新社会政策的不完备、思想的局限性以及初期建设的遗留问题，导致相似风格的住宅建筑在不同城市拔地而起，城市面貌雷同，对于社会影响、环境质量以及文脉利用考虑不周。

二是以释放土地价值为主的城市再开发阶段。1990年代以来，市场力量涌入旧城改造过程，开始大规模城市更新实践探索与创新。这个时期的城市更新由政府和地产企业合作开发，公共利益和个人利益持续博弈。国内学者虽然较早对城市更新的内涵和目的便有了比较深入的认识，认为城市更新的目的是为市民创造更好的生活环境，使其享受到环境、经济和社会三个方面的效益。但由于市场引导和央地财政诉求的双重作用，在城市更新过程中追求效益的高拆建比模式还是频频出现。由于缺少全面系统的思考和明确的城市建设目标价值取向，出现了大拆大建导致城市文脉断层、城市风貌破坏以及城市空间绅士化等城市问题。房地产开发的城市更新让贫富差距进一步扩大，缺乏公众问责性与横向协调，导致低收入人群很难参与到城市更新中，表达出真实的意愿和需求。

三是以促进均衡发展为主的有机更新阶段。这个阶段的城市更新从单一物质环境维度扩展到社会、经济、环境和文化等多个维度，提出体现社会公平、空间多元融合、可持续的有机更新。在"为民生、促转型、提品质、优结构"及城市更新自身制度建设与体系完善方面都取得了巨大成就。在以人为本、社会可持续以及生态文明战略的倡导和大环境下，"小尺度、渐进式、有机"等理念回归并达成社会共识，城市更新开始更加关注社会各个阶层的幸福感。

2019年，伴随着"城市更新元年"的到来，中央和地方出台了一系列相关政策，带来了一场深刻的理念变革。而如今，伴随着城市更新行动的提出，这一变革代表着我国关于城市更新方面的思考又上升到了新的高度，城市更新将成为我国新时期全面发展的重要战略。

（三）小结

虽然西方与我国的城市更新背景有着较大的差异，遇到的问题也不尽相同，但从整体的发展趋势上来看均有规律可循：在城市发展的过程中，城市更新的内涵与目标都随着历史进程在不断的丰富；发展思想都经历了从形体主义规划思想向以人为本的城市建设规划思想的转变；在城市更新的目标方面也从早期的单一维度到后期关注更多维度的可持续综合发展。中低阶层的住房问题一直贯穿着城市更新的整个过程，成为实现可持续发展的最大议题。

从西方发达国家的经验来看，随着城市物质经济水平不断提升，城市更新的关注重点往往会从对一定区域社会经济地位的提升转向居民居住条件的改善、公共利益的实现和社会整体的和谐发展。就我国而言，早期更新方式的片面性给城市后期发展带来了诸多问题，在之后的城市更新行动中应以社会空间正义为核心价值观，要特别关注实现弱势群体的价值诉求，尽量保持原有的社会网络体系，避免大拆大建的现象出现。在共同富裕的新语境中，国内外已有经验皆有其片面性，新时期的城市更新应在时间空间维度上，全面关注其内部乃至城市的经济、社会、环境和文化影响，以高质量发展与公平发展为手段，推动共同富裕目标的实现。

三、面向共同富裕的城市更新理论建构

城市更新是我国城市未来发展的主要形态，也是城市承接共同富裕目标的主要载体。城市更新如何发挥其外部正效应，落实高质量发展与公平发展，是我国城市治理、城市发展的重要理论议题，也是我国在社会主义新征程中的重要实践课题。这也要求我国未来的城市更新理论要从更广阔的视域着眼，超越工程维度、超越项目自身的尺度、响应城市宏观战略目标，并超越以问题为导向的被动式影响评估理论，进化为以共同富裕目标为导向的主动式本土化理论。

根据国内外的文献与实践，本研究把城市更新定义为：对城市既有建成环境进行维护、再建设的行为，其类型包括全面改造、微更新、混合更新、基础设施更新等。其新时期的内涵为：通过长期的城市更新治理，形成对经济、社会、环境、文化等多维度的正面效益，以实现城市战略发展目标，最终迈向共同富裕；经济维度上应以持续税收的方式实现持续增长，在环境维度上应基于生态文明实现高质量发展，在文化维度上应以历史文化传承与发展实现文化自信，在社会维度上应解决公平发展、治理创新、住房保障等重大民生问题。

前文回顾了不断发展丰富的国内外城市更新历程，并从理论上建构了新时期城市更新的新内涵与目标。接下来的两个部分，结合上述分析框架，以广州为代表城市，回顾我国城市更新所涉及的典型类型与城市更新项目给城市所带来的活力影响，以更有针对性地进行政策建议。

四、多元共进的广州城市更新类型

广州作为一个具有2000多年发展历史的城市,其每一次城市发展都伴随着对原有城市的更新。更新是广州城市发展永恒的主题,广州市旧城街区的发展差异显著,街区活力衰退与重建、社区治理与共同缔造、历史文化名城保护、环境与基础设施微改造等活动持续进行。同时,广州一直走在市场开放与政府改革博弈的前沿。自20世纪末旧城区的"大拆大建"被"叫停",民间资本当前已在探索零增量、少增量进入旧城区的尝试。从2008年开始的"三旧"(即旧城镇、旧厂房、旧村庄)改造政策颁布到2015年成立全国第一个城市更新局、探索旧城街区"地区城市总设计师"制度、2017年被住建部列入全国历史建筑保护利用试点城市,广州在不断探索着城市更新的对策。在此期间,广州进行了一系列城市更新工作,对城市的经济产业、社会发展、历史文化、环境品质等多方面产生深远影响,成为研究我国城市更新的典型样本。广州市城市更新灵活多变,针对不同的更新主体,应用不同的更新方式进行改造。基于城市空间转型的类型,本报告将城市更新分为全面改造、社区更新、产业更新、街区修复、环境整治五种类型。针对这五种城市更新类型,基于共同富裕目标,响应高质量发展、共享发展的内涵,本部分内容从经济产业、社会结构、物质环境、历史文化等方面回顾广州城市更新的特征,提炼其运作模式及经验,同时整理不同类型的更新项目,为后面的城市更新实证的研究对象选择提供依据。

(一)全面更新提高用地效率

从20世纪90年代开始,广州就开始对城中村更新进行探索,进行了一系列危房改造。2006—2009年,为了迎接亚运会,广州市开始探索城中村的全面改造,以"政府主导,引入社会资金参与建设"为原则,通过引入房地产开发商合作开发,整体改造猎德村、杨箕村、花地村等城中村。2009—2012年,在全省"三旧"改造的契机下,广州出台"三旧"改造政策体系,"三旧"改造工作全面铺开,通过"政府主导,村民自愿,开发商介入"的方式,打造了琶洲村、林和村、大坦沙等一大批全面改造项目。

截至 2020 年，在广州 288 个"城中村"中，已批项目 150 个，其中全面改造 34 个。全面改造项目中有 10 个已完工，分别是猎德村、林和村、潭村、杨箕村、琶洲村、黄埔村、西塱村、永泰村、萧岗村、线坑村。

广州猎德村是一个典型的城中村，村中存在居住环境破旧、大量违章建设等问题，同时由于其位于广州新中轴旁边，影响着珠江新城中央商务区的城市形象，诸多问题制约着城市的发展。2006 年，在猎德大桥和新光快速路的建设背景下，政府决定启动猎德村改造。2008 年，猎德村作为广州首个全面改造的城中村正式动工，采取"市、区政府主导，以村为实施主体"的组织形式。在社会方面，猎德村增加商业和公共服务设施配套，同时通过改造，增加村民的经济收入，提高其的生活水平，并建立健全的社会保障体系，实现了村民老有所养，病有所医，居有其屋，衣食无忧的良好社会形态。在产业方面，积极融入 CBD 的发展中，大力发展生产性服务业，实现产业的转型升级。在文化方面，保护传统文化建筑与传承地域文化，异地复建新宗祠、保留村的地域格局、建设岭南特色的园林建筑和风情街。通过全面改造，猎德村重建成现代文明与传统文化有机结合的岭南特色社区，为广州增添了一张新名片。

城中村的弊端包括布局混乱、建筑密度大、"握手楼"大量存在、公共开敞空间缺乏等，从工作成果来看，广州城中村全面改造基本实现了降低建筑密度及提高绿地率的预期。但由于改造需调剂出融资地块以达到利益平衡，加上政府在赔偿标准上的让步，导致改造土地开发强度普遍过高。如猎德旧村原容积率 2.4，改造后回迁安置房用地容积率 52，楼高 40 层，融资住宅地块容积率 60；黄埔文冲村改造方案甚至出现了 5 栋 50 层以上的住宅楼。此外，由于改造涉及的利益主体多而分散，推进难度较大。以沥滘村为例，2011 年与开发商签订改造协议，直至 2019 年才正式启动拆迁，2024 年 9 月 10 日首批次 1023 套复建房终于交付。

（二）社区更新改善民生服务

广州市老旧社区众多，2000 年以前建成，存在功能配套不全、建设标准不高、基础设施老化、人居环境较差等问题的老旧小区共有 779 个，涉及 52 万户居民、21935 栋楼、3535 万平方米建筑。这些小区由于建成年代较早，建设标准和配套指标偏低，普遍存在建筑性能退化、公共配套缺失、道路交通混杂、公共空间匮乏、安全管理堪忧、社区文化丧失等问题，成为城市品质提升的短板。加上老旧小区普遍存在产权复杂、空间界定模糊、更新改造资金缺乏等问题，改造协调难度非常大，很多老旧小区长期失修失养，甚至存在安全隐患和社会治安问题，很容易成为社区治理的黑点和盲区。同时，老旧小区居住人口多为生活困难的原住民和大量还在为生活奔波的社会中间夹层人员，如何改善这类弱势群体的居住环境是维持城市活力和社会公平的内在需求。因此，从 2016 年开始，推进老旧小区改造就纳入了广州市的政府工作报告，并日渐成为广州市城市更新的核心工作任务。

广州市是住建部 15 个老旧小区微改造的试点城市之一，2016 年，广州率先开展老旧小区微改造工作，强调对社区现状空间的修补与完善，兼顾空间效能和社会民生，以提高群众获得感、幸福感与安全感为目标。针对老旧小区实际，在维持现状建设格局基本不变的前提下，通过局部拆建、功能置换、保留修缮等方法实施更新改造。梳理 60 项"改造任务清单"，包括基础设施升级、拆违、整饰等 49 个基础完善类项目和加装电梯、绿化节能等 11 个优化提升类项目，优先解决用水、用电、用气、"三线"整治等民生关切问题。制定《广州市老旧小区微改造三年（2018—2020）行动计划》，用三年时间全面推进 779 个老旧小区实施改造。通过坚持推动老旧小区改造工作，2020 年，全市完成老旧小区微改造 232 个，"三线"整治 496 千米，累计改造老旧建筑 2342 万平方米。

仰忠社区是广州典型的老旧社区，社区公共设施陈旧、房屋年久失修、建筑质量差、三管三线等线网布置凌乱、社区缺乏物业管理、公共空间脏乱差。社区产权复杂，过半房屋产权为公有，还有部分华侨房；

但是社区内本地居民较多，邻里关系融洽，社区居委会与居民关系良好。2015年底，珠江街街道办将仰忠社区的改造诉求提交越秀区城市更新局。2016年，仰忠社区成为广州首批微改造首批试点。由居委会主导开展老旧社区改造，改造项目由政府提供资金，分两期施行。改造内容包含政府指定的大型公共设施工程改造及居民指定的工程。改造后，仰忠社区物质环境提升，居民自治形成。仰忠社区市、区两级财政共投入近3000万元，不仅实现人居环境的改造，同时塑造长期的社区治理理念，促进社区形成共建共享共治的模式。

此外，旧南海县、永庆坊、泮塘五约、三眼井、广重社区等一批社区更新项目也成了搭建广州微改造成效的样本。截至2020年8月底，在广州市纳入政府投资计划的824个老旧小区改造项目中，521个项目已完成改造，2020年城市更新老旧小区改造居民满意度达86.2%，人居环境得到明显提升。

（三）产业更新注入持久活力

广州市的工业发展有着悠久的历史，中华人民共和国成立之后，工业开始发育，经历了成长期之后开始受到制约。随着20世纪90年代开始国有企业改革和广州市21世纪初期开始执行"中调"战略，大量企业被兼并或转移，在城市内部留下大量工业遗产，工厂厂房的特殊结构适应于大型展览和设计工作室等，开始受到创意企业的欢迎。2007年起广州启动"退二进三"工程，同时在亚运会的催化作用下，广州进行了"三旧改造""双转移"等工作，腾出土地1245万平方米，其中旧厂房约占880万平方米。针对这些工业用地，广州出台《广州市区产业"退二进三"企业工业用地处置办法》（简称《办法》）（2008），强调创意产业被排在旧工业区允许产业的优先位置，并排除房地产开发，引发一系列旧工业区进行创意产业更新活动。

近年来，广州市创意产业与旧工业区更新相结合，涌现出了大量利用旧工业建筑改造而成的创意产业区。"十二五"期间，结合旧工业区更新重点建设的创意产业园有31个之多。其中既有政府主导引进投资商的（如信义会馆、正华创意产业园），原工厂直接开发（太古仓），或与投资商共同开发的（如星坊 60、TIT 创意园、羊城创意产业园），也有设计企业推动，创意机构自发集聚的（如红专厂），类型丰富。

花果山超高清视频产业特色小镇是广州典型的产业更新区域。2014 年，广州电视台部分部门陆续迁入媒体港新址，花果山原址腾出了空间。广州电视台开始谋划利用原址进行新一轮产业布局和规划，利用本地电视行业 30 多年来的传统业态优势，积极顺应 4K+5G 发展趋势，以大数据、云计算、人工智能等新一代信息在超高清视频领域的创新应用为抓手，开辟新的传媒矩阵和文化产业，以融合创新的内容制作为核心，集聚龙头企业、核心人才、技术平台、产业资金，形成一带三区超清产业生态链条，创立千亿级超高清视频产业发展的高地。花果山超高清视频产业特色小镇抓住机遇，成为广东省创建的国家超高清视频产业发展试验区的重要组成部分。

通过产业更新改建发展创意产业区，是广州一种典型的经济空间形式和新的产业模式，这类更新方式避免了大拆大建带来的资源浪费和生态破坏，有利于维持城市文脉，提高地区整体价值，带动区域活力，促进城市复兴。

（四）环境治理改善城市生态

2004 年，广州获得了第 16 届亚运会的举办权。这一盛事对广州从城市的日常生活到城市建设、城市空间结构的转型等均表现出不同程度的影响，2007 年出台的《广州 2010 亚运城市行动计划》，推行青山绿地、蓝天碧水工程改善环境建设。其中城市水环境整治是迎亚运的重点工程之一，广州市先后颁布实施了《关于加快推进河涌综合整治和污水处理工程建设的通告》及其配套的综合整治工作方案等一系列治水措施，荔湾区推出"五区一街"迎亚重点项目，其中荔枝湾环境综合整治项目是这一时期城市更新的杰出代表。"十三五"以来，广州市坚持把水环境治理作为重要政治任务和重大民生工程，持续推进黑臭水体治理、污水厂建设、碧道建设、合流渠箱改造、排水单元达标、珠江堤防改造、海绵城市建设等工作，实现了城市水生态功能的系统性修复。

截至 2020 年 12 月 29 日，广州全市 147 条黑臭水体全部消除黑臭，

13个国省考断面全面达标；入选首批国家黑臭水体治理示范城市；"黑臭河涌治理"获评"市民认为建设美丽宜居花城中成效最为显著"工作。广州市顺利通过省住建厅、生态环境厅联合开展的黑臭水体治理专项排查，建成区黑臭水体消除比例达到100%。

荔枝湾项目是广州环境综合整治项目的杰出代表，荔枝湾综合整治工程通过沿河截污、疏浚河床、引水净化等技术措施，实现了水质的生态性修复。项目同时联通周边水系，形成一个完整的水循环系统；采用"新岭南文化景观"的设计理念，将岭南传统文化特色抽象提取元素与符号如满洲窗、镬耳墙、西洋山花、门券廊柱等，以现代景观设计手法，重新融入景观塑造中，并赋予建筑新的使用功能，使传统的岭南景观在新时期得以重生。项目在2010年亚运召开前顺利完工，清水潺潺，画舫悠游，曲桥佳木，亭台楼榭，不但复活了岭南水乡风貌，更重现老街坊的"老广州回忆"，荔枝湾重新焕发生机与活力，被誉为新羊城八景之一。

2021年，广州被列入全国首批海绵城市建设示范城市，广州碧道规划和实施项目荣获2021年WLA世界景观建筑大奖"建成类—城市空间"奖和2021年LILA国际景观奖——"基础设施类"奖，水环境治理效益日益显现。如今的亲水地段已成为市民休闲和文化、商业、产业兴盛的"黄金地带"。"水与人"的关系也从最初的紧张逐渐缓解，进而趋向和谐共生。

（五）街区修复延续传统文化

广州作为一个拥有两千多年发展历史的城市，拥有悠久的历史文化资源，全市范围内划定历史文化街区26片，总面积6.69平方千米，既有永庆坊、荔枝湾、沙面等文化街区，也有北京路、上下九、十三行等商业街区，同时还有其他大量具有较高历史文化价值的传统街区。这些历史街区蕴含着丰富的历史文化与人文底蕴。

针对历史文化街区不适宜进行大拆大建全面改造的现状，广州将"微改造"作为历史文化街区保护与活化的主导方式，积极探索历史建筑活化利用，政府引导，鼓励社会多元主体参与，产权人或产权人联合体自愿申报。在维持历史建筑及建成环境现状格局不作大的改变的前提下,"微改造"以绣花功夫精心设计,对不适应现代生活及社会经济活动需求的空间作必要改善,包括保留修缮或局部拆建、完善基础设施、功能置换、环境整治、建筑节能改造等。

荔湾区恩宁路永庆坊是广州街区修复的典型案例。恩宁路位于广州荔湾区西关老城的核心地带,与上下九步行街骑楼连接,是广州市最完整、最长的骑楼街,被称为"广州最美老街"。恩宁路的更新采取了"政府主导、企业承办、居民参与"的推进模式,2016 年 2 月,永庆坊作为广州旧城"微改造"模式的首个试点项目公开招商;万科中标,成为该项目实施主体,负责项目改造、建设和运营,实施修复改造工程的方案设计、房屋修缮、立面整饰、街巷整理、引入新的产业等工作。项目同时鼓励片区内的原居民参与改造,积极保留原来的生活方式和文化传统,通过改造工程和活化措施,形成既保留传统风貌,又具有创新内涵的新型创客社区。永庆片区"微改造"项目实施后,取得了"环境提升,文脉传承,功能转变,老城新生"的效果,为广州市历史文化街区活化树立了典范。

广州历史文化街区"微改造",不仅保护了城市历史环境的原真性,改善了当地居民的生活环境及生活品质,同时促进了文化旅游产业的发展,实现了历史文化街区的再生,走出了一条独特的历史文化街区复兴之路,实现了经济效益与历史遗产功能相结合的良性循环,延续了历史文脉,展现了独特城市魅力,留住了广州的"乡愁"。

五、以城市更新注入活力的广州实证分析

广州进行的一系列城市更新工作,对城市经济社会的多个方面都产生了相应影响。为明晰城市更新项目自身的成效及对城市的具体作用,本部分内容以城市活力为评估指标,进行城市更新为广州注入活力的实证研究。

城市活力深刻反映了城市人民生活获得感、幸福感与安全感。城市活力的提升,客观上是高质量发展的表征,也是人民广泛共享经济社会发展成果的整体体现。城市活力是一种受城市空间形态影响的城市活动,即空间特征及其背后社会活动的同构体,其根源是人群的集群及其产生的活动。它体现了城市各要素和资源的合理性、开放度、活跃度,并综合体现城市运行和发展的效率,是评价一个城市是否具有吸引力、是否健康高质量发展的一个重要指标,有助于引导城市均衡健康发展,对城市的发展建设至关重要。

城市作为一个庞大的动态系统,具有复杂性、综合性的特点,其发展受到经济、社会、文化等诸多因素影响。与城市结构体系相对应的,城市活力体系也包括经济、社会、环境以及文化活力,且相互复合与叠加,共同支撑了城市活力体系,并综合体现城市空间品质。本报告通过分析城市经济、社会、环境、文化多维度的活力,评估在城市更新活动中,广州通过更新政策的改革、经济的提质增效、人口结构的分配、基础设施的配套与完善、历史文化的传承保护、生态环境的营造等手段,为城市活力带来的影响。报告超越了单维度、静态、局限自身的评估方法,针对共同富裕的目标,面向经济、社会、文化、环境多个维度、项目自身及对外影响等多个尺度、更新的前中后等全生命周期,建立广州城市更新效益评估方法。报告收集了不同年份的百度热力图、POI分布、百度慧眼人口属性、两步路步行轨迹等多维数据,针对广州不同更新类型,选取经典项目(见表1)作为研究对象,并重点选择2016—2020年间有更新进程变化的项目,从经济、社会、文化、环境不同方面开展影响评估,对城市更新的整体活力、服务设施数量及类型、人群结构、生态环境等方面进行具体分析,并对其背后的影响因素进行了初步识别,对广州现状城市更新治理模式进行反思,为后面提出迈向共同富裕的广州城市更新政策展望提供依据。

表1 各更新类型研究对象

类型	项目
全面改造	猎德村、琶洲村、潭村、林和村、杨箕村
街区修复	荔湾区恩宁路永庆街、南华西街、上下九—第十甫历史文化街区、沙面历史文化街区、新河浦历史文化街区、五仙观—怀圣寺—六榕寺历史文化街区
产业更新	羊城同创汇、海珠区TIT创意园、太古仓码头、众创五号、唯品同创汇、众创五号、广州联合交易园、羊城创意产业园、花果山超高清视频产业特色小镇

续上表

类型	项目
社区更新	泮塘五约、旧南海县社区、五羊小区、梅花路小区、德欣小区
环境治理	东濠涌、荔枝湾涌、车陂涌、沙河涌、棠下涌

（一）整体活力变化

周末是城市人群休息游憩的时间，周末的活动很大程度地反映了城市居民的幸福感，选取周末活动强度最大的下午4时作为研究时间点，爬取2016年12月24日、2017年5月13日、2021年12月12日的百度热力图，对广州市内人群活力进行量化研究。

考虑不同年份百度热力数据爬取精度的差异，为了更加准确地量化评价城市更新区域人群聚集度的年际变化，引入聚集度差异系数DA（Difference Coefficient of Aggregation Degree），对比城市更新区域与周围街区人群聚集度的差异，通过差异系数的年际变化分析人群聚集度的年际变化。

$$DA_1 = \frac{SH_{改}}{SH_{总}}; \quad SH = \sum_{i=1}^{7}\left[\frac{S_{1i}}{S_1} \times i\right]; \quad S_1 = \sum_{i=1}^{7} S_{1i}$$

式中：SH（Score of Heat Map）为百度热力等级（将百度热力图分为1~7七个等级），城市更新区域的$SH_{改}$与城市总体的$SH_{总}$之比即为聚集度差异系数DA_1；i为百度热力等级中的某个等级数；S_{1i}为第i个百度热力等级在核密度图中的面积；S_1为全部7个核密度等级的面积之和。

当某区域$DA_1 = 1$时，说明该区域与城市总体的活力相同；当$DA_1 > 1$时，说明该区域的活力大于城市总体，值越大差异越大；当$DA_1 < 1$时，说明该区域的活力小于城市总体，值越小差异越大。广州城市更新各类型区域的DA_1值年际变化如表2、图1所示。

表2 各类型区域的DA_1值年际变化

年份	全面改造	产业更新	社区改造	街区修复	整体更新区域
2016	1.19	0.99	2.01	1.33	1.22
2017	1.11	1.10	1.88	1.21	1.17
2021	1.29	1.16	1.63	1.33	1.28

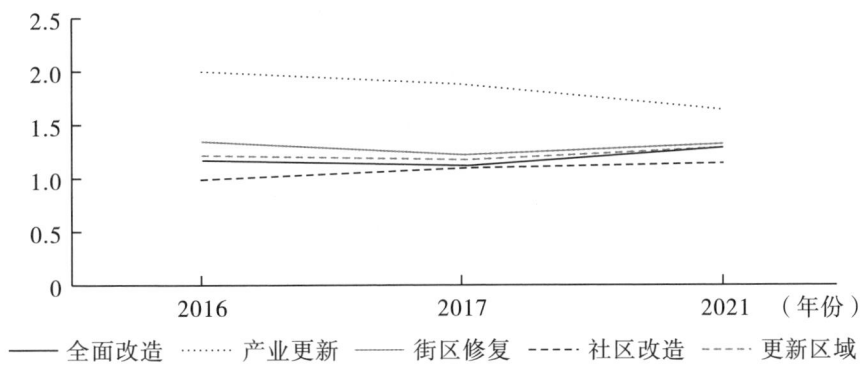

图1　各类型区域 DA_1 值年际变化

整体而言，更新区域 DA_1 均大于1，反映了广州更新区域的活力整体大于中心城区平均活力，存量区域集聚了城市中较多的人口，说明存量区域的空间质量是关系人民幸福感、实现共同富裕的重点区域。年际变化上，2016—2021年间更新区域 DA_1 值变化不大，整体呈现在波动中逐渐增大的趋势，反映了广州更新区域通过发展，其活力逐渐上升。

其中社区更新区域在三个年份中均为最高，说明旧社区人口集聚程度高，应重点关注其空间质量。但社区更新区域 DA_1 在2016—2021年逐渐减小，从2016年的2.01减小到2021年的1.63，反映随着城市发展，城市其他区域的吸引力逐步增大，社区居民在周末外出城市其他区域进行休憩活动越来越多。

与之相对的是产业更新区域 DA_1 逐年增大，从2016年的0.99增加到2021年的1.1，反映了产业更新区域活力水平在不断提升，产业更新改造成效显著。本报告选取2017年开始建设的花果山超高清视频产业特色小镇和2018年开园的海珠唯品同创汇做进一步研究（见表3、图2），可以发现，2016年其 DA_1 值均小于1，说明旧工业区在开始改造的前期或改造过程中，其相对城市其他区域，其吸引力较小、活力水平较低，而随着改造过程的推进，其 DA_1 值逐步增大，在2021年接近甚至超过1，说明这两个发展中的创意产业区在城市中的吸引力不断提升，反映了产业更新区域通过旧工业区改建创意产业区，吸引越来越多的人群集聚，成为带动区域活力、促进城市复兴的新场所。

表3　经典项目 DA_1 值年际变化

年份	唯品同创汇	花果山传媒小镇
2016	0.65	0.73
2017	0.68	0.91
2021	0.98	1.06

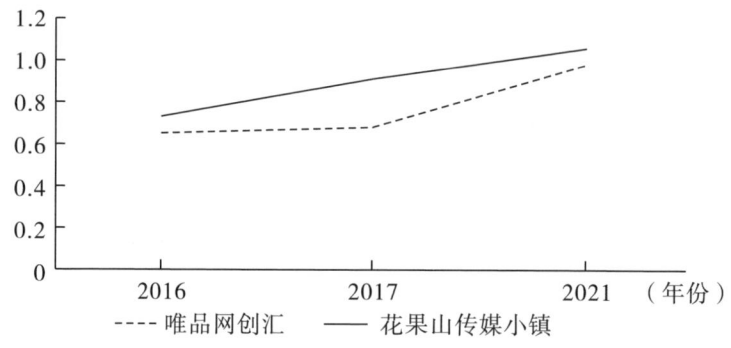

图2　经典项目 DA_1 值年际变化

（二）服务设施类型变化

通过城市 POI（Point of Interest）的变化，研究城市更新区域服务设施类型的变化。同样以聚集度差异系数对比城市更新区域与周围街区设施聚集度的差异。

$$DA_2 = \frac{SF_{改}}{SF_{总}};\ SF = \sum_{i=1}^{7}\left[\frac{S_{2i}}{S_2} \times i\right];\ S_2 = \sum_{i=1}^{7} S_{2i}$$

式中：SF（Score of Facility Kernel Density）为设施核密度等级（将设施核密度分为 1～7 七个等级），城市更新区域的 $SF_{改}$ 与城市总体的 $SF_{总}$ 之比即为聚集度差异系数 DA_2；i 为设施核密度等级；S_{2i} 为第 i 个设施核密度等级在核密度图中的面积；S_2 为全部7个核密度等级的面积之和。2016及2020年服务设施的计算结果分别如表4、表5所示。

表 4　2016 年各区域各类型设施 DA_2 值

项目	更新区域	全面改造	产业更新	街区修复	社区改造
餐饮服务	1.15	0.90	0.86	1.43	1.43
购物服务	1.33	0.94	1.07	1.73	2.36
交通设施服务	1.35	1.02	1.31	1.57	1.98
金融保险服务	1.37	1.17	1.20	1.58	2.19
科教文化服务	1.61	1.17	1.73	1.82	2.28
生活服务	1.27	0.81	1.23	1.58	2.16
体育休闲服务	1.31	0.95	1.20	1.59	2.00
医疗保健服务	1.44	0.79	1.09	2.13	1.97
政府机构及社会团体	1.56	1.02	1.32	2.07	2.28
住宿服务	1.37	1.36	1.16	1.47	1.85

表 5　2020 年各区域各类型设施 DA_2 值

项目	更新区域	全面改造	产业更新	街区修复	社区改造
餐饮服务	1.25	1.22	1.00	1.41	1.88
购物服务	1.31	0.94	1.22	1.61	1.89
交通设施服务	1.35	1.21	1.34	1.43	1.92
金融保险服务	1.46	1.55	1.20	1.50	2.22
科教文化服务	1.37	1.27	1.39	1.41	1.84
生活服务	1.31	1.24	1.10	1.46	2.01
体育休闲服务	1.36	1.47	1.21	1.34	1.91
医疗保健服务	1.42	1.19	1.01	1.83	1.98
政府机构及社会团体	1.46	1.07	1.26	1.86	2.02
住宿服务	1.62	2.06	1.17	1.55	1.96

2016 年更新区域优势业态为科教文化服务、政府机构和社会团体（见图 3），其主要分布于"微改造"社区及历史街区（见图 4、图 5），这说明相对城市其他区域，更新区域的服务设施更关注学校等文化设施以及居委会等社会服务设施。

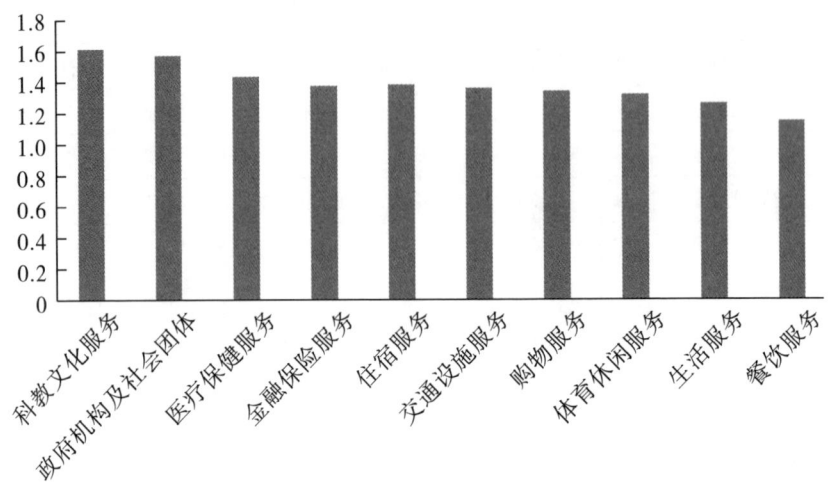

图3 2016年更新区域各类型设施 DA_2 值

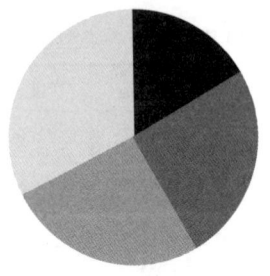

图4 2016年科教文化服务分布区域

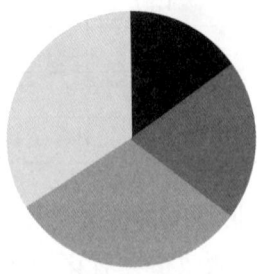

图5 2016年政府机构和社会团体分布区域

在年际变化上，对比 2016 年与 2020 年 POI 设施类型，变化最为明显的设施类型为住宿服务和餐饮服务显著增加；科教文化服务及政府机构和社会团体显著减少（见图 6）。这反映宾馆酒店等住宿服务和餐饮服务向城市更新区域集聚，而过去偏重的科教文化服务及政府机构和社会团体等业态逐步撤出。

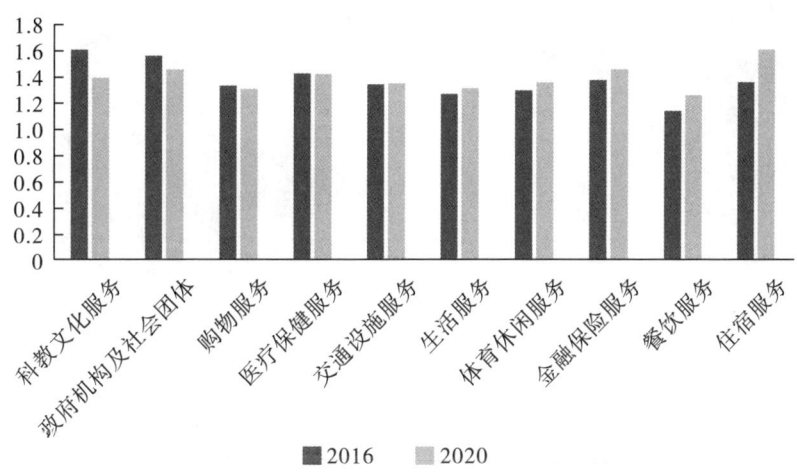

图 6　2016—2020 年更新区域各类型设施 DA 值对比

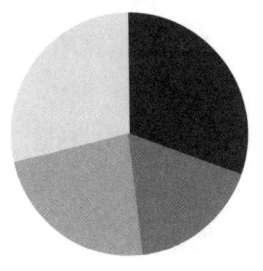

图 7　2020 年住宿服务分布区域

图 7 显示，2020 年住宿服务更多分布于全面改造区域。报告进一步选取 2017 年改造完成的潭村进行研究，可以发现其住宿服务 *DA* 值变化更为明显，2016 年到 2020 年由 1.01 增加到 1.64，具体住宿服务 POI 数量点由 0 增加到 15 个（见图 8、图 9）。这反映全面改造项目通常通过规划高端办公商业进行融资筹集改造资金，改造过程中更关注经

济利益，对与人民生活幸福更加紧密相关的公共服务设施的配给还略为欠缺。

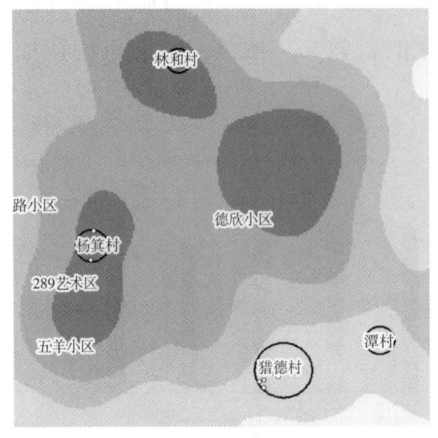

图8　2016年住宿服务POI点及核密度

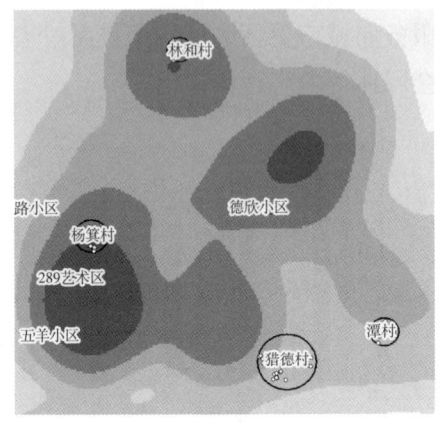

图9　2020年住宿服务POI点及核密度

（三）社会结构变化

对猎德村、琶洲村、潭村、林和村、杨箕村这五个典型的全面改造区域进行研究，对比广州市百度慧眼2018、2019两年的居住人口属性，可以看出居住人口的变化趋势明显呈现青年化以及一定程度的高学历化，年龄在18～24岁之间的人口从6893人增加到8004人，年龄在25～34岁之间的人口从8962人增加到9555人，整体而言，18～34岁的青年在人群中的占比由54.06%增加到60.15%（见图10）；学历为本科以上的人口从6689人增加到7859人，占比由22.80%增加到26.90%（见图11）。

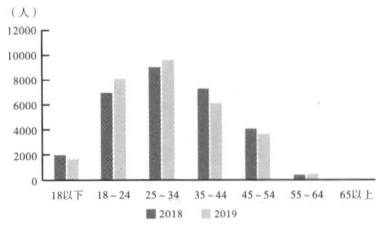

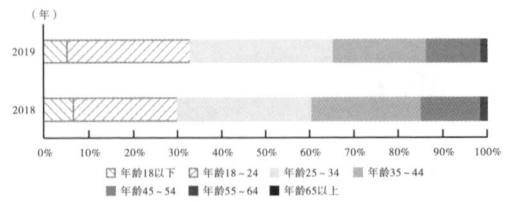

图10　2018—2019年全面改造区域人群年龄变化

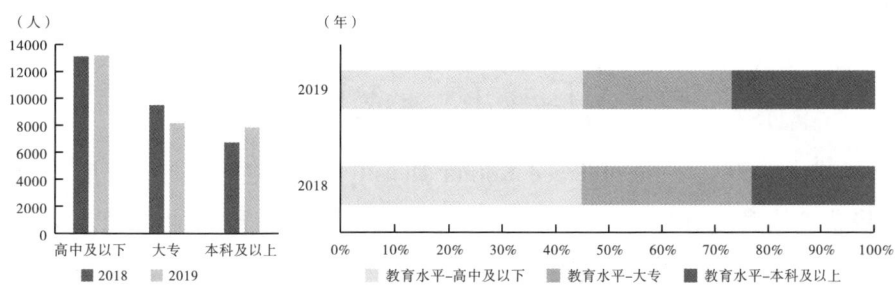

图 11　2018—2019 年全面改造区域人群学历变化

与此同时，本报告选取正在改造过程并在 2018 年间进行回迁的冼村进行研究。冼村一期与二期的回迁房已建设完毕，并在 2018 年与 2019 年完成了摇珠分房，其 2018、2019 两年的居住人口属性变化更为明显，学历为本科以上的人口占比由 18.81% 增加到 28.19%（见图 12）。

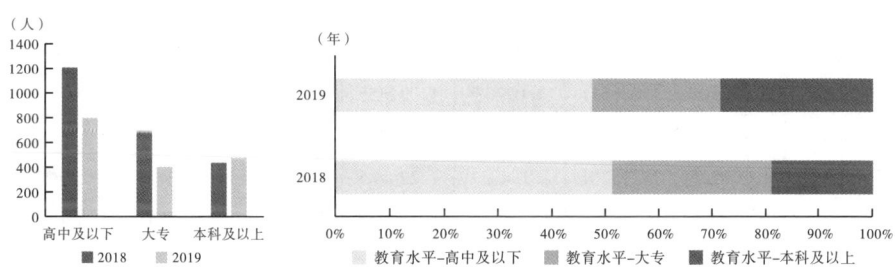

图 12　2018—2019 年冼村人群学历变化

曾经的冼村因为廉价租金成为不少外来民工在广州的落脚地，而随着全面改造的推进，城中村被推倒重建，房租水涨船高，改造后的空间资源往往落在经济产出高的社会群体，造成空间资源配置的不平等，过去的低收入人群流失，给城市带来了流动人口安置的难题。

（四）生态环境变化

本报告选取广州市中心城区的五条主要河涌——棠下涌、沙河涌、猎德涌、东濠涌、车陂涌作为典型的环境整治的研究对象，通过广州市 2014 年到 2020 年两步路步行轨迹数据，进行步行轨迹的密度分布分析，得出的滨水步行活力分布情况可进一步反映河涌滨水环境质量。

报告同时通过聚集度差异系数对比城市环境整治河涌与城市其他区

域的步行热度的差异。

$$DA_3 = \frac{ST_{河}}{ST_{总}}; \quad ST = \sum_{i=1}^{7}\left[\frac{S_{3i}}{S} \times i\right]; S_3 = \sum_{i=1}^{7} S_{3i}$$

式中：ST（Score of Trace Kernel Density）为步行轨迹核密度等级（将轨迹核密度分为1～7七个等级），城市环境整治河涌的$ST_{河}$与城市总体的$ST_{总}$之比即为聚集度差异系数DA_3；i为轨迹核密度等级中的某个等级数；S_{3i}为第i个轨迹核密度等级在核密度图中的面积；S_3为全部7个核密度等级的面积之和。2014—2020年步行轨迹的聚集度差异系数计算结果如表6所示。

表6 中心城区河涌步行热度差异系数年际变化

项目	2014年	2015年	2016年	2017年	2018年	2019年	2020年
棠下涌	1.000492	1.135603	1.058708	1.039741	1.082498	1.072889	1.095202
猎德涌	1.301577	1.261323	1.255006	1.313357	1.34521	1.319321	1.236345
沙河涌	0.956165	1.080511	1.02203	1.022455	1.046951	1.024505	0.993584
东濠涌	1.226332	1.446104	1.464595	1.471424	1.394127	1.378902	1.318485
车陂涌	1.298525	1.179501	1.194032	1.228785	1.194043	1.196454	1.56362
整体	1.13652	1.17576	1.153466	1.174938	1.169802	1.155357	1.271569

整体而言，中心城区河涌步行热度差异系数均大于1，反映了广州中心城区河涌的步行活力整体大于其他区域，河涌吸引了较多的居民进行步行休闲活动，其环境质量密切关系着人民健康和幸福感。年际变化上，中心城区河涌步行热度差异系数呈现波动中上升的趋势，从2014年的1.14增加到2020年的1.27（见图13），反映了广州中心城区河涌通过环境整治，其吸引力不断增强，滨水步行活力逐渐上升。

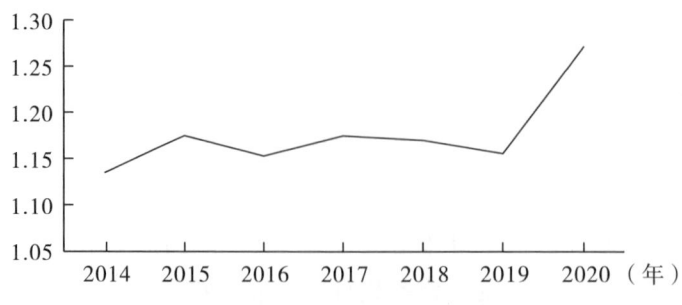

图13 中心城区河涌步行热度差异系数年际变化

报告进一步选取 2015 年全段整改完毕并实现生态恢复和滨水活动空间营造的东濠涌，以及 2020 年初整治工程全部完工并实现全面消除黑臭的车陂涌进行研究。通过改造前后的对比，可以发现这两条河涌在整治完成后步行热度差异系数都显著提升，东濠涌由 2014 年的 1.23 增加到 2015 年的 1.45，车陂涌由 2019 年的 1.20 增加到 2020 年的 1.56（见图14）。这反映出城市环境整治河涌项目通过综合整治，使环境得到明显的提升改善，为城市居民提供了一个舒适的休闲活动的场所，改善了居民的步行体验，提升了居民的幸福感。

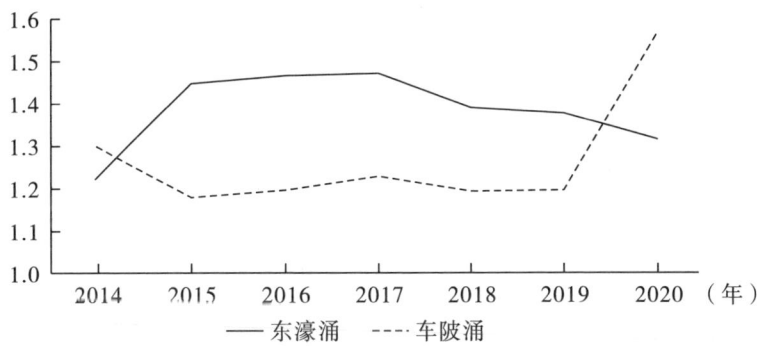

图 14　东濠涌、车陂涌步行热度差异系数年际变化

（五）小结

城市更新较大程度地为广州注入了活力。经济方面，广州通过城市更新，提升利用低效土地，增加了存量区域的经济收益；与此同时，在改造过程中，为了进行融资筹集改造资金，广州引入了大量的高端办公商业和新兴产业，推动产业升级，促进城市走高质量发展道路。社会方面，城市更新优化空间布局、完善基础设施配套建设，更好地满足市民综合性公共服务需求，提升城市活力。但全面改造一般以房地产开发为导向，在重塑城市物质空间的同时，也改变了城市社会结构，这在一定程度上影响了城市流动人口的生存条件，给城市带来了流动人口安置的难题。环境方面，广州城市更新注重环境的综合整治，为城市居民提供舒适的休闲活动场所，同时提升区域景观环境品质，促进人与自然和谐共生，增强城市魅力。文化方面，广州通过"绣花"功夫，传承历史

文化，给老城市带来了新活力，但整体而言，广州更新区域的科教文化服务设施在不断减少，文化活力方面还有待提升。

六、"攻守"交替的广州城市更新政策简要回顾

广州城市更新的发展呈现"攻守"交替的演进过程，不同发展阶段表现为不同的空间形态改造方式，并伴随着不同的社会关系和利益格局的重构。

自20世纪末以荔湾广场为代表的旧城改造开展以来，广州城市更新形成了以"大拆大建"为特征的城市形态和城市社会重构，改善了城市环境面貌，但其采用以利益驱动的"四六分成"的房地产开发模式，对旧城历史文脉及社会关系造成了"建设性破坏"。为避免这种日趋严重的破坏，从2000年开始，广州进行以解放中路为代表的禁止地产化的改造探索，禁止开发商进入旧城改造项目，尝试在无市场力量或有限的市场资金参与下，有机渐进地改造旧城区，总体上改善了旧城的居住质量，但仍然对传统城市肌理造成了"替换式破坏"。2008年开始，广州积极推进以猎德村为代表的"三旧"改造，通过社会协作，进行政府主导下的多元目标驱动、多方利益折中下的开发权最大化，实现了历史城区的空间重构和资源重配。2015年广州成立城市更新局，作为国内第一个具有专业城市更新职能的机构，这是广州里程碑式的制度创新，标志着广州市的城市更新工作进入"城市系统和谐更新"的发展阶段。其改造方式一方面延续以猎德村为范型中"城中村"的全面改造，更重要的是开始探索以恩宁路永庆坊为代表的"微改造"方式，注重渐进式提升旧城品质，空间形态上呈现多元化发展，社会关系上尊重原有结构并向更具包容性的方向发展。随着机构改革，广州市城市更新局于2019年并入广州市规划和自然资源局，近年来，城市更新工作也开始向"存量与增量联动、产业与空间结合、文化与活力并重"的模式转变。

总体而言，不同发展阶段都有其适应时代社会经济背景的合理性，而在新时代共同富裕背景下，广州对于城市更新的内涵也有了新的认识，从盘活存量建设用地，节约集约用地，延伸到改善人居环境、促进

产业转型升级、社会治理体系完善、人文历史精神传承等方面，重新认知了城市更新的经济、社会、环境、文化价值。

如今，广州开始更加重视产业的导入。《广州市城市更新实现产城融合职住平衡的操作指引》提出，将广州11个区划分为三个产业圈层，各区除了对本区产业导入进行了分区布局之外，也提升了合作企业的入局门槛，各区还出台了针对改造完成后每个项目应该达到的税收指标。政府的收益也从最初的改造后提升土地价值收取出让金转变为产业发展提升当地的税收。

平衡各个相关主体的利益问题也一直是城市更新的难题之一，政策的局限性和人对利益的驱使导致很多项目进展缓慢。2021年1月29日，广州市司法局召开了《广州市城市更新条例》立法工作会议，广州旧改立法在2021年提上了日程。在此背景下，《广州市城市更新条例》的征求意见稿提出了"个别征收+行政裁决"的方式，通过公权力强力介入的手段，解决"拆迁难"问题，加速推进整个改造进程。

为了提升并加速各个节点的工作内容和审批时间，广州市政府还通过不断刷新流程，将项目从数据、方案、审批、表决、规划等几个方面进行提速，从而达到快速推进的效果。

（1）前置基础资料调查，要求一次完成深度调查，大大缩短数据调查工作时间。（2）策划方案和实施方案同步编制，并联审查流程，时间成本被压缩，"旧改"进度加快。（3）优化审批许可流程，实现提前开工建设，凭借相应的条件批复，取得不同阶段的施工许可证，进行提前开工建设，加速村民们的回迁安置。（4）优化村民表决效率，不仅将"旧改"项目中涉及的表决情形进行归类，让表决变得更规范化和标准化，而且规定了每一类表决事项的公示时间。表决信息公开化、透明化，大大提高村民对于城中村改造的参与度和积极性。（5）创新异地平衡方式，破解部分旧村改造难度大，土地集约效率未充分发挥，但因为限高、文化保护等规划难题难以实现盈亏平衡的难题。

政策的完善，让"易"字贯穿城市更新全过程，让开发企业可以快速获取地块收益，回笼资金填补"旧改"巨额的前期成本，实现项目的多期"滚动式"开发，继而有效推动广州城市更新的进度。

与此同时，广州城市更新政策还存在一些问题：（1）在产业发展这部分，战略上广州城市更新获得了充分重视，但其缺乏战术指引，有关部门需要提出针对更新项目前、中、后全时段的整合性政策，让城市更新与产业发展相互促进，做好事前谋划、事中引导与事后监管工作。（2）由于政策变化较大，缺乏稳定性与延续性，操作性有待加强。同时市场反映政策让利不够，难以调动有关方面的积极性。

七、迈向共同富裕的广州城市更新政策展望

在前文回顾总结国内外城市更新的历程，并对广州城市更新探索工作进行类型归纳、实证评估、经验总结反思的基础上，本部分内容提出面向共同富裕的城市更新治理创新路径，对广州城市更新政策进行展望。

（一）从短期收益迈向长期运营

在新一轮政策的指引下，城市更新正在迈向新的阶段。如今的政策修正了以往城市更新过度房地产化的思路，提出阶段的城市更新要涵盖建成后的运营、服务、管理以及功能拓展等内容。《住房和城乡建设部关于在实施城市更新行动中防止大拆大建问题的通知》提出，鼓励探索政府引导、市场运作、公众参与的城市更新可持续模式。政府要注重协调各类存量资源，加大财政支持力度，吸引社会专业企业参与运营，以长期运营收入平衡改造投入，鼓励现有资源所有者、居民出资参与"微改造"。

今后的城市更新，将会从"重建设"转变为"重运营"，政府的收益模式从土地财政转到长期的城市经营收益。对于旧工业园、旧厂房改造，应该带着运营思维，注重产业导入，持续推动更新；对于老旧小区，应该通过改造和运营，赋予社区新的生命力，实现可持续的自主更新。未来的城市更新也无疑将在运营端上继续深化，只有这样才能真正把握"旧物新生"的机遇，进而实现城市发展的新旧动能转化，让更新具有可持续性。其中，产业更新与老旧社区更新的模式皆有经验和教训。

1. 产业运营主导的产业更新

在广州，工改成为热潮，但不同的工改项目中，运营能力很大程度上决定了改造的成功与否。判断一个旧改类创意园是否成功，除了要看其开放后的人气情况，还要通过进驻企业、商家的数量、质量，以及日后的运营能否实现更新项目的可持续性来考量。一些主打"网红打卡"的园区，或由于运营缺位、配套服务不完善，只能满足市民和游客"到此一游"的需求，一时热闹后，便出现商户撤出、招商乏力等问题；或运营过度商业化，导致名为文创园，实为"大杂烩"，既难以满足市场需求，又留不住"乡愁"，与最初的目标定位背道而驰。在这方面，广州"珠影·星光城"与番禺西坊大院就形成了鲜明的对比。

广州"珠影·星光城"前身属于珠江电影制片厂，是广东省首批"十大文化创意产业项目"之一，是城市"旧改"更新打造的地标性创意文化产业园区。其位于广州新中轴南段地块，是地铁3号线、8号线双交汇枢纽，周边交通网络成熟，坐拥庞大的日客流量。作为中国南方电影重要生产基地，珠江电影制片厂孕育出众多经典影视作品，承载着不同年代的宝贵回忆。最初的规划是将其打造成五星级电影城、主题文化广场、创意办公和电影文化公园，然而现在提起它时，大部分人首先想到的却是"美食聚集地""餐饮一条街"。运营招商的思路让它与最初的定位相距甚远。

西坊大院前身是番禺县保健食品厂，地处番禺市桥的老城中心区。在运营方面，西坊大院对非遗文化的重视是其中的亮点，有关方面通过引入非遗手工艺人、举行文化展览，为非遗文化的传承提供了展示空间。二期继续在运营上拓展园区功能，引入文创市集、网红书店、演艺天吧、骑楼艺术街区等多元体验场景，在有限的空间内呈现出文创互动与商务办公之间的和谐。西坊大院从前期的改造到开放后的运营都有着清晰的思路与目标，使园区在广州众多新晋"网红打卡点"中脱颖而出。

2. 社区运营主导的老旧社区更新

与工业区不同，老旧社区更新重在改善建筑面貌、做好基础配套设施建设，注重生活气息的塑造，尽量不改变社交网络和阶级结构。北京与广州皆有比较成功的尝试。

北京"劲松模式"。作为全国率先引入社会资本推进的老旧小区改造样板工程，"劲松模式"为北京乃至全国"旧改"项目开创了一个全新窗口。劲松社区是改革开放初期建成的第一批成建制住宅，由于社区建设较早，随着时间的推移，配套设施不健全，小区绿化、道路等基础设施老化等问题陆续出现并日益严重。2018年7月，社区改造正式启动，在改造过程中运用市场化模式吸引社会机构投资，参与项目改造并负责长期运营，后续企业再通过物业、停车管理收费以及新增的养老、托幼、健康等产业，形成市场效益激发点，慢慢收回投资。最终，劲松社区探索出"区级统筹、街乡主导、社区协调、居民议事、企业运作"的五方联动机制，愿景集团通过"劲松模式"的探索，蹚出了一条"微利可持续"的老旧小区投融资模式。在《北京住房和城乡建设发展白皮书（2021）》中，"劲松模式"被再度提起，文中明确指出要推广"劲松模式"，着力构建长效管理机制。

广州也开始了类似的探索。2021年10月，广州市住房和城乡建设局发布了《广州市社会力量以市场化方式参与老旧小区改造工作机制（征求意见稿）》，鼓励社会资本参与改造老破小，并拟推出通过政府与社会投资组合实施、企业规模化建设运营以及综合更新等七种方式。11月，《广州市白云区老旧小区改造实施办法》通过审议，对白云老旧小区改造实施流程进行了优化，由政府"大包大揽"转为"政府+企业"的模式，实现建设管理一体化，同时汇聚多方力量，摆脱老旧小区无人管理、难以治理、依赖政府的困境，探索了一条以人民为中心的超大城市治理体系和治理能力现代化的新路子。

综上可见，运营能力已逐渐成为旧改项目延续活力的关键，未来的城市更新也无疑将在运营端上继续深化。从城市发展的角度来看，随着城市建成区的基本完成，城市化的重资产阶段基本结束，城市从追求投入转向追求收益。城市化新阶段的主要目标就是将已有的存量资产还原为真实的现金流。"经营模式"是未来城市更新可持续的资金模式，在给政府带来税收的同时，给企业带来利润，给家庭带来工资。如果这些收入能覆盖改造的支出，城市更新就能实现财务平衡，城市才能真正走向长久健康发展之道。

（二）从项目自身平衡迈向城市结构转型

在城市发展的新阶段，要从更大尺度的视角评价城市更新项目的成功与否，不再局限于项目自身的利益、配套、资金平衡，而是关注项目对整个城市结构的影响。城市应该统筹开展城市体检和城市更新工作，分析城市功能性更新重点，坚持单元化推进，促进整体功能提升。对于广州城市功能结构现状而言，还存在以下问题。

（1）社区配套设施不均衡。全市便民服务设施缺乏，各区间设施覆盖比例偏差较大，中心城区普遍高于外围城区；社区养老设施不足，中心城区覆盖率相对较低；全市普惠性幼儿园覆盖率不高，目前仅有从化区、越秀区、白云区达到国家、省、市要求的80%覆盖率；外围城区的人均社区体育场地面积普遍高于中心城区。

（2）老旧小区及高密度住宅管理难。中心城区老旧小区仍待改造，未改造老旧小区居住品质相对较差，不利于公共安全事件防控。高层住宅建筑的公共卫生安全尚缺乏有效的管理和评估机制，公共事件预控措施较为薄弱。

（3）局部积水内涝问题仍然存在。广州城市化快速扩张过程中，对原有渗蓄水设施保护不足，风水塘、河道、湖泊等天然调蓄池被占用，加剧了城市内涝风险，积水内涝问题在中心城区地区较为突出。

（4）消防安全隐患突出。消防救援设施建设仍显不足。全市共有消防救援站点81个，距离提出的建设目标仍有差距。同时，消防救援力量覆盖面不足，空间分布不平衡。其中，中心城区消防救援5分钟可达覆盖率不足。

（5）交通拥堵、停车难问题尚未解决。由于存在道路结构性问题，导致常发拥堵路段治理困难。城市各组团缺少快速联系通道，枢纽配套路网集散能力不强，容易形成交通拥堵常发路段。停车难问题长期无法破解，停车泊位的增长与汽车保有量的增长不匹配，供需矛盾依然存在。特别是居住类停车泊位与小汽车拥有量比例偏低，与广州市要求配建标准差距较大。

(6)住房供给与需求不匹配。广州各类人群对商品住房、政策性住房的需求较大。2019—2021年广州市年均新增常住人口超过40万人,虽然主管部门持续加大租赁住房保障力度,但和需求相比仍有差距。市民购房压力持续增加,中心城区的房价收入比偏高,且近年来上涨明显,居民特别是新市民购房压力大。由于中心城区住房供给不足,导致了职住不平衡现象。中心城区教育、医疗、养老等配套设施资源丰富,就业机会众多,对外来人口吸引力较大。但中心城区面临新增用地较少、住房需求规模大、城市更新推进难等问题,住房供需矛盾较为突出。

解决以上问题的关键抓手,就是城市更新。在新的更新工作中,应从优化城市结构角度出发,紧握补短板、注活力与再平衡三大抓手,利用城市更新化解"大城市病"。重新调整配置城市空间资源,优化城市整体基础设施布局,提升城市安全韧性;创新更新项目运营模式,通过一系列更新行动创造就业机会,减少更新带来的社会隔离、绅士化现象的出现;通过城市更新行动,重塑城市职住平衡。通过城市更新,提高城中村轨道站点覆盖率,缩短通勤时间;完善低成本住房建设机制,提高城市职住平衡指数;从轨道交通覆盖、用地布局优化、公服均等化、低成本住房保障等多维度出发,构建产城融合职住平衡指标体系,考虑不同阶层、不同年龄市民的需求。

通过具有综合性、系统性、先进性的高质量城市更新措施,营造健康、高品质、可持续的城市生活环境,减少交通出行碳排放,让城市朝着更高效率、更宜居、更和谐的大都市圈目标发展。

(三)从经济维度迈向社会、文化、环境维度

多维度视角的城市更新已经成为新阶段发展的共识,在实际项目中应注重经济性与社会性的平衡。除了在经济维度重视城市更新的产业导入及后期运营,促进地区功能转型升级外,在社会维度,政府应关注弱势群体的相关利益诉求,提高社会包容度,鼓励社会结构多元发展。消除绅士化带来的负面效应,政府需从住房、就业、福利等多方面着手,

综合考量现行的社会再分配制度，加强立法、管理和监督制度建设。进一步完善公共住房政策，加大廉租房和经济适用房的建设力度，加紧建立"多主体供给、多渠道保障、租购并举"的住房供应体系，增加低成本住房指数，让更多的居民可享受低成本住房，增加就业机会，减少社会分异与原住民的流动，尽力保持原有的社会网络和社区凝聚力。鼓励公众参与城市更新全过程，建立更加开放的城市更新公众参与系统，保障参与者社会层面的多样性以及参与方式与途径的多样性。同时利用城市更新项目，扩大重大基础设施建设带来的正面社会影响，让所有居民享受城市更新带来的利好。

在文化维度，实现历史文化保护和价值再现，保留地方脉络，通过历史文化资源创造价值。城市更新工作不能脱离广州实际，不再沿用过度房地产化的开发建设方式，不片面追求规模扩张带来的短期效益和经济利益，坚持分区施策、分类指导，系统推进城市有机更新。坚持应留尽留，不随意迁移、拆除不可移动文物、历史建筑和具有保护价值的老建筑。对于未开展历史文化资源调查评估、未完成历史文化街区划定和历史建筑确定工作的区域，不应实施城市更新。鼓励采用"绣花"功夫进行修补式、织补式更新，最大限度保留老城区具有特色的格局和肌理，延续城市的历史文脉和特色风貌。在城市更新中，将历史文化保护放在第一位，延续城市历史文脉、传统肌理、街巷尺度、生活方式等，充分挖掘文化内涵，塑造广州岭南特色城市风貌，让城市留住记忆，让人们记住乡愁。对历史城区、历史文化街区、历史文化名镇名村、历史风貌区、传统村落、不可移动文物、历史建筑、传统风貌建筑、历史地段等各类历史文化遗产资源，应坚持系统保护、完整保护、全面保护，既要保护单体建筑，也要保护传统格局、历史肌理、传统街巷、空间尺度和景观环境，以及古井、古桥、古树等环境要素，和非物质文化遗产及其依存的文化生态。严格审批控制树木迁移、砍伐数量，不随意改建具有历史价值的公园。城市更新涉及历史文化遗产，保护规划方案未经批准的，不得审批城市更新片区策划方案、详细规划及实施方案。城市更新项目划定的改造范围，须先完成文物考古调查、勘探，开展历史文化遗产调查和影响评估，提出历史文化遗产及古树名木等相关保护措施；涉及不可移动文物、历史建筑、历史文化街区等历史文化遗产资源保护的，须依法履行相应审批和备案程序。

在环境维度，提升城市居住环境，提高绿地可达性，提升城市功能品质，让老城区焕发新活力。目前广州城市绿量仍然不足，城市内部区域之间绿地不平衡。历史旧城区绿化广场和绿化小游园比较缺乏，同时由于旧城改造、道路扩建、迁移、砍伐了一大批行道树，破坏了林荫路风貌；同时由于历史旧城区土地资源紧缺，绿化开敞空间的严重缺失使得居民缺少公共交往空间，城市大量非物质文化艺术形式缺少空间载体。2020年，全市九项工作共盘活存量用地空间34平方千米，新增配套公共服务设施170万平方米，新增绿化面积277万平方米，老城区人均绿地面积得到了可观的提高。在生态方面，广州关停取缔3.5万个"散乱污"场所，车陂涌、猎德涌重现清澈。广州用"绣花"功夫修复生态环境、修补城市机能，绣出一幅"美丽广州"的画卷。经过全面治理，石井河、车陂涌等一批河涌成为市民日常休闲的好去处，城市水环境的改善提升了市民的幸福感，"岭南水乡"风貌正逐渐重回人们的视野。

积极探索以综合平衡环境、经济及社会三维效益为前提的可持续保障机制，在重大更新项目开展前，需将设计完善的可持续发展评价指标体系应用到项目的前期研究中，关注全体城市居民的整体发展。

综上，城市更新作为城市承接共同富裕目标的主要载体，如何围绕实现广州老城市新活力和"四个出新出彩"的目标，远离粗放式的造城观念，用以人民为中心的发展思想，发挥其外部正效应，落实高质量发展与公平发展，是我国城市治理、城市发展的重要理论议题，也是我国在社会主义新征程中的重要实践课题。

这要求我国未来的城市更新理论需从更广阔的视域着眼，超越工程维度，超越项目自身的尺度，响应城市宏观战略目标，超越以问题为导向的被动式影响评估理论，进化为以共同富裕目标为导向的主动式本土化理论。经济维度上应以持续税收的方式实现持续增长，在环境维度上应基于生态文明实现高质量发展,在文化维度上应以历史文化的传承与发展来实现文化自信,在社会维度上应解决公平发展、治理创新、住房保障等重大民生问题。广州作为国家中心城市、粤港澳大湾区综合性门户城市以及国际大都市,应起带头作用,以城市更新实现共同富裕,实现城市结构的完善,辅助人的全面发展,兼顾经济、社会、环境、文化等多个维度,承担城市向"运营时代"转型的重要任务,让城市走向长久健康的发展之道。

参考文献

[1] 郁建兴,任杰. 共同富裕的理论内涵与政策议程 [J]. 政治学研究,2021 (3): 13 – 25,159 – 160.

[2] 徐振强,张帆,姜雨晨. 论我国城市更新发展的现状、问题与对策 [J]. 中国名城,2014 (4): 4 – 13.

[3] 叶裕民,文爱平,叶裕民. 破解新二元结构 走向善治 [J]. 北京规划建设,2021 (4): 202 – 206.

[4] 陶瑞峰,董盛楠. 国内外城市更新发展历程研究与政策演变 [J]. 美与时代(城市版),2021 (7): 102 – 103.

[5] 张春英,孙昌盛. 国内外城市更新发展历程研究与启示 [J]. 中外建筑,2020 (8): 75 – 79.

[6] 丁凡,伍江. 城市更新相关概念的演进及在当今的现实意义 [J]. 城市规划学刊,2017 (6): 87 – 95.

[7] 塔隆. 英国城市更新 [M]. 杨帆,译. 上海:同济大学出版社,2017.

[8] 姚之浩,曾海鹰. 1950 年代以来美国城市更新政策工具的演化与规律特征 [J]. 国际城市规划,2018 (4): 18 – 23.

[9] 曲凌雁. 更新、再生与复兴:英国 1960 年代以来城市政策方向变迁 [J]. 国际城市划,2011 (1): 59 – 63.

[10] ROBERTS P. Evolution, definition and purpose of urban regeneration: a handbook [M]. London: Sage Publications, 2000: 29 – 37.

[11] 叶耀先. 城市更新的理论与方法 [J]. 建筑学报,1986 (10): 5 – 11,83.

[12] 赵万民,李震,李云燕. 当代中国城市更新研究评述与展望暨制度供给与产权挑战的协同思考 [J]. 城市规划学刊,2021 (5): 92 – 100.

［13］梁城城. 城市更新：内涵、驱动力及国内外实践：评述及最新研究进展［J］. 兰州财经大学学报，2021，37（5）：100－108.

［14］张京祥，胡毅. 基于社会空间正义的转型期中国城市更新批判［J］. 规划师，2012，28（12）：5－9.

［15］范正午，彭长歆. 基于POI数据的城市更新服务设施评价研究：以广州市恩宁路街区为例［J］. 住宅与房地产，2021（18）：25－27，51.

年度观察

第三次开放与大湾区的未来

郑永年[①]

一、百年未有之大变局与中国的"第三次开放"

首先解释一下,为什么要用"第三次开放"这个概念?这个概念是什么意思?

当前中国外部进入百年未有之大变局,内部进入一个新的时代。从内部看,中国共产党走过了第一个百年,进入第二个百年;"十四五"规划也开始实施,党的十九大提出改革开放分三步走,第二步已经开启。在这样一个新时代,我们用什么概念来概括新的开放格局呢?

从大历史观来看,中国从近代以来已经走过了两次开放,现在正式开启了第三次开放。

中国历史上,汉唐是世界上最开放的帝国,尤其唐朝,是一个非常开放的朝代,包括西方的史学家都认同这个观点。虽然在元朝时,中国版图得到扩张,但这种扩张跟"开放"是不一样的,给中国历史造成了非常负面的影响。明朝本来是世界海洋时代的开端,当时中国的海上力量可谓是世界上最强大的,但是因为朝廷的保守意识,明朝开始闭关锁国。尤其到了清朝,中国变得非常封闭。所以,明清两朝是一个非常可惜的时代。明清两朝的封闭使得中国失去了两个相关的大时代:一个

[①]郑永年,华南理工大学公共政策研究院学术委员会主席、广州粤港澳大湾区研究院理事长、香港中文大学(深圳)讲席教授、全球与当代中国高等研究院院长。主要研究领域是国际关系、外交政策、中美关系、中国内部转型及其外部关系等。近年来,先后出版专著数十部,在国际学术刊物上发表学术论文数十篇。

是海洋时代，另一个是工业化时代。这种情况一直延续到近代。

近代以来的第一次开放，是鸦片战争以后中国的被迫开放，西方列强用船坚炮利强迫中国打开了国门。鸦片战争中国被打败以后，当时的官员、知识分子，都意识到中国已经危机四伏，但还自以为仍是天下、世界的中心，直到被日本打败，中国人才痛苦地意识到我们要真正改革和开放。但晚清的改革为时已晚，改革行不通了，中国就走上了革命的道路。从孙中山领导中国走上革命的道路开始，到中国共产党成为中国的执政党，中国经历了长时期的革命。尽管第一次开放是被迫的，但推动了中国社会的深刻变化。

第二次开放是20世纪80年代初的主动开放。20世纪80年代初，当时大家的共识是封闭就要落后，落后就要挨打，所以我们一定要开放。中国人善于总结历史经验，从历史的经验教训中总结出来我们要开放，不开放我们就会挨打。第二次开放，我们是主动开放。

主动开放的成果是巨大的，我们从20世纪80年代初那么贫穷落后的一个国家，发展成为现在世界上的第二大经济体。1981年中国人均GDP不到300美元，到2020年，中国人均GDP已经达到11000美元。中国目前是世界第一大出口国、第一大货物贸易国，这都表明了中国的开放性。更为重要的是，我们过去40年使得8亿多人口脱离绝对贫困，党的十八大以来，我们用不到十年的时间实现了全面脱贫。从世界经济史来看，这是一个很大的奇迹。

现在我们进入了第三次开放。第三次开放具有国际和国内背景。在国际层面，我们正经历百年未有之大变局。这个大变局并不取决于我们喜欢与否，来了就来了，中美贸易战、技术冷战已经开始，美国正全力围堵中国。尤其是在意识形态、政治方面，大家都意识到各方面的变化会非常深刻。从内部来说，我们已经走完了简单的数量扩张型的经济发展，正要进入质量型经济发展。

我用"第三次开放"这个概念来概括现在所提出和实施的一整套的政策概念和政策实践。我们提出了"双循环"的概念——以国内大循环为主体，国内国际双循环；另一个重要概念是"制度性开放"。制度性开放是一个新的概念，以前提到开放，是政策的开放、开放的政策；现在提出制度性开放是非常深刻的，即要有一个开放性的制度。政策是因人而变、因时代而变的，但是制度是比较长久的，所以下一阶段我们不仅要有开放的政策，还要塑造一种能保证中国永久开放的一整套制度体系。从实践层面来看，最近几年推进的粤港澳大湾区、长三角、海南自由贸易港等重大战略部署，开放是主体。成渝城市群、京津冀城市群等发展战略规划也都包含有很大的开放成分。

值得注意的是，不少人对双循环有不正确的理解，认为以国内大循环为主体，似乎意味着国际大循环不重要了。我认为，如果长三角、珠三角（粤港澳大湾区）这些地区转向了内循环，对国家的负面影响会非常深刻，这些地区仍然要以外循环为主。粤港澳大湾区、长三角、海南自由贸易港等地区，本来就是在开放状态也就是国际外循环状态下成长起来的，因此未来它们的发展还是要以开放为主，也就是要以国际循环为主。

以国内大循环为主体，只是指向这样一个事实：内部消费对中国经济增长的贡献已经成为主体了，并且通过内循环，我们的市场会做得更大。但这并不是说国际大循环就不重要，习近平总书记在多个场合都明确表示，中国要全面深化改革开放，要把国门打开得更大。

在国际层面，我们跟东盟等国家签署了《区域全面经济伙伴关系协定》（RCEP）。RCEP在2022年1月1日开始实施，这会给粤港澳大湾区乃至整个国家带来深刻影响。尽管中欧投资协定的签署遇到了一些困难，但是只要中国保持开放，这个投资协定的生效只是时间问题。因为欧洲方面搁置投资协定是因为意识形态方面的原因，但意识形态不会促进一个国家的发展。更为重要的是，我们已经正式申请加入"全面与进步跨太平洋伙伴关系协定"（CPTPP）。我认为，加入CPTPP基本上可以给中国带来第二次入世的效应。

这样从内部政策概念的变化到国内的政策实践，以及国际层面的政策实践，这些加起来，我把它称为"第三次开放"。

二、大湾区要在第三次开放中发挥"领头羊"作用

近代以来，中国的发展与粤港澳大湾区、与广东是分不开的，我们

也要有足够的引领意识。第三次开放中,粤港澳大湾区至少要扮演"领头羊"的角色。对此,学者和政府官员都应当予以深刻的思考。粤港澳大湾区的发展要做到大融合,如何才能做到呢?到现在为止,大家还只是强调基础设施的互利互通。基础设施的互利互通当然非常重要,但更重要的是规则的对接。

我最近提出一个概念——"规则就是生产力"。中国已经是第二大经济体、最大的贸易国,量很大,但不强,动不动就被西方"卡脖子",被围堵。要解决"卡脖子"的问题,我们必须意识到,我们被"卡脖子"不仅卡在技术上,更是卡在规则上。

为什么第三次开放中规则是核心呢?如果说毛泽东这一代人解决了"挨打"的问题,邓小平这一代人解决了"挨饿"的问题,那么习近平总书记这一代领导人至少要解决"挨骂"的问题。解决"挨骂"的问题,就是要真正强起来,这个强起来,不仅是我们的技术要升级,经济要越做越大,更重要的是在规则上要争取话语权。这么多年来,美国等西方国家为什么总是"骂"我们呢?主要是"骂"我们"不守规则"。近代以来,所谓的世界体系不是抽象的,而是由一整套规则组成的,包括联合国、世界贸易组织、世界银行、世界货币组织、世界卫生组织规则等,这些规则是在以美为首的西方主导下建立起来的。邓小平先生的智慧之处就是使中国与这些规则接轨,与世界体系接轨。接轨以后,中国作为第二大经济体,在这个世界体系中不仅要学习接受人家的规则,还要对世界体系有新的贡献。这种贡献不仅体现在我们要进出口商品,更重要的是规则的对接。我们要在现有规则的基础上做修订、补充甚至创造规则。这一点是非常重要的,我们如果做到了这一点就会又大又强,否则我们只是大而不强。

例如,中国是世界上最大的汽车生产国,也是最大的汽车消费国,但是在汽车领域,中国有多少国际性的标准和规则呢?很少。又如,美国高科技公司有互联网规则,欧洲虽然没有高科技公司,但也有互联网规则——欧盟规则,但中国虽然有很多高科技公司,如腾讯、字节跳动、阿里巴巴等,但却没有形成国际标准的规则。我们内部当然有规则,但是我们的规则在国际上得不到认可,出了国门要么是美国的规则,要么是欧盟的规则。在这样的情况下,我们如何能强大起来?我们还会继续"挨骂",并且"挨骂"的程度会更严重。

美国和欧洲现在是怎样对付中国的呢?并不光实施技术封杀,封杀技术是为了什么呢?比如封杀华为,尽管华为5G的技术很了不起,但现在很多国家开始搞6G了,马斯克还有"星链计划"。美国害怕的就是华为在这个领域拥有规则制定权。美国跟欧盟已经开了很多次会,要利用技术、互联网各个领域的规则来围堵中国,不让中国有规则制定权。美国的官员说得很清楚,中国可以做事,但是得按照美国的方式,即美国的规则来做。美国召开的所谓"全球民主峰会",也是强调西方的政治规则。下一阶段如果中国的规则做不起来,走不出去,或者不为世界所接受,我们还会是一个大而不强的国家。

粤港澳大湾区能做什么?我想肯定要有规则。大湾区的规则如何能在最短的时间内跟世界对接,并让世界接受呢?香港、澳门的很多规则是非常先进的、国际化的,并且为世界所接受的。能不能在保证一定条件的情况下,比如在坚持一国、坚持中国共产党领导等前提下,把香港、澳门的规则首先应用到大湾区中呢?我想这是可以的。香港的规则有较好的国际基础,如果广州、深圳要制定规则标准,即使辛辛苦苦制定好,也不知道要花多少年才能被世界所接受。虽然香港这些年出了问题,主要还是出在政治方面,但香港很多方面的规则是世界领先的,它的金融系统、教育系统、医疗系统、国际仲裁系统、国际知识产权系统、消费者权益保护系统、社会治理系统等,尤其是金融系统中的很多规则是非常先进的,能不能把香港的规则作为大湾区的规则呢?我觉得是可以的。我们要解放思想,坚决不能把香港看成是外国,香港是中国的香港。

具体来说,可以以"点"带"面"来推进。中央已经批准了横琴、前海两个合作区,还有南沙自贸区,能不能以这三个点——横琴、前海、南沙来带动整个粤港澳大湾区的规则统一、统筹呢?我想是可以的。中央政府也特别强调规则对接,只是我们地方强调的不多。要以点带面,首先这三块要整合起来,不要横琴搞一套、前海搞一套、南沙又搞一套;其次要以这三个点来推动粤港澳大湾区的全面融合。但是这三个点要整合，我们需要对标香港和澳门的很多规则，甚至对标 CPTPP。中国若真的加入了 CPTPP，将会比加入 WTO 对我们的影响还要深刻。美国为什么后来要主导 CPTPP 呢？就是因为觉得 WTO 不够，CPTPP 比 WTO 对中国的要求更高。我们现在已经提出申请加入 CPTPP 了，这会是一个非常艰难的、漫长的过程。在这个过程中，能否主动做一些事情，先在大湾区实施呢？我想是可以的，越南、马来西亚等国家能做到的，我们做不到吗？因此，现在不能光强调大湾区经济发展的问题，不是只做一些项目，而是一定要从世界格局来规划大湾区乃至中国未来的发展。

从这个角度出发，大湾区还可以做得更多。现在中央层面所关切的是：大湾区不仅要自己发展，还要帮助其他地区发展起来，要起辐射、扩散的作用。我这几年也在提倡要在大湾区的基础上，再把两个岛——海南岛和台湾岛包括进来。因为对于台湾问题而言，更重要的是解决台湾的发展问题，军事途径只是避免台湾独立。更进一步，如果把台湾岛包括进来，福建也要包括进来，福建现在对参与大湾区建设也是非常感兴趣的，有些地方已经开始跟深圳对接。那么能不能在这个基础之上，形成一个巨大的南方共同市场呢？这个市场我把它称为"地域嵌入型世界级经济平台"，如果能实现，它将是世界上最强大的一个大湾区。这并不是在"画大饼"，我们是可以做得到的。

关于建设粤港澳大湾区世界级城市群的政策建议

陆 铭[①]

一、世界三大湾区及其城市群发展的特点

通过比较世界三大湾区五个主要方面的统计数据，可以发现以下几个特点。

第一个特点是，世界上比较领先的湾区，在产业结构上已经形成了明显的第三产业主导的结构，依托于核心城市竞争力，形成了领先的核心产业。例如，纽约湾区以金融服务业为主，旧金山湾区以硅谷的科技服务业为主，东京湾区形成了以服务业和知识经济为主要内容的"聚集经济"。

第二个特点是，湾区城市在内部呈现出非常明显的产业分工态势，各个区域都有具有专业性的行业。

第三个特点是，拥有完善的交通网络，同时在交通网络覆盖的范围之内，土地和房屋价格呈现出从中心向外围、阶梯式下降的发展态势。现在中国的一些都市圈，在轨道交通网络的密度方面跟国际上一流的大湾区相比，还有非常大的差距。

第四个特点是，发展经验方面，交通建设是城市群和都市群发展的重要推动力，也是其发展的主要轴线。

第五个特点是，人口从集中到分散再转向回流市中心。世界三大湾

[①]陆铭，上海交通大学安泰经济管理学院特聘教授、教育部"长江学者"、中国发展研究院执行院长、中国城市治理研究院研究员、上海国际金融与经济研究院研究员，主要研究领域是中国经济、城乡和区域经济发展、劳动经济学等。

区的发展,其人口的空间布局经历了一个从集中到分散,再转向回流市中心的趋势。

世界湾区城市群发展呈现以上五点特征和趋势,主要原因有两个。

一是市场(价格机制)在配置资源中起到决定性作用。因为西方发达国家的土地制度是土地私有制,不同城市、不同地区之间没有出现明显的行政管辖边界效应,形成了比较明显的一体化的发展趋势。

二是中心城市的作用非常强大。大城市仍然在扩张,而且其空间形态已经从大城市变成了都市圈,城市形态从原来低密度的蔓延,开始转向紧凑型的发展。之前强调的随着新的产业结构的调整,人口的空间布局重新聚集到中心城区的趋势,在都市圈和城市群发展中特别值得重视。

二、粤港澳大湾区建设世界级都市圈的情势

1. 粤港澳大湾区重心的变化

由于内地城市经济增长速度和人口集聚态势非常明显,在粤港澳大湾区,港澳相对来讲经济占比有所下降,GDP重心持续地往珠三角的广州和深圳这个方向移动。到目前为止,港澳和内地仍受制于边界效应,海关仍然有减少人流、物流的作用。

2. 广佛都市圈的突显

如果从都市圈的角度来认识中国的城市发展,可以说,广州和佛山连接起来的都市圈已经是中国第一大都市圈。第七次全国人口普查数据显示,广佛地带的人口总量已经达到了2818万人;从夜晚的灯光来看,广州和佛山基本上已形成了连片发展的态势。东莞和深圳之间也形成了紧密的深莞都市圈的发展态势,总人口达到了2802.67万人,而总面积加起来只有上海的2/3。在这个意义上可以说,中国现在一体化程度最好、人口集聚力、经济活力最强的都市圈,排在前两位的都出现在粤港澳大湾区;而且未来进一步推进深圳和香港之间联动的进程,会给这个地方带来更大的活力。

3. 中心城市的作用已经变得越来越重要

研究成果表明,城市群的发展和中心城市的辐射带动作用都是非常

明显的。区域经济发展也完全可以在经济和人口加强集聚的过程之中，走向人均意义上的平衡发展。以广东省内情况为例，人口是在向以广州和深圳为中心的地带集中，由于人口和 GDP 的集中趋势是同步的，甚至人口集聚趋势超过了 GDP 的集聚趋势，广东省内不同城市之间的人均 GDP 差距逐渐呈现缩小的态势，这个态势可以称之为"在集聚中走向平衡"的发展态势，也符合国家"十四五"规划提出的未来中国要"在发展中促进相对平衡"的发展目标。

4. 中心城市之间应增强互补性和错位竞争

在城市群建设过程中，需要打消疑虑，不能总认为大城市在虹吸周围的其他城市，而更要看到现代城市群和都市圈在发展过程中，中心城市实际上呈现出集聚高效率、高生产率的生产要素，辐射带动周围地区发展的状态。我个人认为，粤港澳大湾区在未来发展中，不同城市应该更加强调互补功能，其中在广州和深圳之间应该摆脱双头竞争的思维方式，更多强调不同城市之间的错位竞争。通过错位竞争，就可以避免不同城市之间简单地通过一些指标来进行对比，进而导致出现你追我赶、你死我活的竞争式发展的态势，城市之间可以更多地发挥比较优势开展错位竞争。

5. 加强大湾区中心城市间交通基础设施建设

从粤港澳大湾区城市发展态势、人口角度来讲，已经呈现出距离市中心越近，人口密度及路网密度越高，人口密度沿着轨道交通和高速公路的路网分布的态势。对比珠三角地区和东京湾区的轨道交通线路图，可以看出两者在轨道交通基础设施建设方面仍存在巨大差距。对此，未来需要在两个方面补齐短板：一是随着城市群的建设，需要在广州和深圳之间进一步建设以轨道交通、高速公路为主的连通通道；二是在深圳和香港深度合作的进程中，基础设施连通性也有必要进一步加强。总的来讲，可能还需要几十年的发展，粤港澳大湾区的交通基础设施的密度，特别是轨道交通的密度才能达到东京湾区目前的状态。

三、广州建设国际中心城市的优势与短板

1. 广州建设国际消费中心城市的优势

第一，广州已经形成作为一个高度开放的流量型的国际消费中心城市的雏形。

第二，广州具有产业链高度一体化、产销协同、产销互促的枢纽型商贸中心的特征。

第三，广州是在城市空间结构优化的基础之上来建设国际消费服务中心。

第四，广州有大量的外来人口，外来人口市民化的过程能够催生出人口集聚与社会融合协同发展基础上的消费服务中心城市。

2. 广州建设国际消费中心城市的短板

通过对比可以看出，在群众文化事业和博物馆等指标方面，广州与北京、上海、天津、重庆这五个国际消费中心城市建设试点相比，还是有明显的差距的。其实，广州的基础非常好，岭南文化、经济发展水平、人口的集聚基础都非常好，希望文化问题也能够引起广州方面的重视。文化产业表面上看起来不挣钱，但是对于提升整个城市的能级和品质，以及对人才的集聚力都有非常重要的推动作用。

四、粤港澳大湾区建设国际一流城市群的建议

1. 粤港澳大湾区特别是在广州和深圳之间，要进一步加强人流、物流、信息流，加强中心城市和都市圈建设

当前中国已进入需要跨越行政边界推动都市圈发展的阶段，广州和深圳所展开的实践，能够为下一阶段中国建设跨越行政边界的都市圈形成可复制可推广的方案，助力推动整个中国形成新的发展格局。其工作重点是突破既有的行政边界在城市规划、土地、户籍等方面的限制，深化改革。在基础设施方面，建议通过更加密集化的轨道交通建设来促进广州和深圳之间的一体化的进程，进而在未来形成一个更大范围的广州和深圳的都市圈。

2. 推进粤港澳城市间深度合作，不同城市形成优势互补

内地城市可以借力发展教育（合作办学）、医疗、文化等事业。深圳和广州正在与香港加强高等教育的合作办学，这是一个非常好的优势。香港地区的医疗也是非常发达的，可以为内地城市提供一些资源优势。在文化方面，通过粤港澳合作，可以为广州等中心城市的文化产业发展起到助力作用。香港的文化艺术行业在 20 世纪七八十年代曾引领整个亚洲的潮流，70 后、80 后对那个年代香港的音乐、电影等有着强烈的感情，加强粤港澳文化合作可以作为文化产业发展的一个发力点。

3. 粤港澳城市群可以为国家更高水平的改革开放发挥更好的作用，成为整体水平更高的改革开放的前沿阵地

要特别指出的是，中国在接下来的更高水平的改革开放，包括构建人类命运共同体的过程中，会碰到中国的法律体系与英美法系的制度安排（如仲裁）如何进行衔接的问题。在粤港澳大湾区中，由于内地和香港的法律体系也存在明显的不同，可以通过香港和内地城市更加深入的合作来为这个问题的解决积累经验。如借助香港的优势，包括人才优势，在粤港澳大湾区的内地城市，特别是深圳和广州率先突破，使国内的制度更好地与其他发达国家特别是英美法系国家的制度相衔接。

推进粤港澳大湾区开放创新的五大着力点

王昌林①

当前,世界百年未有之大变局深刻演变,新一轮科技革命和产业变革深入发展,中美间围绕科技竞争的博弈日趋激烈,我国科技创新发展的外部环境发生重大变化。在新形势下如何建立开放型创新体系,以更高的水平参与国际创新分工与合作,是"十四五"时期我国科技创新的重要任务。粤港澳大湾区是国家的一个重大区域发展战略,它的一个重要任务是推动开放创新,也具备开放创新的良好基础和优越条件。但总体上来看,与旧金山湾区等国际一流创新高地相比还存在差距,需要我们以力度更大的政策制度举措,推动对外开放,吸引更多创新人才、创新市场主体、创新资金等,打造具有国际影响力、竞争力的创新湾区。

粤港澳大湾区比其他湾区的面积大,有5.6万平方千米,截至2021年底,常住人口8600多万人,经济总量达11.9万亿元,人均生产总值达到了2万美元,应该说经济发展已进入创新发展推动经济深度繁荣、高质量发展和高品质生活这一新阶段。下一步需要增强创新能力,将其打造成为像旧金山湾区那样的中国开放创新发展的引擎。但从目前来看,和旧金山湾区相比,粤港澳大湾区在经济发展质量、创新驱动水平方面都有差距。针对这种情况,今后一段时期,笔者建议粤港澳大湾区要重点抓好以下几件大事。

---

①王昌林,国家发展改革委宏观经济研究院党委书记、院长,中国社会科学院博士生导师。主要研究领域是产业经济、科技创新、宏观经济等。先后主持了高技术产业、战略性新兴产业、创新驱动发展、供给侧结构性改革等领域重大课题研究,参与了国家多项重要规划和文件的起草工作和中央领导召开的专家座谈会。

1. 要更大程度地集聚创新要素资源，夯实创新发展的基石

创新是企业家对生产要素的组合，最底层的是基础能力建设，包括人才、基础研究、关键核心技术攻关，以及研究机构、高水平大学等，这是创新发展的基石。改革开放以来，广东以深圳为代表，主要通过引进内地的人才特别是富有冒险精神的创业者，以及农民工，积极承接产业转移，推动开放创新，实现了快速发展，但现在来看，显现出"一条腿长、一条腿短"的问题。短板是我们基础能力不足，尤其是在人才方面。一个地方的发展，关键在于人才，因此下一步的核心是要提高人才队伍的流动性和国际化水平。移民文化对一个地方的经济发展具有重要作用。现在广东地区主要以年轻人为主，很有活力，但在人口的受教育程度、人口的国际化水平方面与世界其他湾区相比还有很大的差距。比如在硅谷，亚裔占的比重很大，《2020硅谷指数》显示，亚裔占了35%，其中中国裔占15%，印度裔占14%；此外西班牙裔占25%。由此可见，硅谷是一个国际化水平很高的地方，集聚了全球最优秀的人才。

深圳、广州这些地方，下一步应该集聚更多的国际化人才，从全球集聚人才。一是要建立更加开放的人才流动制度，实现粤港澳大湾区内部，包括珠三角城市和香港、澳门的人才流动。二是要开展技术移民试点，更多地引进来自欧洲以及日本、印度的国际人才，要吸引更多的人才到大湾区来创新创业，使大湾区人才的国际化水平有一个大幅度的提高。

2. 要加强基础研究和关键核心技术攻关

粤港澳大湾区这几年的创新水平有了很大的提高，从专利数量来看，2015—2019年粤港澳大湾区的发明专利公开量为128.8万件，是东京湾区的1.8倍、旧金山湾区的4.6倍、纽约湾区的6.3倍；研发经费支出占GDP的2.7%，和美国、德国处于同一水平；创业投资也占了全国的1/3。但创新质量还有待提高，高被引论文和高水平专利与一流的湾区相比还存在差距。也就是说，粤港澳大湾区的发明专利数量比较大，但是在技术转移、创新创业创造方面，与一流湾区相比仍存在差距。此外，我们在某些领域的技术水平已经由原来的跟跑发展到并跑，

甚至在个别领域进入到领跑的阶段；要突破一批关键核心技术，否则就会被"卡脖子"。

3. 要加强高水平大学和新型研究机构的建设

我们现在已经发展到了一个加强基础研究、打好基础的阶段。整体上，粤港澳大湾区的大学比较多，但与世界其他湾区一流、顶尖的大学相比，还有差距。下一步，粤港澳大湾区要通过10～15年的努力，培养一批世界一流的大学。

一是要用好国际国内的资源，建设一批高水平大学，要支持经核准的港澳高校在广东开展独立办学试点，支持大湾区建设国际教育示范区，全方位拓展与发达国家的著名大学、研发机构、创新中心、科技组织的合作，通过自主办学、合作办学、设立联合实验室或分支机构、建立联盟等多种形式，深化国际教育交流与合作，共建高水平大学和科研院所。

二是要支持香港和澳门高校基础研究机构在内地办学，应该进一步放开准入条件。同时，吸引欧美的一些大学在中国建立分支机构。一方面，要开放社会资本办学，探索建立现代大学制度；另一方面，应该在教育体制和大学体制方面更多地和国际接轨，包括研究机构的建设、准入。实际上，我国已经到了加快制度型开放阶段，要从原来的主要引进技术、引进管理经验等要素开放，转到科研体制的开放。如何建立一个与国际接轨、符合我们科研规律和特点的教育体制和科研体制，将是我国今后一段时期科技创新的一个重要任务，粤港澳大湾区应该在这方面做一些试点。

4. 要加强对创新型企业的支持，促进创新创业

企业是创新的发动机，无论多好的研究成果和技术，如果没有企业，就不能转化为现实生产力。粤港澳大湾区，特别是深圳近年来涌现出一批具有世界先进水平的创新型企业，比如华为，但与国际先进水平相比还有差距。因此，下一步的关键还是要支持中小微企业的发展，大力培养初创企业创新创业，培育具有产业生态控制力的大企业，促进科技成果的转化。

一是要营造创新创业创造的热土，营造一个良好的生态，打造创新

创业的"热带雨林",特别是要抓住新一波信息技术革命的创新创业浪潮,大力推动5G、工业互联网、人工智能等领域创新,努力抢占先机。粤港澳大湾区目前是我们国家创新创业最好的地区之一,下一步应该进一步优化创新环境,在国内市场准入、学校创业教育等方面补齐短板。

二是促进科技成果转化,充分发挥我国市场、产业、人才优势,积极吸引国际成果到大湾区实现产业化,建立全球新技术、新产品、新业态、新模式产业化高地。

5. 要加强应用场景的建设,建设产业创新发展的引领区

重点培育三个方面的新经济新动能。

一是要加快数字经济的发展。现在已进入数字革命的时代,信息技术革命引入了新一波的创新浪潮,主要是以5G+物联网+工业互联网+大数据+人工智能等为代表,另外消费互联网也还有很大的发展空间。要加快数字经济基础设施建设,加强关键核心技术研发,加强应用场景建设,完善数字经济监管体制,努力在数字革命时代抢占先机。要探索出与国际规则接轨的数字经济规则,加快数字产业化、产业数字化,赋能经济转型。

二是要加快低碳循环经济发展。据有关机构测算,2021—2050年,我国绿色低碳领域投资将超过100万亿元,另外绿色消费需求潜力也很大。这为开放创新提供了很好的机遇。要加大国际绿色低碳科技合作力度,实施一批大科学工程,组织关键核心技术攻关,大力发展新能源、新能源汽车,推动节能环保技术产业化,支持企业清洁化改造。

三是着眼于未来发展的需要,加快生物经济发展。2030年左右,生物经济可能会到来,人类社会将进入生物经济时代。在这方面,我们要超前布局,进行战略谋划,下好先手棋。要加强生命科学基础研究,提升生物技术原始创新能力,抓住健康产业发展需求快速到来的机遇,推动生物技术、生物经济的发展。总之,要着力培育这三大新经济业态,培育新的动能,推动粤港澳大湾区经济发展质量变革、效率变革、动力变革,推动大湾区经济进入持续深度繁荣和高质量发展阶段。

如何激发粤港澳大湾区高质量发展的新动能

陈文玲①

当今世界，科技发展呈现出多源爆发、交汇叠加的"浪涌"现象，量子信息、人工智能、生命科学等前沿领域加速突破，科学研究范式发生深刻变革，科研活动的复杂程度大幅提升，突破性的发展正在加速涌现。科技创新正在进入大科学时代，国家成为重大科技创新的组织者，中国会出现一批像大湾区一样的创新高地。

一、粤港澳大湾区要明确打造全球创新高地的定位

粤港澳大湾区应该面向世界科技前沿、面向经济主战场、面向国家重大需求、面向人民生命健康，以推动粤港澳大湾区高质量发展为主线，以科技创新和体制机制创新为主力，以科技创新中心、国家综合科学中心、国家创新实验室、粤港澳大湾区科技创新走廊为主平台，打好关键核心技术攻坚战，构建开放的创新生态，建设全球人才高地。作为国家重大区域发展战略，粤港澳大湾区应加快打造成为世界主要科学中心和创新高地，努力建设国际科技创新中心，在中国实现高水平科技创新、建设科技强国等方面发挥重要战略支撑作用。

到2035年，粤港澳大湾区应在原始创新能力、集成创新能力、高水平科技自强自立的能力、创新的生态环境、创新的影响力和辐射力等方面实现领先。

---

①陈文玲，我国著名经济学家，经济学博士，研究员、博士生导师。现任中国国际经济交流中心总经济师、执行局副主任、学术委员会副主任。中国区域经济50人论坛、"一带一路"百人论坛成员。主要研究领域是国际战略、国际经济、宏观经济、流通经济、现代商业、医药卫生体制改革等。

二、以创新驱动大湾区高质量发展

为了实现战略定位，推动粤港澳大湾区通过创新驱动高质量发展，应从以下几方面取得突破。

一是要建设国家科学中心。在粤港澳大湾区形成以国家重点实验室、新型研发机构、高等院校和科技领军企业为主体的战略科技力量的布局，在全社会研发经费占比、基础研究在研发经费中所占比重、顶级科学家在核心领域取得重要技术突破与原创发现等方面要位于全国前列，或位于世界前列。要发挥粤港澳大湾区的独特优势，鼓励支持国有、民营企业构建科技领军企业牵头、高校院所支撑、各创新主体相互协同的创新联合体，针对高端制造、信息产业中的薄弱环节开展联合攻关。鼓励华为（华为技术有限公司）、中兴通信（中兴通信股份有限公司）、大疆（深圳市大疆创新科技有限公司）、比亚迪（比亚迪股份有限公司）、腾讯（深圳市腾讯计算机系统有限公司）等科技领军企业积极主导国家标准、国际标准和行业标准的制定。支持科技领军企业联合高校院所组建联合实验室、新型共性技术平台等，解决跨行业、跨领域关键共性技术难题。

二是要培育位于世界高端、尖端的产业和企业，特别要培育具有高成长性、高潜力的产业。在构建双循环发展格局中，粤港澳大湾区在点、线、面上应该相互融合，形成一个总体布局。在半导体行业、5G、6G、人工智能、大数据、生物技术等前沿技术领域实现水平领先，能够率先突破一批"卡脖子"技术，使粤港澳大湾区数字经济发展位于全国领先。同时要集中布局未来的产业发展，聚焦人工智能、量子计算、5G、6G、未来网络、互联网、干细胞等前沿科技领域，开展面向未来的基础研究、应用研究，进行跨界技术融合。

三是要加强未来技术的储备。探索建立具有重大产业变革前景的颠覆性技术发现和培育机制。建设未来产业孵化器、加速器等各类众创空间，加速培育处于孕育阶段或成长初期的未来产业企业。瞄准新一代信息技术、医药健康、新能源智能网联汽车、智能制造、航空航天、绿色能源与节能环保等前沿领域，布局一批关键共性技术研发和核心设备研制,释放数字产业化和产业数字化新动能,提升创新链,延伸产业链,融通供应链,深度支撑具有首都特色的高精尖产业体系建设。特别是以人工智能、区块链等底层技术为引领,以先进通信技术网络、互联网、超算等技术为驱动力,大力发展虚拟现实和科技融合的创新技术,攻关底层核心技术,形成一批完整的在世界上处于高端水平的产业链、供应链集群,提升产业链水平,推动产业链现代化、高级化。

四是要发挥企业在科技创新中的主体作用。培育形成一批具有全球影响力的科技领军企业和独角兽企业。要加大力度支持科技领军企业作为重构产业自主可控的产业链、供应链的龙头企业,独角兽企业数量要保持世界主要湾区的首位,隐形冠军企业数量大幅增加。粤港澳大湾区有一批具有全球影响力的企业,如大疆、比亚迪、腾讯、中兴通信等领军企业、独角兽企业和冠军企业。目前,我国专精特新企业已经超过4万家,冠军型企业400家,这些企业将来有可能成为科技领军企业、独角兽企业和供应链中位于头部的链主型企业。粤港澳大湾区要加快创新型企业培育,加大扶持力度,做到头部企业、独角兽企业和冠军企业的比重位于全国前列。

五是要提高要素的配置效率,促进人才、技术、资本、数据等创新要素的自由流动。目前,我国要素市场改革才刚刚启动,人才、技术、数据等要素的自由流动和要素市场的培育仍处于较低水平。粤港澳大湾区应在推动这些要素更加顺畅地流通方面走在全国前列。在国际合作中,应集聚国际顶尖创新资源,吸引一流国际化人才,加大对人才的支持、引进和培育的力度,要在全国闯出一条制度性改革的道路。加快建设高端人才自由港,探索建立以创新价值、能力、贡献为导向,符合科技人才成长规律的评价体系。对高层次人才、急需紧缺人才和产业人才,优化职称评审机制,突出科研成果的质量和原创价值评价,突出以理论贡献、学术贡献为主评价基础,加强同行评价和国际评价。

六是要在粤港澳大湾区内实现标准、规则的对接,这也是大湾区最大的潜力所在与发展空间。目前的规则,有些要跟随,有些规则空白尚需创建,比如数据的储存、使用、交易等,还没有形成全球统一标准。粤港澳大湾区应充分利用香港与国际接轨的制度优势、广深头部企业具有的创新能力，积极主动参与新标准、新规则的制定。粤港澳大湾区未来最大的特点是实现"一国两制"、三种货币制度、三个关税区和三种法律体系的对接，这将为粤港澳大湾区实现创新发展、可持续发展和高质量发展，激发出巨大的潜力和动能。

关于建立碳排放交易与粤港澳大湾区统一碳市场的政策建议

张中祥[①]

一、碳达峰与碳中和对全球和中国的影响

"碳中和"是指全球、国家或地区的所有温室气体的排放量，通过植树造林、碳捕集利用与封存技术等形式抵消掉，实现温室气体的净零排放。所以"碳中和"不是指零排放，而是正排放、负排放相互抵消，变成净零排放。中国作出"碳中和"承诺，意味着"碳达峰"后30年内要实现温室气体净零排放，这大大约束了中国2030年后碳排放路径。按照预测，如果各国都能兑现2015年巴黎气候峰会上的承诺目标，全球的气温上升预计达到2.7℃。中国如果兑现巴黎峰会后的新承诺，就可以把全球的温升再降低0.16℃～0.30℃，大大增强了把全球气温上升控制在2℃以内的巴黎峰会目标的可能性。

现在我国能源系统大概每年排放100亿吨二氧化碳，通过植树造林碳汇大概抵消10亿吨。如果要实现净零排放，碳排放必须要大幅下降，因此减排是我国当前及未来一段时间需要努力的方向。

目前我国陆续出台"1+N"体系，"1"是指国家出台的实现"双碳"目标的指导意见，"N"是指涉及行业的具体实施方案和税收、科

[①]张中祥，天津大学马寅初经济学院创院院长、教授，兼任 *International Journal of Public Policy* 等四种国际学术期刊的编辑，位列爱思唯尔（Elsevier）经济与金融领域"2015年中国高被引学者"榜单第四位。主要研究领域是能源经济学和政策、气候变化经济学和政策、能源资源与环境税、环境与国际贸易、创新与经济增长、经济模型、产业政策等。

技等政策保障方案。有了国家"1+N"政策体系之后，地方就可以编制自己的"1+N"体系，实现碳排放有序达峰。无论国家还是地方，方案的着力点会覆盖生产端、使用端和政策端。生产端如控煤和大力发展新能源，使用端如新能源汽车，政策端包括绿色金融、碳市场等。

在生产端，要降低碳排放，降低煤炭的消费，这也是2021年11月达成的《格拉斯哥气候公约》的要求。但中国的煤炭60%用于发电，而煤电又是中国最大的电力生产来源。目前，全国有10.8亿千瓦的在运煤电机组，平均运行年龄11.6年。广东煤电厂平均运行年龄低于全国平均年龄，这说明广东的煤电厂也是新建的居多。电厂一般可以运行30～40年，这些煤电厂还有20～30年的运行寿命。如果让这些电厂提前淘汰，成本是非常高的。

要避免电厂碳资产的搁置，一方面要严控煤电项目，优先退役落后产能。要改变原来的观念，就是煤电厂只能做基荷。现在通过改造之后要实现煤电厂可以做调峰，基本保证其运行寿命，缩短每年的运行时间。这样一来，按照预测，中国的煤电厂在全球气温上升控制在2℃以内的目标下可以运行到2055年，即使按照全球气温上升控制在1.5℃以内的目标，也可以运行到2045年。另一方面，要大力发展碳捕集利用和收集（carbon capture and storage，CCS）技术。不过，目前实施CSS技术的年碳收集量大概只有300万吨，相对于每年100亿吨的碳排放量，是远远不够的。CCS技术成本的降低和发展规模，取决于中央和地方的碳政策。CCS技术作为保底技术，其成本下降的幅度和发展规模，对控煤和煤炭消费量下降的幅度将产生重要影响。

二、全国碳排放权交易市场建设与挑战

值得注意的是，在过去的三个五年规划里面，有两个五年规划没有完成国家提出的具有约束性的节能目标。即便是完成的部分，也更多是通过行政手段强制实现的，虽然高效但没有效率。随着对完成节能目标的要求越来越严格，"双碳"目标的落实时间也日益紧迫，这些都需要更有效率的市场手段。

2021年7月16日，全国碳排放权交易市场正式开张，开盘价48元/

吨,成天交 410 万吨,交易额超过 2 亿元,无论是交易数量还是交易价格,第一天都实现了开门红。目前来看,全国碳交易市场运行平稳,但最大的问题是交易量不高,活跃度不够。全国的碳交易额只有欧盟碳交易市场的零头,欧盟 2020 年碳交易额约 1700 亿欧元,约占全球碳市场份额的 90%,中国 2021 年才突破 11 亿元人民币。

目前面临的一个挑战是,在电价还是处于国家管控的情况下,煤电厂增加的碳成本传导不到下游,不利于发挥碳价在消费侧调节电力需求的作用,达不到倒逼下游产业与企业进行结构调整和产业升级的目的。如果发挥碳价在消费侧调节电力需求的作用,电力市场需要进行全面的改革,电力价格就可以涵盖这一部分的碳成本。

另一个挑战来自欧盟发布的碳边境调节机制,也就是俗称的碳关税。这就需要我们加快全国碳市场建设的步伐。2026 年欧盟开始实施碳关税,这对我国的碳排放权市场建设提出了挑战,意味着中国要加快碳排放权交易市场扩容并纳入更多行业,尤其是欧盟碳边境调节机制覆盖的行业,如钢铁、水泥等,应当优先考虑纳入全国碳市场交易的部门。

三、建立粤港澳大湾区统一碳市场

粤港澳大湾区有些地方已开展碳交易试点,例如深圳,在建设全国碳市场的大背景下,碳试点以后怎么发挥作用需要认真考虑。广东是中国制造业和碳排放大省,广东、深圳作为碳交易试点地区,在数据核查核实、设计、配额分配、拍卖、运行、监测以及履约方面都有丰富的经验。截至 2021 年 6 月底,广东碳交易市场配额累计成交 1.89 亿吨,占全国区域碳市场总量的 38.46%;累计成交金额 41.73 亿元,占全国的 35.84%,均居全国各区域碳交易市场的首位。

香港、澳门每年的碳排放约 4000 万吨,不到内地排放量的 4‰。其中,香港已经实现碳达峰,并计划在 2050 年实现碳中和。香港已走在内地前面,其人均碳排放大约比内地低 2 吨,香港大约 66% 的碳排放来自发电,且煤电占比较高,90% 以上的电力是建筑物耗电。以下几个路径可以帮助香港以更低成本实现节能降耗:一是电网与粤互联互通、利用新能源以及更多的节能排放方式。丹麦、德国这些国家之所以能够大量利用新能源，比如风能，就是将本国的电网与欧洲的电网连通，在本国风能出力不好时可以通过欧洲电网来调度电力。香港如果跟内地电网实现连网，有助于香港电网消纳新能源，并推动香港新能源的大发展。二是在大湾区建设统一的碳市场。由于规模太小，港澳难以形成一个独立的碳市场。

一方面，广东是排放大省，广东、深圳又有多年开展碳交易试点的市场基础；另一方面，港澳难以形成独立的碳市场。因此，粤港澳大湾区统一碳市场可以成为推动粤港澳大湾区深度合作的载体。如果能够建成粤港澳大湾区统一碳市场，就可以融合粤港澳、深圳金融/碳排放交易机构与广州的期货交易所、碳排放交易所，真正实现强强联合，把碳市场做大。

在全国已经建设统一碳市场的背景下，粤港澳大湾区碳市场的定位非常关键，它应成为全国碳市场的重要组成部分和重点交易市场。考虑到企业的承受能力，全国碳市场的流动性和波动性会受到严格的限制。因此，建议粤港澳大湾区碳市场以流动性为目标，把碳金融作为发展重点，发挥与国际碳市场互联互通的窗口作用，完善全国碳交易市场的碳定价基础，开展目前全国碳市场还没有的一些交易模式和品种的试点。

具体而言，大湾区碳交易市场至少可以在以下几方面发挥作用：一是先于国家碳市场纳入一些部门；二是可以先于国家碳市场创新一些规则，包括与国际对标的标准；三是可以先于国家碳市场试点一些金融工具、交易品种，使交易产品和服务更加多元化；四是充分利用港澳的国际信誉，先行开展国际碳排放交易，为今后全国开展国际碳排放交易奠定基础。

推动这项工作，可以在现有广州、深圳碳排放交易所和广州期货交易所基础上，建立一个粤港澳三方共同投资、共同管理、共同运行的粤港澳大湾区统一碳市场，兼顾更多的企业、金融机构，让港澳更好地发挥自身优势，把它作为加强粤港澳大湾区深度合作国家战略的组成部分真正推下去。

"强核扩圈"：粤港澳大湾区空间发展新格局

陈鸿宇①

一、粤港澳大湾区空间布局正在发生积极变化

建设粤港澳大湾区是习近平总书记亲自谋划、亲自部署、亲自推动的国家重大战略。为了畅通国内大循环，构建"双循环"相互促进的新发展格局，国家区域总体发展战略正在进行重大调整，从"新区战略"逐步转向"城市群战略"和"都市圈战略"。《粤港澳大湾区发展规划纲要》提出，大湾区的空间布局要坚持"极点带动、轴带支撑、辐射周边"，推动大中小城市合理分工、功能互补，进一步提高区域发展协调性，促进城乡融合发展，构建结构科学、集约高效的大湾区发展格局。

2018年以来，习近平总书记两次视察广东，对大湾区建设和广东区域城乡协调发展做出一系列重要指示。按照习近平总书记关于"要加快形成区域协调发展新格局，做优做强珠三角核心区，加快珠海、汕头两个经济特区发展，把汕头、湛江作为重要发展极，打造现代化沿海经济带"的指示精神，国家和广东省、香港、澳门各方，努力推进大湾区的区域发展新格局的建设，相继推出一系列"强核扩圈、内聚外联"重大举措。

---

① 陈鸿宇，中共广东省委党校（广东行政学院）教授，广东省首届优秀社会科学家，中共广东省委党校原副校长、巡视员、广东省人民政府参事，兼任广东省政府"十四五"规划专家委员会主席团副主席、广东省人大常委会财经咨询专家、广东省人民政府转变政府职能决策咨询委员会委员、广东省政协研究咨询委员会委员。主要研究领域是区域经济学、产业经济学、区域公共管理等。

从 2017 年 3 月中央提出建设粤港澳大湾区以来，《粤港澳大湾区发展规划纲要》、支持深圳建设中国特色社会主义先行示范区、以同等力度支持广州实现老城市新活力和"四个出新出彩"、广深"双核联动，比翼齐飞"等重大战略部署相继出台。2020 年，构建"广州—湛江""深圳—汕头""核—副中心"深度合作机制的方案，以及深圳综合改革试点方案相继发布。2021 年，广东省提出建设"一核（珠三角）五圈（广州、深圳、珠西、汕潮揭、湛茂）"，出台支持珠海、汕头、湛江建设省域副中心城市的意见。

最值得关注的是，2021 年 9 月 6 日，中共中央、国务院相继印发《横琴粤澳深度合作区建设总体方案》和《全面深化前海深港现代服务业合作区改革开放方案》；一个月后，香港特区政府提出建设香港北部都会。粤港澳大湾区的"港深组团"和"澳珠组团"以及各核心城市的建设将取得重大进展，大湾区的空间布局正在发生积极变化。

二、"强核扩圈、内聚外联"的实践逻辑与理论逻辑

1."强核扩圈、内聚外联"的实践逻辑

习近平总书记指出，"构建新发展格局的关键在于经济循环的畅通无阻"。一系列"强核扩圈、内聚外联"的重大举措，就是以努力淡化行政边界、做实主体功能区为取向，以加快促进各类资源要素在大湾区和"核—带—圈"内外的流转为抓手，增强中心城市和城市群的经济辐射带动能力，构筑全省高质量发展的动力系统。

"强核扩圈、内聚外联"的主要内涵包括：

（1）贯彻国家区域总体战略，把广东和大湾区建设成为国家新发展格局的战略支点和区域发展的新动力源；

（2）全面、完整落实"一国两制"方略，将香港、澳门的发展纳入国家发展大局；

（3）努力实现建设粤港澳大湾区战略与广东省"一核一带一区"区域发展格局对接；

（4）做实"港深""澳珠""广佛"三组团，做强港澳广深四核心城市；

(5) 按照"（广深）双核联动"——"（广深）双圈联动"——"（广深）双核+（湛汕）双副中心"联动——"（广州、深圳、珠西、汕潮揭、湛茂）五圈联动"的梯度推进，畅通全省内循环。

建立"双核+双副中心"联动机制，是畅通全省内循环，实现大湾区建设和广东"一核一带一区"格局有机融合的关键。城乡区域发展不平衡不充分，已是广东省实现高质量发展的最大短板，根本原因在于珠三角与粤东、粤西、粤北之间要素畅通流转和高效长效配置的机制、渠道、平台还没能很好地建立起来，粤东、粤西、粤北的产业挂不上珠三角和大湾区的产业链、供应链、创新链和金融链（资本链），城乡发展没能纳入珠三角核心城市的"都市圈"规划。因此，解决全省区域协调发展，就要重点解决粤东、粤西和粤北"挂得上链"和"进得了圈"两大问题。

建立"双核+双副中心"联动机制的意义在于，一是为深圳建设中国特色社会主义先行示范区、广州实现老城市新活力和"四个出新出彩"拓展了发展空间，放大了广深两座超大城市的溢出效应。二是将构建全省区域发展新格局作为广深"双城联动、比翼双飞"的重要内容。"双城联动"必然推动广州、深圳两个都市圈的"双圈联动"，进而通过"双核+双副中心"机制，促进广州、深圳两个都市圈与汕潮揭、湛茂阳都市圈的合作，有助于形成全省城乡区域发展新格局。

2. "强核扩圈、内聚外联"的理论逻辑

"核心—边缘"理论认为，工业化的起步和起飞阶段，人口和其他资源要素会大规模地由边缘区向具有工业发展条件和发展潜力的"核心区"集聚。工业化进入成熟期后，核心区资源要素和产业的扩散效应会比吸聚效应更为强烈，最终会因为边缘区的多核心出现，区域经济趋于一体化。

"核心—边缘"理论适用于传统工业化时代区域经济运行状态的描述。20世纪80年代之后，由于全球化浪潮和交通革命、信息革命的到来，一国或一个较大区域进入后工业化时期之后，区域圈层结构呈现出多核、多圈、叠合、共生的新形态。区域经济运行中"核心区"和"边缘区"两分空间的资源要素和实体产业的往复聚散，逐渐演化为不同城市、城市群、都市区（圈）之间的深度合作，制度、规则、政策等"软要素"的对接和协调，成为后工业时代畅通区域内外要素流转、提高资源再配置效率的主要路径。

正是基于以上逻辑，世界一流湾区包括建设中的粤港澳大湾区，已经或正在按照"多核联动"的轨迹生成、巩固和扩张。因为只有多核和多圈的叠合，湾区内外市场、交通、信息三层网络才能实现有机聚合，使湾区的产业集聚和城市集聚产生"放大效应"。从这个角度上看，强核才能扩圈，扩圈才能强核。

三、广州要成为"强核扩圈、内聚外联"的核心引擎

1. 准确把握广州的"核心引擎"定位

广州是粤港澳大湾区、广东和华南"强核扩圈、内聚外联"的"锚"，广州在大湾区、广东、华南地区所具有的首位枢纽、连通、平衡、决策、指令的"综合功能"，是其他任何城市都不具备的。为此，一要树立"锚"思维："强核扩圈、内聚外联"不是"没广州的事"，而是广州要自觉想大事、积极谋大事、勇于担大事。二要确立"锚"格局，要着眼于广州自身和广州与外部的双重的"强核""扩圈""内聚""外扩"，协调好"硬与软""密与疏""远与近""产与城"四重关系。

2. 广州要成为"强核"的主体

首先，广州自身要"强核"。要实现上述"首位"综合城市功能上的"出新出彩"，广州的发展理念、发展质量、发展稳定性、人民生活、社会治理要强。其次，广州要努力成为横琴粤澳深度合作区、前海深港现代服务业合作区、香港北部都会区的建设主体，为做强大湾区"多核"格局做出"广州贡献"。再次，要培育广深"双核联动"中的"强强共赢"机制。必须拓宽广深联动的空间视域，向外看，向外走。要立足"双核"，放眼广深"双圈"，放眼全省"五圈"，谋求交通、能源、基础设施建设的"强强共赢"。

3. 广州都市圈是建设"五大都市圈"的标杆和关键

一要更加主动积极地推进广佛同城化建设，做强"广佛组团"。广

佛两市要有新理念、新体制、新机制来谋划"同城化"。可以先行重点推进规划、财政、交通、民生的同城化，共同构筑新兴产业合作平台。二要立足于广州都市圈内发展的不平衡状况，把握好广佛主城区、非主城区、肇清韶云都市区、肇清韶云非都市区的特点，统筹资源，分别施策。建设好广州都市圈，将为全省区域协调发展创造经验。三要研究广州都市圈与深圳都市圈、珠西都市圈联动对接的领域、路径、平台，支持广州企业到各都市圈寻找发展空间。

4. 由"双核+双副中心"机制走向"四联动"

第一，积极推动广深汕湛四个港口的整合。建立以股权为纽带、以招商局和广州港务局为主体的广东沿海港口协同发展格局；适当整合各港口的航线、班期和供需方向，加密集装箱内贸航线和内外贸同船航线，共同拓展东盟和"一带一路"沿线国家和地区的航线；支持汕头、湛江建设专业港、内河港、内陆港相互支撑的区域性港口体系。第二，在进一步加强广州白云机场国际航空枢纽地位、提升深圳宝安机场国际化程度的基础上，争取国家和省的支持，加大潮汕、湛江机场往来广州、深圳机场的航班密度，创造条件实现汕湛对接广深两机场的"公交化"。第三，四地政府共同设立数字产业委员会，帮助汕头、湛江复制广州、深圳运用智慧化、数字化手段治理城市、服务群众的做法和经验。引导广州、深圳的信息企业到汕头、湛江从事软硬件服务。四地联手共同在广州南沙新区、广州知识城、深圳光明新区设立产业园或高技术企业孵化器。第四，广深共同参与湛江雷州、徐闻对接海南的制造业基地、农海产品加工基地和物流基地建设；共同投资参加湛江大西南通道的交通、能源、数字网络建设。第五，鼓励广州、深圳的产业资源、教育资源、科创资源到汕头发展智能制造、玩具创意、华文教育和影视产业。支持汕头、广州、深圳联手湛江拓展与北部湾和东盟的经济、文化联系，做好"侨文章"。引导汕头的化工材料、纺织服装与广州、湛江石化产业对接，延伸广东省沿海化工材料产业链。

完善全球价值链布局　提升湾区发展质量

林桂军①

中央给粤港澳大湾区的发展提出了目标,即建设富有活力和国际竞争力的一流湾区和世界级湾区,打造高质量发展的典范。根据大湾区发展的具体情况,也可以理解成:以提升劳动生产力为核心,以国际市场为导向,以建设一流生活质量驱动均衡发展的一流湾区和世界级城市群。

一、转变大湾区经济增长模式

在世界四大湾区中,相较于其他三大湾区,粤港澳大湾区有几大问题。一是劳动生产力偏低,人均 GDP 低于其他三个湾区,甚至不到旧金山的 1/5。二是内部发展不平衡,肇庆人均 GDP 最低,仅 5.37 万元(2019 年数据),而澳门、香港、深圳、珠海、广州和中山人均 GDP 则超 10 万元,各城市发展水平差异大。三是湾区一体化程度较弱,香港和澳门与内陆的九个城市存在着众多的壁垒。

为解决这些问题,我们需重新考虑粤港澳大湾区的发展动力问题。在城市长期以来的发展中,以投资驱动的增长模式排挤了个人消费。而国际经验证明,在现代城市发展中,生活质量比产业组合的作用更加重要,高水平的规划可以使城市的经济发展提高 30%。因此,粤港澳大

---

① 林桂军,对外经济贸易大学原副校长、教授,兼任中国国际贸易学会副会长、北京经济学会副会长,美国经济学会副会长等,《国际贸易问题》杂志主编。主要研究领域是国际贸易和外汇政策,目前的研究包括亚洲经济一体化、中国贸易政策模式、全球价值链与亚洲工厂、中美经贸关系等。2009 年起,主编博鳌亚洲论坛《亚洲经济一体化》年度报告。

湾区城市的发展应转变其经济增长的模式，放弃投资驱动，而把提升城市效率作为重点。

混合社区概念是一个可以考虑借鉴的做法。比如在广州大学城的规划建设中，有意识地保留了一些当地居民，这样在需要低技能用工的时候，可以直接在岛上聘用这些当地居民。这个做法就是让高收入的人群和低收入者混住在一起，它的一个突出优势是减少了城市交通拥挤。把富人和收入低的群体混在一起，这种发展模式既减少了贫富差距，符合共同富裕的原则，同时也为经济发展注入了动力。

另一方面，城市的发展不能只顾先进的、高水平的、高科技的产业，而应该两端发力。一是要创造高质量企业代替低质量企业的良好市场机制，通过优胜劣汰的方式提高企业质量。高收入来自于高质量的企业，而高质量企业来自于市场竞争中的优胜劣汰。关心低质量企业貌似是包容增长，但是经济丧失了优胜劣汰的激励机制。二是关注落后群体的发展，通过就业技能培训等方式调动普通劳动力的积极性，以适应现代化经济发展新的需要，缩小贫富差距，提高劳动生产率，即人均GDP。比如升级自由市场既可以传承地方文化，促进旅游；又可以升华家庭手工艺，提高家庭收入。小的创新投入少，受益面广，可以更好地改进经济的发展模式。

二、完善大湾区全球价值链布局

从劳动力市场来看，广东低技能劳动力占比高，国际化人才则相对短缺，这也体现在外资高科技新创企业指数及世界城市英语水平排名两个指标上，而我国主要城市的排名均不理想。

1. 从经济依存度来看，广东经济对外依存度较高

研究显示，广东GDP对本地区的依存度是48.1%，对本地区之外的省份则非常低，为9.7%，而对国外的依存度则达到42.3%。因此广东创造的GDP主要是为了广东本身，其次是为了国外。从这个角度来看，广东经济对国际市场的依赖非常高，因此广东应拓展这个优势，依托国内的大市场，强化与国际市场的一体化。

2. 从产业价值链来看，广东价值链的比较优势在下游

根据统计数据，广东在产业价值链方面，上游参与率较低，下游的参与率比较高。因此，广东在价值链分工方面应该专注发展下游的制造业（规模化生产的产品）和相关的服务业，周边地区应为广东提供上游产品，同时这一模式还可以拓展到东盟，由东盟向广东提供上游产品。应注意的是，其他省份的经济对广东依存度很高，广东在这方面排全国第一。因此，广东要特别注意清除阻碍国内资源流动的壁垒，形成良好、健康的价值链分工。为此需要强调，广东要成为我国经济的地区中心枢纽，一个必要条件就是广东的经济壁垒应当是全国最低的。

3. 提升制造业服务化是广东产业升级的重点方向

广东对出口产品的服务投入相对较低。根据2012年数据，广东出口产品中31.7%的制造业投入来自广东本身，而服务投入则只有8.2%，国外提供的投入大多是制造业中间部分，服务也很少。广东在增加服务投入方面仍有发展潜力。跨境服务投入少的一个重要原因是只开放制造业，不开放服务业，或造成服务业和制造业分离，不利于价值链升级。因此，广东应增加对服务业的投入，扩大服务业开放，推进制造业服务化。而增加服务投入的关键是推动数字化生产，这是制造业升级最显著的标志。